Kunst und Gesellschaft

AF148135

Weitere Bände in dieser Reihe
http://www.springer.com/series/10470

Die Reihe Kunst und Gesellschaft führt verschiedene Ansätze der Soziologie der Kunst zusammen und macht sie einem interessierten Publikum zugänglich. In theoretischen als auch empirischen Arbeiten werden dabei verschiedene Kunstformen wie etwa die Bildenden und Darstellenden Künste, die Musik und die Literatur hinsichtlich ihrer gesellschaftlichen und künstlerischen Bedeutung und Struktur untersucht. Dies beinhaltet nicht nur Analysen zu Kunstwerken und -formen, sondern auch Studien zur Produktion, Vermittlung und Rezeption von Kunst. Neben aktuellen Arbeiten stellt die Reihe auch klassische Texte der Kunstsoziologie vor. Damit sollen zum einen die Zusammenhänge zwischen Kunst und Gesellschaft herausgearbeitet werden. Zum anderen zielt die Reihe darauf, die Relevanz einer Soziologie der Kunst hervorzuheben. Herausgegeben von Dr. Christian Steuerwald

Gerhard Panzer · Franziska Völz
Karl-Siegbert Rehberg
(Hrsg.)

Beziehungsanalysen. Bildende Künste in Westdeutschland nach 1945

Akteure, Institutionen, Ausstellungen und Kontexte

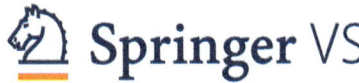 Springer VS

Herausgeber
Dr. Gerhard Panzer
TU Dresden
Deutschland

Prof. Dr. Karl-Siegbert Rehberg
TU Dresden
Deutschland

Franziska Völz
TU Dresden
Deutschland

ISBN 978-3-658-02916-6   ISBN 978-3-658-02917-3 (eBook)
DOI 10.1007/978-3-658-02917-3

Die Deutsche Nationalbibliothek verzeichnet diese Publikation in der Deutschen National-
bibliografie; detaillierte bibliografische Daten sind im Internet über http://dnb.d-nb.de
abrufbar.

Springer VS
© Springer Fachmedien Wiesbaden 2015
Das Werk einschließlich aller seiner Teile ist urheberrechtlich geschützt. Jede Verwertung,
die nicht ausdrücklich vom Urheberrechtsgesetz zugelassen ist, bedarf der vorherigen Zustimmung des Verlags. Das gilt insbesondere für Vervielfältigungen, Bearbeitungen, Übersetzungen, Mikroverfilmungen und die Einspeicherung und Verarbeitung in elektronischen
Systemen.

Die Wiedergabe von Gebrauchsnamen, Handelsnamen, Warenbezeichnungen usw. in diesem Werk berechtigt auch ohne besondere Kennzeichnung nicht zu der Annahme, dass
solche Namen im Sinne der Warenzeichen- und Markenschutz-Gesetzgebung als frei zu betrachten wären und daher von jedermann benutzt werden dürften.

Titelbild: Franziska Völz, Marc Drobot
Lektorat: Dr. Cori Antonia Mackrodt, Katharina Gonsior

Gedruckt auf säurefreiem und chlorfrei gebleichtem Papier

Springer VS ist eine Marke von Springer DE. Springer DE ist Teil der Fachverlagsgruppe
Springer Science+Business Media
www.springer-vs.de

Inhaltsverzeichnis

Einleitung

Karl-Siegbert Rehberg, Gerhard Panzer und Franziska Völz

> ...*wenn ich das Thema ‚Wird die moderne Kunst gemanagt?' richtig verstanden habe [...] geht es hier um eine Art Grundlagenforschung zur modernen Kunst, und zwar nicht, was ihre kunsttheoretische Rechtfertigung oder ihre ästhetische Lagen angeht, sondern was ihren Zusammenhang mit der Gesellschaft, in der sie gedeiht, ihre soziologischen und ökonomischen und eventuell sogar ihre politischen Aspekte betrifft.*
> Max Bense 1959 (Adorno 1959, S. 11f.).

Noch heute beherrscht die emphatische Formel von der abstrakten Kunst als „Weltsprache"[1] den Blick auf die Kunstentwicklung in der frühen Bundesrepublik. Doch waren die Künste weniger einheitlich, als es ihre zeitgenössischen Protagonisten und die daran anschließende Kunstüberlieferung glauben machen wollten. Statt die Vielfalt künstlerischer Ausdrucksmittel in dieser Phase durch die zweifelsfreie Gel-

---

[1] Den internationalen und historischen Zusammenhang entfalten Poensgen; Zahn 1958 („Abstrakte Kunst. Eine Weltsprache") und Glozer 1981, S. 172 ff.

G. Panzer (✉) · K.-S. Rehberg · F. Völz
Dresden, Deutschland
E-Mail: gerhard.panzer@tu-dresden.de

K.-S. Rehberg
E-Mail: karl-siegbert.rehberg@tu-dresden.de

F. Völz
E-Mail: franziska.voelz@tu-dresden.de

G. Panzer et al. (Hrsg.), *Beziehungsanalysen. Bildende Künste in Westdeutschland nach 1945*, Kunst und Gesellschaft, DOI 10.1007/978-3-658-02917-3_1,
© Springer Fachmedien Wiesbaden 2015

tung der Abstraktion zu übergehen, bedarf es einer differenzierteren Betrachtung der Prozesse, die zu dieser Neuformierung nach 1945 geführt haben. Zugleich stellt sich die 1959 von Max Bense aufgeworfene Frage nach dem Zusammenhang von Kunst und Gesellschaft erneut; sie setzte damals bereits eine bislang unvollständig gebliebene Grundlagenforschung auf die Tagesordnung, deren Aufgaben für die Nachkriegszeit alte Streitfragen sind: War es ein Neuanfang, übersehen wir tatsächliche Kontinuitäten, haben wir äußere und innere Einflussnahmen ausgeblendet?

An aufschlussreichen Forschungen über die Kunst der Nachkriegszeit fehlt es zwar nicht; dennoch erweisen sie sich insofern als begrenzt, weil oft nur Ausschnitte der kunst-, sozial- und zeitgeschichtlichen Situation erfasst wurden. Zudem kam es häufig zur pointierten Vereinseitigung einzelner, zwischen Restauration und Neubeginn angesiedelter Sichtweisen. So wurde die Situation nicht selten als „Stunde Null"[2] imaginiert oder die Nachkriegskunst als „restaurierte Moderne"[3] (Belting) bzw. „gezähmte Avantgarde"[4] (Breuer) gesehen. Rückblickend zeigen jedoch neuere Forschungen, wie facettenreich Kunsthändler, Museumsdirektoren und Kunstkritiker in der unmittelbaren Nachkriegszeit wirkten und welchen Anteil sie an wichtigen Kunstereignissen hatten.[5] Wie viele unterschiedliche Akteure im Hintergrund von Kunstentstehungsprozessen interagieren, welche Kooperationen und Organisationen sie hervorbringen und welche Konventionen dabei gebildet und modifiziert werden, die letztlich wieder Einfluss auf die Kunstproduktion nehmen, gerät aber umfassender erst in den Blick, wenn sie als Teil strukturierter *„art worlds"* (Becker)[6] analysiert werden.

Dieses Konzept bildet eine der theoretischen Grundlagen zur Rekonstruktion der „sozialen Geburt der ‚Westkunst'", wie sie im gleichnamigen DFG-Projekt erforscht wurde.[7] Es setzte sich zum Ziel, die Entwicklung der bildenden Kunst in

---

[2] So wurde dies beispielsweise von Zero Ende der 1950er Jahre für sich in Anspruch genommen (vgl. Meister 1988, S. 32) und von der Kunstgeschichte aufgegriffen (vgl. Belting 2002, S. 54).

[3] Belting 1989, S. 18.

[4] Breuer 1997.

[5] Vgl. Publikationen zum Kunstmarkt: Wilmes 2012; zu Museumsdirektoren: Rosebrock 2012; zur Kunstkritik: Rudert 2012.

[6] Beckers Kunstwelt eignet sich als heuristisches Konzept der erweiterten Kunstbetrachtung gut, weil es den Focus auf die Kunst wesentlich ausdehnt. Es werden alle mit dem Künstler interagierenden Akteure, wie auch kollektives Handeln und durch Konventionen vermittelte Kooperation berücksichtigt. Kunstwelten existieren für verschiedene Kunstsparten und an verschiedenen Orten plural nebeneinander und haben auch institutionelle Dimensionen. Vgl. Becker 1982.

[7] „Die soziale Geburt der ‚Westkunst'. Netzwerke bildender Kunst in Westdeutschland 1945–1964." lautete das Thema des 2011–2013 durchgeführten DFG-Projektes am Institut für Soziologie der Technischen Universität Dresden.

Westdeutschland nach 1945 unter den methodischen Gesichtspunkten einer institutionenanalytisch informierten Netzwerkanalyse zu untersuchen. Quantitative und statistische Verfahren und vor allem die Visualisierung von Beziehungsmustern sollten es möglich machen, größere Datenmengen zu erfassen, Netzwerke von Akteuren zu identifizieren und neue Hypothesen über Einflüsse zu entwickeln sowie die jeweiligen Ergebnisse im Überblick auch optisch fassbar darzustellen. Das Konzept der Kunstwelten umfasst dabei nicht nur die soziale Konstituiertheit künstlerischer Produktion, sondern auch die ihrer Vermittlung und Distribution, ohne die ein Zusammenspiel mit der Gesellschaft nicht zustande käme.

In Westdeutschland war nach 1945 die Kunstwelt zunächst vor allem vom Zusammenbruch des NS-Regimes und den Kriegsfolgen geprägt; viele der tradierten Kunstinstitutionen lagen in Schutt und Asche oder waren durch das Eingreifen der Besatzungsmächte zu Umstrukturierungen gezwungen. Die Organisation von Ausstellungsereignissen nahm jedoch schon unmittelbar nach Kriegsende wieder einen erheblichen Aufschwung. In den drei Besatzungszonen und während der Anfangsjahre der Bundesrepublik sollte das Publikum durch das Zeigen von Originalen vor Ort einerseits wieder vertraut gemacht werden mit den modernen, internationalen Strömungen der Kunstentwicklung, von denen es während der konservativ-völkischen und repressiven Kulturpolitik des Nationalsozialismus weitgehend abgeschnitten gewesen war. Zum anderen dienten zahlreiche Ausstellungen auch dem Zweck, sich der eigenen künstlerischen Wurzeln zu versichern und der Ächtung der deutschen Moderne als „Entartete Kunst" durch die Nationalsozialisten entgegenzutreten.[8] Die vielfach durch Schließungen und Zerstörungen betroffenen Museen, Akademien und Kunsthochschulen meisterten nach und nach ihren Wiederanfang und die sich neu entfaltende publizistische Kunstkritik fand schließlich sogar Eingang in die neuen Massenmedien Rundfunk und Fernsehen. Auch der internationale Kunstaustausch befand sich erstaunlich schnell wieder im Aufwind. Zur Realisierung all dessen bedurfte es nach dem Krieg jedoch nicht nur eines materiellen und politischen Aufschwungs, sondern auch eines starken persönlichen Engagements sowie alter und neuer Beziehungsnetze.

Der vorliegende Sammelband, der auf die im Frühjahr 2013 in Dresden veranstaltete Tagung „Beziehungsanalysen: Bildende Kunst in Westdeutschland 1945–1964. Akteure, Institutionen, Ausstellungen und Kontexte"[9] zurückgeht, nimmt daher verstärkt die Beziehungen im Umfeld der Kunstproduktion in den Blick, die bisher allzu oft hinter den Kunstwerken und ihrer historisch-stilistischen Analyse

---

[8] Vgl. Papenbrock 1995, S. 126; Ziegler 2006, S. 290; Damus 1995, S. 43.

[9] 28.2.–1.3.2013, Technische Universität Dresden. Ein ausführlicher Tagungsbericht von Anke Blümm ist verfügbar unter http://arthist.net/reviews/5768/mode=conferences. Zugegriffen: 05.09.2013.

verborgen blieben. Der Band ist als ein weiterer Forschungsbeitrag zu einer facettenreichen Betrachtung des damaligen Kunstgeschehens zu verstehen. Denn private und berufliche Verbindungen von Akteuren, Institutionen und Organisationen innerhalb der Kunstwelt, als auch solche über ihre Grenzen hinaus zu Politik, Wirtschaft und Verwaltung im In- und Ausland machten es erst möglich, den Werken zeitgenössischer Kunst nach 1945 Präsenz und Öffentlichkeit zu verschaffen. Die Künstler selbst, aber auch Kunstvermittler wie Kritiker und Kunsthistoriker, die Kunsthochschulen und Werkkunstschulen und nicht zuletzt die Leihgeber für Ausstellungen waren daran beteiligt, der Kunst der Zeit zu vermehrter Aufmerksamkeit und Akzeptanz zu verhelfen. Die Beziehungskonstellationen waren dabei sehr vielfältig, denn nicht nur persönliche Kontakte von Person zu Person, sondern auch Beziehungen zu und zwischen Organisationen oder Institutionen, wie in diesem Band für Künstlergruppen und Akademien gezeigt wird, erwiesen sich als einflussreich. Des Weiteren gelten die Beiträge dieses Bandes auch den Zeitstrukturen von Beziehungen, etwa bei der Ausstellungsorganisation und ihrer Leihgeberschaft, den Wirkungsdimensionen medialer Diskurse und Akteure und nicht zuletzt auch dem Verhältnis von Kunstpräsentation und kulturpolitischer Identitätssuche und -stiftung.

Kurz sollen die in jüngster Zeit zunehmend beachteten und unter anderem in diesem Sammelband methodisch präzisierten Beziehungs- und Netzwerkanalysen angesprochen werden. Zunächst eher die soziologische Perspektive bestimmend[10], sind sie inzwischen auch als Methodik in der historischen Forschung verankert und finden in den letzten Jahren vermehrt Eingang in geschichtswissenschaftliche Arbeiten.[11] Auch die Kunstwissenschaften haben trotz ihres Schwerpunktes auf der Betrachtung einzelner Künstler und Werkzusammenhänge schon früh soziale Beziehungen und die Interaktionen von Akteuren selektiv mit einbezogen und gegenwärtig erwächst auch in diesem Bereich das Interesse am Einsatz spezieller, auch computergestützter Datenkorrellierungen und darauf beruhender Darstellungsmöglichkeiten, wie einige Beiträge auf der Tagung zeigten[12]. Dieses interdisziplinäre Interesse kann zu einem neuen wechselseitigen Problembewusstsein von Geschichts- und Sozialwissenschaften beitragen.

---

[10] eigentlich schon mit Georg Simmels Bestimmung des Faches als einer Wissenschaft von den sozialen „Wechselwirkungen", vgl. Simmel 1908, bes. S. 1–21.

[11] Nähere Informationen auf: http://historicalnetworkresearch.org/. Zugegriffen: 10.09.2013.

[12] Zwei kunstgeschichtliche Ansätze stammen von Martin Papenbrock und Joachim Scharloth (vgl. http://www.informartics.com//, Zugegriffen: 15.10.2013) und Andrea von Hülsen-Esch et al. (Datenbank „Art Research", vgl. http://www.phil-fak.uni-duesseldorf.de/kunst/institut-fuer-kunstgeschichte/forschung-kunstgeschichte/forschungsprojekte/art-research/. Zugegriffen: 15.10.2013). Mögliche methodische Herangehensweisen von Netzwerkanalysen bezogen auf Kunstfragestellungen werden in Aufsätzen von Marc Drobot und Gerhard Panzer in diesem Band erörtert.

1.1 Westkunst als Beziehungsgeflecht

Die erste Gruppe von Aufsätzen des Sammelbandes eröffnet sowohl einen Einstieg in die historischen Rahmenbedingungen der Thematik als auch in die methodischen Herangehensweisen einer vor allem soziologischen Netzwerkanalyse. Einen Ausgangspunkt der Untersuchungen bilden die Thesen zu den „Eigengeschichten" der beiden deutschen Nachkriegsstaaten von Karl-Siegbert Rehberg. In seinem Beitrag *„Westkunst" versus „Ostkunst". Geltungskünste und die Flucht aus der geschichtlichen Kontinuität im geteilten Deutschland* werden aus der gesamtdeutschen Konstellation nach 1945 die Versuche zur Wiedererlangung von staatlich-gesellschaftlicher Anerkennung analysiert. In den zwei deutschen Nachkriegsstaaten wurden unterschiedliche kulturelle Identitätskonstruktionen etabliert, die jedoch beide durch die Suggestion historischer Diskontinuität geprägt waren. Aus dieser besonderen historischen Lage leite sich auch die Gegensatzspannung zwischen ostdeutscher sozialistisch-realistischer und westdeutscher modern-abstrakter Geltungskunst ab. Es wird somit eine Beziehungsstruktur thematisiert, in der die gesamte künstlerische Entwicklung in Westdeutschland von den Abgrenzungsbedürfnissen den „feindlichen Brüdern"[13] gegenüber mitbestimmt wurde, das westdeutsche Primat der Abstraktion zugleich aber auch als Abgrenzungsästhetik gegenüber der NS-Kunst, sozusagen als staatlich nicht verordneter Antifaschismus, zu sehen ist.

Anschließend stellen Marc Drobots *Einführende Bemerkungen zur Sozialen Netzwerkanalyse am Beispiel der Leihgeberschaft ausgewählter Ausstellungen zwischen 1912 und 1964* die Methodik der sozialen und affiliativen Netzwerkanalyse vor. Drobot unternimmt darin die Analyse von Leihgebern ausgewählter Ausstellungen der modernen Kunstentwicklung, darunter z. B. der Sonderbund-Ausstellung 1912 in Köln und der drei ersten documenta-Präsentationen in Kassel. In unterschiedlichen Netzwerk-Schemata stellt er dar, wie sich die Leihgeberstruktur über die Jahrzehnte veränderte, beispielsweise von zunächst überwiegend Privatpersonen hin zu Museen und Kunsthandel. An dem häufig nur als Randerscheinung des Kunstgeschehens wahrgenommenen Zusammenspiel von Ausstellungsmachern und Leihgebern wird mit dieser Rekonstruktionsmethode eine vergleichende Betrachtung von Leihgebernetzen möglich. Es wird ersichtlich, wie sich aus den historisch überlieferten Daten von Ausstellungen Informationen für Beziehungsanalysen gewinnen lassen und auf welche Weise diese für eine vergleichende historische Betrachtung genutzt werden können.

Gerhard Panzer geht sodann in *Wie der Phönix fliegen lernte: Beziehungen aus der Asche. Beziehungsanalysen der Kasseler Künstlergruppe „Hessische Sezession" (1946–1949)* von der metaphorischen Selbstbeschreibung eines einflussreichen

---

[13] Gillen 2009.

westdeutschen Akteurs für die Betrachtung dessen mit der Zeit gewachsener Netzwerke und ihrer langfristigen Aktivierung aus. Der documenta-Begründer und Organisator Arnold Bode stilisierte sich und die von ihm ebenfalls mitinitiierte Hessische Sezession (1946–1949) als einen „Phönix aus der Asche", stützte sich dabei aber auf seine künstlerischen und organisatorischen Netzwerke, die sich bis ins Jahr 1919 zurückverfolgen lassen. Anhand der Ausbildung Bodes und seines Umfeldes in der Kunstakademie Kassel und ihrer Ausstellungspräsenz in den 1920er Jahren bezieht der Beitrag die Vorgeschichte der sozialen Kräfte ein, die den lokalen Neuanfang nach 1945 ermöglichten. Abschließend schlägt er die Brücke zur Beziehungskonstellation des documenta-Vorbereitungskreises, die den folgenreichen Einfluss auf die Formation einer Westkunstprofilierung zur Abstraktion hin sichtbar macht. Die Analyse dient auch als beispielhafte Einführung in Beziehungsanalysemethoden und zeigt, wie diese sich als Schlüssel zu Strukturen im Hintergrund der dynamisch entwickelnden Kunstwelt bewähren.

1.2 Institutionelle Beziehungen

Institutionen werden zumeist als verstetigte Großorganisationen verstanden, die oft in staatlicher Trägerschaft und rechtlich verfasst sind und von denen auch das Kunstsystem in besonderer Weise beeinflusst wird. Allerdings zielt die institutionelle Analyse nicht allein auf solche Organisationsformen, in der Kunstwelt etwa Museen oder Akademien, von denen letztere im ersten Beitrag des Blocks betrachtet werden, sondern auch auf verfestigte, informellere Organisationsstrukturen, etwa die einer jungen Galerie wie der Galerie Seide in der Hannoverschen Kunstszene im zweiten Beitrag von Nina Rind.

Der Aufsatz *Die Werkkunstschulen und die Kunsthochschulen in der Bundesrepublik. Ein konfliktbeladenes Konkurrenzverhältnis* von Julia Witt widmet sich besonders dem Aspekt der komplexen Überlagerung und Wechselseitigkeit von persönlichen und institutionellen Entwicklungsgeschichten am Beispiel der Konkurrenzspannungen zwischen den in der BRD von 1949 bis 1971 parallel bestehenden Kunsthochschulen auf der einen und den Werkkunstschulen auf den anderen Seite. Sie zeigt vor allem das Scheitern dieser versuchten Abgrenzungen anhand der Geschichte der beiden Institutionstypen. Denn schon um 1900 wurde mit deren Parallelinstitutionalisierung sichtbar, dass die Lehrenden sich der Aufteilung in praktische Anwendungen und freie Kunst in der Unterrichtspraxis nicht gefügt haben. Auch in der Nachkriegszeit vertraten die Mitglieder beider Institutionen vermehrt übergreifende Lehrpraxen und Bildungsideale, gleichgültig, ob sie an einer Werkkunstschule oder einer Kunsthochschule tätig waren, und so gelang es schließlich nicht, die Werkkunstschulen neben den Kunsthochschulen dauerhaft zu etablieren.

Nina Rind thematisiert in *Galerie Seide*. *Knotenpunkt Hannover* ebenfalls die Wechselseitigkeit von persönlichen und institutionellen Wirkungslinien, indem sie eine innerhalb der Kunstszene neu gewachsene, selbstorganisierte Institutionalisierung schildert: die Herausbildung eines informellen Netzwerkes aus Kunstproduktion, Kritik, Publizistik, Kunsthandel, Ausstellungspraxis usw., in dessen Mitte die im Jahr 1958 in Hannover eröffnete Galerie „Seide" und deren wichtigste Akteure stehen. Dabei bezieht sie die Arbeits- und Lehrmöglichkeiten in Hannover als einem attraktiven Anziehungspunkt für junge Künstler mit ein, zum anderen reflektiert sie die Wichtigkeit des Engagements einzelner Persönlichkeiten, welche durch Bekanntschaftsnetzwerke auf Institutionen und Ressourcen zurückgreifen konnten, um ihre neuen Ideen über die konkrete Etablierung einer unkonventionellen und publizistisch agierenden Galerie als Knotenpunkt einer künstlerischen Szene umzusetzen.

1.3 Diskursive Beziehungen

Ein weiterer Themenschwerpunkt ist der diskursiven Wirkungsmacht von Akteuren und Ereignissen der Kunstwelt gewidmet. Sabine Fastert hinterfragt in *Das Schreckgespenst des Kulturmanagers. Kunstkritik nach 1945* die Rolle der Kunstvermittler, wie sie damals von den Zeitgenossen wahrgenommen wurde, wie sie sich aber auch aus heutiger Sicht noch verstehen lässt. Dabei nimmt sie das erste Baden-Badener Kunstgespräch 1959 zum Anlass, das damals schon die Frage aufwarf: „Wird die moderne Kunst ‚gemanagt'?". Im Zentrum der Debatten standen vor allem die kommerziellen Kunstvermittler, etwa Galeristen, die allgemein als notwendige und wohlwollende Partner des Künstlers wahrgenommen wurden, aber – wenn auch eher am Rande verhandelt – auch die viel negativer bewerteten Kunstkritiker. Deren Rolle als „Manager" der Kunst untersucht Fastert exemplarisch an den Fällen von Werner Haftmann, dem sprachgewaltigen und einflussreichen Streiter für die Abstraktion und Theoretiker der documenta, Max Bense als Vertreter einer rationalen Ästhetik auf mathematischer Grundlage und Albrecht Fabri als absolutem Außenseiter innerhalb der Kunstkritikerzunft; so ergibt sich ein sehr differenziertes Bild dieser Profession in der damaligen Situation.

Noch einmal steht Haftmann in Kirsten Fitzkes Beitrag *Auf dem Weg zur documenta. Die Wochenzeitung DIE ZEIT und ihr Autor Werner Haftmann spiegeln und gestalten Positionen bildender Kunst in Westdeutschland* im Mittelpunkt einer Betrachtung über die Rolle der Kunstkritik in der Nachkriegszeit. Dabei fokussiert sie ihre Untersuchung auf die Kunstberichterstattung eines kulturellen Leitmediums der frühen Bundesrepublik. Zu den freischaffenden und gut vernetzten Feuilletonisten der Hamburger Wochenzeitung DIE ZEIT gehörte ab 1946 neben Haftmann auch Carl Georg Heise, bald darauf folgten Alfred Hentzen, Eduard Trier und andere Kunsthistoriker, viele von ihnen zugleich wichtige Ausstellungsmacher im Nachkriegsdeutschland. In diesem Blatt der liberalen Intelligenz unternahmen sie – parallel zu zahlreichen Nachkriegsausstellungen – die Rehabilitierung der sogenannten „entarteten Moderne" als aktueller Gegenwartskunst und besprachen häufig solche künstlerischen Positionen, die dann auch auf der ersten documenta 1955 in Kassel stark vertreten waren. Man könnte geradezu von einer thematischen Spiegelung des westdeutschen Ausstellungsbetriebes und der Kunstberichterstattung dieser Wochenzeitung sprechen. Haftmann wird somit in doppelter Weise als geschmacksprägender „Kunstmanager" mit zentralem Einfluss auf die öffentliche Rezeption künstlerischer Positionen bestätigt.

1.4   Ausstellungsbeziehungen

Gerhard Panzer erklärt in seinem zweiten Beitrag *Die Große Form für die Gegenwart: Die documenta als Innovation von Ausstellungsformaten* den Erfolg der Kasseler Ausstellung 1955 daraus, dass sie mit vorherigen Konventionen des Ausstellens brach und damit zu einem neuen, kanonbildenden Typus für Ausstellungen der Gegenwartskunst avancierte. Dazu stellt Panzer eine relationale Analysemethode für Ausstellungsformate vor, um das Verhältnis zwischen der inneren Struktur von Ausstellungen und ihrer nach außen wirkenden, Bedeutung vermittelnden Ausstellungspraxis zu untersuchen. Für die Kasseler Zwischenkriegszeit kristallisieren sich damit große öffentliche Kunstausstellungen und Künstlergruppenausstellungen als zwei strukturell gegensätzliche, aber historisch einflussreiche Ausstellungstypen heraus. Eine empirische Beziehungsanalyse des Umfeldes von Arnold Bode zeigt darauf aufbauend, dass Künstler, sowohl wenn sie sich aktiv an der Organisation beteiligten als auch, wenn ihre Werke nur ausgestellt wurden, während der 1920er Jahre bereits Erfahrungen mit beiden Ausstellungsformaten sammelten. An diese Erfahrungshintergründe mit Ausstellungskonventionen wurde bezeichnenderweise auch nach dem Bruch 1945 innovativ wieder angeschlossen. Für die documenta wird herausgestellt, wie sie Elemente beider Ausstellungstypen miteinander kombinierte, die bisherigen Ausstellungskonventionen damit wesentlich erneuerte und so zum geeigneten und zukunftsträchtigen Ausstellungsmodell, zur „großen Form für die Gegenwart" avancierte.

Auch Tessa Friederike Rosebrock beleuchtet in ihrem Beitrag *Anmerkungen zu Unterlagen aus dem Arbeitsausschuss. Kurt Martins Dokumente zur documenta I* die Vorbereitungsstrukturen dieser Erfolgsausstellung, allerdings aus der Perspektive einer der beteiligten Akteure, des damaligen Direktors der Staatlichen Kunsthalle Karlsruhe, Kurt Martin. Rosebrock rekonstruiert anhand von Archiv- und

Nachlassunterlagen die zunächst reservierte Haltung des Museumsexperten gegenüber dem Projekt einer mehr künstlerisch ausgewiesenen Ausstellungsinitiative,
kann dann aber aufzeigen, wie sich seine Vorbehalte hin zu einer hilfsbereiten und
langfristigen Mitwirkung im documenta-Arbeitsausschuss wandelten. Als erfahrener Ausstellungsmacher brachte Martin vor allem seine professionellen Kontakte
und Erfahrungen im Leihgabenverkehr ein und verhalf so vor allem koordinierend
und logistisch unterstützend dem Großprojekt zur Realisierung.

1.5 Internationale Beziehungen

Die damaligen kulturellen Beziehungen Westdeutschlands zum Ausland werden
schlaglichtartig im letzten Teil des Bandes am Beispiel des Ausstellungsaustausches
und der Architektenförderung erhellt. Wie die Wiederzulassung eines deutschen
Beitrags auf der Biennale di Venezia bereits drei Jahre nach Kriegsende, also schon
vor Gründung des bundesdeutschen Staates, wesentlich durch Beziehungen des
westdeutschen Ausstellungsmachers Eberhard Hanfstaengl aus München zustande
kam, rekonstruiert Franziska Völz in ihrem Beitrag *Biennale Venedig und documenta – versteckte Beziehungen? Zu Konzepten, Künstlern und Organisatoren*. Mittels
auf Katalog- und Archivdaten basierenden Affiliationsnetzwerken zeigt sie zudem
die hintergründigen wechselseitigen Berührungspunkte der beiden großen internationalen Kunstausstellungsreihen in Venedig und Kassel auf. In Künstlerauswahl und ihren kulturellen Identitätskonstruktionen stimmten beide Expositionen
zumindest im Versuch der Rehabilitierung der als entartet diffamierten Moderne
überein und die erste documenta übte durch Organisatorenvernetzung langfristig
architektonische und konzeptionelle Impulse auf die deutschen Beiträge zur Biennale Venedig aus. Zudem wurden beide Ereignisse als international wirken wol-
lende Repräsentationen der jungen Bundesrepublik Deutschland betrachtet und
daraus abschließend die Frage nach den Zusammenhängen zwischen Kunstbetrieb
und westdeutscher Kulturdiplomatie nach 1945 erörtert.

Veronica Davies' Beitrag *Exhibiting Change through Exchange: Britain and Germany in the post-war decade* erinnert an den frühen Ausstellungsaustausch zwischen der Bundesrepublik Deutschland und Großbritannien. Sie analysiert zunächst eine Ausstellung des British Council „From Hogarth to Turner" in Hamburg
im Jahr 1949 und die an verschiedenen britischen Orten 1949–1950 in einer korre-
spondierenden Ausstellung präsentierten „Modern German Prints and Drawings".
Als einflussreicher deutscher Verbindungsmann erwies sich hier Carl Georg Heise,
der Leiter der Hamburger Kunsthalle von 1945 bis 1955, der die englische Ausstellung beherbergte und im Gegenzug, allerdings auch dank seiner Beziehungen zum
Direktor des Institute of Contemporary Art, die Ausstellung deutscher Grafik für

England organisieren und zusammenstellen konnte. Zusammen mit Alfred Hentzen, seinem Hamburger Amtsnachfolger, und mithilfe der deutschen Botschaft in
London gelang Heise 1956 auch die repräsentative Ausstellung moderner deutscher
Kunst „A Hundred Years of German Painting 1850–1950" in der Londoner Tate
Gallery. Darin wurden schließlich etliche Werke der Kasseler documenta 1955 gezeigt, denn die deutschen Kunstexperten hatten im Vorfeld eine Ausweitung des
ursprünglich angedachten Zeitraums von 1850–1933 auf die Gegenwart initiiert,
um auch neuere Künstler wie Ernst Wilhelm Nay zeigen zu können. Davies Analysen sind ein weiterer Beleg dafür, wie deutsche Ausstellungsmacher mittels aktiven Networkings bereits wenige Jahre nach dem Krieg im Ausland als Anwälte der
deutschen Moderne und Gegenwartskunst als Mittler im Prozess der westlichen
Völkerverständigung fungierten.

Kerstin Renz' Beitrag *Reisen für den Wiederaufbau. Das Cultural Exchange Program und seine Bedeutung für das deutsche Nachkriegsbauwesen* thematisiert den
offensiven Kulturtransfer der USA in das westliche Nachkriegsdeutschland in der
Zeit von 1945 bis 1955. Renz stellt das amerikanische *Cultural Exchange Program*
vor, welches ein weltweit durchgeführtes Reise- und Informationsprogramm des
US-Außenministeriums für Vertreter des öffentlichen Lebens in den ehemaligen
Kriegsgebieten war. Anhand von Fallbeispielen belegt sie, wie dessen programmatische Ideen von deutschen Teilnehmern der vollfinanzierten Studienreisen in die
Bauämter, Hochschulen und Medien Westdeutschlands hineingetragen wurden
und stilbildenden Einfluss beispielsweise auf die westdeutsche Schularchitektur der
1950er und 1960er erlangten. Als Teil US-amerikanischer Außenpolitik war eine
solche, stark politisch-didaktisch motivierte und auf Breiten- und Massenwirkung
hin angelegte (Re-) Education-Maßnahme ein Phänomen des Kalten Krieges. Es
hat das Bauen in der jungen Bundesrepublik auch auf ein an westlichen Vorbildern
orientiertes, internationales Diskursniveau einzustellen vermocht.

1.6   Forschungsperspektive Beziehungsanalysen

Insgesamt versteht sich der vorliegende Band als Anstoß für eine Forschungsperspektive, die durch institutionelle Netzwerk- und Konstellationsanalysen den Einfluss treibender sozialer Kräfte und ihre Kooperationsformen systematisch berücksichtigt. So kann der bisherige Blick auf die westdeutsche Kunstentwicklung nach
1945 erweitert und differenziert werden, da auch die Hintergrundstrukturen der
damaligen Kunstproduktion und -vermittlung einbezogen und die Komplexität
der existierenden privaten und institutionellen Beziehungen der Nachkriegskunstwelt aufgedeckt werden. Sichtbar wird dabei insbesondere die große Bedeutung der
künstlerischen Organisationsstrukturen und der privaten, bisweilen professionellen

Einzelinitiativen, welche viele der künstlerischen Aktivitäten anstießen und zu beeinflussen wussten. So tragen Beziehungsanalysen auch zur empirischen Überprüfbarkeit historischer Makrothesen bei, indem sie diese am konkreten Handeln einflussreicher Akteure überprüfen. Im vorliegenden Sammelband wird so unter anderem besonders deutlich, wie sich nach 1945 die Rehabilitierung der Moderne und der bundesdeutsche Streit um die Abstraktion in Ausstellungswesen und Kunstkritik im Einzelnen vollzogen haben und zu einer neuen gesellschaftlichen Identitätskonstruktion beitrugen.

Es bleibt jedoch auch in Zukunft von enormer Bedeutung, nicht nur exemplarisch einzelne historische Akteure in den Mittelpunkt zu rücken, sondern sie in ihren informellen und professionellen Verknüpfungen eingebettet zu betrachten. Dies birgt weiterhin großes Herausforderungspotential, sowohl für die kunsthistorische als auch die soziologische Forschung.

Diese Veröffentlichung wäre ohne vielfältige Unterstützung nicht möglich gewesen. Wir danken der DFG für die Förderung des Projektes „Die soziale Geburt der Westkunst", den Autoren des Bandes für ihre Aufsätze, allen Tagungsteilnehmern für ihre Diskussionsbeiträge und Hinweise und nicht zuletzt den studentischen Hilfskräften des Projektes, Amelie Ochs, Johanna Hornauer, Marc Drobot und Stefan Taubner für ihr unverzichtbares Engagement bei den Vorbereitungen von Tagung und Publikation.

Die Herausgeber im Dezember 2013

Literatur

Adorno, Theodor W., et al. 1959. *wird die moderne kunst ‚gemanagt'? Ein Bericht mit Beiträgen von Theodor W. Adorno, Jürgen Beckelmann, Max Bense, Konrad Farner, Daniel-Henry Kahnweiler, Egon Vietta u. a.* Baden-Baden: Agis.

Becker, Howard S. 1982. *Art worlds.* Berkeley: University of California Press.

Belting, Hans. 1989. Bilderstreit. Ein Streit um die Moderne. In *Bilderstreit. Widerspruch, Einheit und Fragment in der Kunst seit 1960*, Hrsg. Siegfried Gohr und Johannes Gachnang, 15–28. Köln: DuMont.

Belting, Hans. 2002. *Das Ende der Kunstgeschichte: eine Revision nach zehn Jahren.* 2. erw. Aufl. München: C.H. Beck.

Breuer, Gerda, Hrsg. 1997. *Die Zähmung der Avantgarde. Zur Rezeption der Moderne in den 50er Jahren.* Basel: Stroemfeld (Wuppertaler Gespräche).

Damus, Martin. 1995. *Kunst in der BRD 1945–1990. Funktionen der Kunst in einer demokratisch verfaßten Gesellschaft.* Reinbek bei Hamburg: Rowohlt.

Gillen, Eckhart. 2009. *Feindliche Brüder? Der Kalte Krieg und die deutsche Kunst 1945–1990.* Bonn: Bundeszentrale für politische Bildung.

Glozer, Laszlo. 1981. Abstraktion als Weltsprache. In *Ders. Westkunst. Zeitgenössische Kunst seit 1939.* Ausst.-Katalog. Museen der Stadt Köln in den Kölner Messehallen. 30.5.–16.8.1981, Hrsg. Laszlo Glozer. Köln: DuMont.

Meister, Helga. 1988. Zero und die Folgen, Piene, Mack und Uecker. In *Kunst in Düsseldorf,* Hrsg. Helga Meister. Köln: Kiepenheuer und Witsch.

Papenbrock, Martin. 1995. *„Entartete Kunst", Exilkunst, Widerstandskunst in westdeutschen Ausstellungen nach 1945: Eine kommentierte Bibliographie.* Weimar: VDG.

Poensgen, Georg, Leopold Zahn und Werner Hofmann. Hrsg. 1958. *Abstrakte Kunst, eine Weltsprache.* Baden-Baden: W. Klein.

Rosebrock, Tessa Friederike. 2012. *Kurt Martin und das Musée des Beaux-Arts de Strasbourg. Museums- und Ausstellungspolitik im 'Dritten Reich' und in der unmittelbaren Nachkriegszeit.* Berlin: Akademie-Verlag.

Rudert, Konstanze. Hrsg. 2012. *Im Netzwerk der Moderne. Kirchner, Braque, Kandinsky, Klee, Richter, Bacon, Altenbourg und ihr Kritiker Will Grohmann.* Ausst.-Katalog. Staatliche Kunstsammlungen Dresden, Kunsthalle im Lipsiusbau. 27.9. 2012–6.1.2013. München: Hirmer.

Simmel, Georg. 1908. *Soziologie. Untersuchungen über die Formen der Vergesellschaftung.* Leipzig: Duncker & Humblot.

Wilmes, Daniela. 2012. *Wettbewerb um die Moderne. Zur Geschichte des Kunsthandels in Köln nach 1945.* Berlin: Akademie Verlag.

Ziegler, Ulrike. 2006. *Kulturpolitik im geteilten Deutschland: Kunstausstellungen und Kunstvermittlung von 1945 bis zum Anfang der 60er Jahre.* Frankfurt a. M.: P. Lang.

Teil I
Westkunst als Beziehungsgeflecht

„Westkunst" versus „Ostkunst". Geltungskünste und die Flucht aus der geschichtlichen Kontinuität im geteilten Deutschland

Karl-Siegbert Rehberg

„Westkunst" ist ein stolzer Titel, der zugleich etwas Relativierendes oder Polemisches in sich trägt, wenn man ihn als trotzigen Gegensatzbegriff zur staatssozialistischen „Ostkunst" oder – wie die Polen nationalgesinnt diese Epoche heute durch Exterritorialisierung aus ihrer Geschichte zu tilgen versuchen – als „Socrealizm" versteht.[1]

Mit Blick auf die Entwicklung der Künste während der deutschen Teilung und im Transformationsprozess nach 1990 ist festzustellen, dass es sich dabei weder allein um eine West-, noch ausschließlich um eine Ostgeschichte handelt, denn mit der deutschen Wiedervereinigung hat auch die Geschichte der *alten* Bundesrepublik ihr Ende gefunden (wenngleich das im Westen kaum jemand bemerkt, da sich im Alltagsleben für die Meisten so gut wie nichts verändert hat).

Innerhalb dieser „Beziehungsgeschichte" ist das Kunstsystem der untergegangenen DDR vielfältig erforscht worden und selbstverständlich weiß man zeit- und kunsthistorisch über die Entwicklungen in der alten BRD ohnehin sehr viel. Aber die Gegensatzspannungen und Verflechtungen zwischen den beiden ,Kunstwel-

---

Dank sage ich für die auch konzeptionell wichtige Mitarbeit an diesem Text Amelie Ochs, Stefan Wagner, Paul Kaiser, Christian Heinisch und Jan Wetzel sowie Franziska Völz und Stefan Taubner. Dem Vortrag lag mein Aufsatz „Der doppelte Ausstieg aus der Geschichte. Thesen zu den ,Eigengeschichten' der beiden deutschen Nachkriegsstaaten" (Rehberg 2002) zugrunde.

---

[1] Vgl. Tack 2012.

K.-S. Rehberg (✉)
Dresden, Deutschland
E-Mail: karl-siegbert.rehberg@tu-dresden.de

G. Panzer et al. (Hrsg.), *Beziehungsanalysen. Bildende Künste in Westdeutschland nach 1945*, Kunst und Gesellschaft, DOI 10.1007/978-3-658-02917-3_2, © Springer Fachmedien Wiesbaden 2015

ten' sind weitgehend noch unaufgeklärt. Obwohl es in dem Kolloquium, das den Ausgangspunkt für die Aufsätze im vorliegenden Band bildet, um die westdeutsche Erneuerung der Künste seit den 1950er Jahren ging, werden die widerstreitenden Kunstsysteme im Folgenden in den Zusammenhang der gesellschaftlichen und politischen Entwicklungen seit dem Beginn des Kalten Krieges gestellt. Viele Dualismen und Feindsetzungen sind kaum zu verstehen, wenn man die untergründigen Spannungsbeziehungen zwischen Ost und West, aber auch Formen des Zusammengehörigkeitsgefühls über die Systemgrenzen hinweg ignorieren würde. Der gemeinsame Ausgangspunkt beider partieller Geschichten, die Niederlage Deutschlands nach dem von Hitler entfesselten Krieg, soll deshalb zum Ausgangspunkt werden für eine Skizze der gegensätzlichen und von ausdrücklichen Entgegensetzungen geprägten kulturpolitischen und künstlerischen Verlaufsgeschichte in der Zeit der staatlichen Trennung.

2.1 Das aus der Katastrophik geborene beredte Schweigen

Es war Gottfried Benn, der nach der bedingungslosen Kapitulation des Deutschen Reiches schonungslos formulierte: *„Wir sind nicht davon gekommen'* [...]/*Zu deutsch: Die Substanz ist lädiert".*[2] Darin kam vor allem seine eigene biographische Erfahrung zum Ausdruck, das Verstummen nach seiner kurzzeitigen Identifikationsemphase[3] mit dem Nationalsozialismus angesichts des zur wuchtigen Schicksalhaftigkeit stilisierten Zusammenbruchs des Hitler-Regimes. Das war eine zeittypische Empfindung. Die Niederlage wurde von den meisten Deutschen nicht als Befreiung erlebt[4], sondern als historische Katastrophe. Was zur „Stunde Null" erklärt wurde[5], lässt Deutschland aus der Geschichte fallen, eine zugleich traumatisierende und entlastende Konstruktion für die zwanghaft stillgestellte Zeit in

---

[2] Benn 1962, S. 72.

[3] Eine der Faszinationen des Nationalsozialismus für Intellektuelle war verbunden mit der Möglichkeit einer aktivistischen Selbstüberwindung, von Benn ausgedrückt in seiner scharfen Abrechnung mit denjenigen seiner Bewunderer, die sich als „Emigranten" in den „kleinen Badeorten am Golf von Lyon, in den Hotels von Zürich, Prag und Paris und anderenorts" vom Erlebnis des Volkes abgekoppelt hätten: „wie stellen Sie sich denn nun eigentlich vor, daß die Geschichte sich bewegt? Meinen Sie, sie sei in französischen Badeorten besonders tätig?"; vgl. Benn 1989a, S. 25 sowie Benn 1989b.

[4] Erst die Rede des Bundespräsidenten Richard v. Weizsäcker, der 1985 zum 40. Jahrestag des Kriegsendes den 8. Mai 1945 einen „Tag der Befreiung" genannt hatte, traf den allgemeinen Konsens, war aber keine Selbstverständlichkeit, sondern wurde so lange nach Kriegsende als Beispiel mutiger Klarheit gelobt.

[5] Vgl. Rehberg 1992.

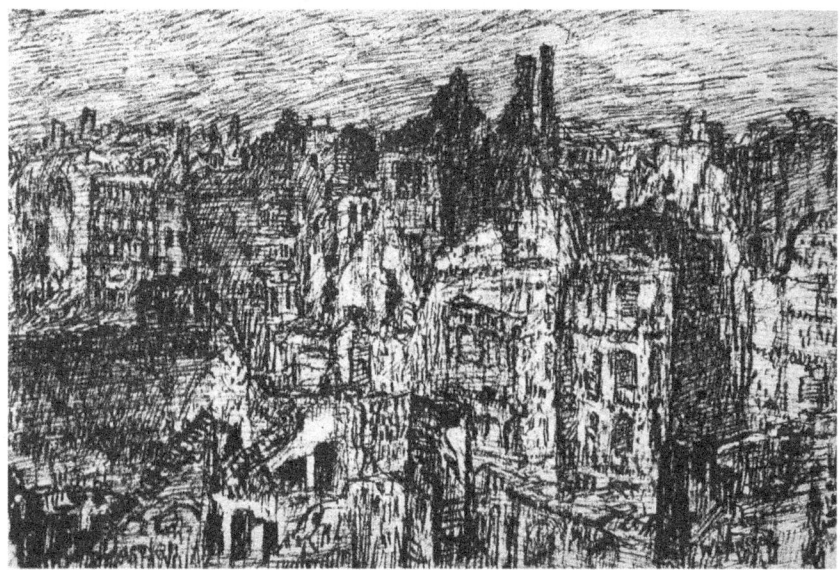

Abb. 2.1 Aus Wilhelm Rudolphs Zyklus „Dresden 1945": Blick zum Neumarkt, 1945, Dresden Kupferstichkabinett © Repro aus: Wilhelm Rudolph – Dresden 45. Holzschnitte und Federzeichnungen. 1983. Leipzig: Reclam, S. 43

den Trümmerlandschaften (Abb. 2.1) und für den Ausstieg aus dem Fluss der geschichtlichen Kontinuität. Benn versuchte, dieser Situation mit stoischer Geste zu begegnen: „Du trittst zurück in den Schatten" und es bleibt, „die auferlegten Dinge schweigend zu vollenden".[6]

Das korrespondierte mit der Beobachtung Max Lingners, der 1949 als Mitglied der Jury der Zweiten Deutschen Kunstausstellung in Dresden davon sprach, dass er noch nie so viele Maskenspiele gesehen habe, wie bei den Einsendungen westdeutscher Künstler:

> Vor allem in den Westzonen waren damals Puppenspiel und Karneval beliebte Motive, wohl aus dem Empfinden der Künstler heraus, dass viele Menschen, die in der NS-Zeit begeisterte Anhänger Hitlers waren, sich nun gleichsam hinter Masken versteckten.[7]

---

[6] Benn 1989c, S. 41.

[7] Conermann 1995, S. 175; Maskenbilder und durch Pappkästen verdeckte Gesichter wurden auch für Wolfgang Mattheuer zu einem viel variierten Sujet, um das Sich-Verstecken der Funktionäre in der Phase des endgültigen Niedergangs der DDR symbolisch darzustellen.

Mit derlei Bildern wurde aus der Katastrophik das „kommunikative Beschweigen" geboren, jene geschichtliche ‚Rücksichtnahme' und Selbstentschuldigung, in der Hermann Lübbe später einen der Gründe für das Gelingen westdeutscher Demokratisierung sah.[8]

1945 jedenfalls herrschte „Schiffbruchstimmung", wie Hans Egon Holthusen formulierte. In der Malerei wurden „Hungrige, Blinde, Wahnsinnige, Totentänzer, Trümmerfelder, Ruinennächte" gezeigt – „das waren Variationen zum ‚beschädigten Menschen'"[9] (und erinnerte durchaus an Motive nach dem Ersten Weltkrieg, etwa an George Grosz).

Aber gegen alle Bedrückungen in der Niederlage wollten die meisten Menschen nach 1945 sich doch noch eine Zukunftschance eröffnen, zumal die Alltagsroutinen nie stillzustellen sind und der Überlebenswille doch dominiert. Die Suche nach vermissten Angehörigen, die Beschaffung von Lebensmitteln und die Wiederherstellung notdürftigen Wohnraums setzten das Leben ebenso fort, wie erste kleine Kunstausstellungen, das Erscheinen von Zeitungen und deren Lektüre oder die Anpassung an die neuen Machtverhältnisse in der jeweiligen Besatzungszone. Bald darauf wurde „Wiederaufbau" zum Schlagwort der Stunde.[10]

In Ost und West suchte man gleichermaßen das „bessere Deutschland" zu schaffen, an das Thomas Mann etwa schon in seinen Rundfunkansprachen aus dem Exil appelliert hatte.[11] In der Sowjetischen Besatzungszone und der jungen DDR schien es seinen Ort gefunden zu haben in einer Zukunftsgestaltung, welche programmatisch in humanistischen Traditionen der deutschen Geschichte verankert werden sollte, die es ermöglichten, das dem „humanistischen" Weimar so naheliegende Buchenwald zum Symbolort für einen entschiedenen Antifaschismus zu machen. Zwar war die Selbstentwertung des Kommunismus durch die blutige Stalin-Ära, besonders die Moskauer Prozesse von 1936, nicht verborgen geblieben und hatte viele aus den eigenen Reihen zu unerbittlichen Kritikern gemacht. Gleichwohl schienen die Verbrechen des Stalinismus für einen nicht geringen Teil der Intellektuellen vor dem Trauma der NS-Verbrechen zu verblassen. Wie schwer tat man sich noch mit der 1956 von Nikita Chruschtschow vor dem XX. Parteitag

---

[8] Vgl. Doering-Manteuffel 1996 und Ritter 1996.

[9] Vor allem mit Blick auf Karl [Carl] Hofer schreibt Glaser (1990a, S. 228): „Dunkle Farbklimata oder Bildtitel herrschten vor, wie ‚Im Zerreißen' (Georg Meistermann), ‚Acheron' (Emil Schumacher), ‚Im Maelstrom' oder ‚Schwarzspur' (Gerhard Hoehme) und vermittelten noch eine diffuse Vorstellung vom erlebten Grauen, von den physischen Zerstörungen und mentalen Verwüstungen."

[10] Schildt 1995.

[11] Mann 1986.

der KPdSU gehaltenen „Geheimrede"[12], welche eine partielle „Entstalinisierung" zum Startpunkt für eine dynamische Modernisierung im „Wettlauf der Systeme" machen wollte, oder später mit einem Chronisten des mörderischen Gulag-Systems wie Alexander Solschenizyn.[13]

2.2 Das deutsche Paradox nach 1945: Erhöhung der Geltungschance durch Geschichtsflut

Die institutionellen Konstruktionen geltungserhöhender „Eigengeschichten"[14] stützen sich zumeist auf die Behauptung und Verinnerlichung einer historischen Rechtfertigung durch Althergebrachtes. Im Folgenden soll nun aber der paradoxe Fall einer Geltungs(wieder)herstellung durch den ‚Ausstieg' aus der geschichtlichen Kontinuität zeigen, wie die suggerierte historische Diskontinuität in Ost- und Westdeutschland zum Medium der Wiedererlangung von staatlich-gesellschaftlicher Anerkennung wurde: Dem Zivilisationsbruch folgte der Traditionsbruch bzw. die selektive Neuaneignung der Vergangenheit (etwa im Zuge der west- und ostdeutschen Teil-Staatsgründungen und dann auch der entsprechenden Wiederbewaffnungen). Auch in einer dramatischen Steigerung des konzeptionellen Neubeginns wird Geschichte umgedeutet, nicht weniger als das in jedem Kontinuierungs-Mythos geschieht. Ich will die These aufstellen und skizzenhaft belegen, dass in den führenden Intellektuellen-Diskursen nach der (Selbst-)Zerstörung des kurzlebigen Deutschen Reiches beide deutsche Teil-Staaten „mental" aus der Geschichte herausgetreten sind – wenn auch in einander entgegengesetzter Weise. Auch daran zeigt sich, dass viele Zuspitzungen der je eigenen Position in BRD und DDR rückblickend nur durch die Gegensatzspannung der beiden „Frontstaaten" des „Kalten Krieges" zu verstehen sind.[15] An den Bildenden Künsten und den unterschiedlichen kunstpolitischen Positionen in Ost und West lässt sich das besonders gut erkennen.

---

[12] Nikita Chruschtschow, Geheimrede vor dem XX. Parteitag der KPdSU, der vom 14.-25.2.1956 stattfand; vgl. Hildermeier (1998, S. 762 f.).

[13] Vgl. Solschenizyn 1974 und 1963.

[14] Vgl. Rehberg 1994, bes. S. 73 ff.

[15] Wollenhaupt-Schmidt 1992, S. 122, schrieb dazu: „Infolge dieses Prozesses erhielt die ungegenständliche Kunst im Westen Deutschlands eine demonstrative Unterstützung, da sie – als Gegensatz zur ‚unfreien' ‚gegenständlichen Kunst des Sozialistischen Realismus' – als ‚freie' Kunst ideologisch belegt werden konnte"; Haftmann (1959, S. 15) sprach vom „Vollzug" der Freiheit als Unterscheidungskriterium und vom „Verzicht auf die politisch reglementierte Kunstausübung des ‚sozialistischen Realismus'".

Es ist eine der Folgen des selbstmörderischen Hitlerkrieges gewesen, dass unter der Führung der Sowjetunion für mehr als vierzig Jahre ein Hegemoniesystem entstand, das politisch auf eine erzwungene Gesellschaftsveränderung festgelegt war. Alle Transformationen in „sozialistische Gesellschaften" – auch dort, wo sie partiell durchaus Zustimmung und eine eigene „historische" Legitimation fanden – waren durch die *ultima ratio* der militärischen Macht der Roten Armee gesichert.

Alle „östlichen" Gesellschaften Europas – die DDR eingeschlossen – waren nach 1945 somit einem tiefgreifenderen Wandel unterworfen worden, als die dem westlichen Bündnissystem angehörenden. Allerdings war es innerhalb der in den europäischen Institutionen und in der NATO zusammengeschlossenen Staaten des alten Kontinents nun wiederum die westdeutsche Gesellschaft, die am weitreichendsten verändert wurde.[16] Rückblickend könnte man sagen: Die Bundesrepublik (deren Westbindung nicht nur von Konservativen, sondern gerade auch von DDR-Politikern immer wieder als „Amerikanisierung" angeprangert wurde, während umgekehrt die DDR vielen Westdeutschen als das „deutschere Deutschland" galt[17]) wurde in die Modernisierung getrieben und in den demokratischen Neuanfang. Zutreffend hat jemand einmal formuliert: „Den Westdeutschen ging es wirtschaftlich so gut, dass sie sogar Demokraten werden konnten."

Trotz aller Kontinuitätsvergessenheit in Ost und West ist – wie Aleida Assmann und Ute Frevert in einem Buch zur deutschen Geschichtspolitik überzeugend dargelegt haben[18] – nicht einfach davon auszugehen, dass nach 1945 die Vergangenheit vollständig ausgeblendet worden wäre. Immer gab es erinnernde Rückgriffe in der Formierung eines „*kollektiven* Gedächtnisses"[19] und dessen Institutionalisierung und Kanonisierung als „*kulturellem* Gedächtnis".[20] Daraus können sich unterschiedlichste Konzepte der Vergangenheitsdeutung, sogar eine Kontinuitätsgeschichte der Negativität entwickeln und daraus folgend durchaus kontroverse Formen der Aneignung des „kulturellen Erbes". Bei aller Verdrängung blieb Geschichte in den politischen Diskursen Nachkriegsdeutschlands doch immer gegenwärtig.

Wenn ich gleichwohl von einem „doppelten Ausstieg aus der Geschichte" spreche, so meint das die Flucht vor den Belastungen durch eine historische Kontinuität, deren Verbindung mit dem Nationalsozialismus nicht zu leugnen war und deshalb

---

[16] Das hat den Soziologen Helmut Schelsky (Schelsky 1965, S. 356) in seinen empirischen Zeitbeobachtungen schon in den 50er Jahren dazu gebracht, Westdeutschland vor dem Hintergrund der großen Territorialverluste, der staatlichen Teilung sowie der erzwungenen Migration von 12 Millionen Flüchtlingen als „nivellierte Mittelstandsgesellschaft" zu kennzeichnen.

[17] So beurteile Günter Grass (1983) etwa die ostdeutsche Kunst als „deutscher".

[18] Vgl. Assmann; Frevert 1999.

[19] Vgl. Halbwachs 1991.

[20] Vgl. Assmann 1992.

eine Umdeutung der eigenen Herkunft ebenso nahelegte wie die Projektion der normativen Quellen des Gemeinwesens in andere geschichtliche Zusammenhänge. Das geschah in Ost und West gleichermaßen, war hier wie dort normbildend und mentalitätsprägend.[21]

In Westdeutschland suchte man eine Wiederanknüpfung an die Weimarer Republik und an demokratische Traditionen (bis zurück in den Vormärz), zuweilen so, als sei der Nationalsozialismus nur ein historischer „Betriebsunfall" oder eine für die Institutionen nur nebensächliche Episode gewesen. Die „Rückkehr in die Völkergemeinschaft" wurde zuerst durch die *politische* (auch europäische), sodann durch die in höchstem Maße umstrittene *militärische* Westbindung als dem Schlüsselkonzept des Bundeskanzlers Konrad Adenauer ermöglicht. Ihre lebensweltliche Vertiefung erhielt sie jedoch ganz entscheidend durch die *kulturelle* Westbindung, die von Gruppen (etwa den von der damaligen Regierungsmehrheit vielfältig abgewerteten „Intellektuellen") durchgesetzt wurde, die häufig im Gegensatz zur Politik Adenauers standen. Nun wurden der französische Existenzialismus, der filmische *Neorealismo*, die Pariser, später New Yorker „Abstrakten" oder auch das *Swinging London* zu Medien der Orientierung, denen dann weitere Internationalisierungen (nicht nur der Küche) folgen konnten.

In Ostdeutschland gab es demgegenüber eine andere Form der Flucht aus der Kontinuität der eigenen Geschichte, und zwar in die positive Geschichtsphilosophie. Man setzte auf eine Identitätsbildung, welche die DDR mit einer imaginativen Entwicklungslinie der menschlichen Emanzipation verband. Demgegenüber erschien der „Hitler-Faschismus" als Produkt von Kapitalismus und Imperialismus, sozusagen als Bestandteil *nur* der westdeutschen Geschichte. Das konnte man sich umso leichter vormachen, als die BRD qua Hallstein-Doktrin den völkerrechtlichen Alleinvertretungs-Anspruch für Deutschland behauptete und sich somit rechtspolitisch in direkte Fortsetzung von dem ansonsten scharf abgelehnten sogenannten „Dritten Reich" stellte. Plötzlich sah es so aus – und manche, allerdings nicht realisierte „Konzepte" für das große, von Werner Tübke gestaltete Bauernkriegs-Panorama in Bad Frankenhausen wollten das ja auch in gemalter Form objektiviert sehen[22] –, als wäre die DDR der direkte Endpunkt einer durchlaufenden Geschich-

---

[21] Diese These wird auch bestätigt durch die sorgfältige und quellengestützte Untersuchung von Frei (1996).

[22] Unter den Konzeptionen für das von Werner Tübke gestaltete Bauernkriegs-Panorama in Bad Frankenhausen gab es auch den Alternativvorschlag, in dem Rundbild die wichtigsten revolutionären Klassenkämpfe in Europa darzustellen, nämlich die englischen Aufstände von 1381 und die der Hussiten 1419/20, die Bundschuhverschwörung Ende des 15., Anfang des 16. Jahrhunderts, den ungarischen Bauernaufstand 1514, den deutschen Bauernkrieg 1524/25, den russischen Bauernkrieg unter Pugatschow 1774–1776, die Pariser Kommune

te historischer Befreiungskämpfe, also wirklich – im Hegelschen Sinne – die zur „Wirklichkeit" gewordene Idee eines Übergangs zum Kommunismus als höchster Stufe menschlicher Vergesellschaftung.

Die politische Verwaltung und Konstruktion des „kulturellen Erbes" war deshalb von Anfang an für die DDR wichtig und ist ein anderer Beleg dafür, dass auch die Flucht aus geschichtlicher Kontinuität sich historischer Mittel bedienen muss. Hier ging es um Kulturpolitik als „Ausprägung lebendiger, schöpferischer Beziehungen zu progressiven, humanistischen und revolutionären Ideen, Werten und Kämpfen in der Geschichte", weshalb mit großen Teilen der Überlieferung „radikal gebrochen" werden müsse.[23] Ausdrücklich bezieht sich die Programmatik auf den Unterschied zur westdeutschen Geschichtsauffassung, einmal durch die Mobilisierung „des Erbes der revolutionären Arbeiterbewegung und des kämpferischen Antifaschismus" und zum anderen durch die umfassende „Aneignung des bürgerlich-humanistischen Kulturerbes", allen voran der Weimarer Klassik, also Goethes und Schillers, aber auch anderer ‚Fortschrittsautoren' wie Gotthold Ephraim Lessing oder Heinrich Heine.

Mit zunehmender Etablierung der neuen Verhältnisse wurde die Aneignung der Geschichte im Horizont der eigenen Deutungen programmatisch ausgebaut: Nicht nur Thomas Müntzer, auch Martin Luther, nicht nur die deutschen Jakobiner, sondern auch Friedrich II. von Preußen, nicht nur die Helden der Revolutionen seit 1789, sondern auch die preußischen Reformer konnten eingereiht werden in eine auf Aufklärung und Selbstbefreiung gerichtete „objektive" Geschichte.

2.3 Die Künste als Medien der bildhaften historischen Selbstverortung

Gemeinsam war in den vier Besatzungszonen und den beiden deutschen Nachkriegsstaaten die Ausgangslage gerade auch in den kulturellen Neubewertungen und in einem antifaschistischen Grundtenor (so verschieden auch dessen offizielle Kanonisierung war). In Westdeutschland waren gerade die kulturellen, dabei auch bildkünstlerischen Berührungsängste mit dem nationalsozialistischen Ästhetiki-

---

1871, die „Große Sozialistische Oktoberrevolution 1917" und als historische Apotheose die „Bodenreform 1947 bei uns"; vgl. Rehberg 1999, S. 48 sowie SAPMO-BArch, IV B 2/3.06, Nr. 73:4 [Zentralkomitee der SED, Abteilung Kultur], Konzeption zur künstlerischen und musealen Ausgestaltung der Bauernkriegsgedenkstätte – Panorama auf dem Schlachteberg bei Bad Frankenhausen v. 22.7.1974, zit. in: Zimmering 2000.

[23] Autorenkollektiv 1985; vgl. auch Schmidt 1986 und Assmann; Frevert 1999, bes. S. 173–188.

deal zum Ausdruck eines eigenen (nicht verordneten) Antifaschismus geworden. Das führte zur Wiederentdeckung und Wiederherstellung der Präsenz jener Kunstwerke, die im NS-System verächtlich gemacht, unterdrückt oder vernichtet worden waren. Aber nicht nur im Westen, sondern in *beiden* ersten großen repräsentativen Bildpräsentationen – nämlich sehr früh bei der (ersten), besonders von Hans Grundig und Will Grohmann geprägten Allgemeinen Deutschen Kunstausstellung in Dresden im Jahre 1946, wie auch neun Jahre später bei der (ersten) documenta in Kassel 1955– versuchte man gleichermaßen, die von den Nazis verfemte Kunst wieder ins Recht zu setzen. Allerdings geschah dies in der Dresdner Ausstellung in der SBZ sehr viel expliziter, wenn etwa der die Künstler vertretende Bildhauer Herbert Volwahsen in seiner Eröffnungsrede auf die zwölf Jahre zuvor im Rathaus eben dieser Stadt veranstaltete NS-Ausstellung zur Diffamierung der künstlerischen Moderne im September und Oktober 1933 hinwies, welche als erste den Titel „Entartete Kunst" trug[24] und deren Folgeausstellungen bis zu der Münchener Exposition von 1937 in der Welt „einen Sturm der Entrüstung über diese Kunstbarbarei" hervorgerufen hatten.[25] Auch zeigte man Werke etwa von Otto Dix, Paul Klee, Max Beckmann, Ernst Ludwig Kirchner, Willi Baumeister oder Oskar Schlemmer, also von Künstlern, von denen Arbeiten 1933 im Lichthof des Dresdner Rathauses präsentiert worden waren.[26]

Die 1955 mit der documenta ebenfalls beabsichtigte Anknüpfung an die von den Nazis unterdrückte Moderne wurde dort allerdings nur verhalten und in zeittypischen Umschreibungsformeln zum Ausdruck gebracht, besonders in der Einleitung Werner Haftmanns zum Katalog, in der er vor allem auf die Traditionen internationaler Kunstausstellungen in Deutschland verwies und auf die geradezu naturgesetzliche Notwendigkeit des Entwicklungsprozesses der Künste, die auf ein einzelnes Land nicht zu beschränken seien, so dass Sinn der Ausstellung nicht wie im Osten eine volksverbundene Kunst sein sollte. Vielmehr käme es „für die heraufwachsende Jugend", aber auch für das Nachkriegspublikum insgesamt darauf an, „die Entwicklung und europäische Verflechtung der modernen Kunst vor Augen zu führen". Das sei zwar aus „einer deutschen geistigen Situation" entsprungen, im Idealfall jedoch „für die geistige Wohlfahrt der Nation von hohem Belang". Demgegenüber wurde die NS-Zeit nur in Anspielungen erwähnt wie der, dass Deutschland „in jener jüngst vergangenen Zeit [...] aus der vereinten Anstrengung

---

[24] Es handelte sich um die elfte dieser ab dem April 1933 in schneller Folge gezeigten „Schreckenskammern"; vgl. Zuschlag 1995, bes. S. 123–131.

[25] Vgl. Ausschnitt aus der Rede Herbert Volwahsens (1946, [S. 6]).

[26] Vgl. Bode 2012, bes. S. 52 sowie zur (Ersten) Allgemeinen Deutschen Kunstausstellung auch Rehberg 2012.

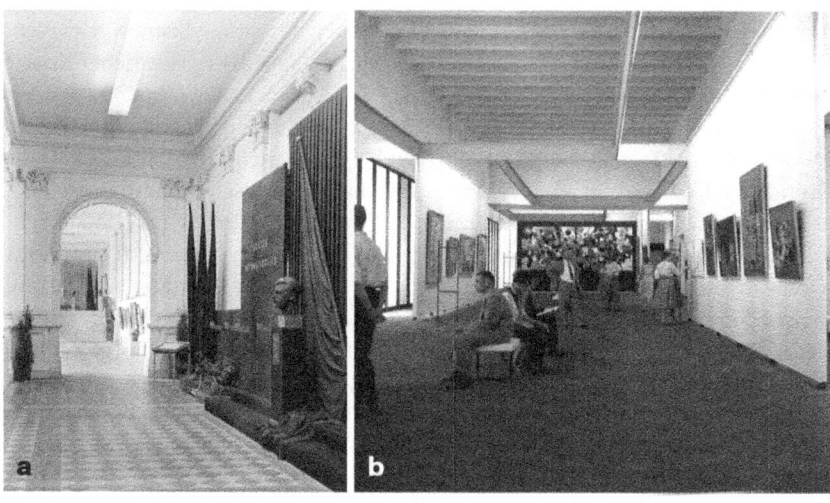

Abb. 2.2 a III. Deutsche Kunstausstellung 1953 mit Stalinbüste im Eingang des Dresdner Albertinums © Dresden, SLUB/Deutsche Fotothek, Foto: Erich Höhne und Erich Pohl. **b** Blick in einen Ausstellungsraum der II. documenta 1959 mit Ernst Wilhelm Nays „Freiburger Bild" (1956) © Kassel 2007, documenta Archiv, Foto: Günther Becker

des modernen europäischen Geistes heraustrat, sich isolierte und in einem sehr seltsam anmutenden Anfall von Bilderstürmerei, die bereits erreichten Ergebnisse [...] auf allen Gebieten des Geistes verwarf". Dabei wusste Haftmann tröstend an-zumerken, „dass die Verfemung der modernen Kunst den Künstlern selbst (nicht) geschadet hätte". Es war dies vielleicht Ausdruck einer weiterwirkenden lutheri-schen Zwei-Reiche-Lehre, wenn „äußeres Leben" und Unrecht von der „inneren Substanz" getrennt werden, die durch all dies nicht zu berühren sei.[27]

Aus ähnlichen Motivlagen entwickelte sich dann jedoch nur im Westen die Op-tion für den „abstrakten" Stil als Geltungskunst.[28] Als Leitausstellungen für den teleologischen Realismus auf der einen und die Abstraktion auf der anderen Seite erwiesen sich die III. Deutsche Kunstausstellung in Dresden im Jahre 1953[29] und die II. documenta im Jahre 1959 – das waren *die* kanonischen Kunstdemonstratio-nen in Ost und West (Abb. 2.2 a, b).

Allerdings muss man zwischen der tatsächlichen künstlerischen Praxis und den Formen institutionell erzeugter und gestützter Geltungskünste durchaus unter-

---

[27] Vgl. Haftmann 1955a, S. 25 u. 16.

[28] Vgl. Kimpel; Stengel 2000.

[29] Vgl. Rehberg 2012, bes. S. 218 f., und 2003, bes. S. 46–49.

scheiden. Auch im Westen wurde nach 1945 vielfältig realistisch gemalt, gab es akademische Bildhauer alten Stils, waren die Weihnachtsausstellungen und die für kommunale Wettbewerbe und Aufträge geschaffenen Entwürfe und Arbeiten noch nicht einmal in ihrer Mehrheit „modern". Und sehr wohl gab es auf der anderen Seite auch in Ostdeutschland Fortsetzungen der Bauhaus-Tradition und Formen der Abstraktion. Aber die Protektion, die öffentliche Aufmerksamkeit, die Ankäufe der Spitzenmuseen oder die in Marktpreisen sich ausdrückende Wertschätzung für national und international wahrgenommene bzw. vom Staat protegierte Künstler überlagerte diese vielschichtigen Realitäten und führte zum Dualismus der einander opponierenden ästhetischen Vorschriften oder Erwartungen.

Bestimmend war eine *Gegensatzspannung*, welche die Doktrinen – „reine Kunst" hier und „vorausweisende Volkstümlichkeit" dort – verschärfte, die gleichwohl durch einen „abstrakten Idealismus" untergründig miteinander verbunden blieben.[30] *Nur* in Deutschland wurden ästhetische Programme und stilistische Varianten künstlerischer Ausdrucksmittel zu einer durch das je „andere Deutschland" gestützten Angelegenheit der eigenen „nationalen" kulturellen Identität. Das zeigt sich besonders im Vergleich mit anderen Ländern – man denke etwa an die vollständige Parallelität „abstrakter" wie auch gegenständlicher Stilrichtungen in Italien oder Frankreich. In Deutschland sollten indes kulturelle Identifikationen und die Legitimation für künstlerisches Schaffen mit der programmatischen Überwindung der Nation verknüpft werden. Paris und New York auf der einen, Moskau auf der anderen Seite wurden zu Orten der Orientierung. Allerdings galt das für die DDR doch nur sehr bedingt und blieb bis zuletzt eine Quelle der Frustration zwischen den sozialistischen Bruderländern. Jedenfalls gab es in der deutschen Nachkriegskunst eine „transnationale" Selbstbezüglichkeit, eine Verarbeitung der eigenen Geschichte durch Weltbezug.

Übrigens hatte Arnold Gehlen schon für die klassische Moderne die pointierte These aufgestellt, dass durch die Ächtung der abstrakten Kunst in der Sowjetunion die westliche „Kunstrevolution von den politischen Nebengeräuschen befreit, d. h. in die bloße *Kunstimmanenz hineingezwungen*" worden sei. Daraus erklärte er sich auch den „Hass" der westlichen Kunstexperten gegen den „dogmatischen sowjetischen Realismus" – das sei „die Reaktion auf das von dort aus zerschnittene Tischtuch".[31]

Vielleicht könnte man zugleich die These von Gerda Breuer aufnehmen, wonach sich in der post-nazistischen Ausgangslage der beiden deutschen Nachkriegsgesellschaften *abschwächende Rückgriffe* eingestellt hätten, so dass sie sehr treffend

---

[30] Gillen 1999.
[31] Gehlen 2014, S. 212.

für den Westen von einer „gezähmten Avantgarde"[32] sprach und für den Osten von einer „zahnlosen", ihrer gesellschaftskritischen Verdichtung entkleideten (nicht mehr: „Neuen") „Sachlichkeit".[33] Das mag damit zusammenhängen, wie Willi Baumeister 1945 meinte, dass der „Elan der Schaffenden" [...] durch die vielen Jahre der Irreführung und Einschüchterung gehemmt [war]. Die Jugend hatte keine echte, zeitgemäße Kunst gesehen".[34] Über den Werken der westdeutschen Moderne lag in den 1950er und 60er Jahren – wie über denen der DDR-Kunst fast bis zuletzt – ein merkwürdiger Schleier der Angestrengtheit und eines provinziellen Zeitgeistes, ganz unabhängig davon, dass es große Werke und überzeugende künstlerische Arbeiten hier wie dort durchaus gegeben hat.

Interessant auch, dass die ästhetischen, besonders: stilistischen Doktrinen der ‚feindlichen Brüder'[35] darin übereinstimmten, dass es um „den Menschen" gehen sollte. Die DDR war besonders stolz auf ihre „Menschenbilder"[36], weshalb von den Künstlern unablässig gefordert wurde, sie sollten das „neue", jedenfalls das bereits realisierte sozialistische Menschentum ins Bild setzen. Gerade darum wurden vor allem die bildenden Künstler seit Ulbrichts Zeiten immer wieder kritisiert, da sie weit davon entfernt seien, die Arbeiterklasse adäquat zu erfassen.

Auch war der Vorwurf an die „Westkunst" epidemisch, sie verzerre den Menschen oder zerstöre in elitärer Selbstüberhebung dessen Bild. Gerade deshalb mag erstaunen, dass die „moderne Malerei" (etwa durch Werner Haftmann oder Will Grohman als Nachkriegspropheten der Befreiung durch Abstraktion) ebenfalls gerechtfertigt wurde durch die „neue Beharrlichkeit, mit der sie das Anliegen des Menschen als dem Einzelnen, seine Würde und seine Seinsweise in die Mitte des künstlerischen Ausdrucks stellt."[37]

---

[32] Vgl. Breuer 1997.

[33] Interessant ist, dass die Rezeption der DDR-Kunst in Italien in den frühen 1970er Jahren begründet wurde durch den Mailänder Galeristen Emilio Bertonati, der bei seinen Studien über die Neue Sachlichkeit auf die Leipziger Malerei, damit auf Volker Stelzmann, Ulrich Hachulla, besonders aber auf Werner Tübke stieß; vgl. auch Rehberg 2013.

[34] Zit. in: Wollenhaupt-Schmidt 1992, S.114.

[35] Vgl. Gillen 2009.

[36] Vgl. die vielen gleichlautenden Publikations- und Ausstellungstitel bis nach der „Wende", u. a.: Gemäldegalerie Neue Meister Dresden o. J.; Ministerium für Bundesangelegenheiten des Landes Nordrhein-Westfalen 1987; Walther 1994.

[37] Haftmann 1955b, S. 438.

2.4 Die feindlichen Geltungskünste im Kalten Krieg

2.4.1 Teleologischer Realismus das Bild des „neuen Menschen"

Die Geltungskunst im Osten war der Sozialistische Realismus. Anfangs sollten die Künste nach dem Sieg der Alliierten über das NS-Regime frei sein, wie Anton Ackermann das im Neuen Deutschland vom 23.4.1948 noch versprochen hatte, dass nämlich künftig dem Künstler „kein Amt, keine Partei, keine Presse dreinzureden hat".[38] Auch hoffte man mit dem sächsischen Staatssekretär Gute darauf, „dass unsere neue deutsche Demokratie [...] eine Dynamik schaffen wird", die es – wie er ein wenig unsicher und doch schon drohend formulierte – überflüssig mache „dass wir [...] mit Verordnungen Kunst machen müssen".[39] Und auch der sowjetische Kulturoffizier, Major Alexander Dymschitz, der kurz darauf die Formalismus-„Debatte" eröffnete, grenzte sich noch deutlich von der „barbarischen Reglementierung" der Kunst durch die Nazis ab: „Daraus entstand der denkfaule Nazinaturalismus [...]. Mit diesem Quatsch ist es ein für allemal aus".[40] Aber schon im Oktober 1946 kritisierte das ZK-Mitglied der KPdSU, Andrej Shdanow, die „Abweichler vom Realismus" und Oberst Tulpanow warnte kurz danach beim sächsischen Künstlerkongress: "Wenn die Sowjetunion Nichtskönner oder untalentierte Menschen ausschalte [!], so bedeute das [...] den Schutz des wirklichen Künstlers".[41] Durchgesetzt wurde die ästhetische Orthodoxie eines „Realismus", der mehr zeigen sollte, als schon zu sehen war, nämlich die neue Gesellschaft und deren Idee, wie die Künstler sie etwa im Antlitz der Arbeiter und Bauern finden sollten. Wiederum Dymschitz war es, der 1948 in der SMAD-Zeitung „Tägliche Rundschau" Picasso und Chagall („monströse Seltsamkeiten", „Scheußliche Realismen"), Karl Schmidt-Rotluff und Frans Masareel sowie Karl Hofer („Karneval der Mißgeburten") angriff und die verbindliche Parole der „Volkstümlichkeit" (später dann: „Volksverbundenheit") ausgab:

---

[38] Ackermann 1948.

[39] Museumspädagogischer Dienst Berlin (Hrsg.), Kunstkombinat DDR. Daten und Zitate zur Kunst und Kunstpolitik der DDR 1945–1990, zusammengestellt von Günter Feist unter Mitarbeit von Eckhart Gillen, Berlin 1990, S. 10.

[40] Vgl.: Alexander Dymschitz im Katalog der ersten Allgemeinen Deutschen Kunstausstellung in Dresden vom 25.8. – 31.10.1946. In *ebd.*, S. 10.

[41] Tulpanow 1946.

Abb. 2.3 Willi Sitte,
Rufende Frauen (Studie zu
Lidice), 1957, Willi-Sitte-
Stiftung für Realistische
Kunst © Merseburg, Willi-
Sitte-Stiftung für Realisti-
sche Kunst, Foto: Andreas
Kämper

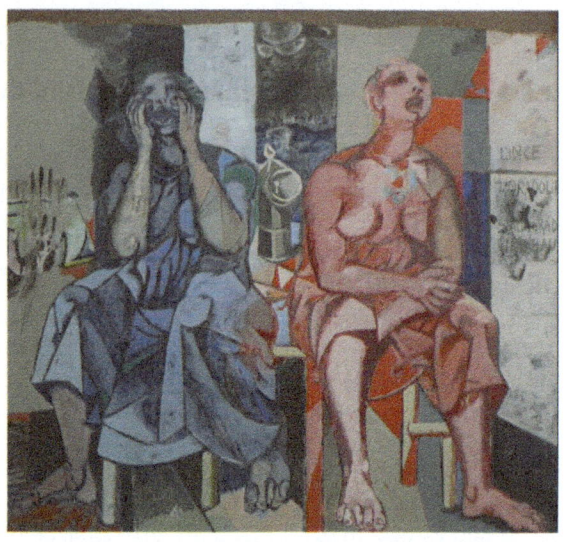

> Viele deutsche Maler stehen verächtlich und hochmütig zu der Frage, wie das Volk
> ihre Werke wertet. […] Im Grunde hat das Volk gesunde Ansichten über die Kunst,
> die Kunst der Formalisten aber ist krank und unlebendig, und das deutsche Volk
> befreit sich von dem Einfluß der faschistischen ‚Ästhetik‘ sehr viel schneller, als die
> Herren Formalisten dies […] fassen können. [42]

Das traf etwa die gesamte Hallenser Moderne, darunter übrigens auch Willi Sitte
(wie heute kaum jemand mehr weiß, vgl. Abb. 2.3).[43]

Durchgesetzt werden sollte ein *teleologischer* Realismus, der sich durch Feindsetzungen von der Moderne abzuheben hatte. Deutlich formulierte der Vorsitzende
der damals allmächtigen Staatlichen Kommission für Kunstangelegenheiten, Helmut Holtzhauer, bei der konstituierenden Sitzung des Vorbereitungskomitees für
die III. Deutsche Kunstausstellung in Dresden: „Nicht haben wollen wir die abstrakte Malerei oder Bildhauerei, nicht das Antihumanistische, nicht das Mystische",
während „alles willkommen ist, was wirklichkeitsnah ist". Dafür aber müsse man
„dem Künstler behilflich sein", indem „wir Werke aus seinem Schaffen auswählen,
die dem Gedanken einer realistischen Kunst am nächsten kommen." Daher müsse
man „davon abgehen […], einem Künstler selbst zu überlassen, was er für richtig

---

[42] Dymschitz 1948. Zitiert nach Rehberg; Kaiser 2003.
[43] Vgl. Litt 2012.

hält".[44] Aber der Konflikt zwischen den vom politischen Wort geleiteten Künsten und den unaufhebbaren Autonomieansprüchen der Künstlerinnen und Künstler blieb für die gesamten vierzig Jahre der DDR bestimmend.

Auch blieben die ästhetisch-politischen Feindsetzungen charakteristisch, wenngleich die Gegnerschaften sich veränderten und die tatsächliche Kunstpraxis in Ost und West vielgestaltiger war als die offiziellen ästhetischen Ideale und Normierungen vermuten ließen. So gab es im West für lange Zeit sogar mehrheitlich traditionelle Werkformen und im Osten durchaus beispielsweise abstrakt malende Künstler (Abb. 2.4). Am Anfang ging es um die Erweiterung der Stilmittel und die Freiheitsgrade auch der überzeugtesten kommunistischen Künstler (von denen viele schmerzvoll die Wiederholung der NS-Pressionen in Fragen der Gesinnung und des Stiles wiedererleben mussten).

Künstlerisch wurde (wie schon im Nationalsozialismus) Albrecht Dürer zum deutschen Leitkünstler ausgerufen, wenigstens zierte er 1953 das erste Heft der neuen Folge der VBK-Zeitschrift „Bildende Kunst": „Wir haben ein Banner aufgepflanzt, das Banner heißt Dürer. Und dieses Banner muß wehen", war von Ernst Hoffmann, dem Hauptabteilungsleiter in der damals allmächtigen Staatlichen Kommission für Kunstangelegenheiten, ein Jahr zuvor intoniert worden.[45] Hatte Georg Lukács für die Literatur den großen Realismus des 19. Jahrhunderts immer als vorbildhaft gepriesen, so wurden historische Vorbilder auch den Malern empfohlen, vor allen Adolph Menzel seines berühmten „Eisenwalzwerks" von 1875 wegen, um dessen Interpretation als Arbeiterbild sich große Diskussionen rankten, obwohl es doch vielleicht vor allem ein Hymnus auf die neuen „Produktivkräfte" war.[46] Nicht zufällig konnte 1953 ein Bild des Leipziger Malers Hans Mayer-Foreyt unter dem doppeldeutigen Titel „Ehret die alten Meister" bei der III. Deutschen Kunstausstellung in Dresden seines kunstpolitischen Aufforderungscharakters wegen herausstechen: In altmeisterlicher Manier wurde ein würdiger alter „Meister" gezeigt, der die Skizze eines Kunststudenten (auf dessen Mappe der Name Menzels steht) kritisch und mit Kennerschaft prüft.[47]

Das Klima schien sich zu entspannen, nachdem Erich Honecker auf dem VII. Parteitag 1971 „Weite und Vielfalt" versprochen hatte, was anfangs zu Öffnungen der künstlerischen Ausdrucksmöglichkeiten führte, die aber spätestens mit dem kulturpolitischen Nachbeben der Ausbürgerung von Wolf Biermann im Jahre 1976 ihr Ende fanden. Nie ging man ganz von der ursprünglichen Idee ab, dass die Kunst

---

[44] BArch, DR 1/5946: [Staatliche Kommission für Kunstangelegenheiten], Protokoll der konstituierenden Sitzung des Ausstellungskomitees für die III. Deutsche Kunstausstellung am 2.5.1952.

[45] Hoffmann 1952.

[46] Vgl. Kaiser 1954.

[47] Vgl. Mayer-Foreyt 1953.

Abb. 2.4 eikon-Prospekt
mit Hermann Glöckners
Faltung „Zueinander", 1979
© Mayer, Rudolf (1999).
Aurora und die eikon
Grafik-Presse Dresden
1964–1992. Dokumentation
und Rückblick. Dresden:
Verlag der Kunst, S. 10

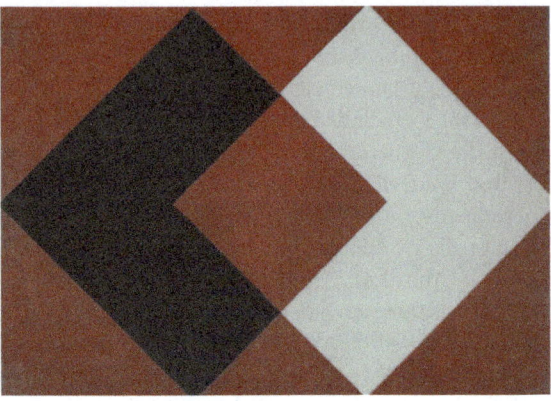

„Erziehungsmittel" sein müsse.[48] In den 80er Jahren kam es gleichwohl zu einer Vervielfältigung der Ausdrucksmittel, unterschwellig wurden auch „abstrakte" und „konkrete" Künstler geduldet und der Malstil – bei aller Statuarik – expressiver, die Inhalte vielschichtiger und hintergründiger (vgl. Abb. 2.5).

Am Ende der DDR waren es dann vor allem die Aktionskünste (vgl. die Dresdner Autoperforationsartisten um Micha Brendel, Abb. 2.6), die beargwöhnt und als Überschreitung auch noch dieses „erweiterten Kunstbegriffs" abgelehnt wurden, wenngleich die Macht der SED in die Innenräume der Kunsthochschulen oft schon nicht mehr hineinreichte. Aber die kritische Grenze blieb die Präsentation solcher „anti-sozialistischer" Kunst in öffentlichen Räumen. Alle dieser Vervielfältigungen der künstlerischen Mittel resultierten allerdings nicht (wie oft behauptet wird) aus einer „Liberalisierung", sondern aus einem Kontrollverlust des Parteifunktionärs-Staates.

2.4.2   Die „Weltsprache der Abstraktion"

Auch im Westen spielte, wie bereits erwähnt, die Entwicklung des Menschen eine wichtige Rolle. So war „Das Menschenbild in unserer Zeit" auch das Motto des berühmten Kunst-Streites während des [ersten] *Darmstädter Gespräches* im Jahre

---

[48] Beispielsweise hat Max Grabowski 1947 beklagt, dass die Masse des werktätigen Volkes mit Unverständnis und Ablehnung auf die Erste Deutsche Kunstausstellung in Dresden reagiert habe und er warnt vor dem Missbrauch eines so bedeutenden „Erziehungsmittel, wie es die Kunst ist". Vgl. Grabowski 1947, S. 73.

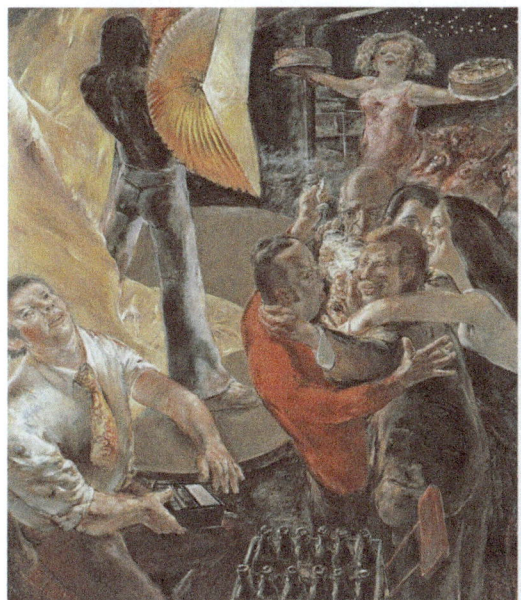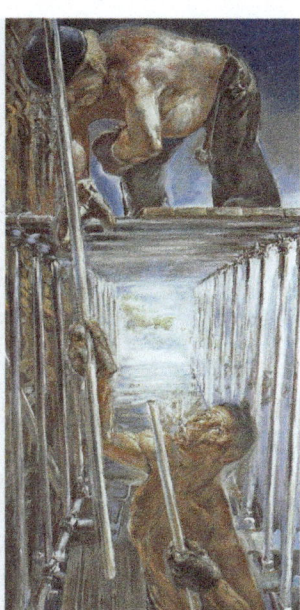

Abb. 2.5 Sighard Gille, Brigadefeier – Gerüstbauer, Diptychon, 1975–1977, Staatliche Museen zu Berlin, Nationalgalerie © Berlin, bpk/Nationalgalerie, SMB, Foto: Bernd Kuhnert

1950.[49] Hans Sedlmayr hatte schon in seinem, 1948 erschienenen, Buch „Verlust der Mitte"[50] eine „Diagnose der Zeit" geben wollen und entwarf ein Panorama des Niedergangs, der Auflösung und Chaotisierung, die eine lange Vorgeschichte in der Autonomisierung der Künste hätten. Auf dem Tiefpunkt ihres Aufgabenverlustes sei dann die „reine Malerei" erschienen, wurde (schon bei William Turner) „das Dynamische der Farbe entbunden", entstanden „koloristische Ausschweifungen" und eine „Kunst des diffusen Farbflecks".[51] Sedlmayr sah in seiner „Schmähschrift"

---

[49] Die vom „Komitee Darmstädter Gespräch 1950" im Zusammenhang mit der ebenfalls dem „Menschenbild" gewidmeten Sommerausstellung der Neuen Darmstädter Sezession (15.7.-3.9.1950) im Ausstellungsgebäude auf der Künstlerkolonie *Mathildenhöhe* organisierte Veranstaltung fand an den beiden ersten Tagen in der dortigen Stadthalle statt. Sie wurde geleitet von Hans Gerhard Evers und als Referenten wirkten Johannes Itten, Hans Sedlmayr, Adolf Köberle, Alfred Weber, Alexander Mitscherlich, Wulf Emmo Ankel, Karl Holzammer, Willi Baumeister, Gotthard Jedlicka, Theodor W. Adorno u. a. mit; zur Ausstellung äußerte sich Schmoll, gen. Eisenwerth, 1951; vgl. den Hauptbeitrag Sedlmayr 1951.

[50] Vgl. Sedlmayr 1985.

[51] Ebd., S. 83 f.

Abb. 2.6 Aufnahme aus der
Performance „Der Mutter-
seelenalleinring" von Micha
Brendel (Autoperforations-
artisten Dresden) in der
Berliner Galerie Weißer Ele-
fant am 9.6.1989 © Jochen
Wermann, VG Bild-Kunst,
Bonn 2012

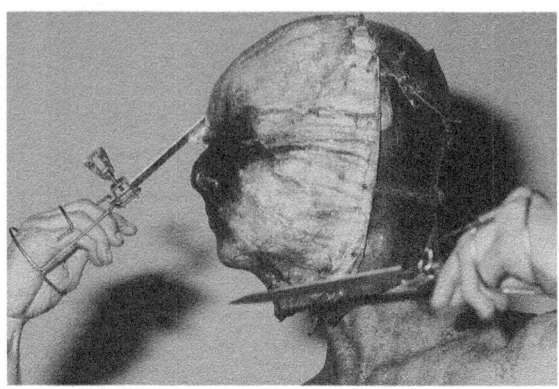

(Werner Hofmann[52]) – ganz ähnlich den Ostfunktionären – vor allem die mit der modernen Kunst verbundene „Primitivisierung" und „Herabsetzung des Menschen", ein Fortstreben „vom Menschlichen und vom Maß".[53] Willi Baumeister, der ihm – sein vorbereitetes Manuskript beiseite schiebend[54] – in einem improvisierten Beitrag antwortete, protestierte gegen die (von Sedlmayr so gar nicht geäußerte) „Behauptung, die moderne Kunst sei ein Symptom für eine allgemeine Entartung […], sei ohne ethische Werte und hätte keine Rückverbindung – religio".[55] So musste auch die Moderne mit Metaphysik plausibilisiert werden, wenn man (wie das Protokoll an diesen Stellen ausweist) den Beifall des Publikums haben wollte.

Am Beginn des 20. Jahrhunderts hatte Julius Meier-Graefe „kühn und polemisch zum ersten Mal in Deutschland diese Autonomie und den Anspruch auf eine gemeinsame ‚Weltsprache' der Kunst" ausgerufen[56], damals gegen einen ethnozentrischen Naturalismus von „Ort und Rasse" gewendet und gegen „das Plädoyer für eine nationale Kunst als ‚Ausdruck des Wesens und der Kultur eines Volkes'", wie

---

[52] Hofmann 1997.

[53] Sedlmayr 1985, S. 143.

[54] Es geschah das mit Rücksicht auf die Nicht-Anwesenheit sowohl Hans Sedlmayrs als auch Wilhelm Hausensteins, die beide im Mittelpunkt der Baumeister-Kritik standen; weil Zuhörer einwandten, man dürfe gegen Abwesende nicht polemisieren, ließ Baumeister seinen vorbereiteten Beitrag lediglich abdrucken in: Evers 1951, S. 146–155, vgl. darin auch den Abdruck von Baumeisters improvisierten Äußerungen (ebd., S. 135–145) sowie eine kurze „Entgegnung" Sedlmayrs, nachdem er die Veröffentlichung des Baumeister-Manuskriptes nicht hatte verhindern können (ebd., S. 155).

[55] Baumeister. In: Evers 1951, S. 150; vgl. Sedlmayrs Gegenstellungnahme. In: ebd., S. 155.

[56] Julius Meier-Graefe zit. in: Gillen 1999.

das etwa von Henry Thode, dem Heidelberger Kunsthistoriker und Schwiegersohn Richard Wagners, oder später von dem Leipziger Kunsthistoriker Wilhelm Pinder vertreten worden war.

Da nach 1945 niemand mehr von deutscher Kunst reden wollte, „nachdem das Thema so lange missbraucht worden war", faszinierte die Formel von der „Weltsprache der Abstraktion".[57] So konnte die konservative Kritik den Erfolg der neuen Künste also nicht aufhalten. Laszlo Glozer schrieb im Katalog der „Westkunst"-Ausstellung (1981, Abb. 2.7), dass es eine „kulturpolitische Folge des Weltkrieges" war, „daß die Moderne jetzt in die Geschichte ihrer öffentlichen Geltung [!] eintritt."[58]

In Martin Warnkes Frage danach, wer eine Kunst durchgesetzt habe, die weder vom Staat protektioniert[59] noch etwa von der „Weltmeinung" – vor allem also wohl den USA – aufgezwungen worden sei (denn amerikanische Wanderausstellungen nach dem Krieg hätten kaum gegenstandslose Malerei gezeigt), bestätigt sich der Sieg der Moderne, besonders in ihrem Einzug in die Chefetagen und Anwaltskanzleien, Architektenbüros und Arztpraxen.[60] Man mag darin übrigens durchaus eine Parallele sehen zu den Aufsteigerschichten der Diplom-Ingenieure und Mediziner in der DDR, die sowohl östliche Geltungskunst, also „Realistisches", sammelten, als auch an der dort verpönten Abstraktion Interesse fanden.[61] Arnold Gehlen hat in seinen kunstsoziologischen Beobachtungen „Zeit-Bilder", die konstruktivistische Moderne als Kunst der Industriegesellschaft analysiert, deren Prinzip heiße: Erkenntniserweiterung durch Experimente. Das Erschließen „unbekannter Ele-

---

[57] Vgl. zu dieser Formel z. B. Glozer 1981, bes. S. 178.

[58] Ebd., S. 174.

[59] Warnke 1985, S. 210 f. schildert eine „groß angelegte, staatlich initiierte kunstpolitische Aktion", die nicht zugunsten der Abstrakten ausfiel, jene 1948 im Deutschen Städtetag diskutierte und dann von Bundespräsident Theodor Heuss übernommene „Dankspende des Deutschen Volkes". Erworben werden sollten Werke zeitgenössischer Künstler durch Spenden (1953: 1,5 Mio. DM), aus denen einige tausend Werke an Vereinigungen in 28 Ländern geschickt wurden – unter ihnen kein einziges abstraktes Bild.

[60] Ebd., S. 214; vgl. auch Glaser 1990a, S. 266: „Nach Kriegsende hatte man gehofft, daß Kunst Teil des öffentlichen, steten Diskurses sei und bleibe; nun zog sie sich wieder in die Galerien und Kunsthallen zurück, logierte auch in den Chefetagen der großen Konzerne. Kluge Intellektuelle parlierten vor avantgardistischen Reflexionsbildern von klugen Künstlern".

[61] So gab es, initiiert durch Physiker und Ingenieurwissenschaftler, im Schutze wissenschaftlicher Institutionen des Öfteren Ausstellungen mit abstrakter Kunst, etwa im Zentralinstitut für Kernforschung der Akademie der Wissenschaften der DDR in Rossendorf bei Dresden. An der Technischen Hochschule [später: Technische Universität] wurden Kunst-am-Bau-Aufträge schon in den 50er Jahren auch an Abstrakte wie Hermann Glöckner vergeben, vgl. dazu Kaiser 1999.

Abb. 2.7 Titelblatt des
Kataloges der Kölner „Westkunst"-Ausstellung, 1981
© Repro aus: Glozer, Laszlo
(1981). Westkunst. Zeit-
genössische Kunst seit 1939
[Begleitbuch zur gleichnamigen Ausstellung, Museen
der Stadt Köln in den
Kölner Messehallen v. 30.5.-
16.8.1981]. Köln: DuMont

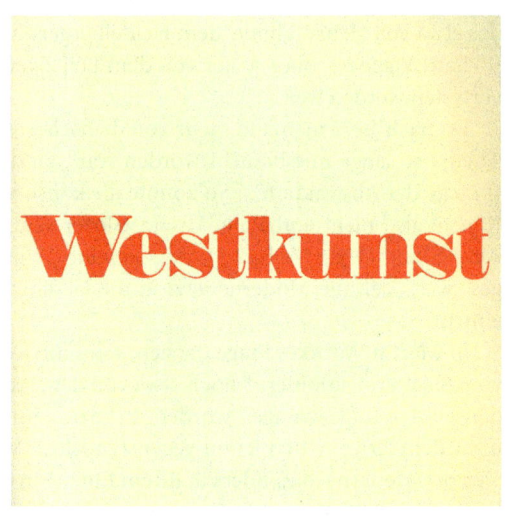

mente", die Anreicherung der Bildoberflächen und das Austesten des Herstellba-
ren stünden beispielsweise den Verfahren in der Kunststoffchemie so fern nicht.
So werde der ästhetische Reiz von Naturstrukturen durchprobiert und in Bilder
übersetzt, wie bei Victor Vaserely oder Wols.[62] Berührungen gab es auch mit der
modernen Physik und überhaupt konnte der „positivistische" Modernismus zum
Ausdruck eines „ungebremsten Zukunfts- und Wissenschaftsglaubens" werden.[63]
Aber solche Affinitäten erklären den schließlichen Erfolg der bildnerischen Moderne noch nicht hinreichend.

Dabei ist durchaus nicht unwichtig, dass es insbesondere der Bundesverband
der Deutschen Industrie gewesen ist, der sich in seinem Kulturkreis der Propagie-
rung der abstrakten Moderne widmete, wenngleich es wohl doch übertrieben sein
dürfte, wenn der DDR-Kunsthistoriker und spätere Willi Sitte-Vertraute, Hermann
Raum, formulierte:

> BDI-Kunst war 'deutsche Kunst'. Der BDI als ihr Förderer wurde Retter und Mutter
> der Künste. Die Kulturkreis-Kunst machte die Monopole zum geistigen Führer der
> Nation, gab ihnen den Glorienschein des Mäzen der Epoche und überstrahlte den
> im Imperialismus unheilbaren Gegensatz von Kapital und Kunst, Macht und Geist.[64]

---

[62] Vgl. Gehlen 2014, z. B. S. 280 sowie dazu Rehberg 1997.

[63] Wollenhaupt-Schmidt 1992, S. 122.

[64] Vgl. Warnke 1985, S. 212 f.; so dann vgl. Raum 1977, S. 66; Teile des Buches basieren auf
seiner Rostocker Dissertation von 1963: Zu den ideologischen Voraussetzungen und Auswir-

Die Durchsetzung der an den Kunstzentren Paris und New York orientierten Moderne lässt sich aus der Industriellen-Macht allein wohl kaum erklären, übrigens auch nicht aus der oft hochgespielten, von den US-Geheimdiensten mitorganisierten Einflussnahme auf den kulturpolitischen Export des New Yorker (und in der Bay Area San Franciscos entwickelten) „Abstrakten Expressionismus" als Beitrag zum „freien Denken" und zum „freien Markt".[65] Auch genügt es nicht, die auffällige, aber selten bemerkte[66] (übrigens von den meisten Kirchengemeinden abgelehnte) parallele Protektion durch die katholische Kirche anzuführen, die in der Bundesrepublik als ein anderer wichtiger Förderer der Moderne aufgetreten war. Viele der Kirchenneubauten waren von avantgardistischen Architekten entworfen worden, viele Portale, Kirchenfenster, Kreuzwegstationen und Altäre waren „modern" gestaltet. Insbesondere für den künstlerischen Alltag, jenseits der Museen, Großausstellungen und Kunstmessen, sozusagen in der „Provinz", waren diese Kunstaufträge von größter Bedeutung. Die zeitgenössische Architektur und Kunst bildeten einen neuartigen Ausdruck des Spirituellen.[67]

Ein in viel höherem Maße entscheidender Faktor für die Durchsetzung der gegenstandslosen Kunst war wohl deren Verbindung mit dem Design, nachdem 1949 das New Yorker MOMA die dokumentarische Ausstellung „Modern Art in Your Life" (Abb. 2.8a) veranstaltet hatte, die 1952 anlässlich der Ruhr-Festspiele in Recklinghausen unter dem Titel „Mensch und Form unserer Zeit" (Abb. 2.8b) aufgegriffen worden war. Es kam eben zu einer, das Lebensgefühl des beginnenden Wirtschaftsaufschwunges treffenden, Gegenspiegelung der Formen von Haushaltsmaschinen, Bürostühlen und Möbeln mit den „biomorphen Kurvaturen abstrakter Gemälde und Skulpturen von Baumeister bis Moore"[68] oder den Mobiles Alexander Calders. All das aber erklärt immer noch nicht hinreichend den Geltungsrang

---

kungen der Vorherrschaft der abstrakten Kunst in der Bundesrepublik, die u. a. von Alfred Kurella betreut wurde. Vgl. auch Glaser 1990b, S. 263.

[65] Vgl. z. B. Saunders 1999.

[66] Allerdings erwähnt Glozer (1981, S. 167) den „neuen Kontakt" zwischen Kirche und Kunst und nennt als Beispiele Bau und/oder Ausstattung der Kirche in Assy (Bazaine, Rouault, Richier) sowie die Arbeit von Lèger in Audencourt, Corbusier in Ronchamp und Matisse in Vence; das gilt auch für viele katholische Kirchen im Deutschland der Nachkriegszeit.

[67] Und gegen den katholischen Kritiker der Moderne und Ex-NSDAP-Mitglied Sedlmayr wandte Baumeister 1950 sich mit dem Hinweis, dass ein Abbé Morell Vorträge über die Moderne in der Sorbonne halte, dass „der Vatikan das Protektorat über eine große abstrakte Ausstellung übernommen hat, daß ein katholischer Priester unsere abstrakte Ausstellung in Freiburg eröffnete", die katholische Kirche also „die Werte der modernen Kunst erkannte" (in: Evers 1951, S. 149).

[68] Glozer 1981, S. 174.

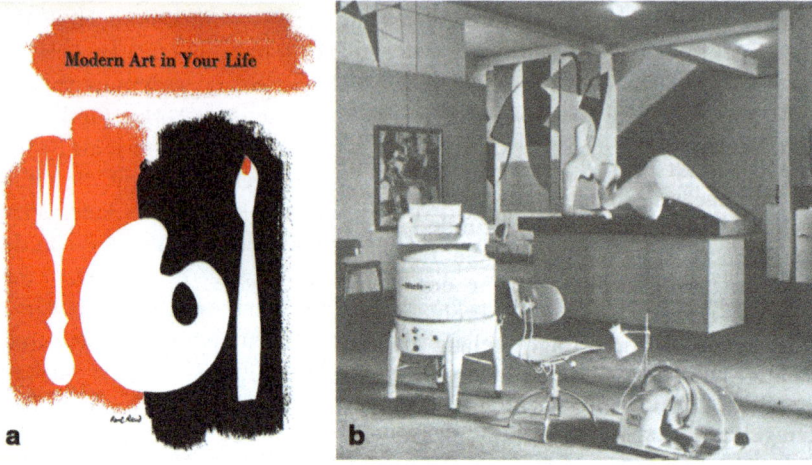

Abb. 2.8 a Titelblatt (gestaltet von Paul Rand) des Katalogs der 1949er Ausstellung „Modern Art in Your Life" im Museum of Modern Art, New York © Repro aus: Goldwater, Robert (1953): Modern Art in Your Life. New York: Museum of Modern Art. Überarbeitete Ausgabe des MoMA Bulletin, V. 17, No. 1, 1949. **b** Blick in die Ausstellung „Mensch und Form unserer Zeit", Recklinghausen 1952 © Repro aus: Glozer, Laszlo (1981). Westkunst. Zeitgenössische Kunst seit 1939 [Begleitbuch zur gleichnamigen Ausstellung, Museen der Stadt Köln in den Kölner Messehallen v. 30.5.-16.8.1981]. Köln: DuMont, S. 173

dessen, was in der erwähnten repräsentativen Großausstellung programmatisch (und mit impliziter Negation zur DDR) „*Westkunst*" genannt wurde.[69]

Es ist eben in erster Linie der Bruch mit der NS-Ästhetik und allem, was ihr hätte nahe gerückt werden können, der diese neue „Kunst der Freiheit" in solchem Maße attraktiv gemacht hat. Hinzu kommt, dass neben dieser Abgrenzungs-Ästhetik auch ein Moment der Flucht in schönere Welten hineinspielte, so dass der für die *documenta* wie für den deutschen Pavillon auf der venezianischen Biennale einflussreiche Eduard Trier 1954 schrieb: „Wir sahen in den vergangenen Jahren kein künstlerisch wertvolles Werk, das dem Thema Krieg, Flucht, Gesellschaftsordnung oder der politischen Situation in Deutschland gewidmet war."[70]

Konnte man die Rückzugsbewegungen in die Kunstautonomie, welche selbst durchaus politisch erkämpft worden und nun gerade gegen die Drangsalierung des NS-Systems erneut ins Recht zu setzen war, auch als Abrücken von politischen Themen und Aussagen verstehen, so kam es nach der Implosion des DDR-Systems zu einer Politisierung der Künste von außen, nämlich durch Bestreitung, dass in

---

[69] Ebd.
[70] Trier 1954, S. 23, zit. in Kimpel 1997, S. 257.

der Diktatur Kunst überhaupt möglich wäre. Das war Thema des deutsch-deutschen Bilderstreites[71], der – sich als Stellvertreterdiskurs für die gesamte Wiedervereinigung erweisend – sofort 1990 ausgelöst wurde durch Georg Baselitz' grobschlächtige Bestreitung, dass es überhaupt einen Maler in der DDR gegeben haben könnte: „Deutschland [war] zweifach, und bei den Künstlern war der malende Teil im Westen, ist in den Westen gegangen oder gegangen worden".[72]

Deutlich zeigten sich im deutsch-deutschen "Bilderstreit" die Differenzen zwischen den traditionelleren Bedingungen künstlerischen Arbeitens und seiner handwerklichen Grundlagen auf der Ostseite und der als Geltungskunst des Westens durchgesetzten Moderne. Zu wesentlichen Stationen der Auseinandersetzung wurde neben Debatten um die Biographien einzelner Künstler vor allem die Präsentation von Kunstwerken aus der DDR in Dokumentationsausstellungen. Viele Ostdeutsche sahen die einstigen Leit-Bilder nun an den Pranger gestellt.[73] Mag die Schärfe der Auseinandersetzung heute auch abgenommen haben, so zeigt sich neuerdings eine Schließung des westlichen Kunstmarktes (besonders der bedeutenden Kunstmessen) für die Maler aus der DDR; der Großerfolg der Neuen Leipziger Schule, deren Stars viel dafür tun, ihre Herkunft zu verschleiern[74], widerlegt das nicht.

Alle diese Entwicklungslinien, Streitfälle und Auseinandersetzungen, welche zugleich ja auch Bindungen und Ähnlichkeiten ans Licht bringen, bilden bis heute den Hintergrund für Entwicklungen auch der unmittelbaren Nachkriegszeit und somit auch für die im vorliegenden Band mit Blick auf die „Geburt der Westkunst" exemplarisch durchgeführten konkreten, sozusagen mikro-perspektivischen (gleichwohl aber die historische Lage nicht vernachlässigenden) Beziehungsanalysen.

Literatur

Ackermann, Anton. 1948. Freiheit der Wissenschaft und Kunst. *Neues Deutschland*, 23. April.
Assmann, Jan. 1992. *Das kulturelle Gedächtnis. Schrift, Erinnerung und politische Identität in frühen Hochkulturen*. München: C. H. Beck.

---

[71] Vgl. Rehberg; Kaiser (2013).

[72] Vgl. zu Baselitz', den Bilderstreit eröffnenden, Interview: Hecht; Welti (1990, S. 70).

[73] Vgl. zur Ausstellung „Aufstieg und Fall der Moderne", die in der Europäischen Kulturhauptstadt Weimar 1999 gezeigt wurde: Bestgen (2000); und zu einer im Neuen Museum in Weimar durchaus als Antwort auf diese undifferenzierte Schau gezeigten Exposition im Jahre 2012/13: Rehberg; Holler; Kaiser 2012.

[74] Vgl. zu Neo Rauch als einem Beispiel: Zöllner [im Druck].

Assmann, Aleida und Ute Frevert. 1999. *Geschichtsvergessenheit – Geschichtsversessenheit. Vom Umgang mit deutschen Vergangenheiten nach 1945.* Stuttgart: DVA.

Autorenkollektiv der Akademie der Gesellschaftswissenschaften beim ZK der SED (Institut für Marxistisch-Leninistische Kultur- und Kunstwissenschaft). 1985. *Die SED und das kulturelle Erbe. Orientierungen, Errungenschaften, Probleme.* Berlin [DDR]: Dietz.

Benn, Gottfried. 1962. Brief an Frank Maraun v. 10.9.1946. In *Das gezeichnete Ich. Briefe aus den Jahren 1900–1956,* Hrsg. Gottfried Benn, 72. München: DTV.

Benn, Gottfried. 1989a. Antwort an die literarischen Emigranten [zuerst 1933]. In *Sämtliche Werke. Stuttgarter Ausgabe in Verbindung mit Ilse Benn,* Hrsg. Gerhard Schuster, Gottfried Benn, Prosa 2, Bd. IV, 24–32. Stuttgart: Klett-Cotta.

Benn, Gottfried. 1989b. Der neue Staat und die Intellektuellen [zuerst 1933]. In *Sämtliche Werke. Stuttgarter Ausgabe in Verbindung mit Ilse Benn,* Hrsg. Gerhard Schuster, Gottfried Benn, Prosa 2, Bd. IV, 12–20. Stuttgart: Klett-Cotta.

Benn, Gottfried. 1989c. Der Ptolemäer. Berliner Novelle, 1947. In *Sämtliche Werke. Stuttgarter Ausgabe in Verbindung mit Ilse Benn,* Hrsg. Gerhard Schuster, Gottfried Benn, Prosa 2, Bd. IV, 8–41. Stuttgart: Klett-Cotta.

Bestgen, Ulrike, Hrsg. 2000. *Der Weimarer Bilderstreit. Szenen einer Ausstellung. Eine Dokumentation.* Weimar: VDG.

Bode, Ursula. 2012. Der Künstler weiß alles, aber er weiß es erst nachher. Will Grohmann und die Kunst nach 1945. In *Im Netzwerk der Moderne.* Ausst.-Katalog Dresden 27.9.2012– 6.1.2013, Hrsg. Konstanze Rudert, 49–57. München: Hirmer.

Breuer, Gerda, Hrsg. 1997. *Die Zähmung der Avantgarde.* Basel: Stroemfeld.

Conermann, Gisela. 1995. *Bildende Kunst in der sowjetischen Besatzungszone. Die ersten Schritte bis hin zum sozialistischen Realismus im Spiegel der Zeitschrift „bildende kunst" von 1947–1949.* Frankfurt a. M.: Lang.

Doering-Manteuffel, Anselm. 1996. *Die Interessenten des Vergessens. Wichtige und bittere Lektüre: Vom „kommunikativen Beschweigen" in den frühen Jahren der Bundesrepublik* (Rezension zu Norbert Frei, Vergangenheitspolitik. Die Anfänge der Bundesrepublik und die NS-Vergangenheit, München 1996). *FAZ,* 10. August.

Dymschitz, Alexander. 1948. Über die formalistische Richtung in der deutschen Malerei. Bemerkungen eines Außenstehenden. In *Tägliche Rundschau* v. 19. u. 24.12.1948 [Beilage], 269–275. Zitiert nach: Karl-Siegbert Rehberg und Paul Kaiser. Hrsg. 2003, *Abstraktion in Staatssozialismus. Feindsetzungen und Freiräume im Kunstsystem der DDR.* 269–275. Weimar: VDG.

Evers, Hans Gerhard, Hrsg. 1951. *Das Menschenbild in unserer Zeit. Darmstädter Gespräch 1950,* 1. u. 2. Aufl. Darmstadt: Neue Darmstädter Verlagsanstalt.

Frei, Norbert. 1996. *Vergangenheitspolitik. Die Anfänge der Bundesrepublik und die NS-Vergangenheit.* München: Beck.

Gehlen, Arnold. 2014. Zeit-Bilder. Zur Soziologie und Ästhetik der modernen Malerei [zuerst 1960]. In *Gesamtausgabe. Bd. 9: Zeit-Bilder und andere kunstsoziologische Schriften,* Hrsg. Karl-Siegbert Rehberg und Matthes Blank, 5–332. Frankfurt a. M.: Klostermann.

Gemäldegalerie, Neue Meister Dresden, Hrsg. o. J. *Vom Werden des Neuen Menschen. Das Menschenbild in der Kunst Dresden 1946–1971.* Dresden.

Gillen, Eckhart. 1999. Der Inhalt ist die Form. Zwischen Weltsprache und Identitätssuche: Deutsche Kunst zwischen zwei Jahrhundertausstellungen am Beispiel von Gerhard Richter. *Berliner Zeitung (Wochenendbeilage),* 4. September.

Gillen, Eckhart. 2009. *Feindliche Brüder? Der Kalte Krieg und die deutsche Kunst 1945–1990.* Berlin: Nicolai.

Glaser, Hermann. 1990a. *Kulturgeschichte der Bundesrepublik Deutschland. Bd. 1: Zwischen Kapitulation und Währungsreform 1945–1948*. Frankfurt a. M.: Fischer.

Glaser, Hermann. 1990b. *Kulturgeschichte der Bundesrepublik Deutschland. Bd. 2: Zwischen Grundgesetz und Großer Koalition*. Frankfurt a. M.: Fischer.

Glozer, Laszlo. 1981. Abstraktion als Weltsprache. In *Westkunst. Zeitgenössische Kunst seit 1939* (Begleitbuch zur gleichnamigen Ausstellung, Museen der Stadt Köln in den Kölner Messehallen v. 30.5.-16.8.1981), Hrsg. Laszlo Glozer, 127–232. Köln: DuMont.

Grabowski, Max. 1947. Zur bildenden Kunst der Gegenwart. *Einheit* 2 (10): 73–75.

Grass, Günter. 1983. *„Sich ein Bild machen", Zeitvergleich. Malerei und Grafik aus der DDR*. Ausst.-Katalog der Ausstellungen in Hamburg, dem Württembergischen Kunstverein Stuttgart, der Städtischen Kunsthalle Düsseldorf, der Städtischen Galerie im Lenbach-haus München und der Städtischen Kunsthalle Nürnberg 1983 sowie im Kunstverein in Hannover 1983/84, 9–13. Hamburg: Gruner & Jahr.

Haftmann, Werner. 1955a. Einleitung. In *documenta. kunst des XX. jahrhunderts. internationale ausstellung im museum friedericianum in kassel*. Ausst.-Katalog Kassel 15.7.–18.9.1955, 15–25. München: Prestel.

Haftmann, Werner. 1955b. *Malerei im 20. Jahrhundert* (Tafelband). München: Prestel.

Haftmann, Werner. 1959. Einführung: Malerei nach 1945. In *II. documenta. Kunst nach 1945. Internationale Ausstellung*. Ausst.-Katalog Kassel 11.7.–11.10.1959, 14–20. Köln: DuMont.

Halbwachs, Maurice. 1991. *Das kollektive Gedächtnis [frz. zuerst 1939]*. Frankfurt a. M.: Fischer.

Hecht, Axel, und Alfred Welti. 1990. Ein Meister, der Talent verschmäht. (Werkstattgespräch mit Georg Baselitz). *art. Das Kunstmagazin* 12 (6): 54–72.

Hildermeier, Manfred. 1998. *Geschichte der Sowjetunion 1917–1991. Entstehung und Niedergang des ersten sozialistischen Staates*. München: Beck.

Hoffmann, Ernst. 1952. Dürer – nationales Vorbild (Beitrag zur „ersten Theoretischen Konferenz der bildenden Kunst" in der DDR 1952). *Neues Deutschland*, 23. Februar.

Hofmann, Werner. 1997. Im Banne des Abgrunds. Der „Verlust der Mitte" und der Exorzismus der Moderne. Über den Kunsthistoriker Hans Sedlmayr. In *Die Zähmung der Avantgarde: Zur Rezeption der Moderne in den 50er Jahren*, Hrsg. Gerda Breuer, Basel: Stroemfeld 1997, 43–54.

Kaiser, Konrad. 1954. Adolf Menzels Eisenwalzwerk, Berlin 1953 und als Erwiderung Walter Besenbruch, Menzel, der realistische Beobachter der Wirklichkeit seiner Tage. *Bildende Kunst*, 2 (4): 51–38.

Kaiser, Paul. 1999. Ordnungsstörende Entfaltungszonen. Fallstudien zu Auftragskunst und Kunstförderung in wissenschaftlichen Institutionen in der DDR. In *Enge und Vielfalt. Auftragskunst und Kunstförderung in der DDR*, Hrsg. Paul Kaiser und Karl-Siegbert Rehberg, 159–172. Junius: Hamburg.

Kimpel, Harald. 1997. *documenta. Mythos und Wirklichkeit*. Köln: DuMont.

Kimpel, Harald, und Karin Stengel. 2000. *II. documenta,'59. Kunst nach 1945. Internationale Ausstellung. Eine fotografische Rekonstruktion*. Bremen: Edition Temmen.

Litt, Doris. 2012. Mohn vor der Reife. Künstlerische Selbstbehauptung in der DDR am Beispiel der halleschen Malerei in den Nachkriegsjahren. In *Abschied von Ikarus. Bildwelten Abschied von Ikarus. Bildwelten in der DDR neu gesehen*, Hrsg. Karl-Siegbert Rehberg, Wolfang Holler und Paul Kaiser, 105–123.

Mann, Thomas. 1986. *An die gesittete Welt: Politische Schriften und Reden im Exil*. Frankfurt a. M: Fischer.

Mayer-Foreyt, Hans. 1953. Wertvolle Vorbilder. *Bildende Kunst* 1 (2): 45.

Ministerium für Bundesangelegenheiten des Landes Nordrhein-Westfalen, Hrsg. 1986. *Menschenbilder. Kunst aus der DDR.* Ausst.-Katalog Westfälisches Landesmuseum für Kunst- und Kulturgeschichte Münster 8.2.–15.3.1987. Köln: DuMont.

Protokoll der konstituierenden Sitzung des Ausstellungskomitees für die III. Deutsche Kunstausstellung am 2.5.1952. In *BArch, DR 1/5946* (Staatliche Kommission für Kunstangelegenheiten).

Raum, Hermann. 1977. *Die Bildende Kunst der BRD und West-Berlins.* Leipzig: Seemann.

Rehberg, Karl-Siegbert. 1992. Auch keine Stunde Null – Westdeutsche Soziologie nach 1945. In *Wissenschaft im geteilten Deutschland. Restauration oder Neubeginn nach 1945,* Hrsg. Walter H. Pehle und Peter Sillem, 26–44. Frankfurt a. M.: Fischer.

Rehberg, Karl-Siegbert. 1994. Institutionen als symbolische Ordnungen. Leitfragen zur Theorie und Analyse institutioneller Mechanismen (TAIM). In Karl-Siegbert Rehberg. 2014. *Symbolische Ordnungen. Beiträge zu einer soziologischen Theorie der Institutionen.* Hrsg. Hans Vorländer3, 43–83.

Rehberg, Karl-Siegbert. 1997. „Denkende Malerei" und konstruktivistische Moderne. Arnold Gehlens ambivalente Kunstsoziologie. In *Die Zähmung der Avantgarde,* Hrsg. Gerda Breuer, 73–99. Basel: Stroemfeld.

Rehberg, Karl-Siegbert. 1999. Mäzene und Zwingherrn. Kunstsoziologische Beobachtungen zu Auftragsbildern und „Organisationskunst". In *Enge und Vielfalt. Auftragskunst und Kunstförderung in der DDR,* Hrsg. Paul Kaiser und Karl-Siegbert Rehberg, 17–56. Hamburg: Junius.

Rehberg, Karl-Siegbert. 2002. Der doppelte Ausstieg aus der Geschichte. Thesen zu den ‚Eigengeschichten' der beiden deutschen Nachkriegsstaaten. In *Geltungsgeschichten. Über die Stabilisierung und Legitimierung institutioneller Ordnungen,* Hrsg. Gert Melville und Hans Vorländer, 319–347. Köln: Böhlau.

Rehberg, Karl-Siegbert. 2003. „Mitarbeit an einem Weltbild": Die Leipziger Schule. In *Kunst in der DDR. Eine Retrospektive der Nationalgalerie* (Ausstellungskatalog), Hrsg. Eugen Blume und Roland März, 44–59. Berlin: G+H Verlag.

Rehberg, Karl-Siegbert. 2012. Künstlerische Leistungsschau und ästhetischer ‚Vorschein'. Die zehn Zentralen Kunstausstellungen der DDR in Dresden. In *Jahrbuch der Staatlichen Kunstsammlungen Dresden. Berichte, Beiträge 2010* (Jubiläumsband zur 450-Jahrfeier), Bd. 36, 214–225. Dresden.

Rehberg, Karl-Siegbert. 2013. Auf der Suche nach der verlorenen „Oggettività". Der Mailänder Kunsthändler Emilio Bertonati entdeckt den Leipziger Maler Werner Tübke. In *Deutschland – Italien. Aufbruch aus Diktatur und Krieg,* Hrsg. Wolfgang Storch und Klaudia Ruschkowski, 197–200. Dresden: Sandstein.

Rehberg, Karl-Siegbert, und Paul Kaiser, Hrsg. 2013. *Bilderstreit und Gesellschaftsumbruch. Die Debatten um die Kunst aus der DDR im Prozess der deutschen Wiedervereinigung.* Berlin: Siebenhaar.

Rehberg, Karl-Siegbert, und Paul Kaiser. Hrsg. 2003. *Abstraktion im Staatssozialismus. Feindsetzungen und Freiräume im Kunstsystem der DDR.* Weimar: VDG.

Rehberg, Karl-Siegbert, Wolfang Holler und Paul Kaiser, Hrsg. 2012. *Abschied von Ikarus. Bildwelten in der DDR – neu gesehen.* Ausst.-Katalog Neues Museum Weimar 19.10.2012–3.2.2013. Köln: König.

Ritter, Henning. 1996. Die vollendete Aufklärung. Philosophie der Bundesrepublik: Hermann Lübbe wird siebzig. *FAZ,* 31. Dez.

Saunders, Frances S. 1999. *The cultural cold war. The CIA in the world of arts and letters.* New York: New Press.

Schelsky, Helmut. 1965. *Auf der Suche nach Wirklichkeit. Gesammelte Aufsätze*, 331–388. Düsseldorf/Köln: Diederichs.

Schildt, Axel. 1995. *Moderne Zeiten. Freizeit, Massenmedien und „Zeitgeist" in der Bundesrepublik der 50er Jahre*. Hamburg: Christians.

Schmidt, Walter. 1986. *Das Erbe- und Traditionsverständnis in der Geschichte der DDR. Sitzungsberichte der Akademie der Wissenschaften der DDR (Gesellschaftswissenschaften)*. Berlin [DDR]: Akademie-Verlag.

Schmoll gen. Eisenwerth, Adolf. 1951. Kommentar. In *Das Menschenbild in unserer Zeit. Darmstädter Gespräch 1950*, Hrsg. Hans Gerhard Evers, 203 f. Darmstadt: Neue Darmstädter Verlagsanstalt.

Sedlmayr, Hans. 1951. Über die Gefahren der modernen Kunst. In *Das Menschenbild in unserer Zeit. Darmstädter Gespräch 1950*, Hrsg. Hans Gerhard Evers, 48–62. Darmstadt: Neue Darmstädter Verlagsanstalt.

Sedlmayr, Hans. 1985. *Verlust der Mitte. Die bildende Kunst des 19. und 20. Jahrhunderts als Symptom und Symbol der Zeit* [zuerst 1948]. Frankfurt a. M.: Ullstein.

Solschenizyn, Alexander. 1963. *Ein Tag im Leben des Iwan Denissowitsch. Erzählung* [russ. zuerst 1962]. Berlin: Non-stop-Bücherei.

Solschenizyn, Alexander. 1974. *Der Archipel Gulag. Versuch einer künstlerischen Bewältigung*. Bern: Scherz.

Tack, Anja. 2012. Rahmenwechsel. Kunst und postkommunistische Transformation in Polen und Deutschland. In *ZeitRäume. Potsdamer Almanach des Zentrums für Zeithistorische Forschung 2011*, Hrsg. Frank Bösch und Martin Sabrow, 186–200. Göttingen: Wallstein.

Trier, Eduard. 1954. Die Situation der bildenden Kunst in Deutschland. In *Die Situation der bildenden Kunst in Deutschland*, Hrsg. Ernst Thiele, 9–24. Stuttgart: Kohlhammer.

Tulpanow, Sergej. 1946. „Kongreß der Künstler in Dresden". *Neues Deutschland*, 1. Dez.

Volwahsen, Herbert. 1946. Eröffnungsrede. In *Allgemeine deutsche Kunstausstellung Dresden 1946. Veranstaltet von der Landesverwaltung Sachsen, dem Kulturbund zur demokratischen Erneuerung Deutschlands und der Stadt Dresden*. Dresden: Sachsenverlag.

Walther, Sigrid, Hrsg. 1994. *Körperbilder – Menschenbilder: Malerei, Zeichnung und Plastik aus Sachsen von 1945 bis 1994*. Ausst.-Katalog Deutsches Hygiene-Museum Dresden. 3.6.–2.10.1994. Dresden: Argon.

Warnke, Martin. 1985. Von der Gegenständlichkeit und der Ausbreitung der Abstrakten. In *Die fünfziger Jahre. Beiträge zur Politik und Kultur*, Hrsg. Dieter Bänsch, 209–222. Tübingen: Narr.

Wollenhaupt-Schmidt, Ulrike. 1992. *documenta 1955. Eine Ausstellung im Spannungsfeld der Auseinandersetzungen um die Kunst der Avantgarde 1945–1960*. Frankfurt a. M.: Lang.

Zimmering, Raina. 2000. *Mythen in der Politik der DDR. Ein Beitrag zur Erforschung politischer Mythen*. Opladen: Leske und Budrich.

Zöllner, Frank (im Druck). De-authentification and authentification in and by the contemporary art market: The case of Neo Rauch. In *33rd Congress of the International Committee of the History of Art 2012*. Nürnberg.

Zuschlag, Christoph. 1995. *„Entartete Kunst". Ausstellungsstrategien im Nazi-Deutschland*. Worms: Werner.

Einführende Bemerkungen zur Sozialen Netzwerkanalyse am Beispiel der Leihgeberschaft ausgewählter Ausstellungen zwischen 1912 und 1964

3

Marc Drobot

> *Die zarten, unscheinbaren Fäden, die sich zwischen Mensch*
> *und Mensch spinnen, wird man nicht länger der Beachtung*
> *für unwert halten dürfen, wenn man das Gewebe der*
> *Gesellschaft nach seinen erzeugenden, formgebenden*
> *Kräften begreifen will [...].*
> *(Georg Simmel 2009, S. 127).*

Im Zentrum dieses Beitrags steht die Analyse von Leihgeberschaften vor dem Hintergrund ausgewählter Ausstellungen von 1912–1964 mittels der Methode der Sozialen Netzwerkanalyse (SNA). Da sich diese für einen kunstgeschichtlichen und kunstsoziologischen Zugang zu komplexen sozialen Gebilden, wie z. B Ausstellungen, als geeignet erwiesen hat, wird im ersten Teil diese Methode mit ihren Annahmen und Grundbegrifflichkeiten knapp vorgestellt.[1] Im zweiten Teil wird das konkrete methodische Vorgehen an der Betrachtung leihgebender Akteure für eine Auswahl an modernen Großausstellungen des 20. Jahrhunderts dezidiert verdeutlicht werden, um die Potenziale, welche die SNA allgemein für historisch-kritische Forschung und speziell für kunstgeschichtliche Analysen komplexer Beziehungen

---

[1] Vorgestellt im Rahmen des Kolloquiums „Beziehungsanalysen: Bildende Kunst in Westdeutschland 1945–1964. Akteure, Institutionen, Ausstellungen und Kontexte." Ein Tagungsbericht von Anke Blümm ist einzusehen unter: http://tu-dresden.de/die_tu_dresden/fakulta-eten/philosophische_fakultaet/is/for/forschungsprojekte/sgw/workshop/ta_be.

M. Drobot (✉)
Dresden, Deutschland
E-Mail: marc.drobot@tu-dresden.de

G. Panzer et al. (Hrsg.), *Beziehungsanalysen. Bildende Künste in Westdeutschland nach 1945,* 43
Kunst und Gesellschaft, DOI 10.1007/978-3-658-02917-3_3,
© Springer Fachmedien Wiesbaden 2015

bieten kann, beispielhaft darzustellen.[2] Der Blick richtet sich dabei auf die Vernetzungsstruktur der Leihgeberschaft als wichtigen Beitrag zu einer allgemeinen Ausstellungsanalyse, da Leihgaben als notwendige Hintergrundbedingung für die Konstitution von Ausstellungen anzusehen sind. Diese Hintergrundbedingung stellt trotz vielfältiger Differenzen zwischen den Leihgeberschaften der je einzelnen Ausstellungen eine allen gemeinsame Voraussetzung dar. Kurz: Erst durch Leihgeber[3] werden Ausstellungen ermöglicht und zudem inhaltlich beeinflusst.

3.1 Kurzer Abriss zur Sozialen Netzwerkanalyse – ihre Möglichkeiten und ihre Begriffe

Die Öffnung von Archiven und die Digitalisierung von Texten und Bildern erzeugen Massendaten, die eine historisch ausgerichtete Forschung zu Kenntnis nehmen muss, will sie nicht hinter die trivialen Wissensmöglichkeiten ihrer Zeit zurückfallen. Die Erprobung adäquater Methoden zum wissenschaftlichen und ethischen Erschließen von Massendaten ist daher wichtig; dies gilt natürlich nicht nur für die Kunstgeschichte. Eine dafür als geeignet erscheinende Methode ist die der Sozialen Netzwerkanalyse, welche nun kurz vorgestellt wird, bevor die Leihgeberschaft als spezifische Beziehungskonstellation mit dieser Methode in den Blick genommen wird. Zunächst muss das soziale Netzwerk begrifflich erfasst werden. Bei Mitchell ist ein solches Netzwerk allgemein definiert als "[…] a specific set of linkages among a defined set of persons with the additional property that the characteristics of these linkages as a whole may be used to interpret the social behavior of the persons involved."[4] Diese formale Definition eines sozialen Netzwerkes als ein Set aus Knoten und Kanten lässt eine breite Benutzung gerade für die Sozialwissenschaften offen, ohne zu früh den Knoten spezifische inhärente Eigenschaften zuzuweisen[5]. Diese werden zunächst im Rahmen der Objektivierung der zugrunde liegenden Daten „anonymisiert" und gewissermaßen bewusst vernachlässigt. In 1-Mode-Netzwerken (Netzwerke, die nur aus einem Knotentyp bestehen) sind mit Knoten zumeist die über die Kanten verbundenen Akteure gemeint, deren Eigenschaften sich erst mit der Analyse der gesamten Netzwerkstruktur, in welcher die Knoten

---

[2] Beispiele für kunstgeschichtliche Netzwerkanalysen sind: Arend 2006 oder Papenbrock 1996.

[3] Leihgeber bezeichnet Akteure, welche in ihrer Funktion als solche Leihgaben zur Verfügung stellen. Dies kann sowohl Personen (z. B. Ida Bienert) als auch Organisationen bzw. Institutionen (z. B. Museum Folkwang) einschließen.

[4] Mitchell 1969, S. 2.

[5] Vgl. Jansen 2006, S. 13.

(Akteure) eingebettet sind, ergeben. Implizierte Vorannahmen über bestimmte Akteure können so methodisch größtenteils ausgeschlossen bzw. zurückgestellt werden. Handlungen bestimmter Akteure werden so beispielsweise aus den Positionen der Knoten im Netzwerk und nicht rein aus den Knoten selbst erklärt. Der relationale Aspekt einer solchen Theorieperspektive wird hieran deutlich, handelt es sich nun um ein egozentriertes[6] oder klassisches Wer-kennt-Wen-Netzwerk. In beiden Fällen existiert ein Netzwerk nur, wenn in ihm spezifische Positionen existieren und es zwischen diesen Positionen Beziehungen, welcher Art auch immer, gibt. Mit Simmel und seiner quantitativen Analyse der Relationen zwischen Akteuren soll auch hier für die soziale Netzwerkanalyse formuliert werden: Die Zwei kommt vor der Eins.

„Es gibt für die Praxis so wenig ursprünglich einen Einzelwert, wie es für das Bewusstsein ursprünglich die Eins gibt. Von verschiedenen Seiten ist hervorgehoben worden, dass die Zwei älter ist als die Eins. Die Stücke eines zerbrochenen Stockes fordern ein Wort für Mehrzahl, der ganze ist „Stock" schlechthin, und ihn als „einen" Stock zu bezeichnen, liegt erst Veranlassung vor, wenn etwa zwei Stöcke in irgendeiner Beziehung in Frage kommen." [Hervorhebung durch den Verf.] [7]

Dennoch gibt es viele verschiedene Herangehensweisen, ein soziales Netzwerk zu untersuchen. Abhängig von der Forschungsfrage und den gewählten Untersuchungsmethoden und Begriffen zeigt sich in der internationalen Forschungslandschaft eine heterogene Auffassung davon, was soziale Netzwerkanalyse ist.[8] Trotz der Vielfalt gibt es aber auch zentrale Gemeinsamkeiten. „Die bedeutendste mag der gemeinsame Fokus auf die Bedeutung der Beziehungsstruktur sein."[9] Des Weiteren geht die Netzwerkanalyse davon aus, dass die soziale Welt als eine Beziehungsstruktur zwischen Akteuren beschrieben werden kann, wobei soziale Akteure Personen, Cliquen, Gruppen, Organisationen bis hin zu Staaten sein können.[10] Soziale Netzwerkanalyse ist daher zum einen eine spezifische Theorie über die Möglichkeiten der Analyse von Gesellschaft, zum anderen aber auch eine Methode zur Erklärung gesellschaftlicher Strukturen.

---

[6] Gemeint ist ein Netzwerk, das im Mittelpunkt einen bestimmten Knoten, von welchem alle Verbindungen ausgehen, hat, z. B. das Korrespondenznetzwerk von Will Grohmann (visualisiert und ausgestellt im Rahmen der Ausstellung „Im Netzwerk der Moderne" der Staatlichen Kunstsammlungen Dresden).

[7] Simmel 1900, S. 47 f.

[8] Vgl. Albrecht 2010, S. 129.

[9] Stegbauer 2010, S. 12.

[10] Vgl. Jansen 2006, S. 67.

3.2   Beziehungsanalysen als Netzwerkanalysen

Kurz gesagt: Beziehungsanalysen sind „Netzwerkanalysen", da es die „Besonderheit der Netzwerkforschung ist [...], dass der Beziehungskontext, die Beziehungsstruktur in die Analysen miteinbezogen wird."[11] Aus der Vielzahl von Werkzeugen, die die SNA bereitstellt, hat sich für die Analyse von „Beziehungsstrukturen" in Bezug auf die Konstitution der westdeutschen Nachkriegskunst besonders die sogenannte „Affiliationsanalyse" als geeignet erwiesen, um latente soziale Strukturen sichtbar und somit einer kunst- und sozialwissenschaftlichen Interpretation zugänglich zu machen. Im Unterschied zu der bisher vorgestellten Netzwerkauffassung handelt es sich bei der Affiliationsanalyse nicht um die Analyse von 1-Mode, sondern von 2-Mode-Netzwerken, was in diesem Zusammenhang bedeutet, dass die Akteure nicht mehr direkt (Person – Person), sondern indirekt (Person – Affiliation – Person) durch Mitgliedschaften oder Teilhabe an bestimmten Ereignissen verknüpft sind.[12] Wasserman fasst diesen Typus sozialer Netzwerke folgendermaßen:

„Some social network applications consider ties among subsets of actors in a network, such as the tie among people who belong to the same club or civic organisation. Such networks, called affiliation networks, or membership networks, require considering subsets of nodes in a graph, where these subsets can be of any size."[13]

Die Struktur der zugrundeliegenden Daten wird als 2-Mode bezeichnet, da zwei verschiedene Typen oder Kategorien von Daten als Knoten zueinander in Beziehung gesetzt werden, in diesem Beispiel Ausstellungen und Leihgeber. Hanneman und Riddle definieren dies wie folgt: „Actors may be tied together because they are present in the same place, time, or category (that is, they are in the same "incident" to, or are "affiliated" with the same structure)."[14]

Affiliation bedeutet also die Vernetzung von einem Mode mit einem anderen. Bei unserem Beispiel wäre das etwa die mögliche Bekanntschaft von Leihgebern, welche an einer Ausstellung beteiligt waren, oder abstrakter: Mit Affiliation ließe sich auch das mögliche Wissen der Ausstellungsmacher über die notwendig anzufragende Leihgeberschaft beschreiben. Allerdings ist anzumerken, dass Personen oder Organisationen, die über Affiliationen verknüpft sind, nicht zwingend reale Kontakte zueinander haben müssen. Hinzu kommt, dass Personen – abstrakt formuliert – in ihrer jeweiligen Einzigartigkeit Schnittpunkt ganz verschiedener Affiliationen sind – eine Sichtweise, die direkt auf die Frage nach dem Verhältnis

---

[11] Stegbauer 2010, S. 11.
[12] De Nooy et al. 2005, S. 93 ff.
[13] Wasserman; Faust 1994, S. 146.
[14] Hanneman; Riddle 2005, Kapitel 6.

von Individuum und Gesellschaft abzielt.[15] Die Analyse von Affiliationen kann daher zum einen ein Fenster zur Ebene von Organisationen, Ausschüssen, und Mitgliedschaften und deren Struktur sein und zum anderen die Verbindung zwischen Personen (Mikroebene) und Institutionen (Makroebene) beidseitig gerichtet in den Blick nehmen.[16] Besonders interessant ist, dass sich durch die Möglichkeit der Abbildung solcher Affiliationen als Netzwerk ein Wissensbestand dritter Akteure aufzeigen lässt, welcher in den meisten Fällen nur diesen selbst zugänglich ist und damit innerhalb einer wissenschaftlichen Analyse von z. B. der Entstehung eines spezifischen westdeutschen „Nachkriegskunstbetriebes" bisher kaum Beachtung fand.

3.3 Netzwerkanalyse ausgewählter Leihgeberschaften

Im Folgenden wird nun dargelegt, wie, ausgehend von einem konkreten Forschungsinteresse, aus einem Quellenkorpus von Ausstellungskatalogen Leihgebernetzwerke für weitere Analysen und Visualisierungen erstellt wurden. Dazu wird gängige Tabellenkalkulationssoftware verwendet, sowie für die Netzwerkanalyse und Visualisierung die Software NetDraw[17].

3.3.1 Das Forschungsinteresse

Das Forschungsinteresse richtet sich auf den Umstand, dass es sich bei dem Forschungsgegenstand *Leihgeberschaft* innerhalb der Kunst-und Sozialwissenschaften um eine unter- bis gar nicht repräsentierte Perspektive auf die Kunstwelt handelt. Wenn überhaupt, wird Leihgeberschaft nur bei der Beschreibung von einzelnen Sammlungen auf diese bezogen behandelt oder personenbezogen erwähnt, nicht aber allgemein als, wie hier nun ansatzweise versucht, konstituierende Bedingung (notwendig, aber nicht hinreichend) für Ausstellungen generell. Innerhalb des im DFG-Projekt „Soziale Geburt der Westkunst" untersuchten Gegenstandes der sozialen Konstitution des Nachkriegskunstbetriebes der jungen BRD stellt die Betrachtung der Leihgeberschaft eine spezifische Beziehungsebene dar, die selbst wieder eingebettet ist in vielfältige weitere Beziehungsstrukturen. Nicht Künstler,

---

[15] Vgl. de Nooy et al. 2005, S. 91.

[16] Vgl. Hanneman; Riddle 2005, S. 71.

[17] Borgatti, S.P. (2002). NetDraw Software for Network Visualization. Analytic Technologies: Lexington, KY.

Kunstwerke oder Ausstellungsmacher sollen Ausgangspunkt sein, sondern Leihgeber und deren mögliche Netzwerke. Akteure also, die, wie bereits erwähnt, Beziehungstypen verkörpern, die als jeder Ausstellung zugrunde liegende Bedingungen
auch für das Entstehen moderner Kunst-Ausstellungen von zentraler Bedeutung
sind. Denn was sind Leihgeber? Sie sind Rezipienten, Vermittler und Quelle der
Bereitstellung von Kunstwerken gleichermaßen und repräsentieren somit vielfältige Beziehungstypen innerhalb der Kunstwelt. Sie sind Personen, Museen, Organisationen, und agieren auf der individuellen wie der institutionellen Ebene. Dabei
folgen sie ökonomischen, kulturpolitischen sowie ästhetischen Logiken und einige
von ihnen geben gern, während andere sich bitten lassen.

Im Folgenden wird nun zum einen dargelegt, wie solche latenten Strukturen aus
empirischen Daten erfasst und visualisiert werden können; zum anderen wird anhand einer Netzwerkanalyse die Frage nach den Eigenschaften der – im bearbeite-
ten historischen Zeitraum – zentralen und kontinuierlichen Leihgeber beantwortet
werden.

3.3.2 Die Datengrundlage

Die Daten des verwendeten Samples wurden dabei aus den Ausstellungskatalogen
folgender Ausstellungen übernommen, in denen die Leihgeberlisten abgedruckt
waren:

Köln: *Internationale Kunstausstellung des Sonderbundes westdeutscher Kunstfreunde und Künstler*, 1912

Dresden: *Internationale Kunstausstellung*, 1926

Frankfurt: *Vom Abbild zum Sinnbild*, 1931

Berlin: *Moderne Französische Malerei*, 1946

München: *Kunstschaffen in Deutschland*, 1949

Recklinghausen: *Zeugnisse europäischer Gemeinsamkeit*, 1954

Kassel: *documenta*, 1955

Kassel: *II. documenta*, 1959

Kassel: *documenta III*, 1964[18]

Allgemein ist die Quellensituation, was Leihgeberlisten anbelangt, durchaus
schwierig; dennoch begründet sich die Auswahl der Ausstellungen durch den in
der Forschung erwähnten Modellcharakter dieser Ausstellungen für die moderne
Großausstellung, namentlich die documenta, welche als Start- und späterer Kul-

---

[18] Die bibliografischen Angaben zu den Ausstellungskatalogen sind im Quellenverzeichnis
verzeichnet.

minationspunkt der westdeutschen Nachkriegskunst gemeinhin angesehen wird.[19] Lediglich die Ausstellungen „Moderne Französische Malerei" und „Kunstschaffen in Deutschland" bilden Ausnahmen, da sie sowohl den Umfang, als auch das Thema und das Werkportfolio betreffend, anders, vor allem aber nicht international ausgerichtet sind. Interessant sind diese zwei Ausstellungen dennoch aufgrund ihres offensichtlich abweichenden Verhaltens und der Frage, ob sich dieses bei einem empirisch-quantitativem Zugang, wie dem der Sozialen Netzwerkanalyse, ebenso zeigt. Die Ausstellungsauswahl bildet zudem zeitlich mehrere Brüche ab: Zum einen die beiden Weltkriege und die geopolitischen Verwerfungen, auf welche oft mit der These von Vor- und Nachkriegskunst reagiert wird, und zum anderen die folgende Blockstaatenbildung, die zu Beschreibungen führt, die Ost und Westkunst als zwei sich wenig überschneidende Sphären divergenter Geltungskünste annimmt.[20]

In das Sample wurden 1246 Akte der Leihgabe von 1054 verschiedenen Leihgebern aufgenommen. In Abb. 3.1 ist die Anzahl der erfassten Leihgeber bei den einzelnen Ausstellungen dargestellt sowie eine chronologische Kategorisierung in Bezug auf die erwähnten Brüche. Der Großteil der erfassten Ausstellungen sind Nachkriegsausstellungen nach 1945, und nur eine betrachtete Ausstellung, die Sonderbundausstellung 1912 in Köln, fand vor dem 1. Weltkrieg statt. In Bezug auf die Anzahl der Leihgebenden sind dabei die Internationale Kunstausstellung Dresden 1926 und die documenta 1955 am ehesten direkt vergleichbar.

3.3.3 Von der Quelle zum Netzwerk

Nach dem Erfassen der Daten und dem Vereinheitlichen der unterschiedlichen Konventionen der Quellen wurde ein Datensatz des gesamten Samples erstellt. An diesen Datensatz ließen sich nun übliche nummerische Auswertungsverfahren wie Häufigkeitsverteilungen und Vergleichsstatistiken ebenso wie erste netzwerkanalytische Werkzeuge anwenden. Besonders die Visualisierung von Massendaten mittels der SNA in „leicht" zu erfassenden Abbildungen bietet die Möglichkeit eines Zugangs zum Gegenstand, der bei der weiterführenden Generierung von Forschungsfragen an das Sample hilfreich ist. In Abb. 3.2 ist unser komplettes Leihgebersample als 2-Mode Netzwerk dargestellt. Die Affiliationen bilden hier die Aus-

---

[19] Vgl. Wollenhaupt-Schmidt 1994, S. 104 ff., 256 ff oder Sonntag 1999, S. 136 ff.

[20] Ausformuliert auch im in diesem Band vorliegendem Aufsatz von Karl-Siegbert Rehberg *„Westkunst" versus „Ostkunst". Geltungskünste und die Flucht aus der geschichtlichen Kontinuität im geteilten Deutschland*.

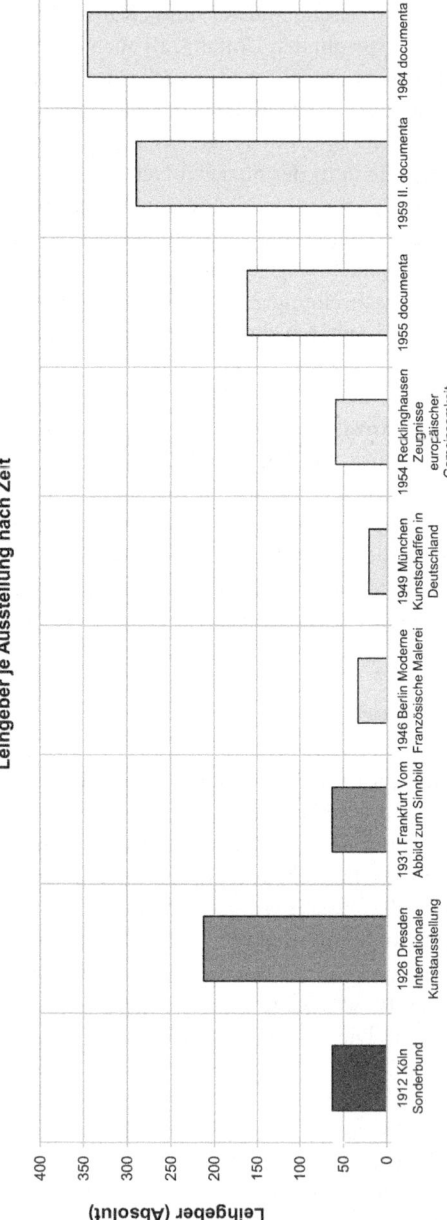

Abb. 3.1 Zusammensetzung des Leihgebersamples

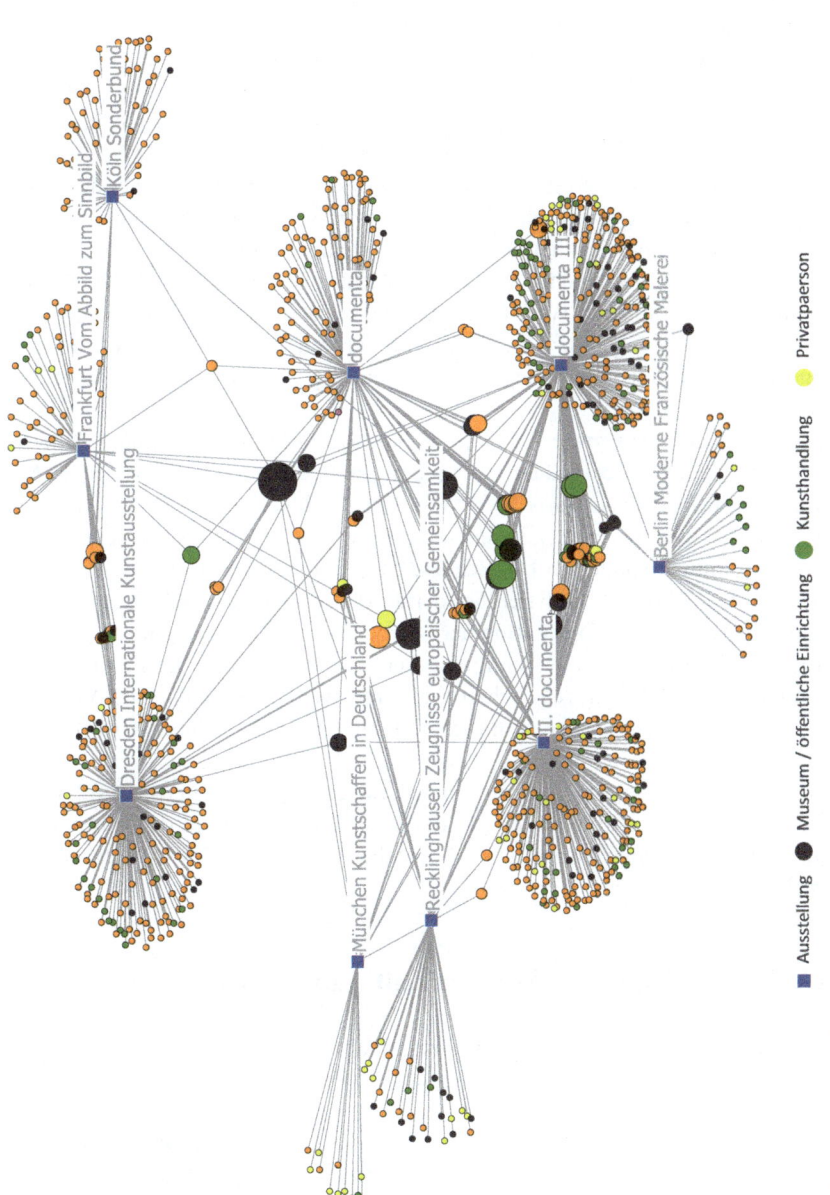

Abb. 3.2 Netzwerk des Gesamtsamples

stellungsbeteiligungen der Leihgeber. Man erkennt die Ausstellungen (blaue Quadrate) und die Akteure (Kreise), die wiederum verschiedene Eigenschaften haben, welche durch Farb- und Größendifferenzierung angezeigt werden. Die Farbe entspricht der Kategorie der Leihgeber und zeigt, ob es sich um Kunsthandel (Grün), Privatpersonen (Orange), staatliche Stellen (Gelb) oder Museen (Schwarz) handelt. Der Durchmesser der Akteurs-Kreise symbolisiert die Anzahl der Ausstellungen, an welchen ein Akteur beteiligt war; bezeichnet wird dies als Degree. Je höher der Degree eines Knotens, desto stärker ist dieser direkt vernetzt. Zudem gibt die örtliche Positionierung Auskunft über bestimmte strukturelle Ähnlichkeiten der sich in der Struktur nah beieinander befindlichen Akteure. Im Beispiel ist es die Ähnlichkeit der Akteure im Hinblick auf ihre Ausstellungsbeteiligungen. Dabei zeigen sich auf rein quantitativem Weg starke Differenzen der einzelnen Ausstellungen. Am isoliertesten ist dabei die Ausstellung „Moderne französische Malerei", deren Leihgeberschaft kaum Verbindungen zu den anderen Ausstellungen des Samples aufweist.

Zudem ist auf einer zweiten Ebene die geringe Diversität der geografischen Struktur der Leihgeberschaft dieser Ausstellung zu bemerken – fast ausschließlich stammen die Leihgeber aus Paris (Siehe Abb. 3.3). Das bereits erwähnte abweichende Verhalten dieser Ausstellung innerhalb unseres Samples stellt somit neben der Ausstellung „Kunstschaffen in Deutschland" einen in der Visualisierung unserer Netzwerkdaten klar beobachtbaren Sonderfall dar, dessen Eigenschaften für die weitere Betrachtung der Konstitution der westdeutschen Nachkriegskunst berücksichtigt werden muss. Generell kann eine Veränderung im Lauf der Zeit bei der Zusammensetzung der Leihgeberschaft beobachtet werden. Besonders das Auftauchen und die zunehmende Bedeutung des Kunsthandels als Leihgeber (Grün) sind sichtbar.

Als letzten Punkt sei auf die Gruppe der stark vernetzen Knoten (Akteure) hingewiesen, welche im mittleren Bereich, mit jeweiliger Tendenz zu den mit ihnen assoziierten Ausstellungen, verortet sind. Auf diese wird am Ende des Textes noch einmal eingegangen.

3.4   Geografische Struktur der Leihgebergruppe

In Abb. 3.4 ist die zentrale geografische Struktur der betrachteten Leihgebergruppe und der Ausstellungsorte zu sehen, wobei nur Orte auftauchen, die mindesten mit 6 unserer Ausstellungen verknüpft sind.

Die Graustufe zeigt die konkrete Anzahl der über diesen Ort verknüpften Ausstellungen an. Der Durchmesser der Kreise gibt den Hinweis auf die Anzahl der an diesem Ort verzeichneten Leihgeber unseres Samples (kleiner Durchmesser –

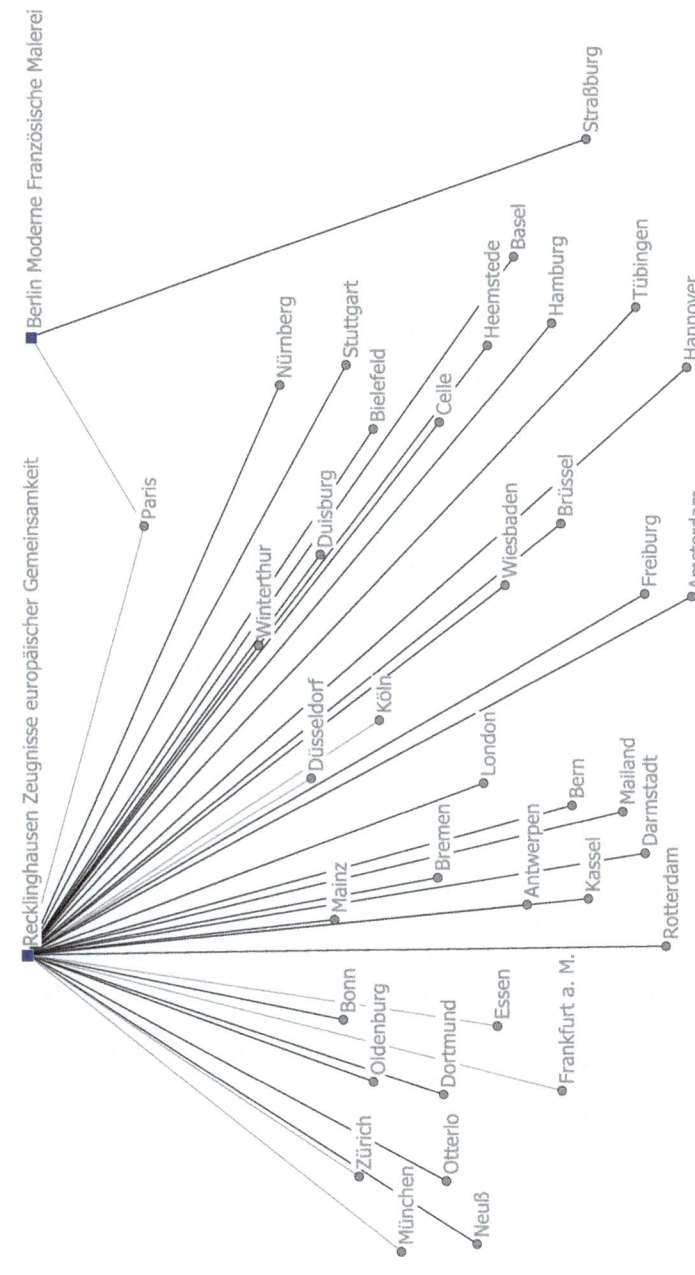

Abb. 3.3 Geografische Struktur der Leihgeberschaft im Vergleich

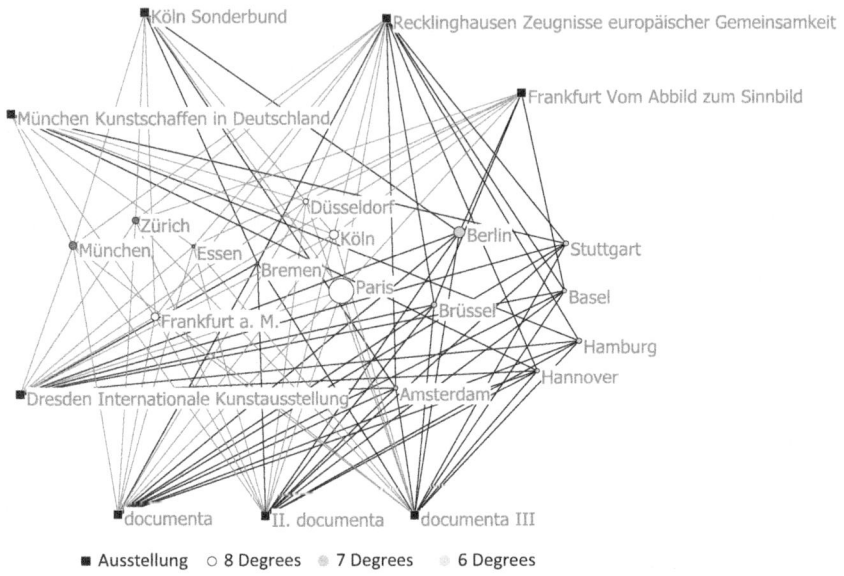

Abb. 3.4 Netzwerk der zentralen Leihgeberorte des Samples

wenige Leihgeber, großer Durchmesser – viele Leihgeber). Die Position gibt in begrenztem Umfang Auskunft darüber, durch welche Orte welche Ausstellungen verknüpft sind und inwieweit bei Orten, die mehrere Ausstellungen verknüpfen, diese Verknüpfungsstruktur ähnlich ist. Diese Ortsstruktur der Leihgeberstädte zeigt interessanterweise Städte wie Frankfurt, Köln, München, Berlin, Paris und New York, also Städte, die sich selbst als Kunst-, Ausstellungs- und Leihgeberstädte wahrnehmen und präsentieren. Dabei sind Orte mit vielen Leihgebern, wie zu erwarten, auch eher mit vielen Ausstellungen assoziiert. Aus Perspektive der Kunstgeschichte mag die Kasseler documenta die wichtigste Schau zeitgenössischer Kunst in der Nachkriegszeit darstellen, dennoch ist Kassel in dieser Netzwerkdarstellung nicht als wichtiger Knoten auszumachen. Dies ist als Hinweis insofern von Bedeutung, da Kassel eben selbst weder Kunst- noch, wie gerade gezeigt, Leihgeberstadt war. Ein Status der – so die These – Kassels Erfolg als periodisch temporäres Ausstellungszentrum für zeitgenössische Kunst in der Konstitutionsphase der documenta mit bedingte. Kassel wird hier als soziokultureller Raum, in dem sich gerade durch seine verhältnismäßige Unvoreingenommenheit durch Akteure des Kunstfeldes neue Möglichkeiten der Repräsentation von Kunst durchsetzen konnten, betrachtet.[21]

---

[21] Dezidiert dazu der Beitrag von Gerhard Panzer in diesem Band: *Die Große Form für die Gegenwart: Die documenta als Innovation von Ausstellungsformaten.*

3.5 Leihgebernetze als Repräsentationen von ausstellungskonstitutivem Wissen

Zurück zu den Akteuren: Die Frage nach der Relevanz von bestimmten Orten kann auch umgekehrt werden, indem die Frage nach der Vernetzung lokaler Leihgeber bezüglich der Ausstellungsbedingungen gestellt wird. Anders ausgedrückt: Was für ein ortsspezifischer Wissensfundus über Leihgeber ist für die Realisierung von Ausstellungen notwendig? Abbildung 3.5 zeigt die dementsprechende Visualisierung für Berlin als Leihgeberort. Die Formatierung des Netzwerkes entspricht den vorangegangenen. Auffällig ist hier zuallererst, dass Vor- und Nachkriegszeit nur über die Sammlung Bernhard Koehler verknüpft sind, und die Kunstwelten vor dem 1. Weltkrieg, die Zwischenkriegszeit und die Zeit nach 1945 grundsätzlich nur interne Verknüpfungen aufweisen.

Mehr noch als die möglichen Bezüge der Leihgeberszenen untereinander sind jedoch die Beziehungen, Wissensbestände und Ressourcenverteilungen, die durch die Leihgeberszene selbst repräsentiert werden, von Interesse. So kann die SNA als Möglichkeit des Zuganges zu impliziten historischen Wissensbeständen bei Dritten (oft Einzelpersonen) genutzt werden. Hier fungiert als Beispiel das notwendige Ressourcenwissen von Ausstellungsmachern, welches als Überlagerung von drei Affiliationen (Ort – Berlin, Zeit – Die Chronologie der Ausstellungen, Ereignis – Die konkrete Ausstellungsbeteiligung) dargestellt werden. Dabei handelt es sich um subjektives Wissen, welches bisher hauptsächlich qualitativ zugänglich war[22]. Leihgebernetzwerke sind Ressourcennetze der Organisatoren, die mit Verweis auf die jeweilige Ausstellung sichtbar gemacht werden können, denn um eine Ausstellung zu realisieren, muss es notwendig ein Wissen um Leihgeber geben. In einer Frage formuliert: Wer weiß, wer was hat und wie man ran kommt? Diese durch die SNA anhand bekannter Daten erweiterte Fragengenerierung kann neue Interpretationsmöglichkeiten eröffnen und ein komplexes, aber niemals abschließendes Verständnis bestimmter soziokultureller Dynamiken unterstützen. So bleibt durch eine Analyse mittels vielfältiger Affiliationen Komplexität möglich und darstell-

---

[22] Für eine historisch kritische Forschung ist ein Methodenmix aus quantitativen und qualitativen Elementen unumgänglich, sei es im einfachsten Fall zur Nutzung quantitativer Methoden wie der SNA als Werkzeug für die Zugänglichkeit zum Gegenstand oder als Mittel der Methodentriangulation zur Verifizierung oder Problematisierung der jeweils anderen Aussagen. Einstellungen beim wissenschaftlichen Personal, welche zu Aussagen wie „Das weiß ich alles schon." Oder „Was soll mir diese Methode einer fremden Disziplin bringen, außer Zweifel?", führen, verkennen, dass das Wissen einer Einzelperson noch nicht dem wissenschaftlich anwendbaren Wissen einer Sprechergemeinschaft entspricht. Auf verschiedenen Wegen ähnliche Aussagen formulieren zu können, sollte vielmehr für jede der Einzelaussagen von hohem Interesse sein. Dahinter steht letztlich die wissenschaftsethische Forderung nach einer Demokratisierung von Wissen; auch und gerade um jedem Interessierten die Möglichkeit zu geben, dieses Wissen zu falsifizieren.

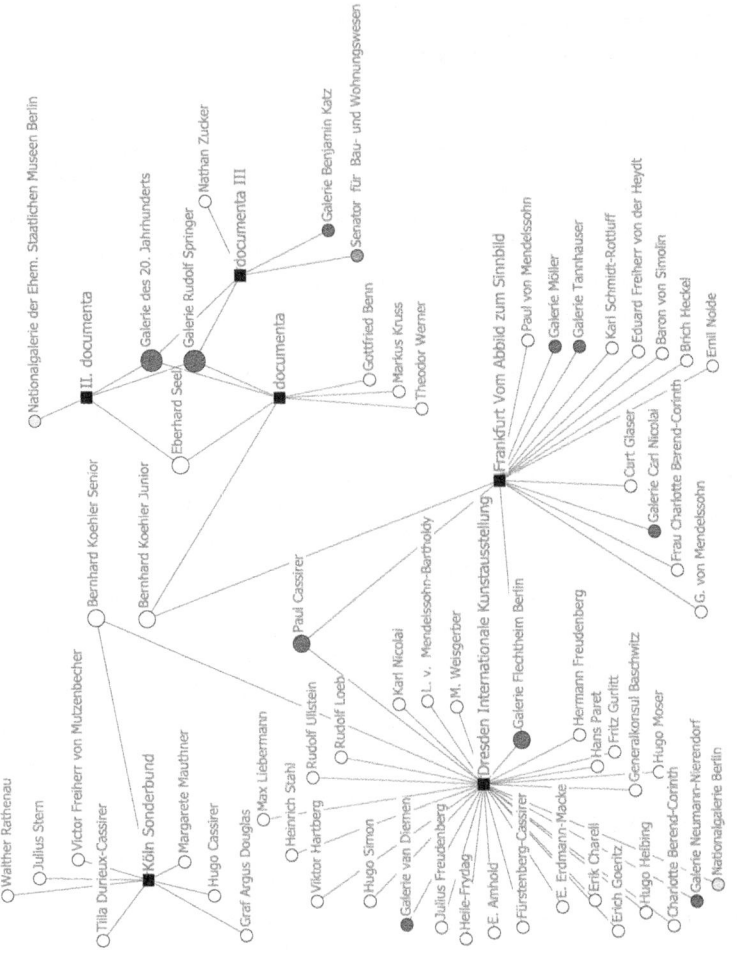

Abb. 3.5 Mehrfachaffiliationsnetzwerk: Längsschnitt-Leihgeberstruktur in Berlin

bar, auch wenn diese durch den methodisch bedingten Zugriff auf die Quellen in erster Instanz verringert wird. Der Vorteil, Daten im ersten Schritt anonymisiert zu behandeln, besteht gerade darin, eine Identifikation interessanter Phänomene auf struktureller Ebene zu erleichtern. Die Ebenen verschiedener Affiliationen lassen sich dabei beliebig erweitern, ohne die zuvor dargestellten Beziehungen dadurch zu delegitimieren. Die vielfältigen Fragen und Interpretationen, die an solche, oft nicht ganz so auffällige Auffälligkeiten zu richten sind, liegen in der jeweiligen Forschungsperspektive. Und da sich die Komplexität sozialer Räume nicht endgültig abbilden lässt, werden die Relationen und Beziehungen jeweils anders (wenngleich nicht beliebig) dargestellt werden müssen, um der Dynamik sozialer Strukturen gerecht zu werden.

3.6　Die zentralen Leihgeber des Samples

Abschließend soll noch einmal auf die untersuchten Akteure selbst, die Leihgeber, zurückgekommen werden, um die Frage zu beantworten, wer die zentralen Leihgeber in unserem sozialen Netzwerk sind und was sie auszeichnet.

Dargestellt ist dies in Abb. 3.6. Diesem Netzwerk liegt wiederum das Netzwerk des Gesamtsamples zugrunde, mit der Einschränkung, dass nur jene Akteure angezeigt werden, welche mindestens Verbindungen (Degrees) zu vier Ausstellungen haben. Die Anzahl der tatsächlichen Verbindungen jedes Akteurs ist anhand seiner Größencodierung sichtbar. Die Schattierung repräsentiert die Kategorie des Leihgebers als Privat/Museum/Kunsthandel. Die Ausstellungen selbst sind in zeitlichen Zonen angeordnet und repräsentieren außer sich selbst auch jeweils die bereits mehrfach erwähnten Zeitabschnitte. Auffällig scheint vor allem, dass Museen (grau) vor den Galerien die dominierende Leihgebergruppe sind, während Privatpersonen kaum vertreten sind. Die Hauptakteure sind also staatliche bzw. öffentliche gefolgt von privatwirtschaftlichen, welche erst nach 1945 beginnen, kontinuierlich als Leihgeber in Erscheinung zu treten.[23] Museen sind im vorliegenden historischen Sample also jene Akteure, die über die Zeit, trotz Brüchen und Transformationen, die Fähigkeit hatten – und vielleicht immer noch haben – als leihgebende Akteure über längere Zeiträume aktiv zu bleiben. Auch zeigt sich, dass Museen als Ressourcenquellen stärker als andere Akteure im Wissensfundus der Ausstellungsmacher kontinuierlich vertreten waren. Die zwei einzigen Akteure, die in allen drei im Sample betrachteten Zeitabschnitten als Leihgeber aktiv waren,

---

[23] Zur Transformation und Dynamik der Leihgeberschaft siehe den Vortrag: Leihgebernetze im Hintergrund ausgewählter Ausstellungen von 1912–1964 unter: http://tu-dresden.de/die_tu_dresden/fakultaeten/philosophische_fakultaet/is/for/forschungsprojekte/sgw/vortraege/praesentationen.

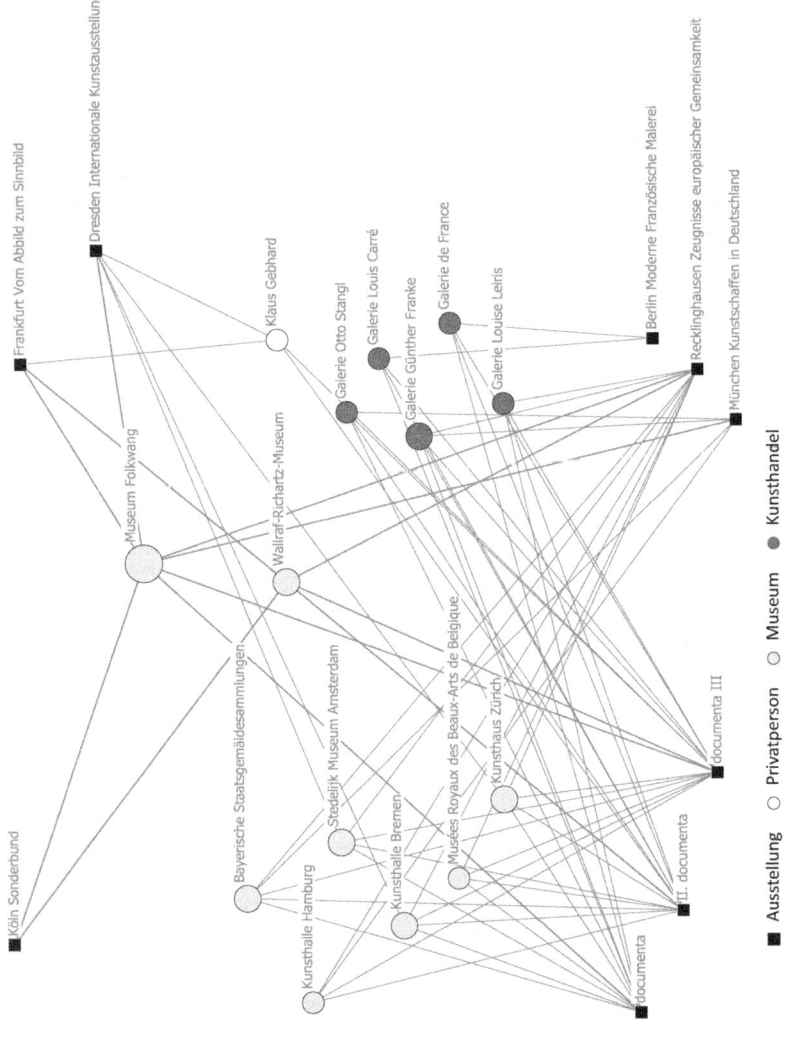

Abb. 3.6 Zentrale Akteure des Samples

■ Ausstellung ○ Privatperson ○ Museum ● Kunsthandel

sind das Museum Folkwang in Essen und das Wallraf-Richartz Museum in Köln. Der im Sample herausragende und am stärksten vernetzte Leihgeber ist ebenfalls das Museum Folkwang mit 7 von 9 möglichen Verbindungen.

3.7 Zusammenfassung

Die SNA als Methode des Zuganges zu aus historischen Quellen gewonnenen Massendaten bietet für die Kunstgeschichte und Kunstsoziologie eine Chance, ihr fundiertes qualitatives Wissen mit der Analyse von Netzwerkstrukturen zu verknüpfen. So können erweiterte, neu abgesicherte Interpretationen zu ganz konkreten, schon bekannten oder nicht bekannten Fragestellungen formuliert werde. Besonders die Visualisierung latenter Wissens-Ressourcen und Organisationsstrukturen ist dabei eine Stärke der SNA, die für eine Analyse der vielfältigen Beziehungsstrukturen, beispielsweise bei Ausstellungen, fruchtbar gemacht werden sollte. Anhand der bisher kaum betrachteten Leihgeberschaft als notwendige Voraussetzung von Ausstellungsrealisierungen konnte dies verdeutlicht werden. Abschließend sei vor dem Hintergrund einer gegenseitigen Methodenskepsis zwischen Kunstgeschichte und Kunstsoziologie noch einmal vor einem methodologischen Konservatismus gewarnt, welcher quantitative Zugriffe auf die Kunstwelt reflexartig ablehnt. Auch die Kunst der Moderne hat sich nicht ohne Grund der Abstraktion zugewandt. Für die moderne Kunstsoziologie und Kunstgeschichte sollte sich dafür ebenfalls ein hinreichender Grund finden lassen, beispielsweise das verständliche Ansinnen, die Relationen, die zu Realisierungen von Werken, Ausstellungen oder Kritiken führen, sichtbar zu machen, Grund genug also, sich auch die Möglichkeiten der Sozialen Netzwerkanalyse zunutze zu machen.

Quellen

Munsing, Stefan P., Hrsg. 1949. *Kunstschaffen in Deutschland. Ausstellung im Juni-Juli 1949. Central art collecting point.* München: Filzer.

O.A. 1926. *Amtlicher Führer und Katalog durch die Ausstellung. Internationale Kunstausstellung Dresden 1926 Juni/September.* Dresden: Jahresschau Deutscher Arbeit.

O.A. 1931. *Vom Abbild zum Sinnbild. Ausstellung von Meisterwerken Moderner Malerei im Städelschen Kunstinstitut. Frankfurt am Main 3. Juni – 3. Juli 1931.* Frankfurt a. M.

O.A. 1946. *La peinture francaise moderne. Chateau Impérial Berlin. 22 Octobre – 6 Novembre 1946. Einleitung (von Jean Cassou) in französicher, russischer, englischer und deutscher Sprache.* Berlin.

O.A. 1954. *Ruhrfestspiele. Zeugnisse europäischer Gemeinsamkeit. Meisterwerke der Malerei und Plastik aus europäischen Museen und Privatsammlungen. Ausstellung 18. Juni bis 30. Juli 1954.* Recklinghausen.

O.A. 1955. *documenta, kunst des XX. jahrhunderts. Ausstellungskatalog.* München: Prestel.

O.A. 1959. *II. documenta '59. Kunst nach 1945. Ausstellungskatalog.* Köln: M. DuMont Schauberg (Bd. 1: Malerei; Bd. 2: Skulptur; Bd. 3: Druckgrafik; Textband).

O.A. 1964. *documenta III. Internationale Ausstellung. Katalog.* Köln: M. DuMont Schauberg. (Bd. Bd. 1: Malerei und Skulptur).

O.A. 1964. *documenta III. Internationale Ausstellung. Katalog.* Kassel: Hessische Druck- und Verlagsanstalt GmbH:. (Bd. 2: Handzeichnungen).

Sonderbund. 1912. *Internationale Kunstausstellung des Sonderbundes Westdeutscher Kunstfreunde und Künstler zu Cöln. 1912; Städtische Ausstellungshalle am Aachener Tor, vom 25. Mai bis 30. Sept., von 9 - 7 Uhr geöffnet; illustrierter Katalog.* Köln: Dumont-Schauberg.

Literatur

Albrecht, Steffen. 2010. *Knoten im Netzwerk. Handbuch Netzwerkforschung.* Wiesbaden: VS Verlag für Sozialwissenschaften.

Arend, Sabine. 2006. Über die Grenzen der Kunstgeschichte hinaus. Netzwerkanalyse als biographischer Zugriff auf die Wissenschaftsgeschichte. In *Grenzen überwindend. Festschrift für Adam S. Labuda,* Hrsg. Katja Bernhardt und Piotr Piotrowski. (Begleit-CD zum Buch mit Beiträgen von Schülern). Berlin: Lukas Verlag.

De Nooy, Wouter et al. 2005. *Exploratory social network analysis with Pajek.* Cambridge: University Press.

Hanneman, Robert A., und Mark Riddle. 2005. *Introduction to social network methods.* Riverside: University of California. http://faculty.ucr.edu/~hanneman/nettext/. Zugegriffen: 21. Sept. 2013.

Jansen, Dorothea. 2006. *Einführung in die Netzwerkanalyse: Grundlagen, Methoden, Forschungsbeispiele.* Wiesbaden: VS Verlag für Sozialwissenschaften.

Mitchell, James Clyde. 1969. *The concept and use of social networks. Social networks in urban situations: Analyses of personal relationships in Central African towns.* Manchester: The University Press.

Papenbrock, Martin. 1996. *„Entartete Kunst", Exilkunst, Widerstandskunst in westdeutschen Ausstellungen nach 1945. Eine kommentierte Bibliographie.* Weimar: Verlag und Datenbank für Geisteswissenschaften.

Simmel, Georg. 1900. *Philosophie des Geldes.* Berlin: Duncker & Humblot.

Simmel, Georg. 2009. Soziologie der Sinne. In *Soziologische Ästhetik,* Hrsg. Klaus Lichtblau, 115–127. Wiesbaden: VS Verlag für Sozialwissenschaften.

Sonntag, Dina. 1999. *Zugriff auf die Moderne. Fallstudien zu Kunstwissenschaft und Kunstausstellung um 1950.* Berlin: Dissertation.de.

Stegbauer, Christian. 2010. Netzwerkanalyse und Netzwerktheorie. Einige Anmerkungen zu einem neuen Paradigma. In *Netzwerkanalyse und Netzwerktheorie. Ein neues Paradigma in den Sozialwissenschaften,* Hrsg. Christian Stegbauer, 11–19. Wiesbaden: VS Verlag für Sozialwissenschaften.

Wasserman, Stanley, und Katherine Faust. 1994. *Social network analysis: Methods and applications.* Cambridge: Cambridge University Press.

Wollenhaupt-Schmidt, Ulrike. 1994. Documenta 1955. Eine Ausstellung im Spannungsfeld der Auseinandersetzungen um die Kunst der Avantgarde 1945–1960. *Europäische Hochschulschriften,* Reihe XXVIII, Kunstgeschichte. Frankfurt a. M.: P. Lang.

Wie der Phönix fliegen lernte: Beziehungen aus der Asche. Beziehungsanalysen der Kasseler Künstlergruppe „Hessische Sezession" (1946–1949)

Gerhard Panzer

Beziehungsanalysen der Nachkriegskunstentwicklung eignen sich dazu, zugrunde liegende soziale und gesellschaftliche Strukturen in Westdeutschland zu rekonstruieren und um zu erklären, wie eine Entwicklung zur „Westkunst" historisch möglich gewesen ist. Der Begriff „Westkunst" wird hier benutzt, um die frühe moderne Kunst der Nachkriegszeit von 1945 in den westdeutschen Zonen bis in die beginnende Bundesrepublik Mitte der 60er Jahre zu bezeichnen, und nicht mit einer Stilrichtung gleichgesetzt.[1] Im Zentrum der Analysen stehen die Relationen zwischen Personen, aber auch ihre als Affiliationen bezeichneten Bezüge zu Institutionen, Organisationen und Ereignissen.[2] Dieses Vorgehen ist angesichts einer außerordentlichen historischen Konstellation, die durch eine Umwälzung politischer und ökonomischer bis hin zu geostrategischen Rahmenbedingungen gekennzeichnet ist, in der einzelne Akteure Veränderungen von großer existenzieller Tiefe durchlebten, dringend geboten. Aber es kann auch Probleme bereiten, dass die Akteure ihre Praktiken verständlicherweise nicht immer offen legten. Sie neigten dazu, wie

---

[1] Der Begriff unterscheidet sich von der programmatischen Konzeption der Ausstellung „Westkunst", die in Köln 1981 stattfand. Vgl. Glozer 1981.

[2] „Affiliationen" stehen hier immer für Beziehungen zwischen Personen und Institutionen, Organisationen oder Ereignissen. Künftig abgekürzt als „Affiliationen zu Institutionen usw." respektive „Bezüge oder Relationen zu Institutionen usw." Weitere Ausführungen unter Beziehungsschema.

G. Panzer (✉)
Dresden, Deutschland
E-Mail: gerhard.panzer@tu-dresden.de

G. Panzer et al. (Hrsg.), *Beziehungsanalysen. Bildende Künste in Westdeutschland nach 1945*, Kunst und Gesellschaft, DOI 10.1007/978-3-658-02917-3_4,
© Springer Fachmedien Wiesbaden 2015

Abb. 4.1 Titelbild des ersten Ausstellungskatalogs der Hessischen Sezession 1946 © Hessische Sezession 1946

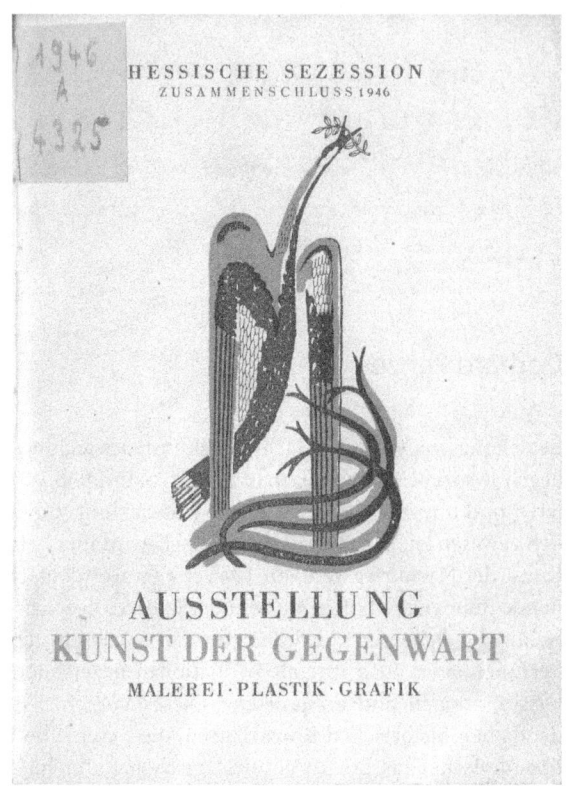

in diesem Fall Arnold Bode,[3] die erfahrenen Einschnitte mittels Rückgriff auf überzeitliche Bilder mental zu verarbeiten. Bode wählte den Phönix, um die eher an der pragmatischen Lösung alltäglicher Probleme wie den fehlenden Malutensilien oder Räumen interessierte Künstlergruppe „Hessische Sezession" in Kassel 1946 mit einem Mythos programmatisch zu verbinden. Er griff zu diesem Bild, um sich und seine Künstlergruppe „Hessische Sezession", die er zusammen mit anderen Künstlern 1946 gründete, als einen Phönix, jenes Fabelwesen, das aus der Asche wieder auferstanden ist, zu imaginieren. Er entwarf einen Phoenix, der gerade erst den Flammen zu entsteigen scheint, die Flügel tief herabhängend mit einem Olivenzweig im Schnabel, als Signet für den Titel des Katalogs der Eröffnungsausstellung der Künstlergruppe und ließ ihn sogar zweifarbig drucken (Abb. 4.1).

---

[3] Zur Person Bodes aus einer Vielzahl: Heinz (Hrsg.) 2000; dort aber ohne Hinweis auf die „Hessische Sezession". Dazu Georgsdorf 2007, S. 26 ff., der sie als „nullte documenta" einstuft.

Für Beziehungsanalysen ist gerade die Identifikation mit diesem Bild eine große Herausforderung. In die Zukunft gewandt, entkoppelt es das Wiedererstehen mit bevorstehendem Aufstieg von jeglicher sozialen Komponente. Die erforderlichen Kräfte entstammen den mythischen Flammen und die eigene soziale Vorgeschichte, so wichtig sie für das aktuelle wie auch das beabsichtigte Wirken sein mag, wird versteckt in der Asche.

4.1 Ein Phönix als Herausforderung von Beziehungsanalysen

Ein Bezug zum Mythos war damals nicht selten.[4] Angesichts der Häufigkeit mythologischer Rückgriffe in der Nachkriegszeit drängt sich die Frage auf, ob es sinnvoll ist, diesem Typus gerade am historischen Fall der „Hessischen Sezession" nachzugehen. Zwar ist ein Phönix sicher nur eines der Fabelwesen, die das Bildprogramm der Nachkriegskunst bevölkern, aber hier dient er als programmatische Aussage, die beziehungsanalytisch aufgeklärt werden kann. Für die Rekonstruktion der Westkunst mittels Beziehungsanalysen beinhalten all diese Rückgriffe ins Antike, ins Fabelhafte oder ins Mythische die Gefahr, relationale Beziehungen zu Personen, Institutionen und historischen Ereignissen zu verbergen und von ihnen abzulenken, aber sie können selbstverständlich auch als Indikatoren für versteckte Beziehungsgeflechte aufgegriffen werden, wie es hier mit dem Blick auf die Asche und die Analyse des Aufstiegs geschehen soll. Solche Bilder mit mythologischem Bezug dienen vordergründig dazu, die Betrachter auf Horizonte außerhalb der aktuellen Zeit und Räume zu verweisen. Außerdem konnten Aussageabsichten so gezielt vage oder mehrdeutig gehalten werden, da mythische Anleihen unterschiedliche und oft auch gegensätzliche Funktionen erfüllen können. Sie können in einem Extrem sowohl der Flucht aus der Zeit dienen, als auch im anderen Extrem der Gegenwart als Maßstab vorgehalten werden, um sie auf überhistorische Werte zu verpflichten. Beide Verwendungen bestätigen den Mythos. Künstler können den Mythos auch heranziehen, um ihn mit ihren Mitteln kritisch zu vereinnahmen, was bei Bode allenfalls durch den Olivenzweig einen Anhaltspunkt erhält. Aber generell ist der Befund zu bestätigen, dass die Mythen ein Projektionsfeld bilden, das sich durch Offenheit, dehnbare Grenzen und Aura eignet, soziale Stimmungslagen zu ordnen, um sie in Handlungsorientierungen umzusetzen oder um gesellschaft-

---

[4] Etwa Nays Prometheus-Bilder oder Picassos *Satyr, Faun und Zentaur mit Dreizack* stehen für ein nicht nur auf ein Land beschränktes Phänomen. Das Jahrbuch der Guernica-Gesellschaft widmete ihm einen Schwerpunkt: Kunst und Politik 2, 2000. Held (Hrsg.) 2000a.

lichen Kräfteverhältnissen einen Maßstab zu geben, wie es Jutta Held für die 50er Jahre treffend zusammenfasste.[5] Im Falle der „Hessischen Sezession" sehe ich im Phoenix sowohl einen Ausdruck der durch Verluste, Zerstörungen und Niederlagen gekennzeichneten Stimmungslage wie auch eine Orientierung des eigenen Handelns in einer Phase großer Verunsicherung, weil äußere Handlungsmaßstäbe intransparent sind. Außerdem wird ein offener Horizont reklamiert, um die eigene Initiative in einen künftigen Sinnzusammenhang zu stellen, ohne ihn definitiv zu benennen. Im Rahmen unserer Analyse zielt die Rekonstruktion des verdeckten sozialen Hintergrunds hier darauf, im Phoenix eine soziale Beziehungskonstellation freizulegen. Das Fabelwesen verkörpert einen Prozess, in dem sich die Niederlage oder die Vernichtung im Feuer aus der Asche heraus in einen neuen Aufstieg wendet. Von der Substanz her gedacht, wird die Asche in einer Tiergestalt verlebendigt und erhebt sich über die Erde. Zunächst ist es aber nötig, sich von der Supposition des Bildes zu lösen und den gesamten beteiligten Personenkreis zu rekonstruieren.

Im Zusammenhang einer Rekonstruktion der Nachkriegszeit ist die Künstlergruppe der „Hessischen Sezession" und ihre Ausstellung zugegebenermaßen nur eine lokale Episode. Die präsentierten Werke und die vertretenen Künstler sind weder aus heutiger Sicht noch nach künstlerischen Kriterien einschlägig, aber die Gruppierung bietet die Chance, eine lokale Nachkriegsentwicklung exemplarisch zu analysieren. Ein örtlicher Prozess kann hier mit der ihn umgebenden allgemeinen Geschichte analysiert werden. Beteiligt ist mit Arnold Bode außerdem die treibende Persönlichkeit der documenta. Er wird mit der Künstlergruppe und seinem unmittelbaren Umfeld in der Kunstwelt Kassels ins Zentrum gerückt. Um die zugehörigen Relationen zu erschließen, eignet sich besonders die Methode der sich auf Affiliationen stützenden Netzwerkanalyse.

Im Folgenden soll erläutert werden, wie mit Beziehungsanalysen generell methodisch gearbeitet wird, um dann zu zeigen, wie in Kunstwelten im geschilderten historischen Fall vorzugehen ist, damit die soziale Seite des Gründungsprozesses nachgezeichnet werden kann. Anschließend soll mit ihrer Hilfe erschlossen werden, wer es möglich machte, dass der Phönix fliegen lernte. Nach einer Rekonstruktion des Beziehungsgeflechtes der „Hessischen Sezession" soll in zwei Schritten auch die „Asche" untersucht werden um herauszufinden, welche sozialen Verhältnisse vor dem Zweiten Weltkrieg eine Rolle spielten und welche sozialen Kräfte dem „Phönix" zum Aufstieg verhalfen. Danach wird die Verbindung zur Bezie-

---

[5] Vgl. Held 2000b, S. 7.

hungskonstellation des documenta-Vorbereitungskreises hergestellt, um schließlich die Ergebnisse und das Verfahren zu bewerten.

4.1.1 Beziehungsanalysen als methodische Strategie

Zunächst wird das Instrumentarium vorgestellt, mit dem methodisch und analytisch erschlossen werden soll, wie der Gruppe „Phönix" der Aufstieg gelang. Dafür ist das Bild des Phönix als eine bestimmte Beziehungskonstellation in einem sehr direkten Bezug zur frühen Nachkriegszeit zu erschließen. Dementsprechend verweist der Phönix auf das Wiederauferstehen in der Nachkriegszeit, aber erteilt mit Hilfe des Olivenzweigs negativen Lesarten einer Kontinuität zu der Zeit vor 1945 eine Absage. Übersetzt in eine Beziehungsanalyse kennzeichnet die damalige Situation der Neubeginn. Man wollte nicht zurückschauen, sondern die Vergangenheit strategisch ausblenden. Das weckt die Frage, welche aktuellen Beziehungen in dem Bild eine mythische Gestalt bekommen sollten. Außerdem ist zu fragen, welche Beziehungen dort in der Asche gelegen haben, die wir heute noch durch Beziehungsanalysen ermitteln können.

Beziehungsanalysen setzen bei den Akteuren an, können aber für eine explizit historisch angelegte Studie eher selten auf eigene Zeugnisse der Selbstwahrnehmung der Protagonisten, die uns ihre tatsächlichen Beziehungen belegen, zurückgreifen. Denn meist fehlen aussagekräftige Briefwechsel oder selten sind intensiv geführte Tagebücher erhalten und zugänglich, wie das nur für einzelne Persönlichkeiten, z. B. Will Grohmann der Fall ist.[6] In der Mehrzahl der Fälle, für die Vergleichbares fehlt, sind Beziehungen aber auch aus Akten oder öffentlich zugänglichen Informationen zu erschließen. Deshalb werden die leichter zu beobachtenden Beziehungen von Personen zu Institutionen, zu Organisationen und Ereignissen ins Zentrum gestellt, um anhand dieser Konstellationen Beziehungsnetze zu rekonstruieren. Diese erkennbaren Relationen zwischen Akteuren und Institutionen, Organisationen und Ereignissen werden zusammenfassend als Affiliationen benannt. Erst in einem zweiten Schritt verweisen die Affiliationen auf die Beziehungsstrukturen unter den Akteuren oder, in die andere Richtung gewendet, auf die Relationen unter den Institutionen oder Ereignissen.

---

[6] Vgl. Rudert 2012.

4.1.2 Beziehungsschema

Dieses Verfahren lässt sich am besten verstehen, wenn es zunächst schematisch erläutert wird. Auszugehen ist nach Becker von einer Kunstwelt,[7] zu der alle mit Kunst befassten Personen, Institutionen, Organisationen und Ereignisse gehören, die in einem räumlich oder zeitlich spezifizierten Umfeld miteinander agieren. Die Personen in der Kunstwelt können hier als Akteure typisiert werden, etwa Künstler, Galeristen, Kunstkritiker usw., die in Abb. 4.2.1 als runde Punkte, Knoten, „nodes" markiert sind. Manche Typen sind aus darstellungstechnischen Gründen im Schema mehrfach aufgeführt, um beispielhaft einige Variationen einzuführen. Im gleichen Schema werden die Institutionen und Organisationen, mit denen sie assoziiert sind, als Quadrate dargestellt und durch Linien, die auch Kanten oder „ties" genannt werden, mit ihnen verbunden.

Auf dieser Stufe wird die erste Sorte von Affiliationen in einem bereits komplexen Bild sichtbar, in welchem die Vernetzung zweier Identitäten anhand der runden und quadratischen Symbole nachvollzogen werden kann. In dem entstehenden Netz können die personalen Akteure (rund) und auch die Künstler nicht direkt verbunden sein, da nur die Möglichkeit der Verbindung mit der Institution besteht. Dargestellt wird, wie Institutionen oder Organisationen als ein zweiter Typ von Punkten, die ebenfalls den Status von Knoten haben (deshalb „two-nodes") und hier mit dem Quadrat markiert werden, mit den Personen assoziiert sind. Den Verbindungen entsprechen Mitgliedschaften in Institutionen und Organisationen, etwa von Bürgern in Kunstvereinen, von Künstlern in Verbänden usw. Dieser Affiliations-Typus der *Assoziation* stellt nicht die einzige Möglichkeit der Relation zwischen Personen und Institutionen usw. dar. Es lassen sich auch andere Relationen beobachten, beispielsweise das *Initiieren*, wie es im Zusammenhang mit neu gegründeten temporären Einrichtungen, im betrachteten Fall etwa bei Ausstellungskomitees, zu finden ist (Abb. 4.2.2).

Diesmal werden die Personen, die in diesen Gruppen zusammenkommen, mit den Komitees verbunden. Sie werden auf einer nächsten Stufe aktiv, indem sie beginnen, Ausstellungen zu *organisieren*. Sie konzipieren deren Inhalt und setzen ihn um, indem sie Künstler *selegieren* oder Leihgaben *akquirieren* (Abb. 4.2.3). Mit dem *Präsentieren* der Ausstellung wird dieses Ereignis in der Öffentlichkeit mit den ausgestellten Künstlern verbunden (Abb. 4.2.4). Es kommen weitere Affiliationen hinzu. Neben Ausstellungen wirken auch Medien und Kunstkritik als diskursive Vermittler in die Öffentlichkeit, die als Affiliationspunkte einbezogen werden. Auf dieser Ebene sind auch Galerien und Kunsthandel als Marktakteure anzusiedeln.

---

[7] Vgl. Becker 1982.

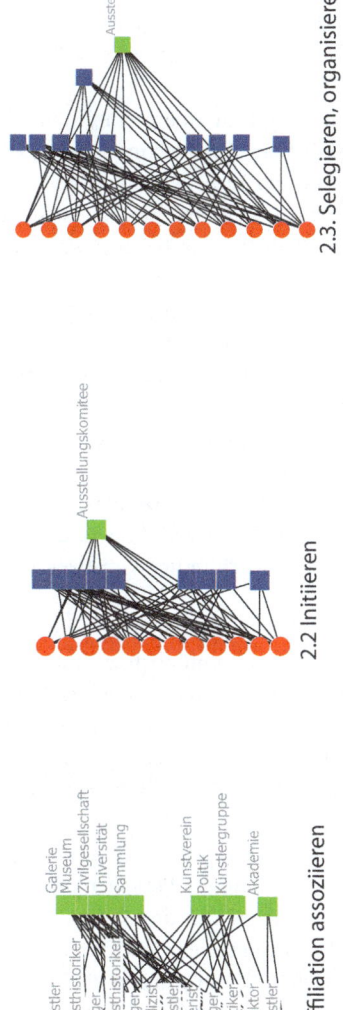

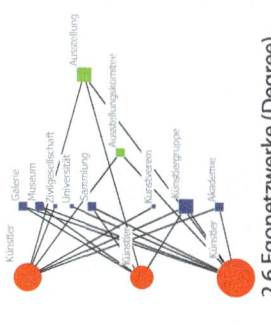

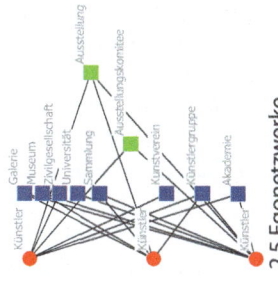

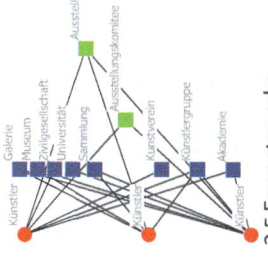

Abb. 4.2 Beziehungsschema 1–6

Die Rekonstruktion dieser verschiedenen Beziehungstypen ist an den Zugang zu aussagekräftigen Materialien gebunden. Für das *Assoziieren* werden Mitgliederlisten, Akten oder Publikationen benötigt, die Auskunft über die formelle und informelle Mitgliedschaft enthalten. Das *Initiieren*, das *Selegieren* und das *Organisieren* erfordert Informationen über die Beteiligung an der Ausstellungsorganisation und deren konkreter Umsetzung. Das *Präsentieren* ist oft schon aufgrund von Katalogen der Ausstellungen, Galerien usw. zu erschließen.

Wechselt man aufgrund des so konstruierten Netzes zu einem einzelnen Akteur und betrachtet seine Verbindungen, dann wird ein Künstler in seinem Egonetz mit seinen Vernetzungen, die er zur Akademie, zur Künstlergruppe, zur Ausstellung, zum Ausstellungskomitee, aber auch zum Kunstverein unterhält, sichtbar (Abb. 4.2.5). Das Egonetz wird bei einem anderen Künstler, der beispielsweise aus einem anderen Ort stammt, jedoch andere Relationen aufweisen, die sich nur in der gleichen Ausstellung und Künstlergruppe treffen, aber ansonsten von anderen örtlichen Verankerungen geprägt sind und unterschiedliche Intensitäten der Integration zeigen (Abb. 4.2.6). Ebenso können Personenkonstellationen bei Bürgern und anderen Akteuren neben Gemeinsamkeiten auch Unterschiede aufweisen. Die Affiliationsanalyse eignet sich deshalb, um den vielfältigen und ausdifferenzierten Praktiken von Künstlern und anderen Akteuren der Kunstwelt gerecht zu werden. Sie ist ein Hilfsmittel, um die mehrdimensionale Einbindung einzelner Personen abzubilden, die in Netzwerken als „Multiplexität" bezeichnet wird.[8] Sie ist so auch in der Lage, nachzuzeichnen, welche Transformationen sich in der Kunstwelt vollziehen.

Auf der Basis der erhobenen Daten ergibt sich die Möglichkeit, einzelne Beziehungskonstellationen zu analysieren. Zum Beispiel wäre möglich zu fragen, in welchen Affiliationspunkten ein Künstler auf einen Bürger trifft oder herauszustellen, worin sich neben den gemeinsamen Punkten auch Differenzen ergeben. Für Künstler könnte das die exklusive Zugehörigkeit zu einer Künstlergruppe oder Akademie bzw. einer Sammlung sein, für einen Bürger die Mitgliedschaft zu einem Kunstverein.

Bis jetzt blieben Beziehungen zwischen den Institutionen unbeachtet und waren im Schema nicht vorgesehen. Mit Blick auf die zwei Identitäten Personen und Institutionen bzw. Organisationen bis hin zu Ereignissen ist es aber durchaus möglich, aus diesen Affiliationen zwischen Akteuren und Institutionen etc. Rückschlüsse auf die Vernetzung der Institutionen untereinander ziehen. Dafür müssen die Verbindungen von Institutionen zu Personen auf Beziehungen zwischen den Institutionen übertragen werden. Wenn eine Person mit zwei Institutionen verbunden ist, dann sind auch die Institutionen über diese Person miteinander vernetzt. Auf der Basis aller zuvor im Schema dargestellten Affiliationen ergibt sich zwischen den Insti-

---

[8] Multiplexität siehe Nooy et al. 2005, S. 109.

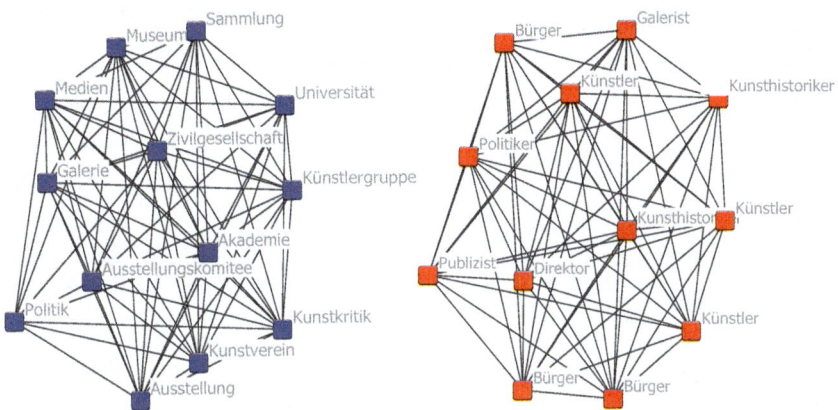

Abb. 4.3 Beziehungsschema a–b

tutionen das Geflecht ihrer Gesamtvernetzung, deren Relationen sich gewichten lassen nach der Anzahl der festgestellten Verbindungen, sofern sie als gleichartig beurteilt werden (Abb. 4.3).

Das gleiche ließe sich auch auf die Personen bezogen durchführen; wenn zwei Personen in einer Akademie waren oder in einer Ausstellung vertreten sind, dann sind auch sie miteinander verbunden (Abb. 4.3). Beide Schlussfolgerungen liegen nahe, aber mobilisieren schnell auch kritische Einwände, da trotz einer solchen Verbindung weder ein tatsächliches Zusammentreffen noch eine Beziehung in jedem Fall wirklich bestehen muss. Deshalb ist das Aufzeigen von Beziehungen zwischen Personen oder Institutionen etc. aufgrund von Affiliationen in jedem Einzelfall genau zu untersuchen. Während in kleineren Gruppen sich Personen geradezu zwangsläufig begegnen müssen, ohne dass daraus zulässig wäre, auf ein automatisch positives Verhältnis zu schließen, bedarf es in größeren Kontexten und bei Ereignissen wie Ausstellungen zusätzlicher Informationen, um von einer tatsächlichen Begegnung auszugehen.

4.2 Akteure, Institutionen und Ereignisse in historischen Kunstwelten

Das Verfahren der Affiliationsanalyse kann Forschungen zur Nachkriegszeit erheblich unterstützen und bereichern. Dies gilt insbesondere auch für die Klärung der Frage, wie jenem Phönix, den Bode, emblematisch gestaltet, auf das Titelblatt der ersten Ausstellung der Künstlergruppe der „Hessischen Sezession" brachte, der Aufstieg gelingt. Welche Personen gaben ihm die aktuelle Kontur und aus welcher

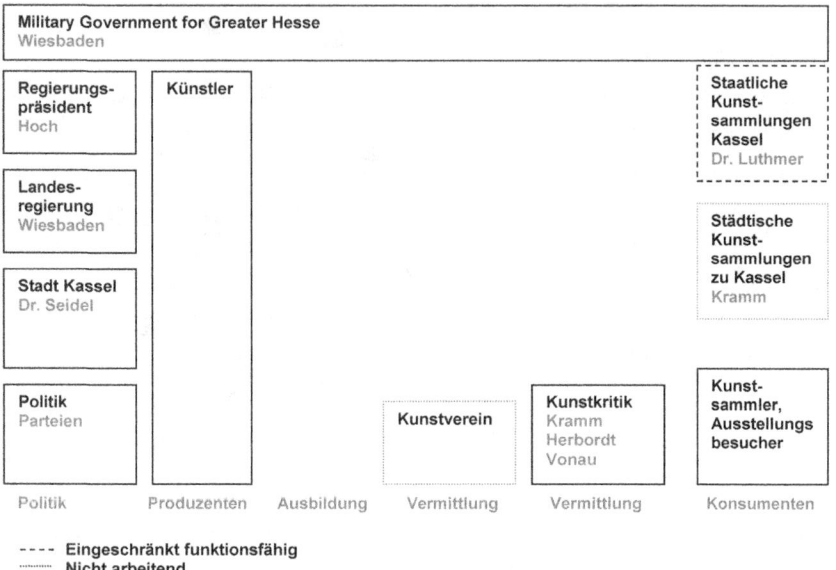

Abb. 4.4 Kunstwelt Kassels um 1945. (Quelle: Eigne Zusammenstellung)

Asche ging er hervor? Man kann deshalb weitreichende Deutungen über die am Boden liegende Kunst in Folge des Nationalsozialismus und des Kriegs vermeiden und stattdessen den Blick gleich auf die lokale Kunstwelt richten (Abb. 4.4).

4.2.1 Die entleerte Kunstwelt von 1945

Das Umfeld des Phönix ist die Kasseler Kunstwelt, die schon bei einer ersten Sichtung der Institutionen, Organisationen, Ereignisse und Akteursgruppen ihre Lückenhaftigkeit zeigt. Vergleichbar mit vielen anderen Orten litt auch sie an schwachen Institutionen. In Kassel bestanden zwar bedeutende Sammlungen der staatlichen Museen mit einer großen Tradition und eine städtische Kunstsammlung, aber die Gebäude waren aufgrund der Kriegsschäden nur zum kleinen Teil benutzbar; nicht nur weil sie zerstört, sondern auch, weil die Sammlungen noch ausgelagert waren.[9] Es war deshalb wenig Kunst am Ort. Kein Kunstverein sorgte für ein Pro-

---

[9] Vgl. Kunstchronik N. N. 1948. Zur Rückkehr der Bilder der Gemäldegalerie 1956 vgl. Kimpel 2000.

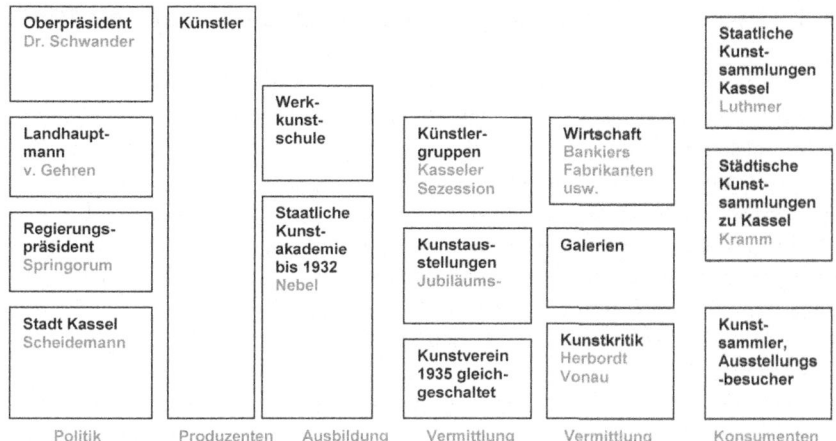

Abb. 4.5 Kunstwelt Kassels der 20er Jahre. (Quelle: Eigene Zusammenstellung)

gramm wechselnder Ausstellungen. Die Situation war gewiss an anderen Orten zwischen 1945 und 1955 ähnlich und für deren Verständnis ist es nötig, „sich völlig frei zu machen von dem Museumsreichtum, wie er heute üblich ist"[10].

4.2.2 Die reichhaltige Kunstwelt der 20er Jahre

Die Leere der Nachkriegskunstwelt wird erst als große Besonderheit dieser Situation im Kontrast zur Kunstwelt Kassels der 20er Jahre deutlich (Abb. 4.5). Ein Rückblick zeigt, um wie vieles reichhaltiger Kassel damals ausgestattet war. Die Kunstakademie arbeitete bis 1932, als sie den brüningschen Sparbeschlüssen zum Opfer fiel.[11] Außerdem fanden drei große Kunstausstellungen statt und es existierten eine Werkkunstschule,[12] mehrere kleine Künstlergruppen und ein mitgliederstarker Kunstverein, der sehr aktiv mit einer liberalen Ausstellungspolitik bis zu seiner späten Gleichschaltung 1935[13] wirkte.

---

[10] Borger 1991, S. 214.
[11] Vgl. Vogel und Hirzel 1952.
[12] Zu diesen Einrichtungen vgl. Witt in diesem Band.
[13] Vgl. Kasseler Kunstverein 1985.

4.3 Beziehungsanalyse der „Hessischen Sezession" ab 1945

Auf all das konnte die „Hessische Sezession" im Jahre 1946 nicht setzen, wenn sie eine Ausstellung realisieren wollte.[14] Ihr bot die leere Kunstwelt wenige Anknüpfungspunkte. Eigene Initiative war der einzige Ausweg, der in dieser Situation erfolgversprechend war. Aber eine Gruppenbildung von Künstlern war 1946 ein schwieriges Unterfangen, weil sie von der Genehmigung der Besatzungsbehörde abhängig war. Erst war nachzuweisen, dass die Beteiligten eine politisch unbedenkliche Vergangenheit hatten und beabsichtigten, „gegen jegliche Reaktion auf künstlerischem und kulturellen Gebiet"[15] zu kämpfen. Der Antrag war nach einer Prüfung von Erfolg gekrönt. Die Genehmigung wurde aber sehr knapp vor dem Ausstellungsbeginn erteilt.

Die „Hessische Sezession" war als Künstlergruppe autorisiert, unterschied sich aber von anderen Sezessionen, weil sie sich nicht von einer bestehenden Gruppe abgespalten hatte. Sie führte Künstler verschiedener Kunstsparten zusammen, weil sie, „multikünstlerisch" ausgerichtet, auch die Literatur, die Musik und die Architektur einbezog. Die Initiative für die „Hessische Sezession" suchte ihre Chance und schuf mit von ihr organisierten Ausstellungen ein Netz von lokaler und darüber hinaus reichender Zusammenarbeit. Eine Beziehungsanalyse kann aufklären, welche alten und neuen affiliativen Relationen sich fanden, welche Verbindungen zu Institutionen entstanden und wie dauerhaft kooperiert wurde.

Da zunächst nur schwache Institutionen und keine Organisationen vorhanden waren, war der Träger eine private Initiative, die ein schlichter Verein werden sollte. Ein Kreis von Künstlern bestehend aus Arnold Bode, Paul Haessler, Bernard Delsing, Kurt Lehmann, Ernst Röttger, Christian Beyer und Alfred Pütz bildete die Basis für die Hessische Sezession, in der Bode selbst den Vorsitz übernahm.[16] Unter diesem Namen konnte der langjährige Freundeskreis öffentlich aktiv werden, das eigene künstlerische Auftreten selbst organisieren, weitere Künstler an der Organisation als Gründungsmitglieder beteiligen und einen Kreis von Unterstützern aufbauen, zu ihnen zählte Hans Vogel, der Direktor der Staatlichen Kunstsamm-

---

[14] Der Gründungsprozess und die anschließende Ausstellungtätigkeit können gestützt auf Akten der „Hessischen Sezession", die im Archiv der Museumslandschaft Hessen Kassel (mhk) in fünf Aktenordnern aufgehoben sind (mhk: HS B), analysiert werden. Unter den archivierten Materialien sind Korrespondenzen, Protokolle, Mitgliederlisten, Entwürfe, Ankündigungen der Ausstellungen, Presseberichte und zwei „Portobüchlein" (mhk Archiv).

[15] Aufgaben der „Hessischen Sezession" 1946, S. 4.

[16] Siehe dazu die Unterlagen der Vereinsgründung: Antrag bei der Besatzungsbehörde und den Schriftverkehr (mhk: HS B). Die Genannten bildeten den Arbeitsausschuss der Ausstellung „Kunst der Gegenwart." Hessische Sezession 1946, S. 3. Siehe auch das Folgende.

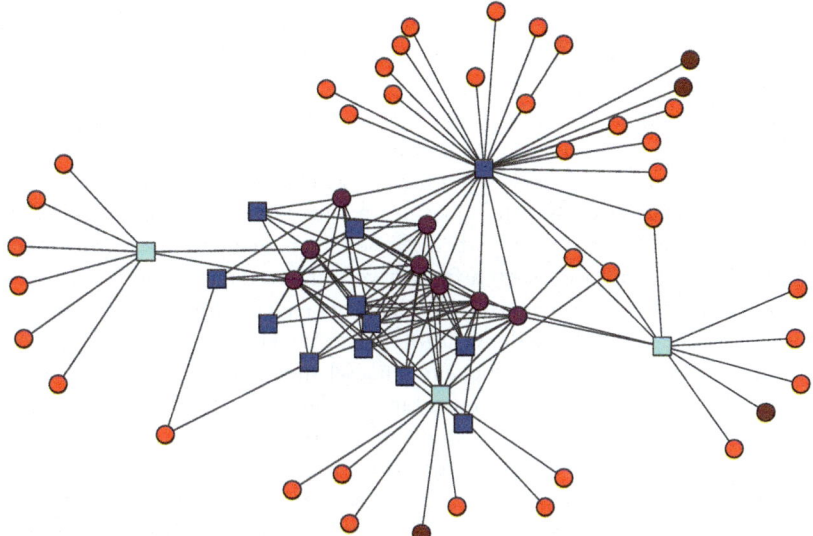

● Sezession Kerngruppe ● Mitglieder ● Personen werden für documenta wichtig
■ Hessische Sezession Treffen
■ Werkbund, Verband bild. Künst., Karneval „Gelichter, Gelächter 1949"

Abb. 4.6 Hessische Sezession 1946 bis 1949 in Kassel. (Quelle: Eigene Zusammenstellung aus archivierten Akten Museumslandschaft Hessen Kassel)

lungen, der einen Raum zur Verfügung stellte. Der Kern der Organisation trug die vorbereitenden Arbeiten für das Ausstellungsprogramm und beantragte die Genehmigung der „Hessischen Sezession" bei der alliierten Besatzungsverwaltung, an deren Ende dann die Eintragung des Vereins in das Vereinsregister stand. Sie arbeiteten sowohl in einer formellen Weise teils repräsentativ im Vorstand – neben Bode auch Haessler und Röttger –, aber auch operativ in einem Arbeitsausschuss zusammen. Die Mitglieder des Vereins im oberen rechten Eck des Netzwerks (vgl. Abb. 4.6) sind mit der Kerngruppe im Zentrum der Struktur assoziiert.[17]

Bildende Künstler überwogen unter den ca. 40 Vereinsmitgliedern, aber Architekten, Musiker und Literaten bildeten eigene Sektionen. Auf der Ausstellung „Kunst der Gegenwart" 1946 präsentierte sich der Gründerkreis mit Mitgliedern und Gästen so erfolgreich, dass 1948/1949 erneut eine Ausstellung stattfand. Beim

---

[17] Die Vogelform der Netzwerkvisualisierung erzeugt das Programm netdraw generell aufgrund der vorliegenden Beziehungsstruktur. Sie wird nicht durch das Thema vorgegeben und dient nicht der Absicht, die inhaltliche These metaphorisch zu untermauern.

Start wurde ein kontinuierliches Ausstellungsprogramm angekündigt, für das viele auswärtige Kontakte aktualisiert und neu geknüpft wurden. Es konnte aber nur mit Abstrichen realisiert werden. Einzelne Mitglieder der Kerngruppe gehörten zugleich anderen Organisationen an. Es konnten drei Organisationen im Umfeld identifiziert werden, die entweder über eine oder mehrere Personen mit der „Hessischen Sezession" verbunden waren. Ihre protokollierten Berichte über deren Aktivitäten[18] werfen Diskussionen über die Frage auf, wie sich die Arbeit der Sezession zu alternativen und bisweilen konkurrierenden Organisationsformen verhält. Zu ihnen zählten zwei überregionale Verbände: zum einen der Verband bildender Künstler in Nordhessen (VbK), zum anderen die Kasseler Ortsgruppe des Werkbundes. Hier stellt sich das Problem der Intersektion der Doppelmitgliedschaften. Sie zeigen das Schneiden sozialer Kreise an, wie es Georg Simmel in der klassischen Soziologie ausdrückte und damit die spätere Netzwerkforschung motivierte.[19] Es kommt zu Beziehungen zwischen den Organisationen, aber auch Konkurrenz wird mobilisiert sowie Abgrenzung bzw. Distinktion von der umgebenden Kunstwelt angeregt. Ganz anderer Art ist der von der „Hessischen Sezession" mit initiierte Karneval „Gelichter Gelächter" einzustufen, der eine künstlerische, gesellige Vernetzung mit der Stadtgesellschaft realisiert.[20] Die Affiliationsanalyse ermöglicht darüber hinaus auch, die geographisch über Kassel hinausreichenden Kontakte, die für das kontinuierliche Ausstellungsprogramm geknüpft wurden, einzubeziehen. Dadurch ließen sich die Beziehungen in andere Städte, zu Künstlergruppen und zu Kunstinstitutionen analysieren, die ebenfalls zum Aufstieg des Phönix wichtige Beiträge leisteten, aber vor allem für das spätere internationale Ausstellungsprojekt documenta relevant sind. Bode brachte damals einen Plan zu einer internationalen Ausstellung auch in die Gruppe ein, aber es gelang ihm weder dort noch bei den Verantwortlichen in der Stadt ausreichend Unterstützung für das Projekt zu finden. So wurde das Vorhaben verschoben, bis es unter den schwierigen Bedingungen der Währungsreform ganz aufgegeben wurde.[21]

Unter der wirtschaftlichen Veränderung im Zuge der Konsolidierung eines westdeutschen Staates litt auch die anfänglich gute Resonanz beim Publikum. Die

---

[18] Vgl. Sitzungsprotokolle der Hessischen Sezession und Einladungsschreiben der Organisationen (mhk: HS B).

[19] Vgl. Hollstein 2009.

[20] Vgl. Georgsdorf 2007, S. 42–45.

[21] Tagesordnungspunkte in Protokollen teilweise wiedergegeben in: Georgsdorf 2007, S. 27 ff.

Gruppe erreichte mit ihren erfolgreichsten lokalen Ausstellungen einen Kreis von 800 Besuchern,[22] musste aber auf Dauer vor allem nach Einführung der Mark mit sehr viel weniger Beachtung vorlieb nehmen. Es waren sicher auch diese Erfahrungen, die die Hessische Sezession schon 1949 veranlassten, ihre Arbeit wieder einzustellen. Sie blieb damit eine Initiative der Anfangsjahre, deren Ende sowohl von der Währungsreform als auch von der professionellen Etablierung der Beteiligten verursacht gewesen ist. An ihre Stelle trat ab 1949 der wieder gegründete Kunstverein mit seinen Ausstellungen. Durch die „Hessische Sezession" füllte sich die Kunstwelt der unmittelbaren Nachkriegszeit mit künstlerischen Aktivitäten, die nur am Rande mit den Institutionen der Kunstwelt verbunden waren. Sie sind aber keineswegs nur aus der aktuellen Situation heraus verständlich, sondern setzten geschichtsträchtige Beziehungen voraus, denn der Personenkreis lässt sich zurückverfolgen bis in die 1920er Jahre.[23] Die „Hessische Sezession" führte deshalb auch nicht zufällig diesen Titel, der auf Idee und die Konzeption einer ersten „Kasseler Sezession" verweist, die von 1927 bis 1929 aktiv gewesen war.

4.4 Beziehungsanalyse der Ausstellungspräsenz in den 20er Jahren

Die reichhaltigere Kunstwelt der zwanziger Jahre sollte nicht dazu verleiten, von einer leichteren Analyse der zahlreicheren Beziehungen auszugehen. Der Zugang zu aussagekräftigen Informationen hat sich als schwierig erwiesen, weil nur wenige Archivalien zur Verfügung stehen. Sofern Dokumente erhalten sind, betreffen sie den Kunstverein. Von weiteren wichtigen Institutionen wie der Kunstakademie oder den verschiedenen Museen, wie auch über die Initiativen aus der Künstlerschaft, sind kaum Unterlagen erhalten. Aber für eine Affiliationsanalyse stehen als Informationsquelle die durch Kataloge dokumentierten Ausstellungen zur Verfügung.[24] Sie lassen sich ergänzen durch zeitgenössische Artikel und aus dem Abstand verfasste Rückblicke beteiligter Akteure, die herangezogen werden können, weil sie das öffentliche Geschehen in der Kunstwelt deuten.[25] Diese Ausgangssitua-

---

[22] Vgl. archivierte Berichte zu den Ausstellungen (mhk: HS B).

[23] Als einer der Zeitgenossen hat der Journalist Friedrich Herbordt in der Kasseler Tagespresse, allerdings bezogen auf die wiedergegründete Kunstakademie, auf die personellen Verbindungen hingewiesen. Vgl. Herbordt 1948.

[24] Ausstellungskataloge im Anhang. Früh hat Schwarze auf die Beteiligung Bodes an den Ausstellungen hingewiesen. Vgl. Schwarze 2000.

[25] Anlässlich des 100jährigen Jubiläums des Kasseler Kunstvereins 1935: Kramm 1935 und zum Jubiläum der Kasseler Kunstakademie: Vogel und Hirzel 1952.

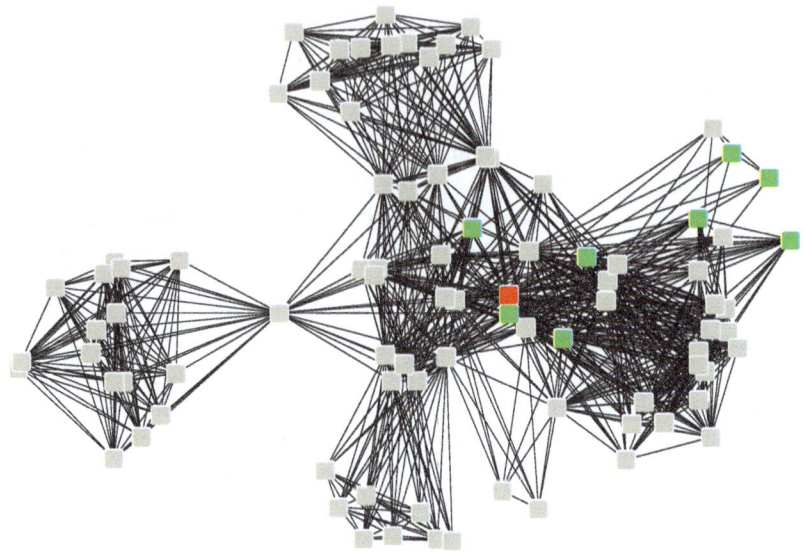

■ Künstler der 20er Jahre   ■ Kern der Hessischen Sezession   ■ Arnold Bode

Abb. 4.7 Künstler in Künstlergruppen der 20er Jahre Kunstwelt. (Quelle: Eigene Zusammenstellung aus Ausstellungskatalogen und Schmaling 2001, 2011)

tion macht erforderlich, vor allem Affiliationen als Ausgangspunkt zu verwenden, da mit deren Hilfe Beziehungen und Personenkreise rekonstruiert werden können. Sie eignen sich sowohl für die großen Kunstausstellungen in der Stadt als auch für die kleineren, von Künstlergruppen organisierten, Kunstausstellungen. Indem Affiliationsanalysen Ausstellungsbeteiligungen aufnehmen, werden sie beiden Ausstellungstypen gerecht. Sie sind darüber hinaus in der Lage, den Mitgliedsstatus in den Künstlergruppen zu berücksichtigen. Sie können die verschiedenen Praktiken von Künstlern einbeziehen, neben der Eigeninitiative beim Ausstellen einschließlich seiner Organisation auch die offenkundige Präsenz in der Öffentlichkeit der Ausstellungen.

Vereinigt man Organisation und Präsentation zu einem strukturellen Netz der Beziehungen, ohne die zeitliche Dynamik hervorzuheben, dann ergibt sich über die Jahre von 1922–1932 ein Kreis beteiligter Personen, zu dem auch solche gehören, die später in den vierziger Jahren aktiv wurden (Abb. 4.7). Es lässt sich demnach feststellen, inwieweit sich dieser Kreis mit den zwanziger Jahren deckt, bzw. welche Rolle länger gewachsene Beziehungen als Voraussetzungen neuer Aktivitäten spielen. Obwohl die Akten nicht vorliegen, ist sogar von einer großen Ähnlichkeit der Praxis einer Künstlergruppe wie der Kasseler Sezession auszugehen, deren Beteiligungen, wie etwa die Mitgliedschaft und Ausstellungsteilnahme, sich durch erhaltene Ausstellungskataloge rekonstruieren lassen, nur, dass sie damals viel stärker in die umgebende Kunstwelt eingebunden, in dem Sinne tatsächlich auch Sezession, war.

4.5 Beziehungsanalyse der Kunstsozialisation ab 1919

In den bisher herangezogenen Quellen zur Kunstpraxis wurde häufig auf die Kunstakademie verwiesen. Deshalb sollte ein weiterer Schritt zurückgegangen werden, um in die Beziehungsanalysen auch die Zugehörigkeit zur Akademie zu integrieren. Im Jahr 1919 gelangte Arnold Bode kurz nach dem Ersten Weltkrieg als Student an die Kunstakademie. Auch hier lässt sich über Affiliationen eine Personenkonstellation aus seiner Ausbildung erschließen. Es handelte sich um Beziehungen in einem institutionellen Gefüge, die von außen kaum zu beobachten sind. Die Informationen über die Akteure sind primär aus den Daten der Ausstellungskataloge zu ermitteln oder aus Biografien, die Akademiezugehörigkeiten erwähnen, zusammenzustellen. Aus diesen Quellen sind die Angaben lückenhaft. Sie konnten durch Einträge des Kasseler Künstlerlexikons[26] ergänzt werden. Die nur wenigen im Staatsarchiv vorhandenen Akten enthalten keine vollständige Aufstellung der Personen und keine Angaben der Studierenden, aber sie liefern Informationen über neue Berufungen, Verwaltungsprozesse, einzelne Vorhaben wie Ausstellungen und über einen Protest der Studierenden.[27] Deren Eingaben an den Oberpräsidenten dienten dem Ziel, ihre Akademie als eigenständig zu erhalten. Das rekonstruierte Netz von Lehrenden und Studierenden in der Akademie bleibt fragmentarisch, aber liefert strukturelle Aufschlüsse. Einige Lücken konnten durch ergänzende Literatur mit Angaben des Preußischen Staatslexikons wie auch aus Forschungen zur Weimarer Kulturpolitik gefüllt werden.[28]

An dem Beziehungsnetz in Abb. 4.8 ist zu beobachten, in welcher personellen Konstellation Bodes Sozialisation zum Künstler mit dem Eintritt in die Akademie begann. Es wird das Umfeld an Personen erkennbar, in dem eine individuelle künstlerische Transformation der Persönlichkeit, der häufig das alleinige Augen-

---

[26] Schmaling 2001.

[27] Vgl. Staatsarchiv Marburg STA Mb.

[28] Vgl. O.A. 1912 Handbuch über den königlichen Preussischen Hof und Staat für das Jahr 1913. Kratz-Kessemeier 2008.

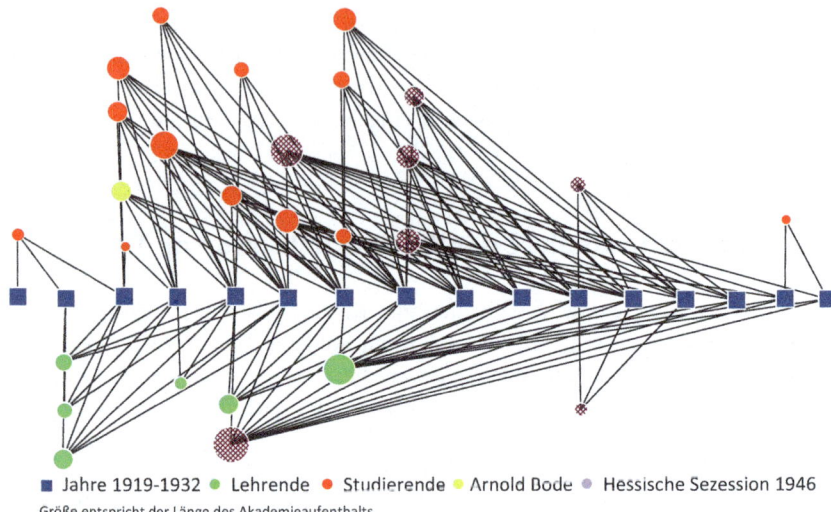

■ Jahre 1919-1932 ● Lehrende ● Studierende ● Arnold Bode ● Hessische Sezession 1946
Größe entspricht der Länge des Akademieaufenthalts

Abb. 4.8 Lehrende und Studierende in der Kasseler Kunstakademie 1919 bis 1932. (Quelle: Eigene Zusammenstellung aus Ausstellungskatalogen, Festschriften, Schmaling 2001, 2011)

merk gilt, wenn von Sozialisation die Rede ist, stattfindet. Es reicht aber nicht, nur diesen individuellen künstlerisch wichtigen Prozess zu betrachten, da dessen soziale Seite oft ebenso wichtig und an Konsequenzen reich ist. Mit dem Eintritt in die Akademie entsteht durch die Mitgliedschaft der soziale Status als Studierender, der einen privilegierten Zugang wenigstens zu einem Lehrenden, häufiger aber zu mehreren, eröffnet. Entscheidend für die sich tatsächlich realisierenden Kontakte ist das Eintrittsjahr. In den Ausstellungskatalogen werden meist die formellen Lehrer hervorgehoben, weil sie in einem intensiven Lehrer-Schüler Verhältnis stehen. Oft wird zudem ein stilistischer Einfluss angenommen, der auch festzustellen ist und bisweilen ein künstlerisches Werk lebenslang zu beeinflussen vermag. Jedoch verengt es die Wahrnehmung, sich nur auf diese Beziehung zu konzentrieren. Es wäre falsch, wenn das sie umgebende Umfeld informeller Beziehungen weniger in den Blick genommen würde. An diesem kann prinzipiell jeder aktive Studierende beteiligt sein. Auch können zu diesem sogar noch ehemalige Akademiemitglieder Zugang haben, sofern sie weiter in Kontakt zu aktiven Studierenden stehen oder sich an Künstlernetzen beteiligen, die Akademiemauern überspannen. Wie wichtig beide Dimensionen in einer überschaubaren Akademie wie Kassel waren, lässt sich anhand der Affiliationen in der Nachkriegszeit des ersten Weltkriegs erkennen.

Durch seinen Eintritt in die Akademie gleich nach dem Krieg hatte Arnold Bode ab 1919 als Studierender sowohl Kontakte zu den traditionellen Professoren Carl Bantzer, Paul Baum, Georg Burmester und Kurt Luthmer wie auch zu einem sich formierenden Flügel der Progressiven: Kay H. Nebel, Ewald Dülberg, Alfred Vocke, Kurt Witte und Hans Soeder. Denn in den zwanziger Jahren transformierte sich langsam unter dem Einfluss der neuen sozialdemokratischen Ministerialbürokratie die Lehrerschaft der Akademie, auch wenn sich kein vollständiger Wechsel ereignete. Bode gab als seine Lehrende Witte und Dülberg an.[29]

Das informelle Umfeld der Studierenden lässt sich schwerer rekonstruieren. Zum einen bildete sich ein Personenkreis, der, wie zuvor gezeigt, in den zwanziger Jahren die Kasseler Kunstwelt mit Künstlergruppen und Ausstellungen belebte. Dabei darf nicht außer Acht gelassen werden, dass die Situation der Studierenden in dieser Zeit durch soziale und politische Probleme gekennzeichnet war. Sie waren nicht nur materiell schlecht ausgestattet und mussten in einem angespannten und krisenreichen wirtschaftlichen Umfeld zurechtkommen; sie sahen ihre Akademie in existenzieller Weise dermaßen bedroht, dass sie den Konflikt nicht scheuten. Nachweislich protestierten die Studierenden in Kassel für den Erhalt der Akademie. Sie sahen deren Bestand durch Zusammenlegung mit der Werkkunstschule am Ort[30] gefährdet und versuchten zu beeinflussen, welche Personen die Professuren neu besetzten. Im ersten Fall 1920 wird deutlicher, dass die Studierenden erhaltende, geradezu konservative Positionen vertraten. Sie wandten sich gegen Veränderungen, aber ihr sozialer Zusammenhalt wurde dadurch nachhaltig gestärkt. Bode beteiligte sich nachweislich an diesem Protest, der die Ausbildung in den freien Künsten gegen eine anwendungsorientierte Umgestaltung verteidigte.[31] Aber bewertet man dieses Engagement zusammen mit der drei Jahre später nachzuweisenden Teilnahme in der Künstlergruppe „die Fünf als Schüler Dülbergs", dann wird erkennbar, wie ambivalent Bodes Entwicklung war. Denn Dülberg galt als Neuerer, der noch gegen einen Protest der Studierenden und Voten der Kasseler Professoren vom Ministerium in Berlin nach Kassel berufen worden war. Ob Bode auch an dieser Eingabe beteiligt war, ist nicht belegt. Neben der inhaltlichen Orientierung ist am mitunterzeichneten Schreiben die Anzahl von 53 Protestierenden als Hinweis auf die Größe der Studierendenzahl und ihre informelle Fähigkeit, sich zu organisieren, aufschlussreich. Von den Unterschriften konnte nur ein Teil eindeutig identifiziert werden. Die Akademie blieb erhalten und wurde später, nach

---

[29] Vgl. Bode 1975, S. 148.
[30] Vgl. Witt 2013 in diesem Band.
[31] Vgl. StAM Bestand des Oberpräsidiums der Provinz Hessen-Nassau (150) Bd. 4; Georgsdorf 2007, S. 14.

einem Wechsel des Direktors 1923, auf Initiative der Professoren reformiert. Durch Einrichten von „Werkstätten für Druck und Gipsabdruck, Schreinerei, Metall, Keramik, Weberei, Färberei und Buchbinderei"[32] erhielten die Studierenden Zugang zu Praxisbereichen in der Gesellschaft, ohne den hohen künstlerischen Anspruch der Akademie abzulegen.

In diesem fragmentarischen Ergebnis tauchen die uns bekannten Personen, Arnold Bode, Paul Haessler, Bernard Delsing, Kurt Lehmann, Ernst Röttger und Alfred Pütz, meist als Studienkollegen Bodes, oder als Lehrender Kay H. Nebel, bereits auf. Für unsere Forschungsfrage zur Nachkriegszeit ab 1945 ist daraus zu schlussfolgern, dass die Asche des Phönix auch aus Beziehungen dieser Zeit stammt, demnach bald zwei Dekaden zurückreicht. So hat die Dynamik nach dem Krieg eine lange Vorgeschichte. In einzelnen Hinweisen spielte Bode in seinen kurzen autobiografischen Angaben darauf an, wenn er von „Freunden, die dann kamen"[33] sprach. Dementsprechend ist zu vermuten, dass eine Befragung der Personen, würden die Akteure noch leben, zu diesem Ergebnis käme. Dabei müsste gefragt werden, seit wann, woher und wie gut sie ihre Partner bereits kannten. Problematisch an solchen rückblickenden Aussagen von Personen ist, dass sie Verzerrungen, Verdrängungen und Schönungen enthalten können. Der hier vorgenommene Vergleich der Konstellationen zu zwei Zeitpunkten hat den Vorteil, nicht nur auf die Perspektive der Akteure festgelegt zu sein. So lassen sich beteiligte Personen feststellen, die inzwischen aus dem räumlichen Aktionsradius herausgetreten sind, aber deshalb als auswärtige Ansprechpartner in Frage kommen. In der Netzwerkforschung wird auf die Bedeutung dieser Beziehungen hingewiesen, die zwar nicht den Status der engen starken, an einem Ort gepflegten, Beziehungen (als „strong ties" eingestuft) haben, aber als nun schwache Verbindungen den starken gegenüber den Vorzug haben, eine Verbindung zu anderen Feldern herstellen zu können, wodurch diese „weak ties" oft entscheidenden Einfluss auf Entwicklungen zu nehmen vermögen.[34] Die intuitiv räumlich gedachte Brücke hat oft auch eine zeitliche Komponente. Es können Einschnitte in den Lebensphasen überbrückt werden.

Wirklich zum Tragen kamen diese Beziehungen wieder, wie zu sehen war, in der Mitte der 1940er Jahre nach dem Krieg. Es waren einige der bekannten Personen, die das Fundament für die wieder aufgenommene künstlerische Aktivität nach dem Krieg bildeten. Mit Blick auf die Personenkonstellationen lassen sich diese, auf den ersten Blick wenig offensichtlichen, Beziehungen analysieren.

---

[32] Vogel und Hirzel 1952, S. 24.
[33] Bode 1975.
[34] Vgl. Granovetter 1973; Binczek und Stanitzek 2010, vgl. auch den Beitrag von Drobot in diesem Band.

4.6 Beziehungsanalyse der Ausstellungsvorbereitung ab 1953

Um dem bis dato nur regional bekannten kleinen Netzwerk um die „Hessische Sezession" zu größerer Reichweite und Bedeutung zu verhelfen, bedurfte es einer neuen Runde der Kooperation, die in der lokalen Kunstwelt mit einer eigenen Struktur im Laufe der 50er Jahre entstand. Sie wurde später das Fundament für die documenta. Zunächst ist generell hervorzuheben, dass sich die Kasseler Kunstwelt damals wieder stärker mit Institutionen anfüllte, mit Personen bevölkerte und vitaler wurde. Nach der künstlerischen Initiative der „Hessischen Sezession" trug hierzu ab 1949 auch die wieder gegründete Staatliche Werkakademie mit ihrer Ausbildung und im gleichen Jahre der wieder erstandene Kunstverein bei. Im Kunstverein organisierten ein künstlerischer Ausschuss und ein Geschäftsführer die Ausstellungen, aber als eine zivilgesellschaftliche Gruppierung wurde das Auftreten des Vereins nicht ausschließlich von Künstlern bestimmt. Nur die Museen operierten nach wie vor eingeschränkt, weil in Kassel ihre Sammlungen noch ausgelagert blieben und sie in großer Raumnot arbeiteten.

Unter diesen Voraussetzungen konnte sich der Nährboden für ein großes Ausstellungsprojekt eher in der Zivilgesellschaft als in den Institutionen entwickeln. Es muss aus heutiger Perspektive nicht verwundern, dass die erste documenta 1955 in Kassel als ein zivilgesellschaftliches Projekt entstand. Diese zivilgesellschaftliche Vernetzung kann auch, bildlich gesprochen, als Metamorphose des „Phönix" betrachtet werden, der in eine neue Phase seines Aufstiegs in der Nachkriegszeit eintritt.

Im Folgenden berührt die Argumentation das intensiv erforschte Terrain der documenta und kann an dieses ergänzend anschließen.[35] Aus den Akten, die im documenta Archiv lagern, lassen sich die beteiligten Personen, ihre Interaktionen, die formalisierte Struktur, die Förderung durch Stadt, Land und Bund wie auch die Expertise beteiligter Akteure erschließen.[36] Sie belegen Affiliationen, wie sie sich durch Mitgliedschaften, gemeinsame Termine wie Vorstandstreffen, den Arbeitsausschuss, Reisen oder dokumentierter brieflicher oder telefonischer Abstimmung ergeben. An ihnen lässt sich der Grad der Einbindung einzelner beteiligter Akteure bestimmen und ihr Einfluss auf den Organisationsprozess von Februar 1954 bis Sommer 1956 nachvollziehen. Der personelle Kern der Initiative (Kreise), der den Vorstand der Trägergesellschaft bildete, steht im Mittelpunkt der rechteckig

---

[35] Vgl. Kimpel 1997 und die Rekonstruktionen des documenta Archivs: Kimpel und Stengel 1995.

[36] Basierend auf dem Material des documenta-Archivs zur ersten documenta.

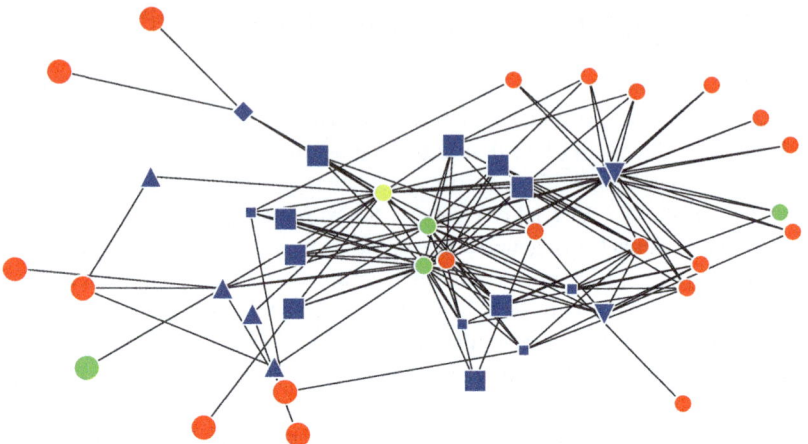

.Vorgespräche ■Vorstandssitzungen des Vereins ▼ Mitgliederversammlung ▲ Arbeitsausschuss
◆Gespräch im Ministerium ● Mitglieder des Vereins und des Arbeitsausschusses
●Externe ● Bereits vorher Aktive .Arnold Bode

Abb. 4.9 Personen und Vorbereitungstreffen der documenta. (Quelle: Eigene Zusammenstellung aus Ausstellungskatalogen und Akten des documenta Archivs)

markierten organisierenden Aktivitäten (z. B. Vorstandssitzungen) auf der linken
Schaubildseite von Abb. 4.9. Rechts befinden sich die seit der Gründung des ein-
getragenen Vereins zugehörigen Mitglieder, die zu einzelnen Teilfragen auch orga-
nisierend mit einbezogen waren. Drei besondere Typen von Affiliationen sind zu
identifizieren: 1. die Vorbereitungen dieser formalen Organisation, hervorgehoben
durch die kleinen Quadrate; 2. die Arbeitsausschüsse und die inhaltliche Vorbereitung der Ausstellung, im linken Randbereich mit Dreiecken angezeigt; und 3. externe Treffen, die vor allem in Ministerien stattfanden, am Rand mit kleiner Raute
eingetragen. Letztere verbinden die Personen von außerhalb mit dem organisatorischen Netz der documenta. Ihnen fiel die Aufgabe zu, das Projekt finanziell und
infrastrukturell zu ermöglichen und abzusichern.

  In diesem aus Beziehungen gebildeten Organisationsgefüge stand neben Arnold
Bode ein kleiner Kreis von Personen, die berufliche keine Künstler, aber an Kunst
interessiert waren, im Zentrum. Heinz Lemke (Vorsitzender), Dipl. Ing. Robert
Völker (Kassenwart), Herbert Freiherr v. Buttlar, dem Kustos der Antikenabteilung
im Hessischen Landesmuseum, und Dr. Hilde Römer-Bergfeld vom Feuilleton der
Hessischen Nachrichten nahmen Repräsentation und Diplomatie mit Förderern,
Buchhaltung, Ausstellungsorganisation und Protokollführung sowie den Schrift-
verkehr als wichtige Aufgaben wahr. Die für das äußere Ansehen wichtigen Akteu-

re wie Akademieprofessor Hermann Mattern und der Oberlandesgerichtspräsident Dr. Erich Lewinski, die zu den Vorbereitern und Gründern der Gesellschaft gehörten, geraten schnell an den Rand dieses Kreises, weil sie sich nach einer Anfangsphase aus persönlichen und aus gesundheitlichen Gründen zurückzogen. Dr. Ulrich Gertz, Rat für Formgebung, der als Sekretär eingestellt wurde, blieb etwas abseits und zog sich Anfang 1955 nach Kritik zurück, weil es sich als schwierig erwies, dass er aus Darmstadt zuarbeitete. Mit der formellen Gründung der Gesellschaft für „Abendländische Kunst des XX. Jahrhunderts e. V." Anfang April 1954 verdoppelte sich die Zahl der in den Prozess wenigstens legitimatorisch einbezogenen Personen um einen Mitgliederkreis, zu dem einflussreiche politische, wirtschaftliche und künstlerische Unterstützer gehörten. Sie bildeten eine formelle Vereinsstruktur, die Ende April durch Eintragung legalisiert wurde.[37] In der Folge konnte der Vorstand eigenverantwortlich auftreten und handeln. Es entstand ein lokaler Arbeitsausschuss, der die externen Kunsthistoriker und Experten Dr. Kurt Martin, Direktor der Staatlichen Kunsthalle Karlsruhe, Dr. Werner Haftmann, Kunsthistoriker und Publizist, und Prof. Dr. Alfred Hentzen, Leiter der Kestner-Gesellschaft Hannover sowie ab Juli 1955 Direktor der Hamburger Kunsthalle, vor allem für die Auswahl künstlerischer Werke hinzuzog.[38]

Initiiert und organisiert wurde die erste documenta durch Mitglieder der Kasseler Kunstwelt in einem sehr kurzen Zeitraum von 1953–1955. Dafür ist es umso erstaunlicher, dass die documenta ad hoc eine eigenständige Organisation ausbildete, unabhängig von möglichen existierenden Trägerinstitutionen. Die Gesellschaft „Abendländische Kunst des XX. Jahrhunderts e. V." war eine bürgerlich-künstlerische Initiative mit einem Vorstand und einem Arbeitsausschuss, die sich zwar um Unterstützung und Förderung durch die Stadt, das Land und den Bund bemühte, aber von ihnen unabhängig operierte. Die bestehende Forschung sieht zwar, gestützt auf die Akten im documenta Archiv dieses Unterstützungsgeflecht für die documenta, stellte aber immer Bode ins Zentrum, der initiierte, vorantrieb und ständig visionär zum Ziel documenta drängte.

Nimmt man das Argument, dass Bode die Organisation geschaffen hat, ernst, dann berechtigt das zum Vergleich mit der „Hessischen Sezession". Was die Anzahl betrifft, war es ein sehr viel exklusiverer Kreis als zuvor, in dem auch weniger Künstler integriert waren. Die für die „Hessische Sezession" aktivierten Personen waren bei der Vorbereitung der documenta nicht wieder beteiligt. Über die Gründe lässt sich nur mutmaßen. Persönliche Gründe werden einen Einfluss gehabt haben, aber auch strategisch wird an eine repräsentative Zusammensetzung gedacht

---

[37] Vgl. documenta-Archiv (dA/d1/8/30).
[38] Vgl. dazu den Beitrag von Rosebrock in diesem Band.

worden sein. Zumindest ist es naheliegend, dass für die Mitwirkung an einer internationalen Ausstellung, ohne dort selbst die Chance zu haben, auszustellen, ein geringeres künstlerisches Eigeninteresse vorlag. Eine Deutung möglicher Gründe muss spekulativ bleiben und soll hier nicht im Zentrum stehen. Beziehungsanalysen sollen Aussagen über Personenkonstellationen und ihre Zusammenarbeit zulassen. Aussagen können in diesem Fall wieder auf Archivalien über die Arbeit der Organisationen gestützt werden. So sind neben Informationen über die Zugehörigkeit auch Beobachtungen der tatsächlichen Beteiligung gestattet. Zwar geben auch die Archivalien nur lückenhaft Auskunft, aber sie zeigen, wie Kooperation in der Vorbereitung und Durchführung funktionierte, aus einer internen Perspektive recht deutlich.

Selbst wenige Anknüpfungspunkte rechtfertigen es, die Beziehungen zu den Vorinitiativen zu lokalisieren, um mittels einer Analyse freizulegen, welche sozialen Kräfte die künstlerische Initiative ermöglicht haben und wie sie für eine Ausstellung wie die documenta wirkungsvoll wurden, ohne jedoch damit zu beanspruchen, den Erfolg der Ausstellung letztlich auch darauf zurückführen zu können.

4.7 Beziehungsanalysen als Schlüssel zu Kunstwelten

Die Leistungsfähigkeit der Beziehungsanalysen ist, pragmatisch argumentiert, schon auf der Ebene der empirischen Forschung zu begründen. Die Beziehungsanalyse kann vielfältigen Datenniveaus flexibel angepasst werden. Eine Eigenschaft, die für eine historische Analyse von Vorteil ist, da sie gestattet, neben bereits dokumentierten auch bisher lückenhaft erschlossene Phänomene auf einem integrierten Datenniveau einzubeziehen und mit weiteren Fragestellungen zu bearbeiten, um Schlussfolgerungen über soziale Dimensionen zu treffen.

Die Beziehungsanalyse erreicht ihr volles Potential auch auf der Ebene der forschungsstrategischen Kombination der Ergebnisse miteinander, die so Facetten sichtbar machen, die bisher unentdeckt blieben. Durch den hier vorgenommenen Längsschnitt sind mehrere strukturelle Einbindungen in die je historisch-spezifische Ausprägung der Kunstwelt zu beobachten, um die Sichtbarkeits-, die Interaktionsstruktur oder die institutionelle bzw. organisatorische Zugehörigkeit im Lauf der Zeit zu erschließen. Verschiedene Typen struktureller Einbindungen werden so zugänglich; sie können institutionell induziert sein, selbst geschaffen werden, durch Räume und Prozesse vermittelt sein oder durch Interaktionen hervorgebracht werden. Es liegt nahe, sowohl räumlich als auch zeitlich zu schlussfolgern; beides gestattet, Aussagen über den gesamten Zusammenhang der untersuchten Kunstwelt zu treffen.

4.7.1   Ebenen nach Material

Je nach Material lässt sich die Beziehungsanalyse auf verschiedenen Ebenen anlegen. Es sind sowohl die öffentlich zugänglichen Daten, wie auch archivierte Dokumente oder gesammelte, erschlossene Einzelinformationen als Basis zu nutzen. Dadurch werden neben öffentlich sichtbaren auch konkrete Handlungszusammenhänge im Hintergrund von Ereignissen oder Zusammenhänge, die bisher gar nicht dokumentiert sind und deshalb nur aus fragmentarischen Informationen rekonstruiert werden können, analysierbar. In einer Kunstwelt stehen alle drei Ebenen in einem räumlichen und zeitlichen Verhältnis zueinander. Die einzelnen Analysen für die 1940er, die 1920er, 1919 und die 1950er Jahre lassen sich in einem weiteren Schritt miteinander kombinieren, bzw. im wechselseitigen Bezug aufeinander interpretieren. Die kunsthistorische Interpretation wird so durch eine Sicht auf den historisch sozialen Prozess ergänzt, der Personen und ihr Werk in ihren Kontext stellt.

Die Institutionen der Kunstwelt, hier vor allem die Akademien, werden als durch Personen bestimmte Handlungsgeflechte beobachtet. Man kann analysieren, wie individuelle Biographien in die Institution eingebunden waren. Es geht dabei aber nicht nur um den formierenden Einfluss von Institutionen auf Personen. Sie werden ebenso als ein Begegnungsfeld erkennbar, in dem Personen einen Möglichkeitshorizont für eigene Ziele und informelle Initiativen erhalten. Institutionen werden dann zu einem Resonanzfeld für gesellschaftliche Einflüsse, ganz gleich ob sie formell oder informell vorgebracht werden. Insbesondere zeigen dies die in der Akademie beobachteten Proteste wie auch die ministeriellen Reformstrategien, mit denen beeinflusst werden sollte, welche künftige Gestalt die Institutionen haben sollten.

Ereignisse, insbesondere Ausstellungen, wurden als Vermittlungsglieder zwischen der Kunst und der Öffentlichkeit einbezogen. Die Besucher aber und darüber hinaus die Kunstwelt sehen dort nur Kunst. Dadurch wird eine Ausstellung als Ort der Präsenz eines Künstlers lesbar, der in einem Ensemble von weiteren präsentierten Künstlern mit ihnen durch Sichtbarkeit verbunden ist und in diesem Zusammenhang für die Öffentlichkeit wahrnehmbar wird. Die Abfolge der Ausstellungen ist als Kette von Ereignissen zu verstehen, die auf wechselseitige Anregungen, kontinuierliche Entwicklungen, Lücken und generellen Wandel hin befragt werden kann. So werden die Ausstellungen als ein serielles Phänomen erkennbar, das von Konventionen wesentlich gesteuert wird. Ausstellungen können so, wie dies für einzelne von ihnen durchaus geschieht, als Akteure betrachtet werden, die in der Kunstwelt mit programmatischen Positionen identifiziert werden können.

4.7.2 Aussagen für die Nachkriegskunst

Es hat sich bestätigt, wie aussagekräftig Beziehungsanalysen für die Entwicklung der Nachkriegskunst sind. Sie zeigen, wie die materiell und sozial prekäre Lebenssituation der Akteure, verbunden mit den Verhältnissen der Kunstwelt, die Beziehungsstruktur einschränkte. Es wurde deutlich, wie personell angeknüpft wurde. Primär wurde auf die Beziehungen am Ort, aber auch darüber hinaus zurückgegriffen; meist waren es frühere Kontakte in der Kunstwelt, die sich bewährt hatten. Es bestätigte sich nicht, dass in der Nachkriegszeit vor allem die „Latenz" dominierte.[39] In der beobachteten Kunstwelt ging es vielmehr darum, möglichst stark präsent zu sein und mehrere Initiativen aktiv zu verfolgen. Einige Ideengeber und weitere Unterstützer schufen zusammen eine produktive, sich selbst organisierende Struktur, die auf Erfahrungen der Vergangenheit fußte und an sie anknüpfte. Leitend waren nicht besonders ausgefeilte, sondern vor allem bewährte und in der neuen politischen Konstellation opportun erscheinende Konzepte. Es bedurfte nicht der Autorität und der institutionellen Positionen, um sich durchzusetzen. Es reichte, wenn die sozialen Kräfte erreichten, dass sich die Institutionen gegenüber dem Projekt neutral oder im besten Fall fördernd verhielten. Insofern waren nur in bestimmten Bereichen Repräsentanten erforderlich, wogegen es an anderen Stellen ausreichte, mit guten Ideen geeignete Unterstützung zu mobilisieren.

4.7.3 Mythos Phönix

Das Bild des Phönix konnte personell lokalisiert werden. In der Asche zeigten sich sehr belebte und personenreiche Beziehungskonstellationen, die über lange Zeiträume gewachsen waren. Werden die Beziehungskonstellationen in der Vergangenheit ebenfalls als vorausgehende Inkarnationen von Phönixen verstanden, dann ist es möglich, nicht nur von einer, sondern von sich jeweils unterscheidenden Beziehungsgestalten auszugehen, die eine Pluralität der Vernetzungen bei kontinuierlich vertretenen Personen beobachtbar machen. Es kann so von einer sich wandelnden Beziehungsstruktur bei teils wiederkehrenden Personen ausgegangen werden. Im Vergleich mit historischen Phönixen hat sich deren Verschiedenartigkeit nachweisen lassen, die für die kontinuierlich beteiligten Personen auf einen partiellen Formen- und Strukturwandel ihrer Praxis schließen lässt, der weitere Forschungen aussichtsreich macht.

---

[39] Für die Kunst vgl. Haverkamp et al. 2003.

Quellen

documenta Archiv.
Kasseler Stadtarchiv.
Museumslandschaft Hessen Kassel: Akten zur Hessischen Sezession (mhk Archiv).
Staatsarchiv Marburg STA Mb: Bestand des Oberpräsidiums der Provinz Hessen-Nassau (150) Bd. 4.

Ausstellungskataloge

O.A. 1922. *Casseler Kunstausstellung 1922. Orangerie Schloss 3.Juni-27. August.* Kassel: O.V. Kunstakademie, und Kunstverein Kassel. 1927. *Jubiläumskunstausstellung Kassel 1927. 150 Jahre Kasseler Kunstakademie. Juni bis September. Veranstaltet von der Kunstakademie und Kunstverein zu Kassel.* Kassel: Friedrich Scheel.
Hessische Sezession. 1946. *Ausstellung Kunst der Gegenwart. Malerei, Plastik, Grafik. In den Räumen des Hessischen Landesmuseums Kassel. Vom 29. September bis zum 10. November 1946.* Kassel: Hessische Nachrichten.
Kunstverein Kassel. 1929. *Vierte Große Kunstausstellung Kassel 1929. Neue Kunst in der Orangerie. 1. Juni bis 1. September. Veranstaltet vom Kunstverein zu Kassel.* Kassel: Bärenreiter.

Literatur

Becker, Howard Saul. 1982. *Art worlds*. Berkeley: University of California Press.
Binczek, Natalie, und Georg Stanitzek, Hrsg. 2010. *Strong ties – weak ties: Freundschaftssemantik und Netzwerktheorie*. Heidelberg: Winter.
Bode, Arnold. 1975. Arnold Bode. Autobiographische Notizen. In *Arnold Bode zum 75. Geburtstag. Eine Ausstellung des Kasseler Kunstvereins*, Hrsg. Kasseler Kunstverein, 148–151. Kassel: Dierichs.
Borger, Hugo. 1991. Westdeutsche Museen im Wiederaufbau. Beispiel Köln. In *'45 und die Folgen: Kunstgeschichte des Wiederbeginns*, Hrsg. Hugo Borger, Ekkehard Mai und Stephan Waetzoldt, 214–219. Köln: Böhlau.
Georgsdorf, Heine. 2007. *Arnold Bode. Schriften und Gespräche. Ars publica 1.* Berlin: Siebenhaar. (Schriftenreihe des Documenta-Archivs, 16).
Glozer, Laszlo. 1981. *Westkunst. Zeitgenössische Kunst seit 1939.* Köln: DuMont.
Granovetter, Mark. 1973. The strength of weak Ties. *American Journal of Sociology* 78 (6): 1360–1380.
Haverkamp, Anselm, Juliane Rebentisch und Susanne Leeb. 2003. Latenzzeit. Die Leere der Fünfziger Jahre. Ein Interview. *Texte zur Kunst* 50: 45–53.
Heinz, Marianne, Hrsg. 2000. *Arnold Bode. Leben + Werk (1900–1977).* Wolfratshausen: Minerva.

Held, Jutta, Hrsg. 2000a. *Mitte des Jahrhunderts. 1950 – Geschichte und Mythos*. Osnabrück: Rasch. (Kunst und Politik. Jahrbuch der Guernica-Gesellschaft).

Held, Jutta. 2000b. Moderne Mythostheorien und die Künste um 1950. In *Mitte des Jahrhunderts. 1950 – Geschichte und Mythos*, Hrsg. Jutta Held, 7–14. Osnabrück: Rasch. (Kunst und Politik. Jahrbuch der Guernica-Gesellschaft).

Herbordt, Friedrich. 1948. Von der Kunstakademie zur Werkakademie. *Hessische Nachrichten*, 21. Nov. 1948.

Hollstein, Betina. 2009. Strukturen, Akteure, Wechselwirkungen. Georg Simmels Beiträge zur Netzwerkforschung. In *Netzwerkanalyse und Netzwerktheorie. Ein neues Paradigma*, Hrsg. Christian Stegbauer, 91–103. Wiesbaden: VS Verlag für Sozialwissenschaften.

Kimpel, Harald. 1997. *documenta. Mythos und Wirklichkeit*. Köln: DuMont.

Kimpel, Harald. 2000. „Fest des Geistes" oder „Sünde wider den Geist"? Arnold Bode und der Rahmenstreit von Kassel. In *Arnold Bode. Leben + Werk (1900–1977)*. Hrsg. Marianne Heinz, 68–77. Wolfratshausen: Minerva.

Kimpel, Harald, und Karin Stengel. 1995. *Documenta 1955. Erste Internationale Kunstausstellung. Eine fotografische Rekonstruktion*. Bremen: Edition Temmen. (Schriftenreihe des documenta Archivs, 3).

Kramm, Helmut. 1935. *Hundert Jahre Kurhessischer und Kasseler Kunstverein. Geschichte seiner Ausstellungen*. Kassel: Bärenreiter.

Kratz-Kessemeier, Kristina. 2008. *Kunst für die Republik. Die Kunstpolitik des preußischen Kultusministeriums 1918 bis 1932*. Berlin: Akademie.

Kunstverein, Kasseler, Hrsg. 1985. *150 Jahre Kunstverein. Kassler Kunst Verein. Eine Chronik*. Kassel: Kasseler Kunstverein.

N. N. 1948. Bericht über die Staatliche Gemäldegalerie Kassel. *Kunstchronik* 1 (3).

Nooy, Wouter de, Andrej Mrvar und Vladimir Batagelj. 2005. *Exploratory social network analysis with Pajek*. Cambridge: Cambridge University Press. (Structural Analysis in the Social Sciences, 27).

O. A. 1912. *Handbuch über den königlichen Preußischen Hof und Staat für das Jahr 1913*. Berlin: Deckers.

Rudert, Konstanze, Hrsg. 2012. *Im Netzwerk der Moderne. Staatliche Kunstsammlungen Dresden*. München: Hirmer.

Schmaling, Paul. 2001. *Künstlerlexikon Hessen-Kassel 1777–2000. Mit den Malerkolonien Willingshausen und Kleinsassen*. Kassel: Winfried Jenior.

Schmaling, Paul. 2011. *Künstlerlexikon Hessen-Kassel. Ergänzungsband 2001–2010*. Kassel: Winfried Jenior.

Schwarze, Dirk. 2000. Arnold Bode und der Impuls der documenta. In *Arnold Bode: Leben + Werk (1900–1977)*, Hrsg. Marianne Heinz, 24–29. Wolfratshausen: Minerva.

Vogel, Hans, und Stephan Hirzel. 1952. *175 Jahre Kasseler Akademie. Jubiläums-Ausstellung im Landesmuseum Kassel. Veranstaltet von der Staatlichen Werkakademie und den Staatlichen Kunstsammlungen in Kassel, 19. Oktober bis 30. November 1952; [1777–1952]*. Kassel: Hess. Dr.- u. Verl.-Anst.

Teil II
Institutionelle Beziehungen

Die Werkkunstschulen und die Kunsthochschulen in der Bundesrepublik. Ein konfliktbeladenes Konkurrenzverhältnis

5

Julia Witt

5.1 Einführung

Im Jahr 1965 schreibt der Direktor der Hochschule für Bildende Künste in West-Berlin, Karl Otto, seinem Kollegen Gustav Hassenpflug in München bezüglich seines schon seit vier Jahren in Bearbeitung befindlichen Buchprojektes:

> Hinsichtlich des Rowohlt-Bandes ,Zur Situation der deutschen Kunsthochschulen' haben wir noch keinen Erscheinungstermin festlegen können [...]. Je länger [wir] uns mit dem Thema dieses Bandes beschäftigt haben, umso problematischer wird der Stoff, den es zu behandeln gilt.
>
> Diese Problematik bezieht sich nicht nur auf die äußerliche Verschiedenartigkeit der Kunsthochschulen oder auf ihre möglichen und wünschenswerten Zielsetzungen im deutschen universitären Bereich, sie erstreckt sich unter anderem auch auf das Verhältnis von Kunsthochschulen zu Werkkunstschulen. Die Eisen, die wir hierbei anfassen müssen, sind durchaus sehr heiße; aber das wissen Sie alles genauso wie ich auch.[1]

Das Buch ist niemals erschienen. Was sind das nun für heiße Eisen? Auf welchen, damals wohl allen Fachleuten bekannten, Konflikt spielt Otto an? Dieser Frage soll im Folgenden nachgegangen werden. Hierfür wird untersucht, aus welchem Selbstverständnis heraus die Werkkunstschulen und auch die Kunsthochschulen in den

---

[1] Karl Otto an Gustav Hassenpflug, 15.3.1965. AdK Berlin, Karl-Otto-Archiv. Ordner 15b.

J. Witt (✉)
Berlin, Deutschland
E-Mail: gerhard.panzer@tu-dresden.de

G. Panzer et al. (Hrsg.), *Beziehungsanalysen. Bildende Künste in Westdeutschland nach 1945,*
Kunst und Gesellschaft, DOI 10.1007/978-3-658-02917-3_5,
© Springer Fachmedien Wiesbaden 2015

1950er und 60er Jahren ihr Ausbildungsprogramm festlegten und ihren Fächerkanon absteckten. Dabei wird offensichtlich, dass beide Einrichtungen Überschneidungen im Ausbildungsportfolio in Kauf nahmen. Eine direkte Konkurrenzsituation war damit determiniert. Konfliktpotential barg etwa die Hinwendung beider Schultypen zum Industrial Design, aber auch die ungleiche finanzielle Ausstattung der Schulen. Am stärksten trat der Konflikt jedoch in der beiderseitigen Beanspruchung der freien und der angewandten Kunst für das jeweils eigene Ausbildungsprogramm zu Tage. Um Ursachen für dieses konfliktgeladene Konkurrenzverhältnis zu ermitteln und Bezüge herzustellen, werden sowohl wesentliche Akteure als auch die historische Entwicklung der Werkkunstschulen und Kunsthochschulen einer näheren Betrachtung unterzogen.[2]

5.2 Werkkunstschulen – Definition und Konzept

Was war eine Werkkunstschule? Die Werkkunstschulen waren ein Schultyp, der zwischen 1949 und 1971 in der Bundesrepublik Deutschland existierte. Sie hatten den Status von Fachschulen und befanden sich in der Regel in städtischer Trägerschaft mit Teilfinanzierung durch das jeweilige Bundesland. Sie dienten der künstlerisch-gestalterischen Fortbildung junger Handwerker mit bereits abgeschlossener Berufsausbildung. Das Studium dauerte in der Regel acht Semester. Im ersten Studienjahr besuchten die Studierenden die sogenannte Grund- oder Vorlehre. Diese baute auf den Lehrmethoden des Vorkurses am Bauhaus auf.[3] Danach wechselten die Studierenden in die jeweiligen Fachklassen. Ihr Studium schlossen sie mit einer staatlichen Abschlussprüfung ab.

Nahezu alle Werkkunstschulen gingen auf die in Preußen zum Ende des 19. Jahrhunderts begründeten „Kunstgewerbe- und Handwerkerschulen" sowie die „Kunstgewerbeschulen" zurück. Aus diesem Grund existierten nur vereinzelt Werkkunstschulen in Süddeutschland. Im Zuge der nationalsozialistischen Umstrukturierungen des Bildungswesens waren die Kunstgewerbe- und Handwerkerschulen und einige Kunstgewerbeschulen 1934 zu „Handwerkerschulen" umgeformt worden. Diese erfuhren dann 1938 eine Umbenennung in „Meisterschulen für das deutsche Handwerk" und ab 1943 in „Meisterschulen für das gestaltende Handwerk".[4] Insgesamt existierten 35 Meisterschulen auf dem damaligen Territo-

---

[2] Vorliegender Aufsatz basiert auf meinen kürzlich publizierten Forschungen und erweitert diese um neue Aspekte. Siehe: Witt 2012.

[3] Vgl. Grohn 1986, S. 75 ff.

[4] Die Umstrukturierungen bzw. Umbenennungen gehen auf den Erlass des preußischen Ministers für Wirtschaft und Arbeit vom 27.2.1934, den Erlass des Reichserziehungsministe-

rium des Deutschen Reiches. Nach 1945 lagen 20 dieser Schulen auf dem Gebiet der westlichen Besatzungszonen, davon 9 im dichtbesiedelten und stark industrialisierten Nordrhein-Westfalen.[5] Als konkurrierende Institutionen standen ihnen die 8 Kunsthochschulen in Berlin, Düsseldorf, Kassel, Frankfurt, Karlsruhe, Stuttgart, Nürnberg und München gegenüber.

Die Folgen des Zweiten Weltkriegs stellten sowohl die Kunsthochschulen als auch die „Meisterschulen für das gestaltende Handwerk" vor enorme Probleme. Hier sind vor allem die Zerstörungen der Lehrgebäude sowie der Verlust an Arbeitsgeräten und der Mangel an Lehrkräften zu nennen. Dennoch wurde unter diesen widrigen Bedingungen der Lehrbetrieb wieder aufgenommen. An der Hochschule für Bildende Künste in Berlin wie auch an der Folkwang-Meisterschule in Essen geschah dies bereits im Oktober 1945. An der Meisterschule für das gestaltende Handwerk Wuppertal fand ab Dezember 1945 wieder Unterricht statt. Die meisten anderen Schulen folgten im Laufe des Jahres 1946 nach.[6]

Zunächst orientierten sich die Lehrkräfte an den vertrauten Lehrmethoden der Vorkriegsjahre.[7] Doch wurden bald Stimmen nach Reformen laut. Aus diesem Grund vernetzten sich die wiedereröffneten Meisterschulen; im Februar 1949 fand ein erstes Treffen der Direktoren in Hannover statt. Dort einigte man sich auf eine Umbenennung der „Meisterschulen für das gestaltende Handwerk" in „Werkkunstschulen". Der Name sollte den programmatischen Neuanfang der Schulen und ihre Abkehr von der ausschließlichen Fokussierung auf die Handwerksberufe verdeutlichen. Ferner beschlossen die Direktoren, auch künftig einen engen Gedankenaustausch zu pflegen; sie gründeten zu diesem Zweck die „Arbeitsgemeinschaft der Werkkunstschulen".[8] Die Hannoveraner Tagung zeitigte recht bald Erfolge, so dass es bereits nach wenigen Wochen zu ersten Schulumbenennungen, wie etwa in Krefeld, kam. Andere Meisterschulen konnten, blockiert durch die Verwaltungsbehörden, ihren Namen vorerst nicht ändern, verwandten den selbstgewählten Begriff

---

riums vom 6.10.1938 sowie den Erlass des Reichserziehungsministeriums von 2.7.1943 zurück. Vgl. Hehlmann 1942. S. 282; vgl. Oestereich 2000, S. 375.

[5] Werkkunstschulen gab es in Aachen, Berlin, Bielefeld, Braunschweig, Bremen, Darmstadt, Dortmund, Düsseldorf, Essen, Hannover, Kassel, Kiel, Köln, Krefeld, Münster, Offenbach, Saarbrücken, Trier, Wiesbaden und Wuppertal. Vgl. Hassenpflug 1956, S. 232; siehe auch Grafik in: Buchholz und Theinert 2007, Bd. 2, S. 366 f.

[6] Vgl. Fischer-Defoy 2001, S. 28; vgl. Breuer 2007, S. 134; siehe außerdem z. B.: Hochschule für Gestaltung Offenbach am Main 1984, S. 9.

[7] Vgl. Winter 1977, S. 46.

[8] Vgl. Tiemann 1954, S. 19; vgl. Hassenpflug 1956, S. 7; vgl. Tagungsprotokoll der Tagung vom 18./19.2.1949. In Auszügen abgedruckt in: Winter 1977, S. 145 sowie Winter 1977, S. 140.

„Werkkunstschule" jedoch im nicht-amtlichem Schriftgut, in Schulprogrammen und Ausstellungskatalogen.[9]

Die Bezeichnung „Werkkunstschule" beruhte auf einem Vorschlag des Architekten Hans Schwippert (1899–1973); sie geht auf seine 1946 mit „Schule für Werkkunst" überschriebene Denkschrift zurück. Im Land Nordrhein-Westfalen galt Schwippert als Instanz, wenn es um Fragen der Restrukturierung und Organisation der Werkkunstschulen ging. Schon 1946 war er von der Provinzialverwaltung als Gutachter und Berater hinzugezogen worden und auch das Kultusministerium vertraute über lange Jahre seinem Urteil. Insbesondere in Personalfragen konnte er aufgrund seines weitreichenden Netzwerkes an Kontakten aus Kreisen des Deutschen Werkbundes behilflich sein. Trotz seines Engagements gehörte Hans Schwippert keiner Werkkunstschule an. Zwar war er 1927–1934 Lehrer an der Kunstgewerbe- und Handwerkerschule Aachen gewesen, doch entwickelte sich sein Lebensweg nach Kriegsende in eine andere Richtung. Seit 1934 hatte er eine Professur an der TH Aachen inne, mit kurzer Unterbrechung 1945. Zudem lehrte er an der Kunstakademie Düsseldorf, der er von 1959–1966 als Direktor vorstand.[10]

Zu Beginn der 1950er Jahre versuchten die Werkkunstschulen ein eigenes Profil zu entwickeln. Sie traten mit Ausstellungen und Publikationen an die Öffentlichkeit, um auf sich und ihre bisher geleistete Arbeit sowie auf ihre neuen Lehrkonzepte aufmerksam zu machen. Die wichtigste unter diesen Publikationen ist das 1956 von der Arbeitsgemeinschaft der Werkkunstschulen als „Handbuch" herausgegebene „Werkkunstschulbuch".[11] Bearbeiter und Hauptautor war Gustav Hassenpflug (1907–1977), der Direktor der Hochschule für bildende Künste Hamburg.

Warum zeichnete der Direktor einer Kunsthochschule für die wichtigste Werkkunstschulpublikation verantwortlich? Nachdem der Architekt Gustav Hassenpflug von 1946–1950 Städtebau an der „Hochschule für Baukunst und Bildende Künste" in Weimar gelehrt hatte, war er nach Hamburg übergesiedelt. Dort war ihm die Position des Direktors der „Landeskunstschule Hamburg" angetragen worden. Während seiner Amtszeit transformierte Hassenpflug die Einrichtung, die formal den Werkkunstschulen zuzuordnen war, in eine Kunsthochschule. Nach Abschluss dieses Prozesses übernahm er 1956 eine Professur an der TH München und war damit nicht mehr direkt in die Fragen des Kunstschulwesens involviert. Die Arbeit am „Werkkunstschulbuch" fiel in die kurze Berufsphase Hassenpflugs als Werkkunstschulmann.[12]

---

[9] Vgl. Winter 1977, S. 46; vgl. Werkkunstschule Hannover 1955.

[10] Siehe: Günter 2009, S. 370 f.; Oellers 2010, S. 42 ff.; Oestereich 2010, S. 121 ff.

[11] Hassenpflug 1956.

[12] Siehe: Grohn 1985, S. 86 ff.; Voigt 1989, S. 244.

Das „Werkkunstschulbuch" ist Zeugnis des Selbstverständnisses dieser Schulen in der Mitte der 1950er Jahre. Beschrieben werden die Aufgaben und Ziele einer Werkkunstschule. „Sie sollte wieder zu einer allgemeinen und umfassenden Schule für Gestaltung auf allen Gebieten der angewandten Kunst, insbesondere für Handwerk und Industrie, werden."[13] Der Fächerkanon war dementsprechend umfangreich und reichte von Raumgestaltung über Gebrauchsgrafik und angewandte Malerei bis hin zur Plastik. Einen wesentlichen Bestandteil der Lehre bildeten die Schulwerkstätten; an den verschiedenen Werkkunstschulen existierten etwa Werkstätten für Holz, Metall, Keramik, Weberei und Stickerei sowie Druckerei und Typografie.[14]

Ein im „Werkkunstschulbuch" enthaltener Aufsatz Gustav Hassenpflugs widmet sich den damals aktuellen Problemen dieser Schulen.[15] Neben rein praktischen Fragen, wie der besseren Einrichtungen der Werkstätten, stehen Punkte, die deutlich den Zwiespalt aufzeigen, in welchem sich die Werkkunstschulen bereits in ihrer Frühphase befanden. Hierbei geht es um die Erwägung, ob Werkkunstschulen sich mit ihrem Ausbildungsangebot weiterhin eng ans Handwerk anlehnen sollten oder verstärkt an die Industrie. Weiterhin wird das Verhältnis der angewandten zur freien Kunst thematisiert und damit auch die Stellung der Werkkunstschulen zu den Kunsthochschulen. Auf diese beiden Fragen soll im Folgenden detailliert eingegangen werden.

5.3 Industrial Design-Ausbildung

Anfangs fühlten die Werkkunstschulen sich dem Handwerk verpflichtet. Denn nach 1933 war im Zuge der einschneidenden Umstrukturierungen im Bildungswesen das Ausbildungsprofil komplett auf das Handwerk ausgerichtet worden. Die Handwerksverbände und die örtliche Handwerkerschaft hatten u. a. Sitze in den Schulgremien erhalten und dementsprechend auf Lehrbetrieb und Prüfungen direkten Einfluss genommen.[16]

Zwar lag den Werkkunstschulen zu Beginn der 1950er Jahre weiterhin daran, mit dem Handwerk zusammenzuarbeiten, doch verwehrten sie sich eindeutig gegen dessen direkte Einmischung. Dies rief bei den Handwerkern, die ihren Machtverlust in Bezug auf die Nachwuchsausbildung spürten, Unbill und Gegner-

---

[13] Hassenpflug 1956, S. 7.
[14] Vgl. Tabelle mit Fächerübersicht in: Hassenpflug 1956, S. 232 f.
[15] Hassenpflug 1956, S. 15 ff.
[16] Siehe hierzu: Südhof 1934; Südhof 1936, S. 100 ff.

schaft hervor.[17] Hierin liegt ein Grund, warum sich die Werkkunstschulen in den 1950er Jahren verstärkt auf die Industrie und die Gestaltung industrieller Massenprodukte fokussierten.

An der Werkkunstschule in Essen („Folkwang-Werkschule für Gestaltung" Essen) erhielt die Metallklasse 1949 deshalb eine veränderte Ausrichtung. Der neuberufene Lehrer Werner Glasenapp (1904–1986) formte sie zu einer „Werkgruppe für industrielle und handwerkliche Formgestaltung" um.[18] Die Werkkunstschule Wuppertal war die erste, die eine eigenständige Abteilung für Industrial Design einrichtete. 1951 nahm das dortige „Institut für Industrieform" seine Arbeit auf.[19] 1952 folgte die Werkkunstschule Hannover („Meisterschule für das gestaltende Handwerk" Hannover) mit einer vom Architekten Matthias Janssen geleiteten Abteilung „Industrielle Formgebung".[20] Bis Mitte der 1950er Jahre zogen weitere Werkkunstschulen mit ihrem Angebot nach. Unter ihnen die Berliner Werkkunstschule („Meisterschule für das Kunsthandwerk Berlin"), an welcher der Direktor Jan Bontjes van Beek (1899–1969) ab 1955 einen Abendunterricht für Industriegestaltung einrichtete.[21]

Hier gerieten die Werkkunstschulen bald mit den Kunsthochschulen in Konflikt. Denn eine Beschäftigung mit Industriedesign lag in der damaligen Zeitströmung begründet. In diesem Kontext sei auf die Bemühungen des Deutschen Werkbundes sowie die Gründung des Rates für Formgebung 1952 hingewiesen.[22] Deshalb blieb die Ausbildung auf dem Gebiet der industriellen Formgebung nur sehr kurze Zeit auf die Werkkunstschulen begrenzt. Bereits 1953 nahm die neu ins Leben gerufene Hochschule für Gestaltung Ulm ihre Arbeit auf, welche eine spezialisierte Ausbildung ausschließlich für Industriedesigner anbot.[23] Zudem wurden ab Ende der 1950er Jahre an einigen Kunsthochschulen ebenfalls Lehrstühle für Industrielle Formgebung geschaffen. Die Hochschule für Bildende Künste in West-Berlin machte den Anfang und richtete 1958 einen Lehrstuhl für Metall- und Kunststoffverarbeitung ein.[24] Somit traten die Kunsthochschulen und

---

[17] Siehe hierzu: Oestereich 2000, S. 395 ff.

[18] Vgl. Oestereich 2000, S. 419; siehe auch: Röver 2012, S. 178 ff.

[19] Siehe: Breuer 2007, S. 147 ff.

[20] Vgl. Otto 1953, S. 141; vgl. Werkkunstschule Hannover 1955, o. S.

[21] Vgl. Fischer-Defoy 2001, S. 213. Zudem führten Krefeld und Kassel Industrial Design-Unterricht ein. Vgl. Hassenpflug 1956, S. 232 f.; vgl. Breuer 2007, S. 184.

[22] Siehe hierzu ausführlich: Oestereich 2000, S. 283 ff.

[23] Zur Geschichte der HfG Ulm siehe: Seckendorff 1989; Spitz 2002; Krampen und Hörmann 2003.

[24] Vgl. Fischer-Defoy 2001, S. 185 ff.

die Werkkunstschulen auf diesem Gebiet in direkte Konkurrenz zueinander. Dies blieb für die Profilbildung beider nicht ohne Folgen. Fatal ist, dass ausgerechnet ein Werkkunstschulmann diese für die Werkkunstschulen unheilvolle Entwicklung vorangetrieben hatte: der Architekt Karl Otto (1904–1975). Als Direktor der Werkkunstschule Hannover war er 1952 einer der ersten gewesen, der einen Industrial-Design-Unterricht eingeführt hatte. Nach seiner Berufung an die Hochschule für Bildende Künste in West-Berlin 1956 setzte er als Direktor sein Ausbildungsideal wiederum an der Kunsthochschule um. Auf seine Initiative hin wurde 1958 der Designer Wilhelm Braun-Feldweg (1908–1998) berufen. Aber nicht nur das Industrial Design wurde zum Zankapfel zwischen Werkkunstschulen und Kunsthochschulen. Auch die Positionierung der Schulen in Bezug auf angewandte und freie Kunst enthielt Konfliktpotential.

5.4 Freie Kunst an Werkkunstschulen

An den Werkkunstschulen war man der Überzeugung, dass angewandte und freie Kunst nur zwei unterschiedliche Spielarten der Kunst im Allgemeinen darstellten, und man diese keinesfalls in eine niedere oder höhere Kunst scheiden könne. Deutlich wird dies zum Beispiel an der von Jupp Ernst initiierten und kuratierten internationalen Ausstellung „Industrial Design und Grafik", die 1964 in den Räumen der Werkkunstschule Kassel gezeigt wurde, und zwar als Abteilung der Documenta III.[25] Wirft man einen Blick auf das Studienangebot der Werkkunstschulen, so stellt man fest, dass neben den Kernfächern aus dem Bereich der angewandten Kunst auch Klassen freier Kunst bestanden: freie Grafik, freies Zeichnen und Malen, Plastik und auch Architektur.[26] Hassenpflug begründet dieses Vorgehen 1956 im „Werkkunstschulbuch" folgendermaßen:

> Freie und angewandte Kunst gehören unzweifelhaft zusammen, nur so kann eine gegenseitige Ergänzung und Befruchtung stattfinden. Freie und angewandte Künste müssen deshalb sowohl an den Kunsthochschulen als auch an den Werkkunstschulen – jedoch mit verschiedenem Schwergewicht – verbleiben.[27]

Dass dies zu Konflikten mit den Kunsthochschulen führen musste, liegt auf der Hand. Auch für das Profil der Werkkunstschulen selbst barg das breit angelegte

---

[25] Siehe: Documenta III 1964; Breuer 2007, S. 227 ff.; Schriefers und Ernst 2000, S. 96 ff.

[26] Vgl. Tabelle mit Fächerübersicht in: Hassenpflug 1956, S. 232 f.

[27] Hassenpflug 1956, S. 13.

Studienprogramm Probleme. Bereits im Jahr 1955 wies der Wiener Kunstkritiker Jörg Lampe eindrücklich darauf hin. Als besonders unglücklich empfand er die Integration von Klassen freier Kunst, welche dem Lehrkonzept von Grundlehre und darauf aufbauendem Gestaltungsunterricht in den einzelnen Schulwerkstätten wenig zuträglich sei. Zudem hielt Lampe fest:

> [...] das Nebeneinander von Werkkunstschulen und Akademien als auch der völlig ungeklärte Status der ersteren [führt] zu einer Schwächung ihrer Position. Wer Maler oder Bildhauer werden will, bevorzugt nach wie vor den Besuch einer Akademie, und er dürfte dort auch nach wie vor, das erforderliche Mindest-,Talent' vorausgesetzt, aufgenommen werden. Das große Grundproblem also einer zeit-, sinn- und rang-gemäßen Verteilung des bildnerischen Nachwuchses auf die ,freie' Kunst und die Pro-duktformgestaltung hängt weiter in der Luft.[28]

5.5   Streben nach Gleichrangigkeit

Von Beginn an fühlten die Werkkunstschulen sich von Seiten der Politik und Ver-waltung allein gelassen und gegenüber den Kunsthochschulen stark benachteiligt. Im „Werkkunstschulbuch" weist Gustav Hassenpflug 1956 deshalb auf die Prob-lemfelder „Professoren-Amtsbezeichnung der Lehrkräfte" und die „Graduierung Kunsthochschule – Werkkunstschule" hin.[29] Worin äußerte sich die Vernachläs-sigung der Werkkunstschulen konkret? Aufgrund fehlender Mittel zur Behebung von Kriegsschäden war der bauliche Zustand vieler Werkkunstschulgebäude er-schreckend, die Ausstattung der Werkstätten vollkommen unzureichend. Die Ge-hälter waren niedrig, viele der Stellen wurden gestrichen oder blieben gänzlich un-besetzt, Lehrernachwuchs für Werkkunstschulen war kaum zu bekommen – weil selten jemand dazu bereit war, unter solch schwierigen Bedingungen tätig zu sein. Zum Jahreswechsel 1956/57 hatten die Arbeitsbedingungen an der Werkkunst-schule Hannover eine regelrechte Schulkrise heraufbeschworen. Kurz vor Weih-nachten wandte sich das Lehrerkollegium in einem offenen Brief an die Öffent-lichkeit, in welchem es die unhaltbaren Zustände im teilweise einsturzgefährdeten Schulgebäude anprangerte.[30] Die Hannoversche Allgemeine Zeitung betitelte am 31.1.1957 „Werkkunst in Katakomben. Eine Schule in der Krise. Der Traum vom Neubau" und machte auf das Dilemma der Schule aufmerksam. Seit Jahren hoffte

---

[28] Lampe 1955, S. 54.

[29] Hassenpflug 1956, S. 15.

[30] Offener Brief des Lehrerkollegiums der Werkkunstschule Hannover, 22.12.1956 (AdK Berlin, Karl-Otto-Archiv, AK 56 Nr. 95A).

man an der Werkkunstschule auf den versprochenen Neubau. Bereits 1953 hatte der Direktor Karl Otto hierfür Entwürfe vorgelegt, doch die Finanzierung wurde nicht bereitgestellt. Derweil „wanderte der des Predigens und Bittens müde Otto nach Berlin ab", so die Zeitung.[31]

Ähnlich problematisch verhielt es sich in Wuppertal: Dort kämpfte Jupp Ernst (1905–1987) als Direktor für eine Entwicklungsfähigkeit seiner Schule. Das nordrhein-westfälische Kultusministerium blockierte jedoch den erforderlichen Wiederaufbau des alten Schulgebäudes sowie die Neueinstellung von dringend benötigten Lehrkräften. Zudem nahm es unangekündigt Gehaltskürzungen des Lehrpersonals vor. Als Jupp Ernst daraufhin bei den Verwaltungsbehörden Protest einlegte und im Sommer 1954 sogar mit Rücktritt drohte, lenkten diese jedoch nicht ein, sondern bestätigten seine kurzfristige Kündigung. Monatelang demonstrierten die Studierenden in Sympathiebekundung für ihren Direktor. Doch all dies blieb folgenlos; Jupp Ernst verließ Wuppertal zum September 1954 und übernahm wenig später das Direktorenamt an der Werkkunstschule Kassel.[32]

Auch in der zweiten Hälfte der 1950er Jahre verbesserte sich die Situation an den Werkkunstschulen nicht. Ein Artikel in der Werkbund-Zeitschrift „Werk und Zeit" berichtete 1960 von der tiefen Krise der Werkkunstschulen:

> In den letzten drei Jahren sind 34 qualifizierte Lehrer von den Werkkunstschulen fortgegangen. An 6 Werkkunstschulen sind die Direktoren ausgeschieden, meist nach Auseinandersetzungen mit der vorgesetzten Behörde. 2 Werkkunstschulen sind zur Zeit ohne Direktor. An 9 Werkkunstschulen sind zur Zeit insgesamt 11 Fachklassen und Werkstätten ohne Leitung.[33]

Im Zuge solcher Konfrontationen wurden die Kunsthochschulen zum Vorbild und gleichzeitig zum Feindbild. Dabei ging es um eine bessere Ausstattung der Schulen, um einen ausreichenden Schuletat und um angemessene Gehälter. Die Werkkunstschullehrer waren der Auffassung, in Verantwortung und Arbeitsleistung den Kunsthochschullehrern in nichts nachzustehen und forderten für sich Professorentitel mit einhergehender Gehaltsanpassung ein. Zumindest in dieser Sache erzielte die Arbeitsgemeinschaft der Werkkunstschulen Erfolge. 1961 protokollierte sie, dass seit Langem erstmals wieder Titelverleihungen vorgenommen worden seien.[34]

---

[31] Zeitungsartikel HAZ, 31.1.1957 (AdK, Berlin, Karl-Otto-Archiv, AK 56 Nr. 95A).

[32] Siehe: Wick 2009, S. 494 ff.; Schriefers und Ernst 2000, S. 69.

[33] Ohne Autor 1960, S. 1.

[34] Vgl. Sitzungsprotokolle der AG der Werkkunstschulen vom 2./3.6. 1961. Zitiert in: Winter 1977, S. 151.

Das Streben nach größerer Anerkennung ging so weit, dass einige Werkkunstschulen eine Statusänderung erwirkten. 1963 erfolgte die Erhebung der Werkkunstschule Braunschweig zur Hochschule für Bildende Künste. Voller Stolz übernahm
man die konservativen universitären Statussymbole – wovon der offizielle Grün-
dungsakt der Hochschule in Braunschweig mit Überreichung der neu geschaffenen
Direktorenamtskette zeugt.[35] Zumindest verzichtete man auf die Einführung von
Talaren, wie sie z. B. an der Akademie der Bildenden Künste München noch in Ge-
brauch waren. Dort legte das Professorenkollegium zu offiziellen Anlässen vollen
Ornat an und präsentierte sich mit Talar, Barett und Amtskette.[36] Dieses zur Schau
getragene Selbstverständnis einer Bildungselite inmitten ihrer altehrwürdigen
Alma Mater galt in den 1960er Jahren als zunehmend überholt und sollte bald da-
rauf im Zuge der Studentenunruhen zu einer randständigen Erscheinung werden.

5.6   Angewandte Kunst an Kunsthochschulen

Boten die Werkkunstschulen Kurse für freie Kunst an, so besetzten die Kunsthochschulen im Gegenzug das Feld der angewandten Kunst für sich. In Kassel wurde
dies bereits in der Namensgebung deutlich. Die 1947 wiedererstandene Kunstakademie gab sich den Namen „Werkakademie". Hieraus sollte klar ablesbar sein, dass
die Hochschule sich nicht ausschließlich der freien Kunst zuwandte, sondern auch
der „Werkkunst" widmete.[37] Stephan Hirzel (1899–1970), Direktor ab 1949, führte
hierzu aus:

> Die Werkakademie sieht in ihrer praktischen und theoretischen Ausbildung fol-
> gende Ziele vor sich, wobei zwischen freier und angewandter Kunst kein Unterschied
> gemacht wird: zunächst die Anleitung zu individueller Leistung als Maler, Bildhauer,
> Architekt und Kunsthandwerker; alsdann die Einflußnahme auf die Industrieform
> aller Art bis zur Gestaltung von Hausrat, Raum, Bau, Landwirtschaft.[38]

Stephan Hirzel hatte seine Nachkriegstätigkeit als Lehrer für Kunsthandwerk an
der „Hochschule für Werkkunst" in Dresden begonnen. Nach einem kurzen Inter-
mezzo an der Werkkunstschule Krefeld im Jahr 1948 ging er nach Kassel und betei-

---

[35] Siehe: Staatl. Hochschule für Bildende Künste Braunschweig 1978, S. 10.

[36] Siehe Foto der Jahresfeier 1967 der Akademie der Bildenden Künste München. In: Zacharias
1985, S. 204.

[37] Vgl. Interview mit Arnold Bode. In: Blase 1977, S. 13; vgl. Linfert 1955, S. 411 ff.

[38] Hessische Nachrichten, o. D. [November 1948]. Abgebildet in: Blase 1977, o. S.

ligte sich dort am Aufbau der „Werkakademie", der er von 1949–1965 als Direktor vorstand und deren Profil er prägte.[39]
    In Berlin erläuterte Karl Otto als neu berufener Direktor der HfBK 1956 sein Konzept der Studienumstrukturierung:

> Dabei sollte kein Zweifel bestehen, daß [...] eine Ausbildung auf den Gebieten der ‚Angewandten Kunst' in höchstmöglicher Rangstufe an der Hochschule für bildende Künste erfolgen muß, wo alle Gebiete der ‚Angewandten Kunst' im notwendigen und nähernden Kontakt mit der bildenden Kunst und der Architektur stehen können.

Er schlägt des Weiteren vor, lediglich eine Grund- und Werkstattausbildung an der Berliner Werkkunstschule zu belassen, von welcher aus die Begabten an die Kunsthochschule überwechseln könnten.[40] Das bedeutet für die Werkkunstschulen zum einen, dass ihnen die angewandte Kunst als ihr ureigenes Studiengebiet streitig gemacht, und zum anderen, dass ihnen jede Gleichrangigkeit mit den Kunsthochschulen abgesprochen wird. Dieter Döpfner, seit 1966 Direktor der Werkkunstschule Offenbach, vermerkte noch 1968:

> Solange die Kunstakademien alter Prägung getrennt versuchen, das gleiche Konzept der Werkkunstschulen mit gewissen Modifizierungen zu praktizieren, und solange im umgekehrten Sinne die Werkkunstschulen versuchen oder besser liebäugeln mit den freien Künsten – [...] solange wird sich nicht grundlegend die verfahrene und seit dem nazistischen Einfluß festgefahrene Situation zum Positiven für eine wegweisende zukünftige Lösung verändern lassen.[41]

Was Doepfner bei seiner grundsätzlichen Aussage unerwähnt lässt, ist, dass sich diese „festgefahrene Situation" schon lange vor 1933 abzuzeichnen begann.
    Die Konkurrenz zwischen den Werkkunstschulen und den Kunsthochschulen löste sich Ende der 1960er Jahre auf einfache Art und Weise: durch Abwicklung der Werkkunstschulen. Ab etwa 1965 wurde in den politischen Instanzen der einzelnen Bundesländer über eine Reformierung des gesamten Bildungswesens beraten; insbesondere der Hochschulsektor sollte komplett umstrukturiert werden. Im Rahmen dieser einschneidenden Hochschulreformen, die erst nach den Studentenunruhen 1968 zur Gesetzesreife gelangten, kam es zur vollständigen Abschaffung der Werkkunstschulen. Dieser Prozess vollzog sich in den einzelnen Bundesländern bis 1971. Die Werkkunstschulen wurden in die neu geschaffenen Fachhoch-

---

[39] Siehe: Beck 1997, S. 39 ff.; Oestereich 2000, S. 383; Breuer 2007, S. 284.
[40] K. Otto: Zur Situation der Kunstschulen in Berlin, 18.09.1956. Typoskript (AdK Berlin, Karl-Otto-Archiv, Ordner 76).
[41] Döpfner 1969, S. 6.

schulen integriert, die mittelfristig mit den Universitäten zu Gesamthochschulen verschmelzen sollten. Vorreiter dieser Entwicklung waren die Bundesländer Nordrhein-Westfalen und Hessen. In Kassel verloren damit sowohl die Werkkunstschule als auch die Kunsthochschule ihre Eigenständigkeit und sind bis heute nur Teil der Universität Kassel.[42] Alle anderen Kunsthochschulen blieben jedoch eigenständig und sahen nun – bar der Konkurrenz durch die Werkkunstschulen – neuen Entfaltungsmöglichkeiten entgegen.

5.7   Ein konfliktbeladenes Konkurrenzverhältnis – Bezüge und Ursachen

Worin nun liegt begründet, dass Werkkunstschulen und Kunsthochschulen Überschneidungen ihrer Lehrprogramme in Kauf nahmen? Warum versteiften sich die Werkkunstschulen darauf, freie Kunst zu lehren und warum beanspruchten die Kunsthochschulen die angewandte Kunst für sich? Hierfür sind zwei Faktoren ausschlaggebend: zum einen die historische Entwicklung der beiden Schultypen und zum anderen die Biografien der Akteure. Zunächst soll der Blick auf die Geschichte der Institutionen gerichtet werden.

Die Werkkunstschulen waren nicht die ersten kunsthandwerklichen Lehreinrichtungen, welche das Feld der freien Kunst für sich mit beanspruchten. Bereits kurz nach 1900 hatten sich viele Kunstgewerbeschulen der freien Kunst zugewandt und dementsprechende Klassen eingerichtet, so zum Beispiel die Kunstgewerbeschule Düsseldorf unter ihrem Direktor Peter Behrens (1868–1940) ab 1903.[43] Auch an Kunstgewerbe- und Handwerkerschulen existierten dementsprechende Lehranteile. An der Kunstgewerbe- und Handwerkerschule Charlottenburg (bei Berlin) beispielsweise unterrichtete der Bildhauer Wilhelm Otto (1871–1943) ab 1905 neben dem Entwerfen kunstgewerblicher Gegenstände auch Figürliches, Porträt- und Aktmodellieren.[44]

Schon damals geschah dies zum Ungemach der Kunstakademien, welche darin ein Eindringen in ihr ureigenes Lehrgebiet sahen. Die Werkkunstschulen in der Bundesrepublik verstanden sich ideell als Nachfolgeeinrichtungen der Kunstgewerbeschulen mit ihrem umfassenden Ausbildungsspektrum, welches die freie Kunst mit einschloss. Die nach 1933 forcierte ausschließliche Ausrichtung auf das Hand-

---

[42] Vgl. Blase 1977, S. 25.

[43] Siehe hierzu: Moeller 1991.

[44] Vgl. Programm für das Sommerhalbjahr 1906, S. 15 (GStA PK, I. HA Rep. 120, E X Nr. 340, Bl. 81); siehe weiterführend: Witt 2013.

werkliche kam für sie einer Amputation gleich. Eine während des Ersten Weltkrieges einsetzende Reformströmung sah vor, eine Fusion von Kunstgewerbeschulen und Kunstakademien herbeizuführen. Wesentliche Denkschriften hierzu verfassten Richard Riemerschmid in München (1917/19), Bruno Paul in Berlin (1919) und Walter Gropius mit seinem Bauhaus-Manifest in Weimar (1919).[45] Dieser Reformwille war hauptsächlich von den Kunstgewerbeschulen ausgegangen und zunächst von den meisten Kunstakademien abgewehrt worden. Schulfusionen kamen aus diesem Grunde zunächst nur in Weimar, Karlsruhe und Berlin zustande.[46]

Warum die Kunsthochschulen in der Bundesrepublik nicht nur ihr angestammtes Feld der freien, sondern auch die angewandte Kunst für sich beanspruchten, ist aus eben dieser Geschichte der aufstrebenden Kunstgewerbeschulen und der Schulfusionen erklärlich. Fünf westdeutsche Kunsthochschulen hatten den Fusionierungsprozess mit der ortsansässigen Kunstgewerbeschule schon durchlaufen, sprich die angewandte Kunst längst in ihr Studienprogramm integriert: Bereits 1919 hatte die Kunstakademie Düsseldorf Teile der zerschlagenen Kunstgewerbeschule inkorporiert. In Karlsruhe war 1920 eine Schulfusion durchgeführt worden und damit die „Badische Landeskunstschule" entstanden. Berlin folgte 1924 mit der Gründung der „Vereinigten Staatsschulen für freie und angewandte Kunst" (ab 1939 unter dem Namen „Staatliche Hochschule für bildende Künste"). In Stuttgart vollzog sich der Prozess kriegsbedingt erst 1941. In München kam der Zusammenschluss schließlich 1946 zustande; seit 1919 war darüber verhandelt worden.

Vier Kunsthochschulen gingen direkt auf Kunstgewerbe- bzw. Werkkunstschulen zurück. Die „Staatsschule für angewandte Kunst" in Nürnberg hatte von den kulturpolitischen Umstrukturierungen in der NS-Zeit profitiert und war 1940 zur „Akademie der bildenden Künste in der Stadt der Reichsparteitage" erhoben worden. Nach 1945 wurde sie unter den neuen politischen Grundbedingungen als „Akademie der bildenden Künste" weitergeführt. Ebenso verhielt es sich mit der Städelschule in Frankfurt am Main, welche 1942 eine Umformung zur „Staatlichen Hochschule für bildende Künste" erfahren hatte. Die „Landeskunstschule" der Freien Hansestadt Hamburg war Mitglied in der Arbeitsgemeinschaft der Werkkunstschulen, bis sie 1955 zur „Hochschule für bildende Künste" erhoben wurde. Die Braunschweiger Werkkunstschule veränderte, wie bereits erwähnt, erst 1963 ihren Status.

---

[45] Richard Riemerschmid: Künstlerische Erziehungsfragen. 1917/19; Bruno Paul: Erziehung der Künstler an Staatlichen Schulen. 1919; Walter Gropius: Bauhaus-Manifest. 1919.

[46] Dieser und der folgende Absatz beruhen auf den aktuellen Forschungen der Autorin: Laufende Dissertation „Reformen an den Kunstakademien im Deutschen Reich 1910–1942", TU Berlin, Institut für Kunstwissenschaft und Historische Urbanistik, Fachgebiet Kunstgeschichte.

Lediglich in Kassel lag eine andere Konstellation vor: Dort war die Kunstakademie 1932 aus staatsfinanziellen Gründen geschlossen worden, die örtliche Kunstgewerbeschule bestand hingegen fort. 1947 entschloss man sich, die Kunsthochschule als unabhängige Institution wiedererstehen zu lassen, sodass sich innerhalb
der Stadt Kassel zwei konkurrierende Institutionen gegenüberstanden: die Akademie und die Werkkunstschule. Die „Werkakademie Kassel" war somit die einzige
Kunsthochschule in der Bundesrepublik, die keinerlei Wurzeln in einer kunstge-
werblichen Schule besaß.

Eine Untersuchung der Lebenswege einzelner Akteure führt ebenfalls zu aufschlussreichen Ergebnissen. Aus diesem Grund werden im Folgenden die Biografi-
en der Architekten Hans Schwippert, Gustav Hassenpflug, Karl Otto und Stephan
Hirzel sowie des Grafikers und Designers Jupp Ernst kurz betrachtet.

Hans Schwippert gehörte zum Umfeld der 1924 ins Leben gerufenen Architek-
tenvereinigung der „Zehnerring". Seit dieser Zeit unterhielt er eine Freundschaft zu
Ludwig Mies van der Rohe, wovon Mies' Festschrift zu Schwipperts 65. Geburtstag
zeugt. Schwippert gehörte zu den wesentlichen Stützen des Deutschen Werkbundes; von 1950–1963 amtierte er als Vorsitzender.[47]

Gustav Hassenpflug, der Herausgeber des Werkkunstschulbuches, war 1927/28
Schüler am Bauhaus in Dessau gewesen. Nach nur vier Semestern hatte er seine
dortige Ausbildung beendet, um als Assistent Marcel Breuers in Berlin zu arbeiten.
Als Hassenpflug 1950 das Direktorat an der „Landeskunstschule Hamburg" antrat,
übernahm er zeitgleich den Vorsitz des DWB Nordwestdeutschland. Mit seinem
Wegzug nach München gab er das Amt ab, blieb jedoch Zeit seines Lebens Werk-
bundmitglied.[48]

Karl Otto, Direktor der Werkkunstschule in Hannover und der Hochschule für
Bildende Künste in West-Berlin, hatte bereits Anfang der 1930er Jahre dem Deutschen Werkbund angehört und engagierte sich dort auch nach 1945 intensiv. Zwischen 1927 und 1934 war Otto enger Mitarbeiter Ludwig Mies van der Rohes gewesen und hatte in jenen Jahren auch Einblick in dessen Bauhaus-Tätigkeit erhalten.[49]

Jupp Ernst, Werkkunstschuldirektor in Wuppertal und Kassel, spürte keine Affinität zum Bauhaus. 1928 hatte er sich kurzzeitig als Schüler in Dessau eingeschrie-

---

[47] Siehe: Breuer 2010, S. 91 u. S. 94 ff.; Günter 2009, S. 370 f.; Oestereich 2010, S. 121 ff.

[48] Siehe: Grohn 1985, insbes. S. 11 ff. u. S. 59 ff.; Günter 2009, S. 383.

[49] Siehe: Fragebogen des BDA, 10.10.1933 (BArch (ehem. BDC), RK, Otto, Karl, 25.08.1904);
Hinweise zur Tätigkeit von Prof. Karl Otto, o. D. (DWB-Archiv Berlin, Slg. Deutscher Werk-
bund); siehe außerdem: AdK Berlin, Karl-Otto-Archiv, Deutscher Werkbund; Witt 2005;
Witt 2008.

ben, fühlte sich dort jedoch fehl am Platze. Die Ideen des Deutschen Werkbundes hingegen verinnerlichte er und brachte sich zwischen 1951 und 1963 als Vorstandsmitglied aktiv ein.[50]

Stephan Hirzel, der langjährige Direktor der Kunsthochschule Kassel, vereinigt in seiner Biografie in gleicher Weise wie die vorgenannten Kollegen das Interesse für den Werkbundgedanken und das Design. 1946 gehörte er zu den ersten, die von Dresden aus den Deutschen Werkbund zu reaktivieren versuchten. Durch seinen Kontakt zu Ludwig Mies van der Rohe in den 1930er Jahren war auch ihm das Gedankengut des Bauhauses vertraut.[51]

Die aus der beruflichen Tätigkeit als auch aus der Werkbundarbeit genährte Affinität zum Design bewog die Werkbundmitglieder Schwippert, Otto, Ernst und Hirzel zu ihrem Engagement für den Rat für Formgebung, welcher als Beratungsgremium auch in Fragen der Förderung des gestalterischen Nachwuchses und der jeweiligen Ausbildungseinrichtungen auftrat. Zur Wahrnehmung dieser Aufgabe war 1953 der Arbeitsausschuss „Erziehung und Ausbildung" ins Leben gerufen worden, dem Stephan Hirzel als Ausschussvorsitzender sowie Jupp Ernst und Karl Otto als Mitglieder angehörten.[52] Für die hier vorgestellten Akteure bildeten das eindeutige Bekenntnis zum Deutschen Werkbund und zum Bauhaus sowie ihr Interesse für die Designentwicklung die Basis ihrer Vision der Gestaltung von Gesellschaft und Lebensumwelt. Die hieraus abgeleiteten Bildungsideale bestimmten auch deren berufliches Handeln. Sie alle setzten sich für ein enges Zusammenwirken von angewandter und freier Kunst in der Lehre ein – unabhängig davon, ob sie an einer Werkkunstschule oder einer Kunsthochschule wirkten.

Zusammenfassend kann festgestellt werden: Die Werkkunstschulen und die Kunsthochschulen in der Bundesrepublik haben es nicht vollbracht, während der Jahrzehnte ihres parallelen Bestehens eindeutige Profile für ihre Institutionen zu entwickeln und klar zwischen angewandter und freier Kunst zu scheiden. Begründet liegt dies einerseits in ihrer geschichtlichen Entwicklung. Denn schon um 1900 war es zu Überschneidungen in den Lehrgebieten gekommen. Zum anderen ist die ähnliche Ausrichtung der Werkkunstschulen und der Kunsthochschulen darauf zurückzuführen, dass wichtige Vordenker und Entscheidungsträger aufgrund ihrer eigenen Biografien gleiche Lehr- und Bildungsideale vertraten. Diese Bildungs-

---

[50] Vgl. Breuer 2007, S. 31; vgl. Schriefers und Ernst 2000, S. 7 u. S. 119.

[51] Siehe: DWB-Archiv Berlin, Slg. Deutscher Werkbund, DWB-Geschäftsstelle, Sitzungsprotokolle 1945–49; Fragebogen des BDA, 10.12.1933 (BArch (ehem. BDC), R/9361, Hirzel, Stephan, 25.07.1899, B. 1922).

[52] Vgl. Günter 2009, S. 399; vgl. Oesterreich 2000, S. 295; siehe auch: Rat für Formgebung 1963; Denkschrift zu Aufgabenbereich und Organisation des Rates für Formgebung 1959 (DWB-Archiv Berlin, Slg. Deutscher Werkbund, ADK 7-2127/59).

ideale übertrugen sie in ihre Arbeitspraxis. Dabei war für sie nachrangig, ob sie an einer Werkkunstschule oder einer Kunsthochschule tätig waren. Hierin liegen die Ursachen für den Konflikt von Werkkunstschulen und Kunsthochschulen in der Bundesrepublik. An diesem Konkurrenzverhältnis scheiterten letztlich die Werkkunstschulen und büßten ihre Existenz ein. Den Kunsthochschulen wurde damit die Möglichkeit gegeben, sich in den 1970er Jahren inhaltlich neu zu verorten und bis zum heutigen Tage weiterzuentwickeln.

Quellen

Akademie der Künste Berlin. AdK, Berlin, Karl-Otto-Archiv, Ordner 15b; Ordner 76; Mappe AK 56 Nr. 95A.
Bundesarchiv. BArch (ehem. BDC), RK, Otto, Karl, 25.08.1904; BArch (ehem. BDC), R/9361, Hirzel, Stephan, 25.07.1899.
Geheimes Staatsarchiv Preußischer Kulturbesitz. GStA PK, I. HA Rep. 120 (Ministerium für Handel und Gewerbe), E X Nr. 340, Bl. 81.
Werkbundarchiv Berlin. DWB-Archiv Berlin, Slg. Deutscher Werkbund, Ordner DWB-Geschäftsstelle, Sitzungsprotokolle 1945–1949; Hinweise zur Tätigkeit von Prof. Karl Otto, o. D.; Denkschrift zu Aufgabenbereich und Organisation des Rates für Formgebung, 1959 (ADK 7-2127/59).

Literatur

Beck, Rainer, Hrsg. 1997. *Trotzdem. Neuanfang 1947. Zur Wiedereröffnung der Akademie der bildenden Künste Dresden*. Dresden: Verlag der Kunst.
Blase, Karl Oskar. 1977. *Kritische Festschrift zur 200jahrfeier der Kasseler Kunsthochschule, die seit 1971 in die Gesamthochschule integriert ist…*. Kassel.
Breuer, Gerda. 2007. *Jupp Ernst 1905–1987. Designer, Grafiker, Pädagoge*. Tübingen: Wasmuth.
Breuer, Gerda. 2010. Moderation des Wiederaufbaus. Schwippert und der Deutsche Werkbund. In *Hans Schwippert 1899–1973. Moderation des Wiederaufbaus*, Hrsg. Gerda Breuer, Pia Mingels und Christopher Oestereich, 88–105. Berlin: Jovis.
Buchholz, Kai, und Justus Theinert. 2007. *Designlehren. Wege deutscher Gestaltungsausbildung*. 2 Bd. Stuttgart: Arnolderscher Verlag.
Documenta, III. 1964. *Documenta III, Bd. 3: Industrial Design und Graphik*. Ausst. Kat. Leitung Jupp Ernst. Kassel: Friedrich Lometsch.
Döpfner, Dieter. 1969. Anmerkungen zur Fachhochschulen für Design. *Werk und Zeit* 7: 6.
Fischer-Defoy, Christine. 2001. *Kunst, im Aufbau ein Stein. Die Westberliner Kunst- und Musikhochschulen im Spannungsfeld der Nachkriegszeit*. Berlin: Universität der Künste.

Grohn, Christian. 1985. *Gustav Hassenpflug. Architektur, Design, Lehre 1907–1977*. Düsseldorf: Edition Marzona.

Grohn, Christian. 1986. *Die „Bauhaus-Idee" und ihre Rezeption an künstlerischen Ausbildungsstätten in Deutschland nach 1945*. Dissertation, Hamburg.

Günter, Roland. 2009. *Der Deutsche Werkbund und seine Mitglieder 1907 bis 2007*. Essen: Klartext.

Hassenpflug, Gustav. 1956. *Das Werkkunstschulbuch. Handbuch der Arbeitsgemeinschaft deutscher Werkkunstschulen e. V.* Stuttgart: Konradin-Verlag Robert Kohlhammer.

Hehlmann, Wilhelm. 1942. *Pädagogisches Wörterbuch*. 3. Aufl. Stuttgart: Kröner.

Hochschule für Gestaltung Offenbach am Main, Hrsg. 1984. *Vom Handwerk zur Kunst. Die Geschichte der Hochschule für Gestaltung Offenbach am Main*. Offenbach: Hochschule f. Gestaltung.

Krampen, Martin, und Günter Hörmann. 2003. *Die Hochschule für Gestaltung Ulm. Anfänge eines Projektes der radikalen Moderne*. Berlin: Ernst.

Lampe, Jörg. 1955. Besuch in Deutschen Werkkunstschulen. *Baukunst und Werkform* 1: 54.

Linfert, Carl. 1955. Die Staatliche Werkakademie Kassel. *Baukunst und Werkform* 7: 411.

Moeller, Gisela. 1991. *Peter Behrens in Düsseldorf. Die Jahre 1903 bis 1907*. Weinheim: VCH.

Oellers, Adam C. 2010. Der „Geselle als Weltbaumeister". Hans Schwippert und seine Tätigkeit in Aachen. In *Hans Schwippert 1899–1973. Moderation des Wiederaufbaus*, Hrsg. Gerda Breuer, Pia Mingels und Christopher Oestereich, 42–55. Berlin: Jovis.

Oestereich, Christopher. 2000. *„Gute Form" im Wiederaufbau. Zur Geschichte der Produktgestaltung in Westdeutschland nach 1945*. Berlin: Lukas.

Oestereich, Christopher. 2010. Zurück in die Zukunft? Schwippert als „geistiger Vater" der Werkkunstschule. In *Hans Schwippert 1899–1973. Moderation des Wiederaufbaus*, Hrsg. Gerda Breuer, Christopher Oestereich and Pia Mingels, 120–130. Berlin: Jovis.

Ohne Autor. 1960. Zur Situation der Werkkunstschulen. *Werk und Zeit* 2: 1.

Otto, Karl. 1953. Architekten, Handwerker, Kunsterzieher. Ihre Ausbildung im Spiegel der Werkkunstschulen. *Baukunst und Werkform* 2/3: 135–142.

Rat für Formgebung. 1963. *Erziehung und Ausbildung zu guter Form in Handwerk und Industrie. Vier Empfehlungen des Rates für Formgebung*. Darmstadt: Rat für Formgebung.

Röver, Wolfgang. 2012. Werner Glasenapp. Vom gestaltenden Kunsthandwerker zum Industriedesigner. In *Lehre und Lehrer an der Folkwang-Schule für Gestaltung in Essen. Von den Anfängen bis 1972*, Hrsg. Gerda Breuer, 175–191. Tübingen: Wasmuth.

Schriefers, Thomas, und Ekkehard Ernst, Hrsg. 2000. *Jupp Ernst. Werk und Lehre, 70 Jahre Designgeschichte*. Hagen: Ardenkuverlag.

Eva von Seckendorff. 1989. *Die Hochschule für Gestaltung Ulm. Gründung (1949–1953) und Ära Max Bill (1953–1957)*. Marburg: Jonas.

Spitz, René. 2002. *Der Blick hinter den Vordergrund. Die politische Geschichte der Hochschule für Gestaltung 1953–1968*. Stuttgart: Edition Menges.

Staatliche Hochschule für Bildende Künste Braunschweig, Hrsg. 1978. *Staatliche Hochschule für Bildende Künste Braunschweig 1963–1978*. Braunschweig: Staatl. Hochschule für Bildende Künste

Südhof, Hermann. 1934. *Das Berufs- und Fachschulwesen im totalen Staat. Gesammelte Aufsätze zur Reform des beruflichen Bildungswesens*. Berlin: Carl Heymanns.

Südhof, Hermann. 1936. *Das Berufs- und Fachschulwesen in Deutschland. Entwicklung, Aufbau, Arbeit*. Frankfurt a. M.: Moritz Diesterweg.

Tiemann, Karlgeorg. 1954. *Die Werkkunstschule in Westdeutschland*. 2. Aufl. Köln: Institut für Berufserziehung im Handwerk.

Voigt, Wolfgang. 1989. In der Nachfolge von Sezession und Bauhaus. Wiederaufbau und Erhebung zur Hochschule für bildende Künste. In *Nordlicht. Die Hamburger Hochschule für bildende Künste am Lerchenfeld und ihre Vorgeschichte*, Hrsg. Hartmut Frank, 235–268. Hamburg: Junius.

Werkkunstschule Hannover, Hrsg. 1955. *Werkkunstschule Hannover.* Hannover: Werkkunstschule Hannover.

Wick, Rainer K. 2009. *Bauhaus. Kunst und Pädagogik.* Oberhausen: Athena.

Winter, Friedrich G. 1977. *Gestalten: Didaktik oder Urprinzip. Ergebnis und Kritik des Experiments Werkkunstschulen 1949–1971.* Ravensburg: Otto Maier.

Witt, Julia. 2005. *Zwei Architekten auf dem Weg. Der Architekt Karl Otto (1904–1975) als Mitarbeiter, Kollege und Freund Ludwig Mies van der Rohes.* Unpublizierte Masterarbeit. BTU Cottbus, Studiengang Bauen und Erhalten. Cottbus.

Witt, Julia. 2008. Karl Otto (1904–1975) als Mitarbeiter, Kollege und Freund Ludwig Mies van der Rohes. In *Forschen, Bauen und Erhalten Jahrbuch 2008/2009*, Hrsg. Lehrstuhl für Denkmalpflege der BTU Cottbus, 125–130. Berlin: Westkreuz.

Witt, Julia. 2012. Der stete Wunsch nach Anerkennung. Zum Selbstverständnis der Werkkunstschulen in der Bundesrepublik Deutschland 1949–1971. In *Archiv für Kulturgeschichte*, Hrsg. Klaus Herbers, Bd. 94, H. 2, 409–432. Köln: Böhlau.

Witt, Julia. 2013. *Vom Handwerk zur Kunst. Die Bildhauer Wilhelm und Carl Otto aus Harzgerode.* Halberstadt: Jürgen Kannemann.

Zacharias, Thomas. 1985. *Tradition und Widerspruch. 175 Jahre Kunstakademie München.* München: Prestel.

Galerie Seide. Knotenpunkt Hannover

6

Nina Rind

> *Eine neugegründete galerie ist auf der suche, auf der*
> *suche nach wesentlichen werken. man schweift durch*
> *die deutschen kunstlandschaften. es sind meistens*
> *kunstprovinzen – provinziell. in eine landschaft kehrt man*
> *dagegen immer wieder zurück, gerade in diejenige, die*
> *von vielen für am wenigsten bewohnbar, am wenigsten*
> *fruchtbar gehalten wird; ins ruhrgebiet. [sic]*
> *(Seide 1959, S. 3).*

Im Jahr 1958 eröffnet in Hannover die Galerie Seide als eine von zwei Nachkriegs-galerien für zeitgenössische Kunst. Anders als beim Mitstreiter Brusberg ist die Galerie Seide jedoch nicht vorrangig kommerziell ausgerichtet.[1] Sie ist vielmehr Treffpunkt und Ausstellungsraum für junge Künstler (Abb. 6.1), sowie Redaktion der Avantgardezeitschrift *Yardbird* und der Katalogreihe *Schriften der Galerie Seide* – ein kleiner Hannoverscher Knotenpunkt im Netzwerk der Westkunst. Wie aus dem vorangestellten Zitat deutlich wird, vertritt Seide anfangs besonders Künstler aus dem Ruhrgebiet; später folgen vor allem Absolventen der Düsseldorfer Kunst-akademie, die in Hannover und Umgebung leben.

Aber warum zieht es junge Künstler aus Nordrhein-Westfalen nach Hannover und was ist das Besondere an der Galerie Seide?

---

[1] Dieter Brusberg, studierter Innenarchitekt, verdiente sein Geld anfangs vor allem durch die General-Vertretung der Möbel-Edelmarke Knoll International – eine der drei Firmen mit Lizenz zur Bauhaus-Möbel-Produktion. In seiner Galerie vertrat er anfangs Bauhaus-nahe, radikal abstrakte Künstler und später ab ca. 1960 ausschließlich gegenständliche, zeitgenössi-sche, wie Paul Wunderlich beispielsweise.

N. Rind (✉)
Karlsruhe, Deutschland
E-Mail: nrind@gmx.de

G. Panzer et al. (Hrsg.), *Beziehungsanalysen. Bildende Künste in Westdeutschland nach 1945*,
Kunst und Gesellschaft, DOI 10.1007/978-3-658-02917-3_6,
© Springer Fachmedien Wiesbaden 2015

Abb. 6.1 Galerie Seide,
1962 © Wilhelm Hauschild

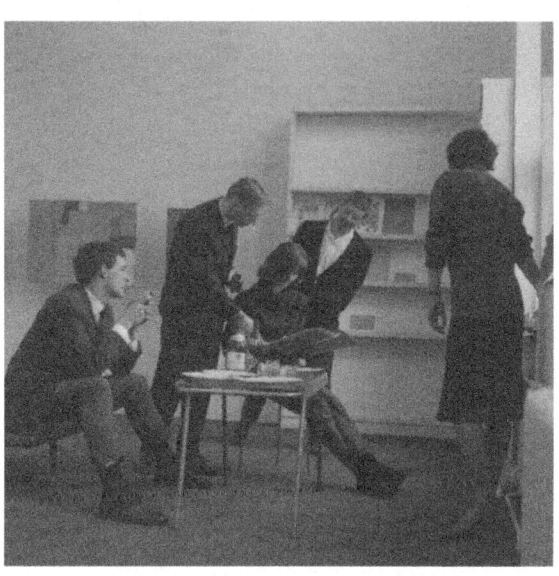

Im Hannover der Nachkriegsjahre gibt es nach kurzer Zeit bereits wieder eine rege Kulturszene. Vor allem die in improvisierten Räumen stattfindenden Aufführungen des Ballhausensembles werden überregional bekannt. Des Weiteren sind es Choreografien der Ballettchefin Yvonne Georgi, einer Schülerin von Mary Wigman, die Aufmerksamkeit auf sich ziehen. Kunstdiskussionen werden von der *kestner-gesellschaft*[2] angeregt. Diese versucht nach dem Krieg an ihre Ausstellungsaktivität der 20er Jahre anzuknüpfen. So wird 1956 unter dem Direktor Werner Schmalenbach dort erstmals eine umfassende Retrospektive von Kurt Schwitters gezeigt. Die so wiederbelebte Kulturszene ist jedoch für die jungen Künstler aus dem Ruhrgebiet und Düsseldorf nicht primär der Anlass, nach Hannover überzusiedeln. Stattdessen führt sie ein ganz anderer, lebenspraktischer Grund dorthin. Niedersachsen ist zu dieser Zeit das einzige westdeutsche Bundesland ohne eigene Kunstakademie[3], das es Absolventen ermöglicht, Kunst als Einzelfach an Schulen zu unterrichten. So können die jungen Pädagogen sich auf der einen Seite ihren Lebensunterhalt sichern und auf der anderen Seite trotzdem genügend Zeit finden, dem eigenen Kunstschaffen nachzugehen. Hannover als Landeshauptstadt mit seinen vielen kulturellen Aktivitäten ist so für viele junge Künstler aus Nordrhein-Westfalen, aber auch aus Hamburg und Berlin, ein Fixpunkt.

---

[2] Auch der Kunstverein Hannover war in dieser Zeit bereits aktiv. Siehe Kapitel 4.
[3] Die Kunsthochschule Braunschweig wird erst 1963 eröffnet.

6.1   Die Galerie Seide

In Hannover ist Adam Seide[4], eigentlich Schriftsetzermeister von Beruf, einer der
ersten, die sich für die neuen Tendenzen in der Gegenwartskunst einsetzen. Es sind
seine persönliche Leidenschaft und ein gewisses Verbundenheitsgefühl zu den abstrakt arbeitenden Zeitgenossen, die Seide veranlassen, die ersten Ausstellungen zu
organisieren.[5] Adam Seide hatte 1956 an der Heimvolkshochschule Springe Auf-
baukurse belegt und sich dort mit dem Referenten und Leiter der Hannoveraner
Volksbühne Henning Rischbieter[6] angefreundet. Aus dieser Freundschaft erwächst
die Idee, eine Galerie Seide zu gründen. Ganz in der Tradition der Avantgarde-
galerien der 1920er Jahre stehend, wird aus dieser im Laufe der Zeit weit mehr als
ein Verkaufsraum für Kunst. Es finden hier neben Ausstellungen mit ausgedehnten
Eröffnungen auch Lesungen und Performances[7] statt.

> Seide heißt die Galerie, eine trouvaille in Hannover, ganz klein und erst vor einiger
> Zeit gegründet. Seide heißt sie nach dem Inhaber. Die Galerie ist neobacksteingo-
> tisch, einem hannöverschen roten Behördenhaus abgewickt. Man betritt es durch die
> Hintertür, durch ein blaues Blechportal, vorbei an einem Mülleimer. Ein kleiner doch
> hoher Raum, ehemaliger Ratssaal, leicht gewölbt, ... Das Sälchen hat nicht einmal
> Stellwände. Von den Gewölbeankern herab hängen die Werke sehr isoliert im Raum.
> Hier und da Sitzgelegenheiten, in einer Ecke Bücherborde. Im Vorraum, einer dunk-
> len Erweiterung des Stiegenhauses, steht in einer Ecke die verlagseigene Handpresse.
> Auf ihr werden erstaunliche Dinge produziert, denn Herrn Seide scheint es wichtig
> zu sein, daß zu einer Galerie auch Schrifttum gehört, das sich auf diese bezieht. ...[8]

---

[4] Adam Seide, geboren als Wilhelm Seide (* 2. Juli 1929 Hannover-Linden; † 29. April 2004
Limburg an der Lahn) war Schriftsetzermeister, Galerist in Hannover und Frankfurt, Schriftsteller, Herausgeber des *Yardbird* und des *Egoist* sowie ab 1998 Dozent an der HfG Karlsruhe
für Literatur und Neue Medien.

[5] Die erste Ausstellung von Leo Hüskes und Raimund Girke, die Seide in Springe an der
Heimvolkshochschule kennenlernte, findet 1958 improvisiert im Wohnzimmer der Eltern
statt.

[6] Henning Rischbieter (geboren am 22. März 1927) gilt als einer der wichtigsten Theaterkri-
tiker Deutschlands. Er hatte von 1977 bis 1995 die Professur für Theaterwissenschaft an der
FU Berlin inne. Rischbieter verstarb am 22.5.2013 in Berlin.

[7] An einem Abend, vermutlich 1960, tanzte Peter H. Schumann „einen rituellen Tanz" in den
Räumen der Galerie Seide. Mit dem Musiker Dieter Starosky hat Schumann 1959 die „Grup-
pe für Neuen Tanz" ins Leben gerufen, die versuchte aus der Tradition des klassischen Tanzes
und Balletts auszubrechen. Schumann gründet später das New Yorker „Bread and Puppet
Theater" als Off-Broadway-Institution für Freilichtaufführungen unter Einbezug ritueller
Formen sowie theatralischer und außertheatralischer Mittel.

[8] Luft 1959.

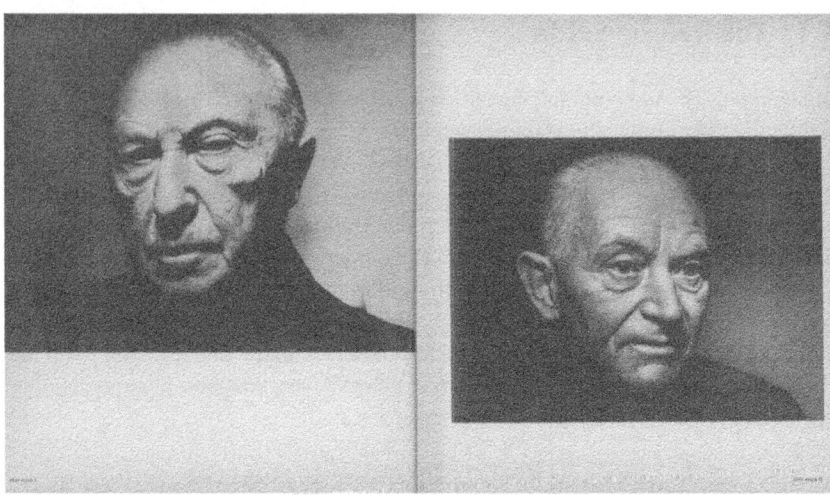

Abb. 6.2 Seite aus 2xWirklichkeit mit Abbildungen Konrad Adenauers als „alter Mann"
© Adam Seide Archiv, Bibliothek & Nachlass e. V.

So schreibt Peter Luft (1959) in *Die Welt*. Der vorher unbekannte Adam Seide hat
es also in kürzester Zeit geschafft, überregionale Aufmerksamkeit für seine Galerie
zu bekommen. Daran ist Henning Rischbieter mit seinen guten Kontakten zu überregionalen Feuilletons nicht ganz unbeteiligt.

Die Eröffnungsausstellung in den Galerieräumen findet auf Empfehlung von
Albert Schulze Vellinghausen, Feuilletonredakteur der FAZ, mit Werken des Kölner Fotografen
Chargesheimer und des Hagener Malers Oskar Sommer statt. Chargesheimer ist
1957 mit seinem Portrait Konrad Adenauers als alter Mann, das bei Seide gezeigt
wird (Abb. 6.2), über Nacht bekannt geworden. *Der Spiegel* (1957) hatte das Bild
mit dem Untertitel: *Wahr ist, was gefällt* wenige Tage vor der Bundestagswahl 1957
auf dem Titelblatt abgedruckt. Der Abdruck im Spiegel und die Eröffnungsrede von
Schulze Vellinghausen sind Garanten für eine große Aufmerksamkeit.

Albert Schulze Vellinghausen avanciert nach und nach zum externen Mentor
der Kunstszene im Umfeld der Galerie Seide. Er selbst ist zu dieser Zeit durch seine
journalistische Tätigkeit eng verbunden mit den Ruhrfestspielen und spiritus rector der zugehörigen Kunstausstellung. Künstler von Rhein und Ruhr gehen bei ihm
ein und aus. So stellt er auch den ersten Kontakt zwischen den Künstlern des *Jungen
Westens* und der Galerie Seide her. Die Qualität, die Seide diesen Künstlern bei-
misst, aber auch die Bedeutung für seine eigene, junge Galeristentätigkeit, wird im

Begleittext zur Ausstellung *malerei als ausdruck und überwindung der technischen welt* von Gustav Deppe und Günter Drebusch1959 besonders deutlich:

> sollte das leben im kerngebiet der industriell bestimmten massengesellschaft, die chance der täglichen begegnung mit technik und industrie, sollte die auseinandersetzung mit den geistigen und gesellschaftlichen auswirkungen der industriellen technik werke von gewicht und rang herausfordern? ist hier, wo kunst (als wirklichkeitsdurchdringung und wirklichkeitsaufhebung) schwerer zu realisieren ist (denn diese wirklichkeit des ruhrgebietes ist kompakt, massiv, selbstsicher-zweckhaft) – ist hier, wo mehr vom künstler verlangt wird, das ergebnis auch wesentlicher? wir glauben, das dem so ist. wir meinen, das heute im ruhrgebiet die wichtigsten bilder gemalt werden, das hier, wo der technisch-zweckhafte arbeitsprozess allem seinen stempel aufdrückt, auch der künstlerisch-zweckfreie zu den bemerkenswertesten ergebnissen führt, wir halten es für notwendig, das eine neugegrüdete galerie diese ergebnisse präsentiert [sic].[9]

Bereits im selben Jahr kommt es dann zur ersten Begegnung mit den Zero-Künstlern Otto Piene und Heinz Mack. Dieser Kontakt entsteht durch Vermittlung des Hannoveraner Malers Raimund Girke, der 1952–1956 in Düsseldorf studierte. Im Mai 1960, parallel zur Ausstellung *Monochrome Malerei* im Schloss Morsbroich in Leverkusen, findet in der Galerie Seide die Ausstellung *das einfache das schwer zu machen ist*[10] statt. In beiden Ausstellungen sind Arbeiten u. a. von Piero Dorazio[11], Otto Piene, Heinz Mack, Yves Klein, Raimund Girke, Almir Mavignier, Lucio Fontana und Günter Uecker zu sehen. Die Kritik von René Drommert in *Die Zeit* zur Ausstellung *Monochrome Malerei* in Leverkusen soll hier die allgemeine Ablehnung, gegen die sowohl die jungen Künstler als auch deren Galeristen zu kämpfen hatten, deutlichen machen:

> Geraten die Apologeten zweifelhaftester *Kunstäußerungen* bei ihrer Verteidigung in Sackgassen, so greifen sie wohl auch nach demagogischen Vokabeln wie *internationaler Ruf*. Das ist zum Beispiel bei der Anpreisung von Bildern Fontanas der Fall – es wird allmählich zur Farce. Macht er Schnitte oder stößt er Löcher in seine sogenannten Bilder, so heißt es feierlich und mystisch: Er läßt den Raum herein. Das einzige, was, sticht er zu, wirklich sichtbar wird, ist – ein Stich … Wir feiern das, in und außerhalb der Stadt Leverkusen. Denn wir haben eine grimmige *Lust am Untergang*.[12]

---

[9] Seide 1959, S. 3.

[10] Der Ausstellungstitel ist ein Zitat aus Bertold Brechts „Lob des Kommunismus". (Brecht 1968). Die Quelle, aus der Adam Seide das Gedicht vorlag, ist nicht bekannt.

[11] Piero Dorazio hatte 1959 bereits eine Einzelausstellung bei Seide. Im weiteren Sinne gehört er zum Netzwerk der ZERO-Gruppe, wie das Plakat der Ausstellung ZERO Edition Exposition Demonstration in der Galerie Schmela in Düsseldorf am 5. Juli 1961 zeigt.

[12] Drommert 1960, S. 5.

Das Unverständnis mit dem die Kritik auf die ausgestellte Kunst reagiert, ist aus heutiger Sicht nicht nachzuvollziehen. Gelten diese Künstler inzwischen als Inbegriff der Nachkriegsmoderne. Adam Seide agierte somit am Puls der Zeit und vernetzte Hannover mit der progressiven Szene des Ruhrgebiets.

6.2   Yardbird. Zeitschrift für Jazz und anderes

Doch der Galerie Seide geht es nicht um Provokation und daraus resultierende Aufmerksamkeit, sondern um einen regen theoretischen Diskurs. Neben den *Schriften aus der Galerie Seide* (vorwiegend Ausstellungskataloge) dient die von Seide selbst herausgegebene Zeitschrift *Yardbird*[13] als diskursives Medium (Abb. 6.3).

So reagiert die Zeitschrift beispielsweise auf die ebenfalls 1960 von Arnold Gehlen publizierte Schrift *Zeit-Bilder. Zur Soziologie und Ästhetik der modernen Malerei*[14] mit einer Kritik von Henning Rischbieter:

VON GEHLEN VERANLASST FÜR PIENE, GIRKE, YVES KLEIN UND ANDERE

1. […]

gehlen vermutet, das der spielraum des noch erfindbaren enger werde. alle arten der gegenstandslosen malerei seien schliesslich auf den gegensatz geometrische und informelle abstraktion zurückzuführen, beide bei kandinsky schon ausgeprägt. gehlen zweifelt daran, das noch eine weiterentwicklung über diesen gegensatz hinaus möglich ist. er denkt logisch. er denkt. wie scharfsinnig, zeigt der weitere verlauf seines aufsatzes, zeigt eine formulierung wie die, das sich aus dem grundansatz des abstrakten bildes bestimmte, optisch durchschlagende lösungen herausholen lassen, die keineswegs leicht zu finden sind, sichtbare, aber begriffslose bildgedanken, ein „optischer concetto", an den der künstler gebunden ist, da er die identifizierbarkeit seiner bilder garantiert.

[sic] […][15]

Die Diskussion von Gehlens Standpunkt beginnt mit der oben zitierten Kritik und führt bis zu subjektiven Erlebnisberichten einer Bildbetrachtung und lyrischen Annäherungen an Begriffe und Werke. Besonders der oben zitierte Text von Henning Rischbieter zeigt, wie weit der Hannoveraner Kreis um die Galerie Seide in die aktuellen Diskurse involviert ist und sich in den eigens dafür geschaffenen

---

[13] Der Name *Yardbird* „bedeutet nichts", so schreibt Adam Seide auf einer der ersten Ausgabe beigelegten Karte. Auf gleicher Karte wird auch erklärt, dass es sich um eine weitgefasste Neukonzeption der bislang als „ Zeitschrift für Jazz und anderes" bekannten Publikation für den Jazz Club Hannover handle.

[14] Gehlen 1960.

[15] Rischbieter 1960, S. 16.

Abb. 6.3 Yardbird 5 © Adam
Seide Archiv, Bibliothek &
Nachlass e. V.

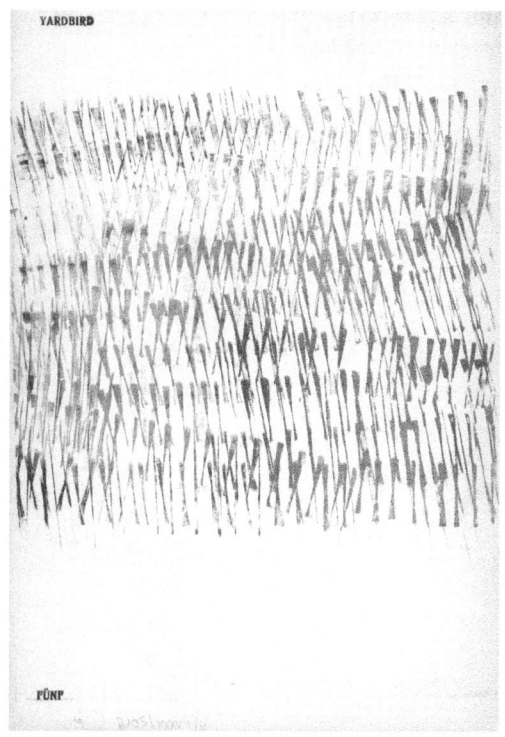

Publikationen zu Wort meldet. Dabei steht nicht so sehr eine journalistische oder
wissenschaftliche Auseinandersetzung im Vordergrund, sondern die Redakteure
versuchen vielmehr sich dem abstrakten Diskurs über das eigene Schreiben zu nä-
hern und ihm so eine Sensibilität zu verleihen, wie es die Maler in ihren Bildern zu
erreichen suchten.

Die sechs Ausgaben des *Yardbird* werden von einem mehr oder weniger festen
Redaktionsteam geschrieben, zu dem je nach Bedarf externe Kräfte hinzugezogen
werden. Auf einem Werbe-Plakat für den *Yardbird* findet sich das Redaktionsteam,
welches gleichzeitig das Team der Galerie Seide ist, sowie die hauseigene Druckpresse (Abb. 6.4): Adam Seide ganz oben als Herausgeber und Galerist, dann Henning Rischbieter mit Bart zur Rechten. Links sitzt Jürgen Precht und mittig Dietrich Helms, die beiden Hauptredakteure.[16] Hinten rechts steht Willi König, der für
die buchhalterischen Tätigkeiten des *Yardbird* und der Galerie zuständig ist.

---

[16] Hans-Jürgen Precht (*1933) wurde nach seinem Umzug nach Solingen dort Mitgründer
einer Arbeitsgemeinschaft, die es sich zum Ziel gesetzt hatte, eine gemeindenahe Unterbrin-

Abb. 6.4 Redaktion des
Yardbird © Kurt Julius

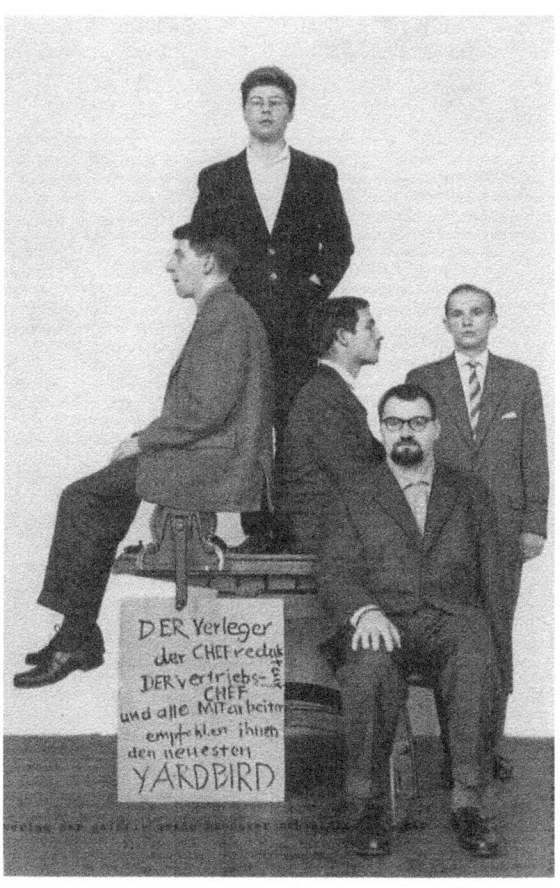

Adam Seide selbst schreibt in der Zeitschrift Texte vorwiegend unter Pseudonym. Sein lyrisches Werk erscheint unter dem Namen Martin Schultz, Kritiken und Erfahrungsberichte als alfred damm oder a. silk. Nur die Galerie Seide betreffende Texte werden mit Adam Seide unterzeichnet.

gung für seelisch Kranke zu schaffen. 1976 wurde der Psychosoziale Trägerverein als einer der ersten in Deutschland gegründet. Dietrich Helms (*1933) war von 1965–1998 als Professor an die Hochschule der Künste in Hamburg berufen worden. Helms hat sich außerdem intensiv um die Rezeption Vordemberge-Gildewarts verdient gemacht, indem er das Werkverzeichnis und andere Standardwerke verfasst hat.

Gestaltung, Satz und Produktion werden vom Herausgeber selbst übernommen. Auf der Druckpresse im Stiegenhaus entstehen alle Ausgaben auf diese Weise in Eigenproduktion. Das Format ist Din A4, die Cover teilweise aus braunem Karton und das Papier von unterschiedlicher Qualität. Dieses scheinbar Selbstgemachte wird noch durch den Umstand verstärkt, dass allen Ausgaben Original-Lithografien besprochener Künstler beiliegen oder/und den Umschlag zieren. In Satz und Typografie sind die Hefte experimentell gehalten; Texte werden konsequent kleingeschrieben und professionell gesetzt. Würde hier aber nur auf die Vorbilder der Avantgarde der 1920er Jahre verwiesen, so wäre das zu kurz gegriffen. Adam Seide und sein Team haben jegliche für sie interessante Tendenzen der Typografie, aber auch der Literatur in ihrer Gestaltung und Textproduktion aufgegriffen. Der *Yardbird* dient als Experimentierfeld und so reicht die Spannweite von Kurt Schwitters bis Jack Kerouac. Da die Zielgruppe die Szene selbst ist, fällt die Auflagenhöhe, auch bedingt durch die Eigenproduktion, zwangsläufig niedrig aus. Dies ermöglicht jedoch inhaltlich die größtmögliche Freiheit. So veröffentlicht Seide im ersten *Yardbird*, ähnlich den wenige Jahre zuvor ins deutsche übersetzten *Stilübungen* Raymond Queneaus,[17] *drei proben* eines Artikels über die Herbstausstellung der niedersächsischen Künstler:

probe eins
die herbstausstellung ist eröffnet. wieder einmal zeigen die niedersächsischen künstler in aller fülle und breite, wessen sie fähig sind. neben herrlichen reiseeindrücken – ferne, meist südliche landschaften und leichte, farblich heitere urlaubsimpressionen – finden sich auch abstrakte aller richtungen, die sogar schon über den tachismus hinaus sind. in dieser ausstellung wird das weite feld der kunst von neuem durchpflügt und neue ernten werden einbracht. [sic] [...].
probe zwei
der kritiker war heute auf geheiss seines vorgesetzten in der diesjährigen herbstausstellung niedersächsischer künstler. dies sei gesagt, weil er von allein nicht hingegangen wäre und sicher geschwiegen hätte. so können diese zeilen nur ausdruck seines unverhohlenen pessimismus angesichts dieser betrüblichen schau sein. [sic] [...]
was sollen die dekorativen spielereien eines raimund girke (grau dominiert), die sich schlicht als tapete bezeichnen lassen, wenn sie uns so etwas deprimierend unfroh-farbloses zeigen, was sollen carl buchheisters mischtechniken, die sich auch andersherum aufhängen ließen, und was sollen schließlich diese unseligen abstrakt-surrealistischen gebilde von richard oeltze. [...]
probe drei
uns fehlt es an worten der kritik! wir sind einfach begeistert! die diesjährige herbstausstellung der niedersächsischen künstler hat die letztjährige wieder bei weitem übertroffen! man hat den eindruck, das da noch etwas getan wird! da wird diskutiert und gearbeitet! da sieht man, das mit den problemen der zeit noch erfolgreich gerungen wird! [sic] [...].[18]

---

[17] Queneau 1961.
[18] Seide 1959b, S. 17.

Seide spielt hier mit der Subjektivität der Kritikeraussage und lässt diese in der direkten Gegenüberstellung sich gegenseitig in ihrer Aussage aufheben. Mit solchen öffentlich gemachten „Proben" stieß er bei Kritiker-Kollegen überwiegend auf Ablehnung. Um die Produktion der Zeitschriften finanziell zu ermöglichen, greift Seide auf ein bekanntes Format zurück. Auf den ersten und letzten Seiten einer jeden Ausgabe sind kostenpflichtige Werbeanzeigen platziert. Später kommen auch Anzeigen im Magazinteil hinzu, doch werden diese auch inhaltlich eingebunden. Hier handelt es sich vor allem um Eigenanzeigen sowie Anzeigen der Galerie Brusberg. Auch die Zeitschrift *Das Kunstwerk* wirbt für ihr Periodikum. Diese Anzeigen werden nicht aus kommerziellen Gründen aufgenommen, sondern sind, ähnlich den Anzeigen in Avantgardezeitschiften der 1920er Jahre, visualisierte Bekenntnisse und Bestärkungen des gemeinsamen Netzwerks.

Mit Brusberg steht Seide in freundschaftlicher Verbindung. Auch wenn dieser sich inzwischen gegenständlichen Künstlern zugewendet hat, verbindet beide Galeristen doch die Zugehörigkeit zur überschaubaren Kunstszene in Hannover. Da Seide sich vorrangig auf abstrakt arbeitende Künstler konzentriert, können die beiden Galerien hinsichtlich des jeweiligen Programms nebeneinander existieren. Die Eröffnungen des Anderen werden wohlwollend besucht. Beide teilen sich auch die Aufmerksamkeit der überregionalen Kunstkritik. So sind unter anderem Werner Haftmann, Hans-Theodor Fleming und Will Grohmann in beiden Galerien gelegentlich anzutreffen, wenn sie in Hannover tätig sind. Mit der Redaktion von *Das Kunstwerk* verbindet Seide, anders als mit Brusberg, die Begeisterung für zeitgenössische, abstrakte Kunst. Dieses als erstes Kunstmagazin der Westzone in Baden-Baden von Woldemar Klein gegründete Periodikum war 1955 an den Krefelder *Agis-Verlag* verkauft worden. Hier führt der Sohn des Verlegers, selbst Künstler und Absolvent der Düsseldorfer Akademie, Klaus Jürgen-Fischer[19], die Redaktion nunmehr mit Schwerpunkt auf abstrakte Gegenwartskunst weiter. Der *Agis-Verlag, Die Freunde junger Kunst* und der *SWR* sind es auch, die 1959 in Baden-Baden zum ersten Kunstgespräch mit dem Titel *Wird die moderne Kunst gemanagt?* namhafte Akteure der Zeit zusammenbringen.[20]

An dieser Art der Auseinandersetzung mit Gegenwartskunst ist Seide jedoch nicht interessiert. Er versteht es vielmehr, durch Ausstellungen und die dazugehörigen Kataloge junge Künstler einer interessierten Öffentlichkeit vorzustellen und in den Kunstdiskurs einzubinden, ohne aber seine Freiheiten kommerziellen

---

[19] Max Bense hielt am 24.4.1958 die Eröffnungsrede der 7. Abendausstellung der Zero-Gruppe mit Werken von Klaus Jürgen-Fischer (Klose 1957).

[20] Die hier gehaltenen Reden werden im Agis-Verlag (1959) abgedruckt. Der Band enthält u. a. Beiträge von Theodor W. Adorno, Max Bense, Konrad Farner, Daniel-Henry Kahnweiler und Egon Vietta.

Zwängen unterzuordnen oder sich gar von diesen irritieren zu lassen. So bestätigen Zeitzeugen, dass bei Seide meist notorischer Geldmangel herrschte und Mitarbeit generell unentgeltlich war; doch werden gleichzeitig auch immer wieder die interessanten Kontakte und anregenden Bekanntschaften, die nur durch die Galerie Seide möglich wurden, hervorgehoben. So wurde der *Yardbird* nicht nur als Beitrag zur aktuellen Kulturkritik herausgegeben, sondern diente vielmehr mit seiner Mischung aus selbstgeschriebenen Artikeln und literarischen Textzitaten ohne die wissenschaftlich obligatorischen Quellennachweise der Herausarbeitung einer eigenen Position zu den national und international geführten Diskursen –ein Medium der lokalen Szene sozusagen. So ist der Grundtenor der Texte im *Yardbird* subjektiv bis ironisch und versucht über die journalistischen Tageszeitungsberichte hinaus das Ereignis selbst als Erlebnis zu fassen. Natürlich warb man durch die Besprechung der eigenen Ausstellungen, welche neben nationalen Kunstausstellungen und Theaterereignisse sowie der *documenta II* gleichwertig besprochen wurden, auch für diese. Die erste Ausgabe des *Yardbird* erscheint parallel zur *documenta II*, die auch einen großen Teil der Artikel bestimmt:

DOKUMENTA-NOTIZEN
einiges von mehreren
DIE SAALDIENER sind studenten in sandalen und blue jeans, im knappen kostüm, sitzen da, lesen, reden miteinander – nicht jene beamteten, mürrischen zerberusse, die sonst die museen beschweren.
     MAN LAS in den gazetten, in den mühsam-allgemeinen aufsätzen (kritiken?) über die documenta II, dass vieles fehle (aufzählungen folgten), das anderes überflüssig sei, vieles zu zahlreich vertreten – man las zu wenig, das die documenta erstens gesicht hat, weil sie nicht vielerlei und allerlei bringt (sie wäre dann eine monströse münchner grosse kunstausstellung geworden), zweitens der akzent (triumph der informellen – zumindest im fridericianum) richtig sitzt, der situation entspricht die malerische weltstunde dokumentiert. [sic][21]

Schon hier wird deutlich, dass der *Yardbird* sich entgegen der Kunstkritiken der Tageszeitungen positioniert. Nicht nur die Präsentation des Informell im Fridericianum wird hier gelobt, sondern auch die „SAALDIENER" werden positiv erwähnt. Die *documenta II* wird als kulturelles Erlebnis bewertet und nicht als reine Kunstbetrachtung für Fachpublikum.

Des Weiteren kommen in der Zeitschrift die in der Galerie Seide ausstellenden Künstler und befreundete Kulturschaffende, wie der damalige Leiter der *kestner-gesellschaft* Werner Schmalenbach, zu Wort. Unter dem Titel *dokumente oder kunst?* [22] schreibt Schmalenbach seine Gedanken zur Gegenwartskunst. Dabei diskutiert

---

[21] Seide 1959b, S. 7.
[22] Schmalenbach 1959, S. 8.

er die Bedeutung der Kunst als Phänomen, dass über das historische Zeitdokument
hinaus geht und übergeordneten künstlerischen Qualitäten sichtbar werden lässt.
Wirken die ersten drei Ausgaben des *Yardbird* mehr oder weniger wie lose verbundene Textsammlungen, so sind die letzten drei *Yardbirds* durch ein übergeord-
netes Konzept gekennzeichnet. Die meisten abgedruckten Texte beziehen sich auf
das zugrundgelegte Thema. Im *Yardbird vier* liegt der Fokus auf der Rolle des Kritikers. So wird beispielsweise ein angeblich beobachtetes Gespräch zwischen drei
Kritikern als Dialog wiedergegeben, um so die Austauschbarkeit der Meinungen
deutlich werden zu lassen. Im Weiteren folgt eine von Adam Seide unter Pseudonym verfasste Kritik zu einem in derselben Ausgabe veröffentlichten Text von Otto
Fröhlich:

> allgemein ist es wohl nicht üblich, einem produkt gegenüber, welches in der glei-
> chen zeitschrift und selbigen ausgabe erscheint wie die eigenen hervorbringungen,
> sein missfallen zu bekunden. da man mich aber gefragt hat, wie ich es fände, das lied
> bei der liebe zu singen, nämlich von einem herrn fröhlich, so will ich auch rede und
> antwort stehen: ich finde es nicht interessant, ich finde es langweilig, und nicht nur
> das, sondern, ich meine auch, der gute sollte seine privaten angelegenheiten mit sich
> selber ausmachen. von einem lyrischen produkt erwarte ich wörter, keine gefühle,
> keine noch so distanzierten haltungen eines autors. wenn ich interessantheit verlange,
> so meine ich damit, das produkt muss neues bieten, einen neuen stil, neue wortfolgen,
> neue arten des aufbaues, einen neuen rhythmus vielleicht. [...] [sic][23]

Seide will in dieser Kritik nicht nur Otto Fröhlich angreifen, sondern diskutiert
dabei gleichzeitig auch seine Erwartungen an einen lyrischen Text allgemein. Fröh-
lichs Text ist dabei nur Aufhänger und Beispiel, an dem er sich abarbeiten kann.
Diese Art der Kritik, die gleichzeitig einen viel grundlegenderen Diskurs im Auge
hat, macht Seide zu seinem Markenzeichen.
     Es folgen weitere Kritiken Seides, so beispielsweise eine zu Lawrence Liptons
Buch *die heiligen barbaren*, das selbst eine kritische Besprechung der Beat Generation ist, in Gegenüberstellung zu den Werken Millers und Kerouacs.
     Yardbird fünf hingegen erscheint mit abgedruckten Eröffnungsreden zu Aus-
stellungen, Gedanken zu sprachlichen Problemen oder Notizen zum allgemeinen
Kulturgeschehen, beispielsweise einem Arbeitstagebuch Adam Seides. Im Inhalts-
verzeichnis werden, anders als in allen anderen Ausgaben, keine Autoren genannt.

---

[23] Seide 1960a, S. 11.

Der inhaltliche Schwerpunkt liegt auf der Konkreten Poesie. Die Ausgabe schließt mit einem Text über das *Grimmsche Wörterbuch*.[24] Der *Yardbird sechs* hat wiederum ein anderes Konzept. Zum ersten Mal nennt er sich *Zeitschrift für Kunst und Literatur*. Auf dem Rückumschlag wird nun als herausgebender Verlag *König Seide Verlag* genannt.[25] Interessant ist die Unterteilung dieses *Yardbird*. Der erste Teil ist, frei nach Flaubert, mit *Blätter über nichts* betitelt und lässt sich nicht mit den Textformaten der vorangegangenen Ausgaben vergleichen. Vielmehr handelt es sich um eine konzeptuelle Arbeit Seides. Auf fast leeren Seiten sind nur am oberen und unteren Rand in sehr kleiner Schriftgröße Zitate „über Nichts" abgedruckt, wie zum Beispiel:

Wenn die Irrtümer verbraucht sind
Sitzt als letzter Gesellschafter
Uns das Nichts gegenüber[26]

Rückblickend hat Seide in dieser Zitatsammlung seine „Hausgeister"[27], die auch für sein eigenes literarisches Schreiben später grundlegend werden, bereits der Öffentlichkeit vorgestellt. Hier sind Zitate von Cyril Connolly, Cesare Pavese, Marcel Proust, Paul Eluard, Apollinaire, Goethe, Musil, Gottfried Benn, Mallarmé und anderen publiziert.

Der zweite Teil dieses *Yardbird sechs* zeigt, dass das Netzwerk in Hannover Anfang 1962 weiterhin hervorragend funktioniert. Er ist dem österreichischen Künstler Arnulf Rainer gewidmet. Rainer hatte kurz zuvor seine erste deutsche Einzelausstellung in der Galerie Seide, nachdem er 1960 ebenfalls in Moirsbroich eingeladen war.

In der Galerie Seide wurden seine „Übermalungen" nun monografisch ausgestellt. Aber das Spektakulärste im Rahmen der Ausstellung sollten am Ende nicht die ausgestellten Bilder sein. Während der Verleihung des Wolfsburger Kunstprei-

---

[24] Hier deutet sich Seides Hinwendung zum eigenen literarischen Schreiben an. In Frankfurt wird er später seine Kontakte in die Literaturszene erweitern, ohne jedoch die bildende Kunst ganz zu vernachlässigen. Siehe Kap. 6.

[25] Hiermit wird die Ablösung Seides durch Willi König bereits vorbereitet. Dieser übernimmt nach Seides Umzug 1962 nach Frankfurt die Geschäfte der Galerie und des Verlags vollständig.

[26] Seide 1960b. Mit diesen Zeilen zitiert Seide das Gedicht *Den Nachgeborenen* von Bertold Brecht (1920) (Brecht 1993 S. 463 f.) Nicht zu verwechseln mit dem bekannteren Gedicht *An die Nachgeborenen*, ebenfalls von Brecht.

[27] Mit diesem Ausdruck benannte Adam Seide selbst in einem Seminar mit Studenten an der HfG Karlsruhe im Wintersemester 2003/04, die Autoren die er für sich als besonders wichtig erachtete.

ses am 29. Oktober 1961 an die Grafikerin Helga Pape übermalt Arnulf Rainer das Preisträgerbild in Anwesenheit der Öffentlichkeit und seines Galeristen. Dieser Zwischenfall steht im Fokus der *Yardbird*-Ausgabe. Beginnend mit der dpa Meldung des Ereignisses, einem bestärkenden Brief an den Künstler von einer mitfühlenden Dame, einem diffamierenden Artikel im Salzburger Volksblatt, einem Augenzeugenbericht, der Stellungnahme der Galerie Seide, einem beschreibenden Text über Rainers Übermalungen, Rainers Biografie bis hin zu einem Text von Dietrich Helms über die ästhetische Wirkung von Rainers Bildern sind fast alle Rainer und die Tat betreffenden Blickwinkel zusammengestellt. Auch hier wird von den Redakteuren des Yardbird versucht, wie schon zu anderen Themen, ein möglichst vielfältiges Bild des Ereignisses und dessen Umständen abzugeben. Sensibilisierung des Lesers ist auch hier das zentrale Anliegen des *Yardbirds*.

Doch gibt es in dieser sechsten Ausgabe noch einen weiteren Themenschwerpunkt unter der Kapitelüberschrift: *Beiträge zur Kunst und Literatur*. In diesem letzten Teil wird die junge amerikanische Literatur mit dazugehörigen Kritiken und originalen Textauszügen vorgestellt.

6.3 Schriften der Galerie Seide

Ähnlich vielfältig wie die Ausgaben des *Yardbird* sind die als *Schriften der Galerie Seide* bezeichneten Ausstellungskataloge. Die jeweilige Ausgabe wird als Mappe oder Broschur-Heft mit Lithografien, Reproduktionen von Zeichnungen oder mit Fotografien von Skulpturen versehen und herausgegeben. Die Kataloge, alle im quadratischen Format[28], sind mit einem oder mehreren Texten auch hier in konsequenter Kleinschreibung ergänzt (Abb. 6.5).

Die Liste der Ausstellungen gibt einen guten Einblick in das weitverzweigte Netzwerk der Galerie Seide. Offensichtlich ist dabei der Schwerpunkt auf Kunst des Ruhrgebietes von 1958 bis 1962:

1. *2x wirklichkeit* (Chargesheimer, Köln und Oskar Sommer, Hagen)
2. *warum malen sie?* (15 Maler antworten)
3. *für kurt wilde* (Gedenkausstellung für den 1958 verstorbenen Göttinger Professor)
4. *malerei als ausdruck und überwindung der technischen welt* (Gustav Deppe, Witten und Günther Drebusch, Ennepetal)
5. *für karl fritz friedrich* (Grevelsberg)

---

[28] Die ZERO-Künstler wählen ebenfalls für ihre Kataloge ein quadratisches Format.

Abb. 6.5 Frontumschlag der Dorazio-Mappe, Nr. 8 der *Schriften aus der Galerie Seide* © Adam Seide Archiv, Bibliothek & Nachlass e. V.

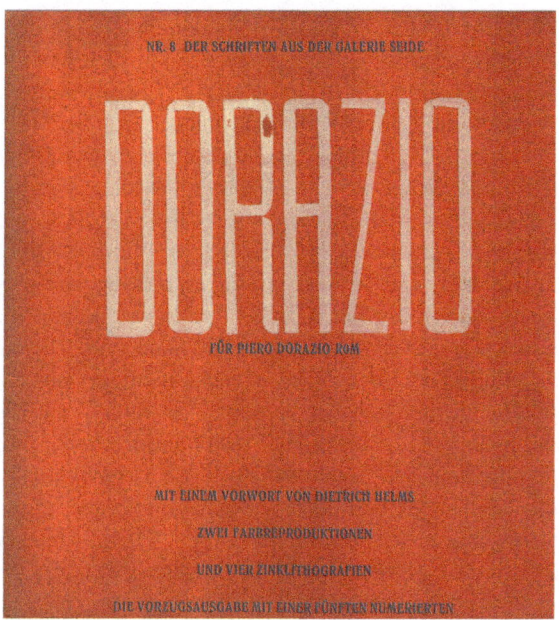

6. *spielarten* (Jens Cords, Hamburg und Raimund Girke, Hannover)
7. *für igael turmarkin* (Paris)
8. *Piero Dorazio* (Rom)
9. *Peter Schmiedel* (Berlin)
10. *das einfache, das schwer zu machen ist* (Günther Bleckert, Piero Dorazio, Günther Drebusch, Raimund Girke, Dietrich Helms, Zoltan Kemény, Heinz Mack, Otto Piene, Günther Uecker, Yves Klein, Lucio Fontana, u. a.)
11. *thomas grochowiak* (Recklinghausen)
12. *günter drehbusch* (Ennepetal)
13. *julio girona* (New Jersey)
14. *raimund girke* (Hannover)
15. *eva niestrath-berger* (Hagen)
16. *mobile architekturen* (Rolf Hartung, Hannover; Dietrich Helms, Hamburg und Fritz Riedel)
17. *dietrich helms, helmut scholz* (beide Hamburg)
18. *panoptikum* (Gesamt- und Rückschau der vergangenen Ausstellungen)[29]

---

[29] Die Mappe enthält: 14 lose eingelegte Reproduktionen. Die Mappen haben teilweise unterschiedlichen Inhalt mit folgenden Komponenten: ein schwarzes oder gelbes gestanztes Blatt

Die Liste der bei der Sommerausstellung 1961 in der Galerie Seide vorgestellten Künstler umfasst noch einige weitere Künstler, wie zum Beispiel: Martin Bradley, London; Carl Buchheister, Hannover; Joseph Fassbender, Köln; Herbert Hajek, Stuttgart und Gerd Hoehme, Düsseldorf.

Trotz der Bedeutung überregionaler oder sogar internationaler Vernetzung der Galerie Seide sollen hier auf keinen Fall die Kontakte innerhalb Hannovers vernachlässigt werden. Wie bereits erwähnt, ist die *kestner-gesellschaft* seinerzeit ein wichtiger Ausstellungsort für Moderne Kunst. Der Leiter Werner Schmalenbach unterhält ebenfalls ein vielgestaltiges, internationales Netzwerk zu Künstlern und Theoretikern. Wie bereits angeführt wurde, besteht ein intensiver Austausch zwischen Werner Schmalenbach, Adam Seide und den von der Galerie Seide vertretenen Künstlern. Über Raimund Girke steht die Galerie zudem in loser Verbindung mit dem Sammlerehepaar Sprengel, das Ende der 1960er Jahre mit der Schenkung ihrer Kunstsammlung an die Stadt Hannover maßgeblich auf die Kulturlandschaft der Stadt einwirkt. Sprengel selbst ist außerdem von 1953 bis 1973 Vorstandsmitglied der *kestner-gesellschaft* und stellt seine Sammlung 1965 im Kunstverein Hannover zum ersten Mal umfassend der Öffentlichkeit vor. Der Kunstvereinsleiter Manfred de la Motte hat ebenfalls gute Kontakte nach Düsseldorf, besonders zu den Zero-Künstlern und der Galerie Schmela.

6.4   Die Ausstellung Die 20er Jahre in Hannover

Auf Grund der Verbindung der Galerie Seide mit dem Kunstverein organisieren Adam Seide, Henning Rischbieter, Dietrich Helms, Siegfried Neuenhausen[30] und Ernst Wendt 1962 im Kunstverein Hannover die Ausstellung *Die 20er Jahre in Hannover*. Dies ist die erste umfassende Ausstellung der Hannoveraner Kunstszene der

---

von Otto Piene; ein Textblatt zur Ausstellung *2xWirklichkeit* oder von Ezra Pound oder über *das Machwerk* oder von Saint-John Perse oder ein Druck von Igael Tumarkin; ein Blatt mit Fotos von Chargesheimer; eine farbige Zinklitho von Oskar Sommer; eine Farbreproduktion des Bildes *Plexus 2* von Sommer; s/w-Reproduktion aus dem Triptychon von Igael Tumarkin; ein farbiger Siebdruck von Karl Fritz Friedrich oder ein Textblatt Friedrichs oder eine s/w Zinklitho von Schmiedel oder Scholz; eine Reproduktion von Bildern von Karl Fritz Friedrich; eine Zinklitho von Girona oder Grochowiak; Reproduktionen von Girke, Girona, Grochowiak oder Hokusai; zwei Farbreproduktionen von Piero Dorazio; eine Architekturreproduktion *mobiles bauen* oder ein Blatt mit blauen Gittern von Dietrich Helms; ein Heft von Helms, Scholz oder Girke oder ein Beiheft *architektur* oder ein Doppelblatt Deppe-Drebusch; eine großformatig Zinklitho von Tumarkin, Bucheister, Drebusch oder Scholz.

[30] Siegfried Neuenhausen (*1931) war von 1961 bis 1964 als Kunsterzieher in Hannover tätig. Seit 1964 hatte er eine Lehrtätigkeit an der Hochschule für Bildende Künste Braunschweig.

Weimarer Republik seit dem Zweiten Weltkrieg. Hier wird zum Beispiel das *Kabinett der Abstrakten* von El Lissitzky aus dem Jahr 1929 rekonstruiert. Den Ausstellungsmachern der Kurt Schwitters-Ausstellung 1956 in der *kestner-gesellschaft* ist es zu verdanken, dass nicht nur Kurt Schwitters dem Vergessen entrissen wurde, sondern Hannover darüber hinaus als ein Zentrum der Klassischen Avantgarde vergegenwärtig wird.

6.5 Erhard Friedrich Verlag, Velber

Zwei Jahre nach Eröffnung seiner Galerie ist Adam Seide in die Gründung des *Friedrich Verlags*[31] involviert. Auch hier ist der damalige Volksbühnen-Geschäftsführer Henning Rischbieter als Vermittler zu nennen. Rischbieter und Erhard Friedrich haben sich bei Friedrichs ersten geschäftlichen Unternehmungen in der hannoverschen Theaterszene kennengelernt. Ab 1956 arbeitet Friedrich dann als Anzeigenvertreter der hannoverschen Bühnen. 1959 verlegt die „Firma Friedrich" den Almanach der hannoverschen Volksbühne und die Zusammenarbeit beginnt sich zu intensivieren. Henning Rischbieter findet in Friedrich den richtigen Partner und so wird 1960 mit der ersten Ausgabe der Zeitschrift *Theater heute* der *Erhard Friedrich Verlag Velber* gegründet. Adam Seide betreut von Beginn an Gestaltung und Satz der Verlagspublikationen. In der Folgezeit gibt es einen regen Austausch mit der Galerie Seide. So erscheinen 1962 die von Adam Seide herausgegebenen *Anspielungen*, eine Sammlung von Kunstkritiken Albert Schulze Vellinghausens, in eben diesem Verlag. Einige der Künstler und Kunstpädagogen der Galerie Seide arbeiten dort als Redakteure.

Der *Friedrich Verlag* ist es auch, der 1968 mit der zuvor im Verlag der Galerie Seide publizierten *Schriftenreihe zur Kunst- und Werkpädagogik* von Dietrich Helms und Siegfried Neuenhausen unter dem neuen Titel *Kunst + Unterricht* seinen Schwerpunkt der pädagogischen Fachliteratur begründete. Noch im selben Jahr wird die erste Ausgabe des Klassikers *Spielen und Lernen* herausgegeben.

6.6 Umzug nach Frankfurt

Wie bereits angedeutet, kündigt sich ab 1961 besonders offensichtlich im *Yardbird* eine persönliche Schwerpunktverschiebung Adam Seides von der bildenden Kunst hin zur Literatur an. Das bedeutet nicht, dass Seide seine Galerietätigkeit beendet.

---

[31] Über die Jahre avancierte der *Friedrich Verlag* zum heute größten pädagogischen Fachverlag Deutschlands.

Doch die Galerie hat in den vier Jahren ihres Bestehens keinerlei finanzielle Erfolge erzielt. Auch wenn Seide nicht primär am Geldverdienen interessiert ist, so müssen doch der eigene Lebensunterhalt und die weiteren Aktivitäten der Galerie gewährleistet sein.

Adam Seide verschwindet 1962 angeblich „plötzlich" aus Hannover. Zumindest die Hannoveraner Kulturszene muss es als so dramatisch empfunden haben, da Seide alle Werke in der Galerie hängen gelassen habe und einfach abgehauen sei. Geldprobleme sollen der Grund gewesen sein.[32] Die „Flucht" Adam Seides ist dennoch bei weitem nicht so unvorbereitet und plötzlich geschehen. Bereits im *Yardbird sechs* wird, wie bereits erwähnt, als Verlag *König Seide Verlag* angegeben. Willi König führte die Geschäfte bereits seit Gründung der Galerie und so auch nach Adam Seides Fortzug für kurze Zeit weiter. Der enge Vertraute Seides, Dietrich Helms, verlegte sogar die Galerietätigkeit für zwei Ausstellungen in das eigene Atelier *studio helms*. In dieser Zeit kommt jedoch auch eine neue Generation Rheinischer Kunsterzieher in die Hauptstadt Niedersachens und schließt an den Vorgänger an: 1965 eröffnet die *Galerie h* von August Haseke[33]. Hier findet 1966 die legendäre Doppelausstellung *Sigmar Polke/Gerhard Richter* statt[34].

Adam Seide knüpft in seiner neuen Heimat Frankfurt sowohl als Galerist als auch als Herausgeber des *Egoist* an seine Hannoveraner Zeit an. Hier sind es die Konkreten Poeten wie Franz Mon sowie Frankfurter Künstler, wie Thomas Bayrle und Peter Röhr, die das Netzwerk Adam Seides erweitern. Diese Kontakte bestanden in loser Form teilweise schon vorher: Bereits im *Yardbird zwo* hat Seide zum Beispiel die *Artikulationen* von Franz Mon vorgestellt. Andere wurden in Frankfurt weitergeführt. So gibt Adam Seide in der *Egoist-Bibliothek* 1967 die gesammelten Kunstkritiken von John Anthony Thwaites unter dem Titel *DER DOPPELTE MASSTAB* heraus.[35]

Seides Zeitschrift *Egoist*, mit der Ausgabe Nr. 7 beginnend (Abb. 6.6), knüpft nicht nur numerisch direkt an den sechsten *Yardbird* aus Hannover an. Auch hier schreiben Künstler und Schriftstellerfreunde ebenso wie zeitgenössische Kritiker über regionale und überregionale Kunst und Kultur. Adam Seide gibt hier seine vermittelnden, nicht kommerziellen Tätigkeiten nochmals stärkeres Gewicht und agiert vorrangig als Verleger, der an die Macht des gedruckten Wortes glaubt. Über

---

[32] So berichtet es Timm Ulrichs in einem Gespräch mit der Verfasserin 2010.

[33] August Haseke ist ebenfalls Kunsterzieher aus Düsseldorf und betreibt die Galerie als zweiten Beruf. 1968 wird die *Galerie h* unter dem Namen *Galerie Ernst* von Joachim (Aki) Ernst übernommen und weitergeführt. Haseke verlegt sich auf Kunstdruckeditionen.

[34] Zu dieser Ausstellung erscheint begleitend ein Künstlerbuch als Katalog.

[35] Thwaites 1967.

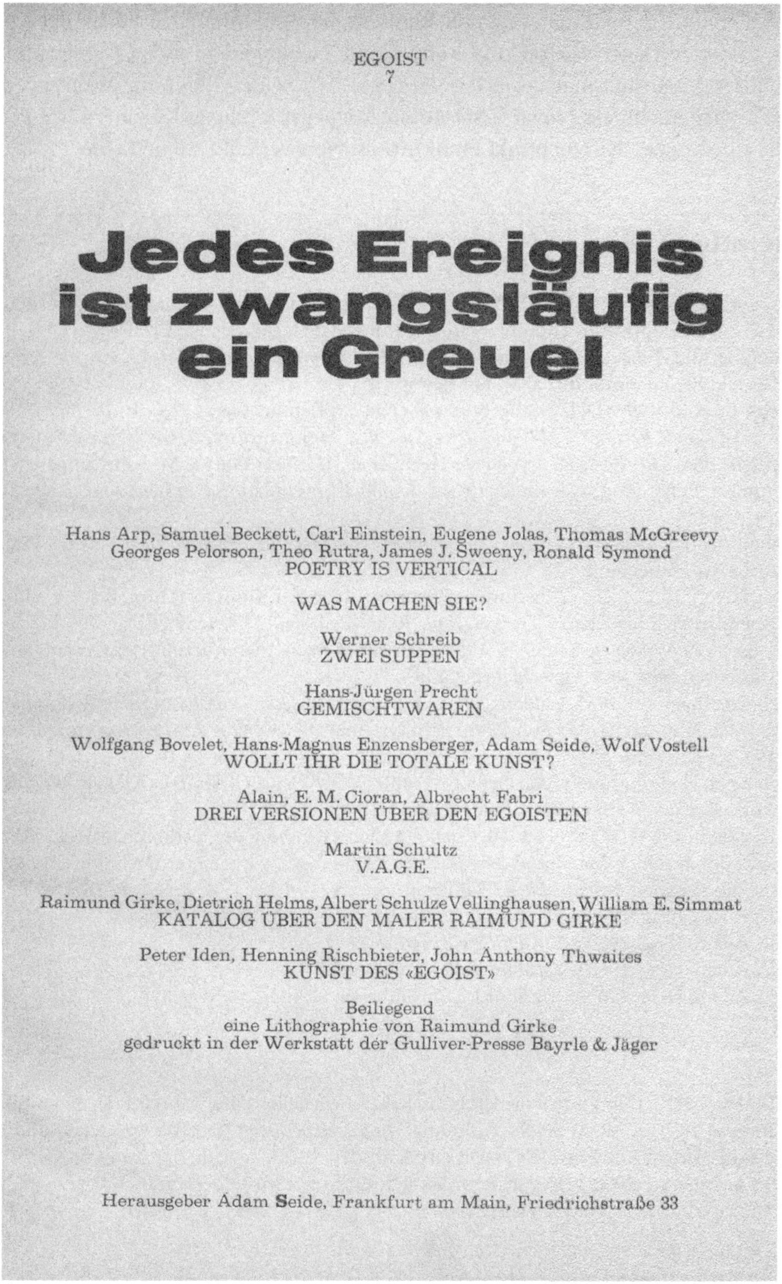

EGOIST
7

Jedes Ereignis
ist zwangsläufig
ein Greuel

Hans Arp, Samuel Beckett, Carl Einstein, Eugene Jolas, Thomas McGreevy
Georges Pelorson, Theo Rutra, James J. Sweeny, Ronald Symond
POETRY IS VERTICAL

WAS MACHEN SIE?

Werner Schreib
ZWEI SUPPEN

Hans-Jürgen Precht
GEMISCHTWAREN

Wolfgang Bovelet, Hans-Magnus Enzensberger, Adam Seide, Wolf Vostell
WOLLT IHR DIE TOTALE KUNST?

Alain, E. M. Cioran, Albrecht Fabri
DREI VERSIONEN ÜBER DEN EGOISTEN

Martin Schultz
V.A.G.E.

Raimund Girke, Dietrich Helms, Albert Schulze Vellinghausen, William E. Simmat
KATALOG ÜBER DEN MALER RAIMUND GIRKE

Peter Iden, Henning Rischbieter, John Anthony Thwaites
KUNST DES «EGOIST»

Beiliegend
eine Lithographie von Raimund Girke
gedruckt in der Werkstatt der Gulliver-Presse Bayrle & Jäger

Herausgeber Adam Seide, Frankfurt am Main, Friedrichstraße 33

Abb. 6.6 Frontumschlag *Egoist 7* © Adam Seide Archiv, Bibliothek & Nachlass e. V.

Seides Freund, den Gestalter Gunter Rambow, kommt in Frankfurt auch der Kontakt zu den Verlagen Melzer und März hinzu. Neben einem jour fixe begründen legendäre Veranstaltungen wie das *Provofest*[36] in Seides Wohnung während der Frankfurter Buchmesse sowie erste Ausstellungen von jungen Künstlern wie Peter Röhr einen neuen Knotenpunkt Frankfurt im Netzwerk um Adam Seide.

Literatur

Agis-Verlag, Hrsg. 1959. *Wird die moderne Kunst gemanagt? Baden-Badener Kunstgespräche 1959*. Düsseldorf: Agis (Kommentare zur Kunst der Gegenwart Nr. 1).

Brecht, Bertold. 1968. Lob des Kommunismus. In *Gesammelte Werke, Bd. 9: Gedichte 2*, Hrsg. Bertold Brecht. Frankfurt a. M: Suhrkamp.

Brecht, Bertold. 1993. Den Nachgeborenen (Erstveröffentlichung: 1920). In *Bertold Brecht: Werke. Große Berliner und Frankfurter Ausgabe. Bd. 13: Gedichte 3. Gedichte und Gedichtfragmente 1913–1927*, Hrsg. Werner Hecht et al., 189. Frankfurt a. M: Suhrkamp.

Drommert, René. 1960. Warum feiern wir den Stich? Monochrome in Leverkusen. *Die Zeit*, 29. April.

Gehlen, Arnold. 1960. *Zeit-Bilder. Zur Soziologie und Ästhetik der modernen Malerei*. Frankfurt a. M.: Athenäum.

Klose, G. Joh. 1957. Stellen Maschinengehirne den Wert der Kunst fest? Prof. Bense eröffnete Abendausstellung Klaus J. Fischer. *Neue Rhein-Zeitung*, 12. Dezember.

Luft, Peter. 1959. Galerie Seide. 7.7.1959. Hier zitiert nach, In *Yardbird I*, Hrsg. Adam Seide. Hannover. (*Die Welt*. Umschlagrückseite).

Queneau, Raymond. 1961. *Stilübungen. Aus dem Französischen von Ludwig Harig und Eugen Helmlé*. Frankfurt a. M.: Suhrkamp. (Im Original als *Exercices de Style*. Gallimard: Paris 1947 erschienen).

Rischbieter, Henning. 1960. Von Gehlen Veranlasst Für Piene, Girke, Yves Klein und Andere. In *Yardbird drei*, Hrsg. Adam Seide. Hannover.

Seide, Adam. 1959a. Malerei als Ausdruck und Überwindung der technischen Welt. Veranlasst durch Bilder von Gustav Deppe und Zeichnungen von Günter Drebusch. In *Schriften aus der Galerie Seide*, Nr. 4. Hannover.

Seide, Adam, Hrsg. 1959b. *Yardbird I*. Hannover.

Seide, Adam, Hrsg. 1959c. *Yardbird zwo*. Hannover.

Seide, Adam, Hrsg. 1960a. Yardbird vier. Hannover.

Seide, Adam, Hrsg. 1960b. *Yardbird sechs*. Hannover. (1961).

---

[36] Das *Provofest* zu Ehren der niederländischen Schriftsteller fand während der Frankfurter Buchmesse 1967 in Adam Seides Wohnung am Röderbergweg statt. Weitere Fotos und ein Erfahrungsbericht zum *Provofest* sind in Jörg Schröders *TAZ.blog* zu finden: http://blogs.taz.de/schroederkalender/2006/11/06/ausserordentlich-und-obszoen-bildertausch-9/ [letzter Zugriff der Verfasserin am 31.8.2013].Hannover.

Schmalenbach, Werner. 1959. dokumente oder kunst. In *Yardbird zwo,* Hrsg. Adam Seide. Hannover.

Thwaites, John Anthony. 1967. *Der Doppelte Masstab. Kunstkritiken 1955–1966. Mit 10 Lithografien u. a. von Günter Uecker.* Frankfurt a. M.: Egoist.

Wahr ist, was gefällt. *Der Spiegel* Nr. 37/1957, 11.09.1957.

Teil III
Diskursive Beziehungen

Das Schreckgespenst des Kulturmanagers. Kunstkritik nach 1945

Sabine Fastert

„Wird die moderne Kunst ‚gemanagt‘?" fragte das erste Baden-Badener Kunstgespräch am 30. und 31. Oktober 1959 provokativ. Konkreter Anlass waren die Bedenken, die die Stuttgarter Akademie der Bildenden Künste im Juli 1959 gegen die Jury des Kunstpreises der Jugend geäußert hatte. Auch die Debatten um die 2. Documenta im Sommer 1959 spielten eine Rolle. Kurz zusammengefasst: „Die Nichtgegenständlichen werden gemanagt, die Gegenständlichen nicht."[1] Die Anregung für das Kunstgespräch kam vom Agis-Verlag („Das Kunstwerk"), von der „Gesellschaft für Freunde junger Kunst" und der Fernsehabteilung des Südwestfunks. Die Veranstalter wählten dabei bewusst den in Deutschland negativ konnotierten Begriff des „Managens", so Klaus Jürgen-Fischer vom „Kunstwerk", um damit die Manipulationen zur Sprache zu bringen, die im Umgang mit der modernen Kunst inzwischen gang und gäbe seien. Doch war das Ergebnis nach zwei Tagen Diskussion erstaunlich, wie der Moderator Max Bense zusammenfasste: „Er [der Manager] ist jedenfalls sehr gut weggekommen. Ich weiß nicht, ob aus Mangel an Beweisen. Man braucht ihn, er ist notwendig."[2] Gemeint waren damit die Vertreter des profitorientierten Kunstmarktes, vorrangig Kunsthändler und Galeristen. „Wir leben in einer Gesellschaft, wo der wirtschaftliche Kampf mit allen Mitteln geführt wird", erklärte beispielsweise der Kritiker Egon Vietta, „warum sollte die Kunst da-

---

[1] Adorno, Theodor W. u. a. (1959). Wird die moderne Kunst ‚gemanagt‘? Baden-Badener Kunstgespräche 1959. Agis-Verlag: Baden-Baden. Vgl. Fastert, Sabine (2010): Spontaneität und Reflexion. Konzepte vom Künstler in der Bundesrepublik Deutschland von 1945 bis 1960. Deutscher Kunstverlag: München.

[2] Ebd., S. 99.

S. Fastert (✉)
München, Deutschland
E-Mail: sabine@fastert.de

G. Panzer et al. (Hrsg.), *Beziehungsanalysen. Bildende Künste in Westdeutschland nach 1945*,   133
Kunst und Gesellschaft, DOI 10.1007/978-3-658-02917-3_7,
© Springer Fachmedien Wiesbaden 2015

von ausgeschlossen sein?"[3] Die Kunst werde aber dabei nicht in ihrer Substanz bedroht, so der Grundtenor der Veranstaltung. „Meine Damen und Herren, managen Sie, soviel sie können", lästerte HAP Grieshaber, „das ist es nicht, was ein Maler zu fürchten hat."[4]

In seinem klugen Abschlusskommentar wies Bense aber auf ein in Baden-Baden nur am Rande angesprochenes Problemfeld hin: „Auf der einen Seite steht der Künstler, der produziert, auf der anderen Seite der Manager, der ihm dazu verhilft oder dazu verhelfen scheint, zu leben. In der Mitte der Kunstkritiker. Er ist hier am schlechtesten weggekommen."[5] Schon Willi Baumeister thematisierte 1954 ironisch die Rolle des Kunstkritikers: „vernisage, der firnis der kunst/gunst [sic]" und: „man soll die manifeste feiern mit brot und spiele. [sic]"[6] (Abb. 7.1) Mit übergroßem Kopf, riesigen Augen und wild gestikulierender Pranke steht bei Baumeister die Karikatur vor einem überdimensionierten Rednerpult und attackiert die anonyme Masse. Damit kommen wir zum Kern des Themas: Welche Rolle nimmt ein Kunstmanager in der jungen Bundesrepublik ein? In Baden-Baden stellte sich diese Frage nur Ursula Binder-Hagelstange: „Die Kunst kann niemand managen, nur das, was man für ein Kunstwerk hält. Managen = laut Duden: leiten, deichseln, unternehmen, zustande bringen. Im Zusammenhang mit dem Kunstwerk kann managen also nur bedeuten, daß ein Kunstwerk verbreitet wird."[7] Mit scharfem Blick erkennt sie die Notwendigkeit einer solchen Verbreitung und erfasst damit den Kern des Kunsthandels, dessen Geschäft auf dem Warencharakter des Kunstwerks beruht.

Doch im „Manager" selbst sieht sie den einflussreichen Kritiker, dessen Geschäft im Aufspüren der Wertmaßstäbe liegt. Hier folgt sie Peter Druckers neuem Begriff des Managers, der eben nicht nur rein am pekuniären Profit, an Preisen und Waren orientiert ist. Drucker, gelernter Jurist und Journalist, hatte ab 1950 den weltweit ersten Lehrstuhl für Management an der New York University inne. In seinem Buch „Die Praxis des Managements" legte er die erste systematische Managementlehre überhaupt vor; 1954 erschien sie auf Englisch, 1956 auf Deutsch. „Als *The Practice of Management* herauskam", erklärte Drucker rückblickend, „konnten die Menschen daraus lernen, wie Management funktioniert. [...] Ich habe eine Fachdisziplin daraus gemacht."[8] Das Buch wurde von den Zeitgenossen sogleich

---

[3] Ebd., S. 81.

[4] Ebd., S. 33.

[5] Ebd., S. 100; Vgl. Eickhoff, Beate (2004). *John Anthony Thwaites und die Kunstkritik der fünfziger Jahre*. Vdg-Verlag: Weimar.

[6] Willi Baumeister an Franz Roh am 24. Januar 1954. Archiv Baumeister.

[7] Zit. nach Adorno 1959 (wie Anm. 1), S. 72.

[8] Zit. nach Beatty, Jack (1998). *Die Welt des Peter Drucker*. Campus: Frankfurt am Main, S. 122; Vgl. Drucker, Peter Ferdinand (1956). *Praxis des Managements. Ein Leitfaden für die Führungs-Aufgaben in der modernen Wirtschaft*. Econ: Düsseldorf.

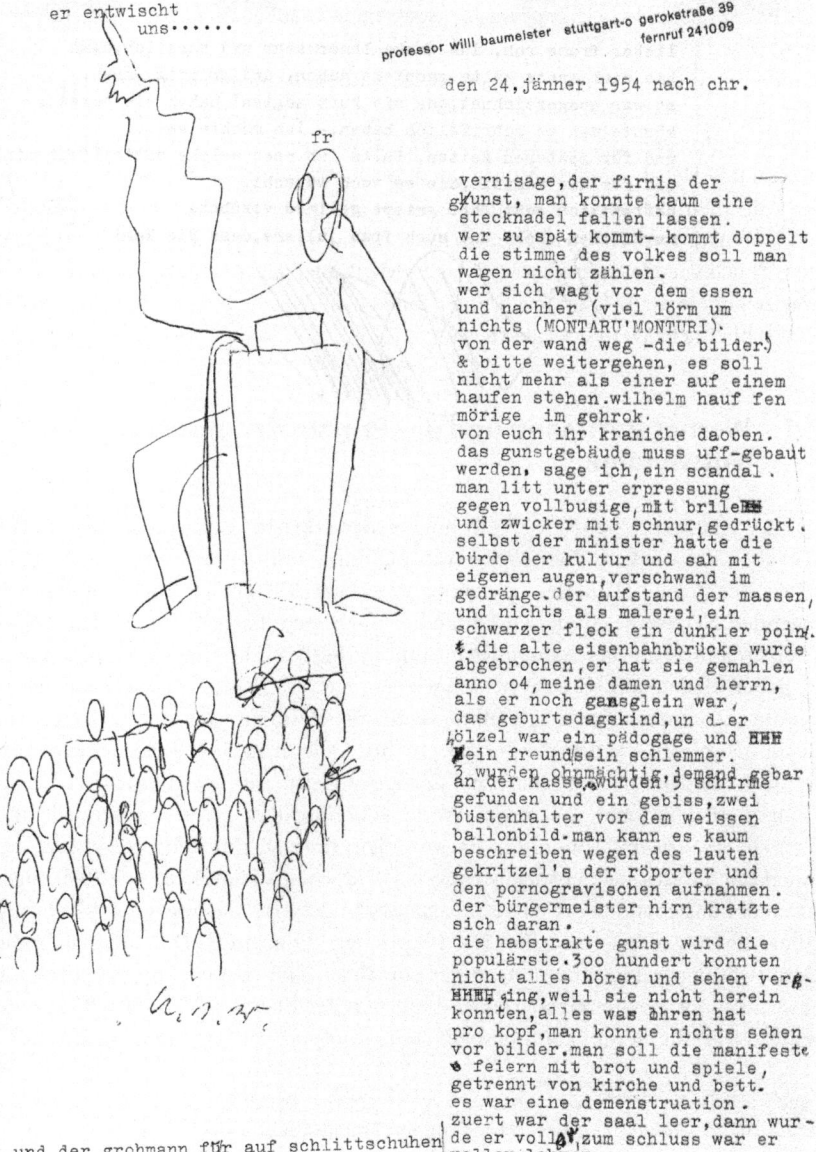

er entwischt
    uns······

professor willi baumeister   stuttgart-o gerokstraße 39
                                       fernruf 241009

                        den 24,jänner 1954 nach chr.

fr

vernisage,der firnis der
kunst, man konnte kaum eine
stecknadel fallen lassen.
wer zu spät kommt- kommt doppelt
die stimme des volkes soll man
wagen nicht zählen.
wer sich wagt vor dem essen
und nachher (viel lörm um
nichts (MONTARU'MONTURI)·
von der wand weg -die bilder.)
& bitte weitergehen, es soll
nicht mehr als einer auf einem
haufen stehen.wilhelm hauf fen
mörige im gehrok·
von euch ihr kraniche daoben.
das gunstgebäude muss uff-gebaut
werden, sage ich,ein scandal .
man litt unter erpressung
gegen vollbusige,mit brillen
und zwicker mit schnur,gedrückt.
selbst der minister hatte die
bürde der kultur und sah mit
eigenen augen,verschwand im
gedränge.der aufstand der massen,
und nichts als malerei,ein
schwarzer fleck ein dunkler poin.
t.die alte eisenbahnbrücke wurde
abgebrochen,er hat sie gemahlen
anno o4,meine damen und herrn,
als er noch ganzglein war,
das geburtsdagskind,un d er
hölzel war ein pädogage und ein
fein freundsein schlemmer.
3 wurden ohnmächtig,jemand gebar
an der kasse.wurden 5 schirme
gefunden und ein gebiss,zwei
büstenhalter vor dem weissen
ballonbild.man kann es kaum
beschreiben wegen des lauten
gekritzel's der röporter und
den pornogravischen aufnahmen.
der bürgermeister hirn kratzte
sich daran.
die habstrakte gunst wird die
populärste.3oo hundert konnten
nicht alles hören und sehen verg-
ing,weil sie nicht herein
konnten,alles was ähren hat
pro kopf,man konnte nichts sehen
vor bilder.man soll die manifeste
feiern mit brot und spiele,
getrennt von kirche und bett.
es war eine demenstruation.
zuert war der saal leer,dann wurde er voll,zum schluss war er
voller lehrer .

und der grohmann für auf schlittschuhen

Abb. 7.1 Willi Baumeister, Franz Roh während einer Vernissage, Januar 1954, Archiv Baumeister © VG Bild Kunst

als „bahnbrechende Leistung" und „fast als neue Glaubensrichtung" gefeiert.[9] Authentische Führung, Zielstrebigkeit, Ehrlichkeit und Verpflichtung gegenüber dem Kundeninteresse sind nach Drucker die Tugenden des neuen Managers. Ein guter Manager richtet demnach seinen Fokus nicht nur auf den kurzfristigen finanziellen Erfolg. Stattdessen agiert er rational und planvoll, motiviert und lenkt Menschen, sitzt an den Hebeln der Macht und übt aktive Gestaltung bzw. Steuerung im Sinne des Allgemeinwohls aus. Von hier aus lohnt ein neuer Blick auf die prominenten (und weniger prominenten) Kunstkritiker der jungen Bundesrepublik: Handelten sie wirklich wie Manager neuen Schlages, wie Binder-Hagelstange 1959 vermutete? Was zeichnete die Erfolgreichen unter ihnen aus? Welche Netzwerke pflegten sie? Und schließlich: Wer kontrollierte sie?

7.1 Werner Haftmann und das Prinzip der inneren Notwendigkeit

Werner Haftmann, neben Will Grohmann der erklärte „Kunstpapst" der fünfziger Jahre, hat wie kein Zweiter die Wahrnehmung und Betrachtung von Kunst in seiner Zeit geprägt. Und das, obwohl (oder gerade weil) er sich trotz eines hervorragenden Netzwerkes in diesen Jahren beruflich nicht längerfristig binden wollte. Deshalb lohnt eine Beschäftigung mit ihm in diesem Zusammenhang besonders. In Baden-Baden war er übrigens eingeladen, hat aber leider aus nicht näher bekannten Gründen auf eine Teilnahme verzichtet. Haftmann sah sich nach eigenem Bekunden nie als „Kritiker" oder gar „Richter", der er im Urteil vieler Zeitgenossen war, sondern nachdrücklich als „Zeuge". „Haftmann hat", konstatiert Dieter Honisch rückblickend, „nicht nur Werke von Künstlern gekauft, ausgestellt und über sie geschrieben, sondern er hat vor allem mit den Künstlern gelebt und mit ihnen um die adäquate Lösung gerungen."[10] So scheute Haftmann sich 1990 angesichts der anstehenden erweiterten Neuausgabe des Nay-Buches von 1960 vor der Überarbeitung, denn er sah den Text inzwischen vor allem als Dokument über die Denkrichtungen und Stimmungen der damaligen Zeit an: „Nay war so etwas wie ein wirksamer, hochinteressierter und hilfsbereiter Korrektor [...] Das Buch fand seine Zustimmung und kann deshalb *cum grano salis* als ein vom Künstler auto-

---

[9] Zit. nach Beatty 1998 (wie Anm. 8), S. 121–122; Vgl. Drucker, Peter Ferdinand (2001). *Schlüsseljahre. Stationen meines Lebens.* Campus: Frankfurt am Main.

[10] Honisch, Dieter (1976). Freunde danken Werner Haftmann. In: Ders. (Hrsg.). *Freunde danken Werner Haftmann.* Ausstellungskatalog Neue Nationalgalerie Berlin, o.S. Vgl. Fastert, Sabine (2008). „Ich habe als europäischer Historiker geschrieben über europäische Malerei" - Werner Haftmanns Prinzipien der Kunstbetrachtung. In: Albrecht, Stephan (Hrsg.). *Kunst-Geschichte-Wahrnehmung. Strukturen und Mechanismen von Wahrnehmungskonventionen.* Deutscher Kunstverlag: München, S. 311–325.

risierter ‚Quellentext' gelten."[11] Die Worte Haftmanns vermischten sich dabei bis zur Ununterscheidbarkeit mit denjenigen Nays, wodurch Werk, Künstler, Selbstkommentar und Kommentar in nahezu lyrischer Form unauflöslich miteinander verflochten wurden. Haftmann strebte ein geistiges Gleichwerden mit dem zu behandelnden Gegenstand an. Die Folgen waren ihm auch klar: „Irre ich, so zahle ich mit meiner Person!"[12]

In der „Strukturforschung" Hans Sedlmayrs, seines größten Gegenspielers im Kampf um die Deutungshoheit über die Moderne, fand er das methodische Vorbild.[13] Bereits 1931 hatte der damalige Wiener Ordinarius eine „künstlerische Einstellung" gefordert, in der „Verstehen" zu einem gestaltenden Vorgang gerate. Gebilde sollten nicht mehr erfasst werden, wie sie waren, sondern so verändert, dass sie sich ihrem eigenen Ideal gewissermaßen annäherten. Erst indem der „nachschaffende" Kunsthistoriker aus den erkannten Möglichkeiten des Gebildes auf dessen angestrebte Vollendung schließe, könne er dem Prinzip der „inneren Notwendigkeit" folgend zum Vollender des Kunstwerks werden. Des Weiteren bekannte Haftmann sich ausdrücklich zum Kunstgriff der Verschärfung und Zuspitzung von Gedanken, die im Leser die „wirksamste Zündung"[14] provozieren würden. Hier kommt Wilhelm Pinder ins Spiel, den Sedlmayr als Lehrer verehrte und dem Haftmann das Generationenmodell verdankte. „Wir wollen der Wissenschaft den Charakter neutraler Neugier nehmen", so Pinders programmatische Forderung 1932, „und schließlich lieber moralisch irren, als in Objektivität erfrieren."[15] Das sollte bekanntlich sehr gut ins Konzept der Nationalsozialisten passen und war in der weltanschaulich aufgeladenen Atmosphäre der jungen Bundesrepublik immer noch aktuell. Doch selbst in bewährten, nahezu symbiotischen Künstler-Kritiker-Gespannen kam es zu Unstimmigkeiten. Im Jahr 1966, als der Zenit seines Erfolges bereits überschritten war, eröffnete Nay eine Kölner Ausstellung mit folgenden, bitteren Worten: „So vermochten Grohmann oder Haftmann hier nicht [zu] sprechen. Kein Künstler ist je so ängstlich und mimosenhaft wie jene Leute, die die Kunst eben nicht erfinden, aber zu gern erfinden würden und Direktiven an die

---

[11] Haftmann, Werner (1991). E. W. Nay. Erw. Neuausgabe. DuMont: Köln, S. 8.

[12] Haftmann, Werner (1947). Methode des modernen Denkens. Fragment zu einer kulturgeschichtlichen Betrachtung der Gegenwart. In: *Die Zeit*. 13. März 1947, S. 4.

[13] Vgl. Sedlmayr, Hans (1978). Zu einer strengen Kunstwissenschaft. Kunstwissenschaftliche Forschungen 1. Berlin 1931. Wiederabgedruckt in: Ders. *Kunst und Wahrheit. Zur Theorie und Methode der Kunstgeschichte*. Maeander: München, S. 49–80.

[14] Haftmann, Werner (1960). Nachwort. In: Haftmann, Werner. *Skizzenbuch. Zur Kultur der Gegenwart*. Prestel: München, S. 290–296, hier S. 290.

[15] Zit. nach Wilhelm Pinder 1932. In: Hofmann (1956). Geschichtsdeutung aus Leidenschaft. In: *Merkur*, Bd. 10, 1956, H. 6, S. 613–617, hier S. 617.

Künstler ausgeben, die leider niemals eintreten."[16] Damit scheint Haftmann vom Anspruch und Wirken her am ehesten das Bild des „Kulturmanagers" im Sinne Druckers zu erfüllen – auch und sogar in den Augen befreundeter Künstler.

7.2 Peter Drucker und der neue Manager

Im Mittelpunkt von Druckers Überlegungen steht der Mensch, sei es der Mitarbeiter oder die Kundschaft: „Wo der Manager auch tätig ist, in der Konstruktion, im Rechnungswesen oder im Verkauf – sein Erfolg hängt davon ab, ob er zuhören und lesen, sprechen und schreiben kann. Er muss imstande sein, anderen seine Gedanken zu vermitteln und andererseits herauszufinden, worum es anderen Menschen geht."[17] Bereits in den Dreißigerjahren war ihm während der Teilnahme eines Seminars von John Maynard Keynes in Cambridge klar geworden, dass sich Keynes für das Verhalten von Waren, er sich aber für das Verhalten von Menschen interessierte. Drucker charakterisierte das Management 1959 schließlich als „ein Fach, das menschliche Werte und Verhaltensweisen, gesellschaftliche Ordnung und geistige Nachforschungen miteinander verbindet und sich aus Ökonomie, Psychologie, Mathematik, Politikwissenschaft, Geschichte und Philosophie speist. Kurz gesagt: Management ist eine Geisteswissenschaft."[18] Er sah das Management nicht als Geschöpf der Wirtschaft. Vielmehr sei es selbst schöpferisch, denn es meistere die ökonomischen Umstände und verändere sie durch gezieltes Handeln. Zugrunde liegt Druckers humanistische Überzeugung, dass die Wirtschaft der Gemeinschaft und Gesellschaft dienen müsse. Arbeit sollte nach seiner Meinung nicht nur geschäftliche Werte wie Kosten und Effizienz widerspiegeln, sondern auch gesellschaftliche Werte wie Chancengleichheit, Gemeinschaft, Solidarität und persönliche Erfüllung. Die entscheidenden Anreize für Produktivität und Effizienz waren für ihn weniger finanzieller als vielmehr sozialer und moralischer Natur. Daran orientiert sich auch seine berühmte Bestimmung der fünf Grundtätigkeiten des Managers aus dem Jahr 1954: Ziele festlegen, Organisieren, Motivieren und Kommunizieren sowie Bewertung und Entwicklung von Mitarbeitern.

In unserem Zusammenhang sind vor allem drei grundlegende Managertätigkeiten von Interesse. An erster Stelle stehen dabei die Bewertungsfähigkeiten des Managers:

---

[16] Nay, Ernst Wilhelm (2002). Rede zur Eröffnung der Ausstellung in der Kölner Galerie Der Spiegel, März 1966. In: Ders. *Lesebuch. Selbstzeugnisse und Schriften 1931–1968.* Bearbeitet von Magdalene Claesges. DuMont: Köln, S. 271.

[17] Drucker 1956 (wie Anm. 8), S. 413.

[18] Drucker, Peter (1959). *Landmarks of Tomorrow. A Report on the „Post-Modern" World.* Transaction Publishers: New Jersey. S. 141–142. Vgl. Beatty 1998 (wie Anm. 8), S. 24.

„Der Manager stellt Maßstäbe auf – und es gibt nur wenige Faktoren, die von größerer Bedeutung für die Leistung des Unternehmensganzen und die seiner einzelnen Mitarbeiter sind. Er achtet darauf, dass jeder Einzelne Maßstäbe zur Verfügung hat, die auf die Leistung des Unternehmensganzen ausgerichtet und gleichzeitig auf die Arbeit des Einzelnen abgestellt sind, bei deren Leistung sie diesen unterstützen. Er prüft die Leistung, bewertet und interpretiert sie. Und wiederum – wie in jedem Bereich seiner Tätigkeit – übermittelt er sowohl den Sinn der Bewertung wie ihre Ergebnisse an seine Untergebenen einerseits, seine Vorgesetzen andererseits."[19]

Wird hier der ökonomische Kontext gestrichen, dann bleibt tatsächlich das Berufsprofil eines Kunstkritikers, wie es Ende der Fünfzigerjahre in der jungen Bundesrepublik thematisiert wurde, übrig. Eng verknüpft mit dem Bewerten ist bei Drucker das Aufstellen von Zielen, denn ohne diese lassen sich überhaupt keine Maßstäbe aufstellen. Deshalb bildet die Zielsetzung die Grundlage der Managertätigkeit: „Als erstes stellt der Manager Ziele auf. Er bestimmt den Inhalt dieser Ziele. Er bestimmt die Ziele für jeden Bereich. Er entscheidet, was geschehen muss, um diese Ziele zu erreichen. Er macht die Zielsetzungen wirksam, indem er diejenigen damit bekannt macht, von deren Leistung ihr Erreichen abhängt."[20] In diesem Zusammenhang hat Haftmann in den Fünfzigerjahren geradezu Pionierarbeit geleistet.

Sein Buch „Malerei im 20. Jahrhundert" gehört zu den wirkungsgeschichtlich einflussreichsten Abhandlungen über die Kunst des 20. Jahrhunderts. Besondere Würdigung fand damals der stringente Aufbau des Werkes, als „dichtes Gewebe"[21] gefeiert, das die Fäden entwirre und ein „reiches, vielfältiges, aber klares Bild des Ganzen"[22] präsentiere. Wo andere noch vor dem „Chaos"[23] kapituliert hatten, konnte Haftmann Geschlossenheit trotz Vielheit bieten. Damit postulierte er aber auch das Ziel eines teleologischen Prozesses der formalistischen Kunst im Zeichen des Modernismus. Das eigentlich überindividuelle „bildnerische Denken", die Entwicklung der Form aus sich selbst, wird durch Selbstzeugnisse legitimiert und die Künstler somit ihrerseits zu „Zeugen" von Haftmanns Kunsttheorie, in deren Darstellung Werk, Künstler und Haftmanns Kommentar kaum noch auseinander gehalten werden können. Durch diese gleichzeitige Verbindung von Temperament und Systematik entstand weniger ein Geschichtsbericht, als vielmehr eine geschichtsbildende und geschichtsformende Leistung, die wiederum auch den

---

[19] Drucker 1956 (wie Anm. 8), S. 410.

[20] Ebd.

[21] Hentzen, Alfred (1955). Die Kunst unserer Zeit. Werner Haftmanns Buch über die Neue Malerei. In: *Die Zeit*. 17. Februar 1955. Nr. 7, S. 8.

[22] Ebd.

[23] Hildebrandt, Hans (1931). *Die Kunst des 19. und 20. Jahrhunderts*. Akademische Verlagsgesellschaft: Potsdam, S. 315.

Kontakt zu den Künstlern prägte, wie Nays Zitat zeigt. Dieses Vorgehen entspricht übrigens Druckers dritter grundlegender Aufgabe des Managers: „Schließlich hat der Manager seine Leute zu entwickeln. Durch die Art seiner Führung macht er es ihnen leicht oder schwer, sich zu entwickeln. Er leitet sie, oder er leitet sie in die Irre. Er holt heraus, was in ihnen steckt, oder er hemmt sie. Er stärkt ihre Rechtlichkeit, oder er verdirbt sie. Er lehrt sie, aufrecht und stark zu sein, oder er verbiegt sie."[24] Dieses Führen durch Selbstkontrolle sollte das erfolgreichste und langlebigste Prinzip Druckers in der Welt der Managementlehren werden. Allerdings zeigt sich bei Haftmann zugleich die ganze Problematik und Anmaßung, die damit im Kunstsystem verbunden war. Letztlich waren Haftmanns Vorstellungen auch Ausdruck eines Zeitgeists, wie das Beispiel des bereits erwähnten Max Benses, Professor an der TH Stuttgart und der Hochschule für Gestaltung in Ulm, verdeutlicht.

7.3   Max Bense und die exakte Ästhetik

Benses Ausgangspunkt war zunächst ein gänzlich anderer. Er wollte sich in seiner „exakten Ästhetik" völlig auf materiale Gegebenheiten konzentrieren und alles, was über Wahrnehmungselemente hinausging, konsequent ausschließen. „Kein Künstler transportiert Bedeutungen", so Bense, „er transportiert Farbe."[25] Bereits in Baden-Baden konstatierte er: „Ich persönlich glaube, dass der ästhetische Prozess der Hervorbringung eines möglichen Kunstwerkes erst abgeschlossen wird durch und in der Kritik."[26] Das war zumindest prinzipiell gar nicht so weit von Haftmanns Auffassung entfernt, sollte aber inhaltlich ganz anders gefüllt werden. 1960 plädierte er im nachfolgenden Frankfurter Kunstgespräch zum Thema „Kunst, Wissenschaft, Propaganda? Funktionen der Kunstkritik" für eine wissenschaftliche Kunstkritik auf Grundlage der mathematischen und physikalischen Sprache. Sie sollte sich als „Präzisionssprache" von der Umgangssprache unterscheiden: „Rationalisierbarkeit, Normierbarkeit und die Finität der Sprache werden hier vorausgesetzt."[27] Ein Kunstwerk galt Bense als ‚gegliederte Zeichenmenge‘, die gleichermaßen aus determinierten wie aleatorischen Prozessen aufgebaut war. Überall dort, wo eine ‚gegliederte Elementemenge‘ auftauchte, sah Bense nun die statistische Denkweise aufgerufen. Mit der Entropieformel des Thermodynamikers Ludwig

---

[24] Drucker 1956 (wie Anm. 8), S. 411.

[25] Bense, Max (1961). Die wissenschaftlichen Grundlagen einer möglichen Kunstkritik. In: Apollonio, Umbro u.a.: *Kunst, Wissenschaft oder Propaganda? Funktionen der Kunstkritik. Frankfurter Kunstgespräche 1960.* Agis-Verlag: Baden-Baden, S. 32–46, hier S. 35. Vgl. Walther, Elisabeth (Hrsg.) (1990). *Zeichen von Zeichen für Zeichen.* Agis-Verlag: Baden-Baden.

[26] Zit. nach Adorno 1959 (wie Anm. 1), S. 100.

[27] Zit. nach Apollonio 1961 (wie Anm. 25), S. 33.

Boltzmann meinte er die Häufigkeitsverhältnisse, die mittleren Elementenachbarschaften sowie die Ordnungsgrade beschreiben zu können.

Auf eine kleine Schwarz-Weiß-Zeichnung mit sehr vielen Grautönen von Armin Sandig angewandt, hieße dies etwa: „Der Wert der beschriebenen Entropie auf dem Sandigschen Bild ist z. B. genau 0,431. Das Ergebnis wurde errechnet mit Hilfe mittlerer Grauensembles 0,571 und der mittleren Grautonanzahl 1,573. Durch die Entropiezahl 0,431 ist damit der Zustand des Sandigschen Bildes in gewisser Hinsicht festgelegt.“[28] Mit Hilfe der rechnerischen informationellen Methoden sollte im Prinzip von der Quantität auf die Qualität geschlossen werden, die für Bense im Anschluss an Abraham Moles den Gehalt an Innovation, an „Neuigkeit“ ausmachte. Die Kunstgeschichte, wie die Geschichte insgesamt, galt ihm als Prozess fortschreitender Rationalisierung mit dem Endpunkt der informationstheoretischen Ästhetik. Bense wollte die ästhetische Botschaft eines Kunstwerkes statistisch, quantitativ, konstruktiv oder informationell bestimmen, um eine Verschärfung der Sprache in der Ästhetik zu erzielen und dem Subjektivismus zu entfliehen. Erwartungsgemäß sah sich Bense mit diesem Versuch heftiger Kritik ausgesetzt. In Frankfurt bezeichnete Bernard Schultze 1960 Benses Ansatz als eine „Art Vergewaltigung“[29] und Norbert Kricke sprach von einer „fürchterlich[en], geradezu armselig[en]“[30] Form der Kunstbetrachtung. Franz Roh beklagte die „Unlesbarkeit“[31] und stellte die Objektivität der Kriterien in Frage während Klaus Jürgen-Fischer „gefährliche Machtansprüche“[32] zu entlarven meinte.

7.4 Wider die Kulturmanager

Bereits im Januar 1959 inszenierte die junge SPUR-Gruppe einen handfesten Skandal in München. Zur Eröffnung der Ausstellung „Extremisten – Realisten“ hatten sie Bense als Redner angekündigt, dann aber als verhindert dargestellt und stattdessen dem Publikum, das dafür immerhin einen zeitgleich stattfindenden Heidegger-Vortrag ausließ, eine auf Band gesprochene Rede vorgespielt. Keiner ahnte etwas von dem Schwindel, bis ein erboster Bense sich einige Tage später bei der Presse beschwerte. Tatsächlich hatte HP Zimmer einen anhand von zusammenhanglosen Versatzstücken aus Benses Schriften kombinierten sinnlosen Text auf Band aufge-

---

[28] Ebd. S. 43.

[29] Ebd., S. 57.

[30] Ebd., S. 64.

[31] Roh, Franz (1962). *Entartete Kunst*. Fackelträger Verlag: Hannover, S. 162.

[32] Zit. nach Adorno 1959 (wie Anm. 1), S. 132.

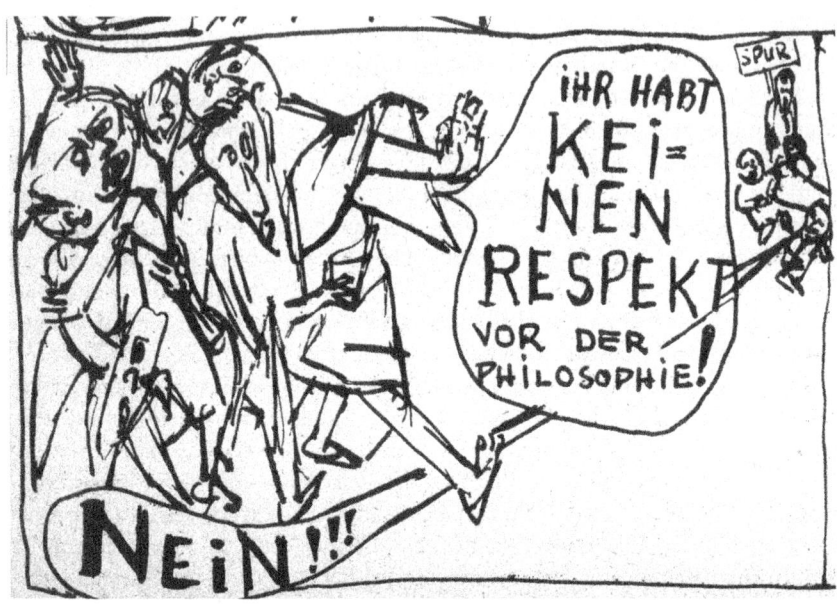

Abb. 7.2 SPUR, Abenteuer des situationistischen Supermanns, SPUR-Heft Nr. 2, 1960
© VG Bild Kunst

nommen: „[D]ann sprach der Geist aus dem Koffer auf Deutsch, Lateinisch und
Hegelianisch, und es war viel die Rede von Kontinuum, Koinzidenz, ästhetischer
Information, Perfektion und Zivilisation, von Zeichenwelt und Signalwelt."[33] Im
zweiten SPUR-Heft 1960 verweigert die Redaktion im „Abenteuer des situationistischen Supermanns" Bense denn auch das Interview. (Abb. 7.2) Auf die Frage „Will
die Redaktion der ‚SPUR' mir [Bense] ein Interview gewähren?" kommt zunächst
die gelangweilte Nachfrage Prems „Schon wieder Bense?" und schließlich die ent-
schiedene Antwort: „Werft ihn hinaus!". Dann der erboste Bense „Ihr habt keinen
Respekt vor der Philosophie!", worauf die SPURisten schreien: „NEIN!!!".

Im siebten und letzten SPUR-Heft vom Oktober 1961 waren dann Haftmann
und Grohmann an der Reihe. Die erste Seite war einem Auszug aus einem – natürlich fiktiven – Briefwechsel zwischen den beiden gewidmet, in dem ironisch über
die SPUR-Zeitschrift bemerkt wurde: „In dem Lärm unserer Tage muss man es
wie ein zartes Geheimnis von Mund zu Mund weitersagen: Es gibt wirklich noch –
Poeten."[34] In den Augen der SPURisten hatte der allwissende Kunstmanager längst

---

[33] Grützinger, Wolfgang (1959). Bense vom Band. In: *Süddeutsche Zeitung*. 27. Januar 1959.

[34] Zit. nach SPUR-Zeitschrift, H. 7 („Album per disegno"), 2. Jg., Oktober 1961, o. S. In:
Danzker, Jo-Anne Birnie (Hrsg.) (2006). *Gruppe SPUR: Ausstellungskatalog Villa Stuck
München*. Hatje Cantz Verlag: München. o. S.

ausgedient angesichts der anarchischen Bestrebungen einer jungen Generation, die sich von nichts und niemandem mehr etwas vorschreiben lassen wollte. Hier zeigen sich nun auch deutlich die Grenzen des „Managers", wie ihn die Wirtschaft kennt, denn der Künstler ist eben kein weisungsgebundener Mitarbeiter. Auch Drucker stellt 1954 bereits in der „Praxis des Managements" fest: „Es gibt nichts Verhängnisvolleres, als Verpflichtungen für eine Gruppe zu proklamieren, die sie gar nicht hat, nichts Gefährlicheres, als sich Verantwortungen anzumaßen. Denn wer Verantwortung sagt, sagt auch Gewalt, Befugnis, Vollmacht."[35] Drucker verstand seine Vorstellung vom Management immer als Teil eines Wirtschaftsunternehmens, dessen Daseinsberechtigung im Liefern von Waren und Diensten besteht. An verschiedenen Stellen seines Buches erinnert er daran, dass andere gesellschaftliche Bereiche unbedingt frei, das heißt dem spontanen, lokalen, vielfältigen Handeln der Bürger überlassen, bleiben müssten. Beispielhaft für einen solchen gesellschaftlichen Freiraum seien unter anderem die Kunstakademien, wie er sich 1954 äußert.[36] Das nun zum folgenden Beispiel eines Kritikers, der sich selbst in jeder Hinsicht dem Kunstsystem verweigerte.

7.5   Albrecht Fabri und der Exorzismus von Denkarten

Albrecht Fabri postulierte wie Bense eine strikt formale, das heißt „artistisch-technische Kritik", die sich ganz auf die Beobachtung des Erscheinenden sowie der Präsenz der materialen Qualitäten konzentrierte. So erklärte Fabri 1951 über das Malen:

> Der Gegenstand dieser Tätigkeit ist ein X. Sie ist im positiven Sinne gegenstands*los*. Es geht dabei weder um das Wahre, noch das Gute, noch das Schöne. Es geht dabei *um nichts*, und dieses Nichts, das die Möglichkeit der Buchführung ausklammert, klammert alles, was jenseits ihrer spielt, ein. Die *raison d'être* des Bildes besteht darin, keiner *raison d'être* zu bedürfen; eben das unterscheidet das Bild von einem Eisschrank. Der Maler malt das Malen, – auch wenn er Landschaften und Stillleben malt, – seit er das nicht mehr tut, nur auf- und augenfälliger als vorher. Vorher waren Missverständnisse möglich; das Bild vorher war zweideutig. Es hatte ein Sujet; der Maler malte ETWAS. Aber auch der abstrakte Maler malt etwas. Was er malt, lässt sich nur nicht mehr anekdotisch resümieren. Er malt, was er malt, nichts sonst: der Rahmen um sein Bild ist ernst gemeint.[37]

---

[35] Drucker 1956 (wie Anm. 8), S. 462.

[36] Vgl. ebd.

[37] Fabri, Albrecht (1995). Rede zur Ausstellungseröffnung „Hann Trier". Galerie der Spiegel, Köln 1951. In: Ders. *Reden zu Ausstellungen von Hann Trier*. Rimbaud: Aachen, S. 9–11, hier S. 9.

Der Begriff des „Publikums" war nach Fabri ein Missverständnis; das wirkliche Publikum der Kunst sah er im Künstler, der den Kritiker in seiner ältesten Erscheinungsform verkörperte. Abstrakte Malerei zeichnete sich dabei durch eine neue Form von Direktheit aus, da die Form aus der unmittelbaren Aktion zwischen Maler, Palette und Leinwand resultiere. Dabei bliebe sie aber dispensiert davon, „Zeichen" zu sein, weshalb sie laut Fabri für viele auch einen „Choc" darstellte, der den Akt des Betrachtens zur Sprachlosigkeit zwang und die radikale Beschneidung jedweder Seitenblickmöglichkeiten bedeutete. Das dem Wort Zugängliche an einem Bild betraf aus seiner Sicht allenfalls das Anekdotische, denn: „Kunst hat keinen Sinn; das Bestreben, ihr um jeden Preis einen zu erfinden, dient der Beruhigung schlechter Gewissen."[38] Auch die biographischen Lesarten der Kunst, die in den fünfziger Jahren zunehmend Konjunktur erhielten, lehnte er ab. „Ist Ihnen schon einmal die Möglichkeit einer Kunstgeschichte aufgegangen", fragte er beispielsweise 1952 provokant, „in der nicht mehr dieses Werk von dem, jenes von dem Meister wäre, sondern alle zusammen von einem einzigen anonymen?"[39] In seinen kunstkritischen Reflexionen untersuchte Fabri als einer der wenigen auch Inhalt und Sprache der Kritik. Kritik müsse demnach autonom und dürfe kein Mittel zum Zweck, wie für Haftmann oder Bense, sein. Analog zur Vorstellung, dass ein Kunstwerk keine gegebene Ordnung der Welt abbilde, sah auch Fabri den Gegenstand der Kritik erst mit der Kritik erzeugt, wobei den Maßstab jeweils das Kunstwerk selbst liefern sollte. „Stimmen kann und braucht", so Fabri, „eine Kritik nämlich, genau genommen, nur in sich selbst."[40]

Kritik war für ihn Selbstzweck und als Medium der Selbstreflexion das Komplement des Kunstwerks. Es gebe in der Kunst laut Fabri ohnehin nichts zu vergleichen; bzw., was sich vergleichen lasse, war nicht von Interesse, da es sich nur um Klischees, Versatzstücke und Konventionen handele. Damit griff er die Vorliebe der zeitgenössischen Kunstkritik, nach Inhalt, Sinn oder Funktion zu suchen, um das Kunstwerk in ein „Dahinter"[41] aufzulösen, direkt und provokant an. Dieser von Fabri maßgeblich betriebene „Exorzismus von Denkarten"[42] blieb zwangsläufig im

---

[38] Fabri, Albrecht (1952a). Der Kunst einen Sinn erfinden. In: *Interview mit Sisyphos*. Verlag Galerie der Spiegel: Köln, S. 14–15.

[39] Fabri, Albrecht (1952b). Interview mit Sisyphos. In: Ders. 1952 (wie Anm. 38), S. 74–79, hier S. 78.

[40] Fabri, Albrecht (1959). Dialog über Kritik (1953). In: Ders.: *Variationen. Essays*. Albrecht Limes Verlag: Wiesbaden, S. 44–52, hier S. 49.

[41] Fabri 1952a (wie Anm. 38), S. 15.

[42] Dörstel, Wilfried (1999). „Leute von gestern vor Bildern von heute, das geht wirklich nicht." Die theoretisch begründete Kunstkritik des Literaten Albrecht Fabri (1911–1998). In: *sediment* Heft 4. Bonn 1999, S. 77–104, hier S. 78.

westdeutschen Diskurs der Fünfzigerjahre eine eigenwillige Außenseiterposition. Seine Bestimmungen ließen sich weder schnell instrumentalisieren noch stellten sie inhaltlich griffige Aussagen dar. Seine Texte verdichtete er in solchem Maß, dass sie zuweilen kaum noch lesbar sind. Auch trennte Fabri erfolgreich seine Person, den „Herrn im grauen oder braunen Anzug"[43], dem man gegenübersitzen konnte, vom Schriftsteller, der nicht einkaufen ging und den man nicht besuchen konnte, da er nichts anderes als „eine Stimme"[44] war. Haftmann sollte als „Manager" genau den entgegengesetzten Weg gehen; Netzwerkpflege gehörte für ihn zum Kerngeschäft. Adorno wollte Fabri vergeblich nach Frankfurt an sein Institut holen; Max Bill und Max Bense gelang es 1957, ihn wenigstens für ein knappes halbes Jahr als Dozent für moderne Literatur an der Hochschule für Gestaltung in Ulm zu verpflichten. Den Lebensunterhalt verdiente er hauptsächlich mit Übersetzungen, Buchhändlerschule und Lektorat; das einträgliche Geschäft der Tageskritiken und „Königsmacherei" – eben des Kulturmanagers – überließ er lieber anderen.

7.6   Die Grenzen des Kulturmanagers

Während Grieshaber 1959 die Bedeutung des Kunstmarktes für das eigene Schaffen als eher marginal einschätzte, wollten die Veranstalter des Kunstgesprächs dagegen mit dem seinerzeit in der jungen Bundesrepublik negativ besetzten Begriff „Managen" gerade darauf aufmerksam machen, dass der zeitgenössische Künstler inmitten eines wirtschaftlichen Geflechts stehe und er sich ihrer Meinung nach offensiv damit auseinander zu setzen habe. „Die moderne Kunst steht nicht mehr auf den Barrikaden – erlauben Sie mir diese militante Ausdrucksweise", erklärte der Mitorganisator Klaus Jürgen-Fischer, „in dem Bürgerkrieg, der ihretwegen in den zwanziger Jahren unseres Jahrhunderts geführt wurde, hat sie längst gewonnen."[45] Im Gegensatz zur prekären Situation im Nachkriegsdeutschland werde die moderne Kunst, so Jürgen-Fischer weiter, Ende der fünfziger Jahre nicht mehr wie ein „Kartenhaus" zusammenfallen, wenn man ihren publizistischen, ökonomischen und gesellschaftlichen Kern hinterfrage. In der Tat war ein derart differenziertes Gespräch erst nach der ersten Documenta 1955 in Kassel, die den Sieg der Abstraktion vor den Augen der Weltöffentlichkeit dokumentierte, möglich. Vorher galt es, die Reihen der Modernen eng geschlossen zu halten im Kampf gegen die „Ewig-

---

[43] Ebd.
[44] Ebd.
[45] Zit. nach Adorno 1959 (wie Anm. 1), S. 66.

gestrigen" wie Hans Sedlmayr oder Werner Hausenstein, die noch weite Teile der Bevölkerung hinter sich wussten. Ein Streit Mitte der Fünfzigerjahre kann abschließend das Phänomen des Kulturmanagers nochmals schlaglichtartig erhellen und zugleich die Grenzen seines Einflusses aufzeigen. Karl Hofer hatte 1948 an die Berliner Hochschule für Bildende Künste den Kunstkritiker Will Grohmann, der ebenso wie Haftmann ein enges Verhältnis zu vielen Künstlern pflegte, geholt. So würdigte Baumeister den Kritiker 1931 als „Vasari unserer Zeit"[46]; 1949 bezeichnete sich Grohmann selbst dem Maler gegenüber als dessen „Eckermann"[47]. Doch ähnlich wie Haftmann distanzierte sich Grohmann vom „nur auf Objektivität bedachte[n] Kritiker", denn „der leidenschaftlich engagierte [Kritiker, S. F.] ist viel eher Entdecker, sieht Neuland, führt in die Zukunft. Er wird manches übersehen und auch mal danebenhauen, aber im Ganzen recht haben, weil er ahnt, wohin die Reise geht."[48] So beurteilte Grohmann die Wiederbegründung der Künstlerbundes 1950 im Detail durchaus kritisch: Von Anfang an sei dieser viel zu groß dimensioniert, da alle früheren Mitglieder unabhängig von ihrem aktuellen Können zunächst einmal einfach aufgenommen wurden. Vor allem die eigene künstlerische Leistung des ersten Vorsitzenden, Karl Hofer, kritisierte Grohmann in den kommenden Jahren immer heftiger. „Grundsätzlich ist zu sagen", so Grohmann weiter, „dass der Glaube der Künstler, sie allein wüssten zu beurteilen, was gut und schlecht ist, irrig ist."[49]

Im Februar 1952 war Baumeister angesichts der ersten Künstlerbundausstellung bereits kurzfristig von einer notwendigen Neugründung des Künstlerbundes überzeugt und meinte, Grohmann solle sie doch selbst mit den ihm wichtig erscheinenden Künstlern in die Hand nehmen. Diese Idee lebte 1954 wieder auf, als die Zeitschrift „Constanze" ein verfälschtes Zitat von Hofer abdruckte, was den sofortigen Künstlerbundaustritt von Baumeister, Nay und Winter zur Folge hatte. Grohmann, der in engem brieflichen Kontakt mit den dreien stand und jegliche Vermittlung Hofer gegenüber in Berlin erfolgreich boykottierte, wandte sich schließlich im November mit folgendem Vorschlag an die Ausgetretenen:

---

[46] Willi Baumeister an Will Grohmann, 19. Januar 1931. Archiv Grohmann.

[47] Will Grohmann an Willi Baumeister, 9. April 1949. Archiv Grohmann.

[48] Grohmann, Will (1962). Erfahrungen eines Kritikers. In: *Das Kunstwerk 16/1962*, S. 336 Vgl. Rudert, Konstanze (Hrsg.) (2012). *Im Netzwerk der Moderne. Kirchner, Braque, Kandinsky, Klee, Richter, Bacon, Altenbourg und ihr Kritiker Will Grohmann.* Ausstellungskatalog. Kunsthalle im Lipsiusbau. Dresden. Hirmer: München.

[49] Grohmann, Will (1953). Der Deutsche Künstlerbund Hamburg 1953. Einige Bemerkungen zur Ausstellungspolitik. In: *Das Kunstwerk 7/1953*, S. 51.

Praktisch stelle ich mir das weitere so vor: Ein Stoßtrupp der Besten, wie Ihr drei, verstärkt durch Schmidt-Rottluff, Uhlmann und Werner, fordern die in Frage kommenden Künstler auf, bei ihrer ersten gut vorbereiteten Ausstellung mitzumachen [...] Es ist nötig, dass die publizistische und propagandistische Gestaltung einer solchen Arbeit von einem guten Fachmann übernommen wird, dem die Öffentlichkeit glaubt, was er sagt und tut.[50]

Damit dachte er natürlich nicht ganz uneigennützig an seine eigene Person. Diese Intention Grohmanns durchschaute allerdings auch der Vorstand des Deutschen Künstlerbundes, der am 24. November 1954 in Berlin tagte. „Hofer bemerkt, dass Grohmann gerne selbst in den Künstlerbund möchte", wurde im Protokoll der Sitzung festgehalten, und Edgar Ende konstatierte, „Grohmann benutze wohl die Situation, um sich und seine Anhänger vorwärts zu bringen."[51] Ein Bericht im Archiv des Künstlerbundes resümierte schließlich: „Grohmann [ist] in der Tat die eigentliche treibende Kraft in der Kontroverse."[52] Mit dem plötzlichen Tod Hofers am 3. April 1955 verlieren sich die Spuren dieser Bemühungen Grohmanns; die Künstler hatten letztlich dem Kulturmanager seine Grenzen aufgezeigt.

Abschließend lässt sich die Situation Ende der Fünfzigerjahre mit zwei Statements aus Baden-Baden brennpunktartig kommentieren. Der Berliner Maler Erwin Buchholz konstatierte weitblickend, dass der allmächtige Kulturmanager ohnehin nur ein Zeitphänomen sei: „Ich sehe im Manager eine Übergangserscheinung. Man kann nicht gegen ihn oder für ihn sein, er ist heute da. Und es kommt auf die Persönlichkeit des Künstlers an. Es liegt am Künstler. Die Kunst geht trotz allem ihre Wege."[53] Hieran schlossen sich die Überlegungen des Stuttgarters Knepper an, der die Ursachen für den enormen Erfolg des Kulturmanagers – im Übrigen vollkommen zu Recht – vorrangig in der Gesellschaft begründet sah:

„Dass gemanagt wird, ist nach meiner Meinung theoretisch entscheidbar nach folgendem simplen Rezept: Wenn einer da ist, dessen Charakter sich zum Managen eignet, wenn eine Gesellschaft da ist, die unsicher genug ist, und wenn ein Objekt da ist, das fragwürdig genug ist, dann frage ich: wer soll den Charakter, der zum

---

[50] Will Grohmann an Willi Baumeister, Ernst Wilhelm Nay und Fritz Winter, 11. November 1954. Archiv Baumeister.

[51] Zit. nach Fischer-Defoy, Christine (2004). „Klee und das in seinem Gefolge Entstandene ist alles andere wie abstrakt". Die Auseinandersetzung zwischen Karl Hofer und Willi Baumeister im Deutschen Künstlerbund. In: Schmidt, Hans-Werner (Hrsg.). *Willi Baumeister. Karl Hofer. Begegnung der Bilder.* Ausstellungskatalog Museum der Bildenden Künste Leipzig. Kerber: Bielefeld, S. 183–191 hier S. 189.

[52] Ebd.

[53] Zit. nach Adorno 1959 (wie Anm. 1), S. 73.

Managen tendiert, daran hindern, es zu machen? Ich drehe an dem Ding, wo ich es erwische, und viele andere tun es auch."[54]

Quellen

Adorno, Theodor W. et al. 1959. *Wird die moderne Kunst ‚gemanagt'? Baden-Badener Kunstgespräche 1959*. Baden-Baden: Agis-Verlag.

Bense, Max. 1961. Die wissenschaftlichen Grundlagen einer möglichen Kunstkritik. In *Kunst, Wissenschaft oder Propaganda? Funktionen der Kunstkritik. Frankfurter Kunstgespräche 1960*, Hrsg. Umbro Apollonio et al., 32–46. Baden-Baden: Agis-Verlag.

Drucker, Peter Ferdinand. 1956. *Praxis des Managements. Ein Leitfaden für die Führungs-Aufgaben in der modernen Wirtschaft*. Düsseldorf: Econ.

Drucker, Peter. 1959. *Landmarks of tomorrow. A report on the „post-modern" world*. New Jersey: Transaction Publishers.

Drucker, Peter Ferdinand. 2001. *Schlüsseljahre. Stationen meines Lebens*. Frankfurt a. M.: Campus.

Fabri, Albrecht. 1995. Rede zur Ausstellungseröffnung „Hann Trier". Galerie der Spiegel, Köln 1951. In *Reden zu Ausstellungen von Hann Trier*, Hrsg. Albrecht Fabri, 9–11. Aachen: Rimbaud.

Fabri, Albrecht. 1952a. Der Kunst einen Sinn erfinden. In *Interview mit Sisyphos*, Hrsg. Albrecht Fabri, 14–15. Köln: Verlag Galerie der Spiegel.

Fabri, Albrecht. 1952b. Interview mit Sisyphos. In *Interview mit Sisyphos*, Hrsg. Albrecht Fabri, 74–79. Köln: Verlag Galerie der Spiegel.

Fabri, Albrecht. 1959. Dialog über Kritik (1953). In *Variationen. Essays*, Hrsg. Albrecht Fabri, 44–52. Wiesbaden: Albrecht Limes Verlag.

Grohmann, Will. 1953. Der Deutsche Künstlerbund Hamburg 1953. Einige Bemerkungen zur Ausstellungspolitik. *Das Kunstwerk* 7:51.

Grohmann, Will. 1962. Erfahrungen eines Kritikers. *Das Kunstwerk* 16:336.

Grützinger, Wolfgang. 1959. Bense vom Band. *Süddeutsche Zeitung*, 27. Januar.

Haftmann, Werner. 1947. Methode des modernen Denkens. Fragment zu einer kulturgeschichtlichen Betrachtung der Gegenwart. *Die Zeit*, 13. März, 4.

Haftmann, Werner. 1960. Nachwort. In *Skizzenbuch. Zur Kultur der Gegenwart*, Hrsg. Werner Haftmann, 290–296. München: Prestel.

Haftmann, Werner. 1991. *E. W. Nay. Erw. Neuausgabe*. Köln: DuMont.

Hentzen, Alfred. 1955. Die Kunst unserer Zeit. Werner Haftmanns Buch über die Neue Malerei. *Die Zeit*, 17. Februar. Nr. 7, 8.

Hildebrandt, Hans. 1931. *Die Kunst des 19. und 20. Jahrhunderts*. Potsdam: Akademische Verlagsgesellschaft.

Hofmann, Werner. 1956. Geschichtsdeutung aus Leidenschaft. *Merkur* 10 (6): 613–617.

Honisch, Dieter. 1976. Freunde danken Werner Haftmann. In *Freunde danken Werner Haftmann. Ausstellungskatalog Neue Nationalgalerie Berlin*, o. S., Hrsg. Dieter Honisch. Berlin: Nationalgalerie.

---

[54] Zit. nach Adorno 1959 (wie Anm. 1), S. 85.

Nay, Ernst Wilhelm. 2002. Rede zur Eröffnung der Ausstellung in der Kölner Galerie Der Spiegel, März 1966. In *Lesebuch. Selbstzeugnisse und Schriften 1931–1968. Bearbeitet von Magdalene Claesges*, Hrsg. Ernst Wilhelm Nay, 271. Köln: DuMont.

Roh, Franz. 1962. *Entartete Kunst*. Hannover: Fackelträger Verlag.

Sedlmayr, Hans. 1978. Zu einer strengen Kunstwissenschaft. Kunstwissenschaftliche Forschungen 1. Berlin 1931. Wiederabgedruckt. In *Kunst und Wahrheit. Zur Theorie und Methode der Kunstgeschichte*, Hrsg. Hans Sedlmayr, 49–80. München: Maeander.

Literatur

Beatty, Jack. 1998. *Die Welt des Peter Drucker*. Frankfurt a. M.: Campus.

Danzker, Jo-Anne Birnie, Hrsg. 2006. *Gruppe SPUR: Ausstellungskatalog Villa Stuck München*. München: Hatje Cantz.

Dörstel, Wilfried. 1999. „Leute von gestern vor Bildern von heute, das geht wirklich nicht." Die theoretisch begründete Kunstkritik des Literaten Albrecht Fabri (1911–1998), 77–104. *sediment Heft 4*. Bonn: Wienand.

Eickhoff, Beate. 2004. *John Anthony Thwaites und die Kunstkritik der fünfziger Jahre*. Weimar: VDG.

Fastert, Sabine. 2008. „Ich habe als europäischer Historiker geschrieben über europäische Malerei" – Werner Haftmanns Prinzipien der Kunstbetrachtung. In *Kunst-Geschichte-Wahrnehmung. Strukturen und Mechanismen von Wahrnehmungskonventionen*, Hrsg. Stephan Albrecht, 311–325. München: Deutscher Kunstverlag.

Fastert, Sabine. 2010. *Spontaneität und Reflexion. Konzepte vom Künstler in der Bundesrepublik Deutschland von 1945 bis 1960*. München: Deutscher Kunstverlag.

Fischer-Defoy, Christine. 2004. „Klee und das in seinem Gefolge Entstandene ist alles andere wie abstrakt". Die Auseinandersetzung zwischen Karl Hofer und Willi Baumeister im Deutschen Künstlerbund. In *Willi Baumeister. Karl Hofer. Begegnung der Bilder*. Ausstellungskatalog Museum der Bildenden Künste Leipzig, Hrsg. Hans-Werner Schmidt, 183–191. Bielefeld: Kerber.

Rudert, Konstanze, Hrsg. 2012. *Im Netzwerk der Moderne. Kirchner, Braque, Kandinsky, Klee, Richter, Bacon, Altenbourg und ihr Kritiker Will Grohmann*. Ausstellungskatalog. Kunsthalle im Lipsiusbau. Dresden. München: Hirmer.

Walther, Elisabeth, Hrsg. 1990. *Zeichen von Zeichen für Zeichen*. Baden-Baden: Agis.

Auf dem Weg zur documenta. Die Wochenzeitung DIE ZEIT und ihr Autor Werner Haftmann spiegeln und gestalten Positionen bildender Kunst in Westdeutschland

Kirsten Fitzke

> *Das gute Feuilleton ist oft hintergründig, verschlagen, ein Wolf im Schafspelz [...]. Ich sage das natürlich nicht, um zu warnen; ich sage es, um die Angst zu vervielfachen. Der Nationalsozialismus hat das Feuilleton überhaupt verboten [...]. Aber auch das Führerprinzip der unheilbar Humorlosen hat es nicht auszurotten vermocht [...]. Das Feuilleton [...] hat das tausendjährige Reich überdauert! [...]. Also dürften wir wohl 1946 mit immerhin einiger Zuversicht in eine auch für dieses Kunsthandwerk glückliche Zukunft sehen und behaupten: das alte Feuilleton ist keineswegs tot, es lebe das neue Feuilleton!*
> *(Hajek 1946, Kleinmacht Feuilleton. DIE ZEIT. 25.7.1946.).*

Hans Hajek beschreibt im Juli 1946 in der Wochenzeitung DIE ZEIT die Aufbruchstimmung, mit der die Mitarbeiter der Feuilletonredaktion nach Kriegsende an die Arbeit gehen. 1933 war die Blütezeit der Kunstkritik während der Zeit der Weimarer Republik mit der nationalsozialistischen Gleichschaltung der deutschen Presse beendet worden. Joseph Goebbels hatte – Hajek spielt darauf in seinem Beitrag an – am 27. November 1936 die Situation nochmals verschärft, indem er die von ihm als zersetzend eingestufte Kunstkritik kurzerhand verbot. An ihre Stelle trat der

K. Fitzke (✉)
Osnabrück, Deutschland
E-Mail: kirsten.fitzke@t-online.de

G. Panzer et al. (Hrsg.), *Beziehungsanalysen. Bildende Künste in Westdeutschland nach 1945*, 151
Kunst und Gesellschaft, DOI 10.1007/978-3-658-02917-3_8,
© Springer Fachmedien Wiesbaden 2015

‚Kunstbericht'.[1] Mit ihm wurde der Schlussstrich vorbereitet, den die Nazis wenig später mit der Münchner Ausstellung ‚Entartete Kunst' unter die Moderne setzen werden.[2]

Als die Hamburger Wochenzeitung DIE ZEIT am 21. Februar 1946 erstmals erscheint, ist es das Ziel der vier Herausgeber – es handelt sich um den von den Nazis entlassenen ehemaligen Hamburger Stadtbaurat Richard Tüngel, den Verlagskaufmann Ewald Schmidt di Simoni, den ehemaligen Chef der ‚Berliner Illustrierten' Lovis H. Lorenz und den Hamburger Rechtsanwalt Gerd Bucerius – eine Wochenzeitung zu etablieren, die „geistige Belastungen einer untergegangenen Epoche"[3] beseitigt. Dies könne nach Meinung der Herausgeber nur geschehen, „wenn wir den Mut haben, ungeschminkt die Wahrheit zu sagen, selbst wenn sie schmerzlich ist, und das wird leider häufiger sein."[4] Um neues Vertrauen wachsen zu lassen, brauche es eine Atmosphäre „unbestechlicher Wahrheit".[5]

Bereits im Gründungsjahr zeigt die Berichterstattung über bildende Kunst deutlich, dass ein dichtes Geflecht – ein Netzwerk – zwischen der Kulturredaktion und den westdeutschen Ausstellungsmachern besteht. Viele Autoren sind Kunsthistoriker, die in den Nachkriegsjahrzehnten das Kunstgeschehen in Westdeutschland prägen werden. Richard Tüngel, zunächst Feuilleton-Chef des Hauses, schreibt hierzu rückblickend: Die neuen Aufgaben als Chef des Feuilletons seien schnell verhältnismäßig leicht zu bewältigen gewesen, da sich aus der englischen und der amerikanischen Besatzungszone „vorzügliche Mitarbeiter anboten, die froh waren, schreiben zu dürfen, was sie in der Nazizeit hatten in sich aufstauen müssen".[6]

Mit dieser Mannschaft geht die positive Prognose auf, die Hans Hajek in seinem Text ‚Kleinmacht Feuilleton' vornimmt. DIE ZEIT erscheint zunächst in einer Auflage von 25.000 Exemplaren, umfasst bis 1948 acht Seiten und ist von 1947 an in

---

[1] In dem Erlass heißt es: „An die Stelle des Kritikers tritt der Kunstschriftleiter […]. Nur Schriftleiter werden in Zukunft Kunstleistungen besprechen können, die mit der Lauterkeit des Herzens und der Gesinnung des Nationalsozialisten sich dieser Aufgabe unterziehen." [O.A. (1936). Kunstkritik gesetzlich verankert. Anordnung des Reichsministeriums für Volksaufklärung und Propaganda über Kunstkritik vom 27.11.1936. In: Völkischer Beobachter. 28.11.36, gedr. in: Wulf, Joseph (1963). *Die Bildenden Künste im Dritten Reich. Eine Dokumentation.* Mohn: Gütersloh, S. 119–120.].

[2] Zur Einordnung des Erlasses in den Kontext der Münchner Schmach-Schau vgl. bspw. Thomae, Otto (1978). *Die Propaganda-Maschinerie. Bildende Kunst und Öffentlichkeitsarbeit im Dritten Reich.* Mann: Berlin, S. 134.

[3] O.A. (1946). Unsere Aufgabe, in: *DIE ZEIT.* 21.2.1946.

[4] Ebd.

[5] Ebd.

[6] Tüngel , Richard; Berndorff, Hans Rudolf (2004). *Stunde Null. Deutschland unter den Besatzungsmächten.* Matthes & Seitz: Berlin. Zuerst unter dem Titel *Auf dem Bauche sollst Du kriechen ... Deutschland unter den Besatzungsmächten.* Berlin 1958 (2004).

allen drei Westzonen zu kaufen.[7] In kulturellen Fragen wird die Hamburger Wochenzeitung schließlich ein Leitmedium Westdeutschlands.[8] Exemplarisch zeichnen die nachfolgenden Ausführungen das inhaltliche Konzept der Kulturberichterstattung sowie die Verwebungen zwischen Autoren und Ausstellungskuratoren nach. Das prominenteste Beispiel für die Doppelfunktionen der ZEIT-Mitarbeiter ist dabei der „spiritus rector"[9] der documenta von 1955: Werner Haftmann. Die Berichterstattung der Kulturredaktion zeigt deutlich, dass es signifikante Übereinstimmungen zur inhaltlichen Konzeption der ersten documenta gibt. Haftmann folgt bei der Auswahl der Werke für die Kunstausstellung in wesentlichen Zügen seinem 1954 veröffentlichtem Buch ,Malerei im 20. Jahrhundert'. Martin Schieder hat zudem herausgearbeitet, dass Haftmann seinen Blick auf die Moderne insbesondere an den Ausstellungen schulte, die die Alliierten nach dem Krieg in Westdeutschland zeigten.[10] Nachfolgend wird deutlich, dass sich diese Positionen über Jahre hinweg auch in der ZEIT finden, obwohl die Wochenzeitung auch jenseits der Kunstausstellungen der Alliierten berichtet.[11] DIE ZEIT spiegelt das Kunstgeschehen in Westdeutschland und Berlin. Die Autoren setzen verhältnismäßig selten mit frei gewählten Künstlerporträts Schwerpunkte. Bei der zum

---

[7] Vgl. Janßen, Karl-Heinz et al. (2006). *DIE ZEIT. Geschichte einer Wochenzeitung 1946 bis heute.* Siedler: München, S. 25. Ferner Köpf, Peter (1995). *Schreiben nach jeder Richtung. Goebbels-Propagandisten in der westdeutschen Nachkriegspresse.* Links: Berlin, S. 154.

[8] In den ersten Jahren ist eine Schwerpunktsetzung in den Bereichen Literatur und Musik zu verzeichnen, später sind Film- und Radiokritiken zudem fester Bestandteil des redaktionellen Konzepts.

[9] Zu dieser Einschätzung gelangt auch Martin Schieder [Schieder, Martin (2002). Die documenta I (1955). In: *Deutsche Erinnerungsorte, hrsg. von Etienne François und Hagen Schulze, Bd. II,* 2. Aufl. Beck: München, S. 637–651, hier S. 638]. In der Forschung wurde lange Zeit über die Bewertung von Haftmanns Leistung diskutiert. Auch wenn der Kunsthistoriker sicherlich keinen Alleingang bei der inhaltlichen Ausrichtung vornehmen konnte, so war er doch maßgeblich mit der Auswahl der Werke betraut, während der Initiator der documenta, Arnold Bode, sich insbesondere für die unkonventionelle Ausstellungsarchitektur verantwortlich zeichnete [vgl. Sonntag, Dina (1999). *Zugriff auf die Moderne. Fallstudien zu Kunstwissenschaft und Kunstausstellung um 1950.* Diss. Univ. Stuttgart. Dissertation.de: Berlin. bes. S. 107].

[10] Schieder 2002, S. 641.

[11] Schieder betont, dass diese Ausstellungen von Büchern und Publikationen in Zeitschriften, Rundfunksendungen sowie von Vortragsveranstaltungen didaktisch begleitet wurden [Schieder 2002, S. 641]. Von den Ausstellungen in der ,Zone d'occupation', die Schieder hinsichtlich der documenta-Konzeption als wichtig erachtet – ,Moderne französische Malerei' (1946), ,Deutsche Kunst der Gegenwart' (1947), ,Meister französischer Malerei der Gegenwart' (1947) – wird lediglich die ,Moderne französische Malerei' in der ZEIT durch Egon Vietta umfangreich besprochen [vgl. Vietta, Egon (1946). Große ,Peinture'. In: *DIE ZEIT.* 17.10.1946.].

‚Mythos documenta' stilisierten Veranstaltung verfolgt Haftmann folglich Strate-
gien, die durch die Presse beziehungsweise die in Deutschland auch als Kuratoren
wirkenden Autoren der ZEIT – nicht zuletzt durch ihn selbst – seit langem vorbereitet und verbreitet worden sind.[12]

Gänzlich neu ist das von Hans Hajek gefeierte „neue Feuilleton" auch in dieser Aufbruchszeit nicht. Ein Blick auf die Autoren der Kulturabteilung zeigt, dass
in der Redaktion schon in den ersten Wochen Tradition auf Moderne trifft und
auch wichtige Namen der NS-Publizistik beim Neuanfang weiterhin vertreten sind.
Zwar schreiben einerseits etablierte und politisch unbelastete Kunsthistoriker wie
der Hamburger Kunsthallendirektor Carl Georg Heise von Anfang an für das Blatt.
Heise war von 1920 bis 1933 Leiter des Behn-Hauses in Lübeck, wo er sich besonders für den Expressionismus stark machte. Sein Engagement für die Moderne
hatte 1933 dazu geführt, dass er seinen Platz räumen musste.[13] Werner Haftmann
gehört ebenfalls von 1946 an zum festen Stab der freien Mitarbeiter. Auch bei der
documenta II und der documenta III wird er die kunsthistorische Leitung haben.[14]
Zwei Jahre später beginnt Eduard Trier für die Wochenzeitung zu arbeiten. Der
Kunsthistoriker wird 1959 die Aufgaben eines Ausstellungskurators bei der documenta II übernehmen und den Einleitungstext für den Band zu den Skulpturen
verfassen. 1964 ist er in den Ausschüssen für Malerei, Skulptur und Druckgrafik
der documenta III vertreten.[15] Zu den regelmäßigen Autoren der Wochenzeitung
gehört auch Alfred Hentzen, der nach dem Krieg die Kestner-Gesellschaft in Han-

---

[12] Ob sich diese Tendenzen nur bei der ZEIT oder nur in westdeutschen Medien finden,
müssten weitere Untersuchungen zeigen. DIE ZEIT unterlag anfänglich wie alle Zeitungen
der Zensur der Alliierten; die Artikel mussten vor Drucklegung freigegeben werden. Wie
groß die Eingriffe im Bereich der Kulturberichterstattung waren, kann auf Grund der vorliegenden Quellen und Berichte nicht nachgezeichnet werden.

[13] Vgl. Kracht, Isgard (2007). Verehrt und verfemt. Franz Marc im Nationalsozialismus. In:
Fleckner, Uwe (Hrsg.). *Angriff auf die Avantgarde. Kunst und Kunstpolitik im Nationalsozialismus.* Akademie Verlag: Berlin, S. 307–377, hier S. 360.

[14] Haftmann hatte bereits in den dreißiger Jahren über zeitgenössische Kunst geschrieben
und hält noch im Dezember 1934 in der Zeitung ‚Kunst und Nation' der nationalsozialistischen Kunstpolitik entgegen, man könne „platterdings keine Zeit, und sei sie selbst unsere
moderne, diffamieren, indem man sie als ‚chaotisch' abtut." [Haftmann, Werner (1934). Zur
Vielfältigkeit deutsche Kunst. In: *Kunst der Nation.* 2.12.1934.]. Sein erster Beitrag ‚Kenn-
zeichen der Moderne', in dem er sich mit mehreren Hamburger Ausstellungen beschäftigt,
erscheint am 1. August 1946 in der ZEIT.

[15] Vgl. Trier, Eduard (1959). Skulptur nach 1945. In: *II. documenta 1959. Kunst nach 1945,
Bd. II Skulptur.* Ausst.-Katalog 11.7.-11.10.1959. Kassel. DuMont Schauberg: Köln, S. 9–14.
Vgl. ferner die Besetzung der Ausschüsse des documenta-Rates 1964, in: O.A. (1964). Ausst.-
Kat. *documenta III. Internationale Ausstellung, Malerei und Skulptur.* DuMont Schauberg,
Köln, S. VII–VIII.

nover wieder aufbaut und 1955 Heises Nachfolger in der Hamburger Kunsthalle werden wird. Hentzen sitzt im Arbeitsausschuss der ersten documenta und ist ebenfalls Mitglied im Ausschuss für Malerei, Skulptur und Druckgrafik der documenta III.[16] Andererseits zählen auch noch vor wenigen Monaten mit den Nazis sympathisierende oder zumindest deutlich als Mitläufer auszumachende Kritiker wie Paul Fechter zum festen Autorenstamm. Fechter hatte schon zur Zeit des Deutschen Kaiserreiches für die ‚Vossische Zeitung', ‚Dresdner Neueste Nachrichten' und ‚Kunst und Künstler' geschrieben. Während der Weimarer Republik lieferte er Beiträge für die ‚Weissen Blätter' und arbeitete als Feuilletonredakteur bei der ‚Deutschen Allgemeinen Zeitung'. Zwar trat Fechter dabei entschieden für den Expressionismus ein. Allerdings findet sich in seinen Schriften „ein nationalistisch unterfütterter Konservatismus, der in den Jahren 1932 bis 1934 nicht selten die Nähe zur Macht sucht und signifikante Übereinstimmungen mit der nationalistischen Ideologie erkennen lässt."[17] National-konservative Tendenzen lassen sich bei Fechter sogar weit früher ausmachen.[18] So sprach der Kritiker sich 1924 für die Entfernung von Otto Dix' Gemälde ‚Schützengraben' aus dem Kölner Wallraf-Richartz-Museum aus. Seine Begründung: Dix' Arbeit sei wie das „politische Tendenzgeschwätz in den […] Blättern von George Grosz" kein „Dokument deutscher Gesinnung".[19] Nach dem Krieg zeugen Fechters Texte für DIE ZEIT oftmals von seinen Versuchen, sich von der einstigen Nähe zur NS-Ideologie zu distanzieren.[20]

Wie Fechter war auch Peter Bamm, der unter dem Pseudonym Peter Quast schon 1946 für das Feuilleton der ZEIT schreibt, politisch bei weitem nicht unbelastet. Seine Leitartikel wurden bis zum Zusammenbruch des Dritten Reiches auf einer Seite mit denen von Joseph Goebbels in ‚Das Reich' gedruckt.[21] Ferner findet

---

[16] Vgl. ebd. S. VII–VIII. Ferner zählen beispielsweise Städel-Direktor Ernst Holzinger sowie der von 1955 an zum Komitee der Darmstädter Gespräche gehörende Egon Vietta – mit bürgerlichem Namen Egon Fritz – und der Kustos und spätere Direktor des Kupferstichkabinetts der Hamburger Kunsthalle Wolf Stubbe zu den Kunstkritikern der ZEIT.

[17] Zeising, Andreas (2008). Revision der Kunstbetrachtung. Paul Fechter und die Kunstkritik der Presse im Nationalsozialismus. In: Heftrig, Ruth et al. (Hrsg.). *Kunstgeschichte im ‚Dritten Reich'. Theorien, Methoden, Praktiken*. Akademie Verlag: Berlin, S. 171–186, S. 173.

[18] Vgl. ebd.

[19] Fechter, Paul (1924). Der Kölner Dix. In: *Deutsche Allgemeine Zeitung*. 8.7.1924.

[20] Oftmals wählt er hierfür Künstler, deren Diffamierung schon den Nazis nicht vollständig gelungen war. Neben Franz Marc gilt dies insbesondere für Ernst Barlach und Käthe Kollwitz. Vgl. hierzu grundlegend Kracht 2007.

[21] Zu Bamm vgl. Köpf 1995, S. 153–159. Vgl. hier auch die Verflechtungen weiterer ZEIT-Autoren mit der Nazi-Presse.

sich der Beckmann-Forscher Eberhard Göpel auf der Autorenliste der Wochen-
zeitung. Göpel war während des Nationalsozialismus Sonderbeauftragter für das
Führermuseum in Linz und wirkte an der Beschlagnahmung und Verwertung von
Kunstwerken in Holland und Frankreich mit.[22]

Damit zum Jahr 1946: In der Redaktion sind sich die Verantwortlichen darüber im Klaren, dass im Nachkriegsdeutschland mit seinen zerbombten Städten
der Alltag noch immer auf das Überleben ausgerichtet ist. Peter Bamm vergleicht
in einem unter seinem Pseudonym Peter Quast veröffentlichten Text die Situation
der Menschen im April 1946 mit der eines Schiffbrüchigen auf einer Insel, der im
Überlebenskampf seinen Besitz an das Meer verloren hat:

> Daß er durch die Brandung keine Plastik von Rodin [...] gerettet hat, das wird er
> verschmerzen müssen [...] Wenn in seinem Herzen etwas haften geblieben ist von
> der Schönheit der Welt, wie Rodin sie gesehen [...], dann wird er irgendwann ein-
> mal imstande sein, aus den Erinnerungen seines Herzens die Schönheit neu zu
> erschaffen.[23]

Eben diese Erinnerungen scheinen die Autoren bei ihren Lesern wieder wecken zu
wollen. Im Zentrum stehen dabei oftmals die Künstler, deren Namen die Nazis un-
wiederbringlich ausgelöscht wissen wollten – diejenigen, die in Deutschland über
ein Jahrzehnt lang als ‚entartet' galten. Ohne diese konkret zu benennen, wird zudem immer wieder an die Folgen erinnert, die die nationalsozialistischen Diffamie-
rungs- und Verbotsaktionen für das Kunst- und Kulturleben hatten. Zudem weisen
die Autoren auf die nun bestehende Aufgabe hin, nach neuen Formen und Inhalten
für eine zeitgenössische Kunst zu suchen. Dies führt jedoch nicht zu einer Auseinandersetzung mit den Arbeiten, die von 1945 an in deutschen Ateliers entstehen.
Grundsätzlich trifft für die Berichte der ZEIT zu, was insgesamt für den Umgang
mit Kunst nach 1945 im Westen Deutschlands festzustellen ist: Die Kunsthistoriker
reagieren auf das Ende des Dritten Reichs, indem sie sich mit der zuvor verfemten
Kunst der Moderne befassen. Als ‚Gegenwartskunst' präsentieren Ausstellungen in
den ersten Jahren überwiegend Arbeiten, die vor 1933 entstanden waren.[24] Werner
Haftmann begründet dies im August 1946: „Nach der Unterbrechung der Folge-

---

[22] Fuhrmeister, Christian; Kienlechner, Susanne (2008). Tatort Nizza: Kunstgeschichte zwischen Kunsthandel, Kunstraub und Verfolgung. Zur Vita von August Liebmann Mayer, mit
einem Exkurs zu Bernhard Degenhart und Bemerkungen zu Erhard Göpel und Bruno Lohse.
In: Heftrig, Ruth et al. (Hrsg.). *Kunstgeschichte im ‚Dritten Reich'. Theorien, Methoden, Praktiken*. Akademie Verlag: Berlin, S. 405–429, hier S. 423.

[23] Quast, Peter (1946). Am anderen Ufer. In: *DIE ZEIT*. 4.4.1946.

[24] Vgl. Damus, Martin (1995). *Kunst in der BRD 1945–1990. Funktionen der Kunst in einer
demokratisch verfaßten Gesellschaft*. Rororo: Reinbek bei Hamburg, S. 43.

richtigkeit der geistig-theoretischen Arbeit [...] ist es heute notwendig, die Denk-vorgänge an der Stelle wieder aufzunehmen, wo sie fallengelassen wurden"[25] – also im Jahr 1933 und nicht im Jahr 1946.

Für DIE ZEIT zeigt sich dies beispielsweise bei dem Beitrag ‚Franz Marc zum Gedächtnis' in der zweiten Nummer vom 28. Februar 1946. Hierbei handelt es sich um einen der wenigen Texte, der nicht auf eine Ausstellung zurückgeht. Der Autor ist Kunsthallendirektor Carl Georg Heise.[26] In seinem ersten Beitrag für DIE ZEIT über Franz Marc zu schreiben, dürfte jedoch nicht in kulturpädagogischen Überlegungen, sondern in einer persönlichen Vorliebe des Autors begründet sein. Heise war auch während der Nazi-Zeit für den Maler eingetreten. Anlässlich der Gedächtnisausstellungen zum 20. Todestag des Künstlers in Hannover und Berlin hatte er dazu aufgerufen, das viel zu früh beendete Werk des Malers zu bewahren.[27] In seinem Beitrag für DIE ZEIT versucht Heise, Marc aus der Gruppe der ‚Entarteten' fortan dauerhaft herauszunehmen, da „viele [...] nicht einmal geneigt sein [werden], ihn [gem. ist Franz Marc] überhaupt jener ‚verfemten' Kunstpolitik zuzurechnen, die selbst heute nach Aufhebung der nationalsozialistischen Kunst-diktatur weiterhin zweifelhaften Klang behalten hat."[28]

Franz Marc war tatsächlich zwischen 1933 und 1945 zwiespältig besprochen worden: Obwohl er freilich seit der Eröffnung der Ausstellung ‚Entartete Kunst' im Juli 1937 zu den ‚Entarteten' zählte, gab es bis 1939 öffentliche Ausstellungen seiner Arbeiten.[29] Der Maler ist nach dem Krieg folglich wieder relativ leicht beim Publikum zu etablieren, war er ungeachtet der nationalsozialistischen Kulturpolitik bis 1945 doch eine feste Größe in Deutschland.[30] Arbeiten wie ‚Turm der Blauen Pferde' sind tatsächlich, wie Heise in seinem Beitrag feststellt, „in vielen ausge-zeichneten Reproduktionen verbreitet und nahezu volkstümlich geworden".[31] Noch 1966 schreibt Heise in der ‚Neuen Züricher Zeitung', dass Marcs Popularität „selbst

---

[25] Ebd., S. 43.

[26] Heise, Carl Georg (1946). Franz Marc zum Gedächtnis (Gefallen am 4. März 1916). In: *DIE ZEIT*. 28.2.1946. Dieser und die weiteren im Beitrag benützten Artikel sind exemplarische Beispiele für die Tendenzen in der Kunstberichterstattung der ZEIT bis 1955.

[27] Ebd.

[28] Ebd.

[29] Sein ‚Turm der blauen Pferde' wurde durch das Einschreiten einstiger Regimentskame-raden nach kurzer Zeit aus der Ausstellung genommen; auch auf der anschließenden Wan-derausstellung war Marc nicht mehr vertreten. Dennoch verschwinden im Zuge der Aktion ‚Entartete Kunst' fast alle Werke von Marc aus den Museen [vgl. Kracht 2007, S. 309, 356].

[30] Vgl. ebd.

[31] Heise 1946, S. 5. Dies belegen auch die Abbildungsanfragen für ‚Turm der blauen Pferde' an die Berliner Nationalgalerie [vgl. Kracht 2007, S. 362].

in der Nazizeit trotz offizieller Verfemung kaum nachgelassen hatte."[32] Zudem sind Form und Gehalt seiner Arbeiten nach Kriegsende sicherlich deutlich zugänglicher als die ebenfalls von den Nazis angeprangerten sozialkritischen Arbeiten der Weimarer Republik wie beispielsweise von Otto Dix oder George Grosz.[33]

Heise erinnert zudem an den Kriegstod Marcs an der französischen Westfront im Ersten Weltkrieg und beschwört damit die kollektive Trauer der Deutschen, die auch der Zweite Weltkrieg brachte. Nachdem der Maler am 4. März 1916 bei einem Granateinschlag vor Verdun tödlich verwundet worden war, wurde sein „Heldentod" zumeist mit seiner Kunst verknüpft und verklärt.[34] Selbst die Nazis nutzten seine ‚Briefe aus dem Feld' zur geistigen Mobilmachung.[35] Der Kunsthallendirektor schreibt, „daß der Nimbus des Frühvollendeten den Künstler umgibt, der als Gefallener des Ersten Weltkrieges schon aus diesem Grunde ein Anrecht auf die Achtung seiner Nation erheben darf – ‚Heldentod' scheint ‚Entartung' auszuschließen."[36]

Der Verweis, dass ein Künstler unter den Nazis als ‚entartet' galt, findet sich nicht nur bei Marc und nicht nur in den Anfangsjahren der ZEIT. Bis in die späten fünfziger Jahre hinein wird auf den Umgang der Nazis mit den jeweiligen Künstlern verwiesen und allgemein auf die Folgen der nationalsozialistischen Kunstdiktatur aufmerksam gemacht:[37] In der Ausgabe vom 11. April 1946 findet sich der Hinweis, das graphische Werk von Max Beckmann werde jetzt zum ersten Mal seit dem verhängnisvollen ‚Tag der deutschen Kunst' in Deutschland wieder öffentlich in einer Ausstellung gezeigt. Nach einer Beschreibung der Arbeitsweise Beckmanns heißt es dort: „Wie alle guten modernen deutschen Künstler galt er bei den Nazis als entartet."[38] Mehr als ein Jahr später beginnt der Beitrag zu einer Beckmann-Ausstellung noch immer mit dem Verweis, dass dessen Arbeiten während der

---

[32] Heise, Carl Georg (1966). Erinnerung an Franz Marc. In: *Neue Züricher Zeitung*. 5.3.1966.

[33] So wurde Dix' Zyklus ‚Der Krieg' bspw. schon während der Zeit der Weimarer Republik auch von Vertretern aus dem sozialdemokratischen Lager abgelehnt [vgl. hierzu Fitzke, Kirsten (2009). Allegorie versus Realismus - Die Debatte um Otto Dix' Zyklus ‚Der Krieg' im Geraer Stadtrat 1925. In: *Jahrbuch für Kunst und Kultur Mitteldeutschlands 16*, S. 141–149.]. Zur Ablehnung des Gemäldes ‚Kriegskrüppel' (1920) im Jahr 1933 vgl. Fitzke, Kirsten (2011). Helden sehen doch anders aus - Eine Begegnung zwischen Krüppeln auf der Leinwand und den Invaliden auf der Straße. In: Kunstsammlung Gera (Hrsg.). *Otto Dix retrospektiv. Zum 120. Geburtstag*. Ausst. Kat, S. 89–94.

[34] Vgl. Kracht 2007, S. 309–314.

[35] Vgl. ebd., S. 358.

[36] Heise 1946, S. 5.

[37] So bspw. in dem Beitrag von Frenzel, Christian Otto (1958). „Einfach sein - nicht dürftig!". Oskar Schlemmers Briefe und Tagebücher sind allgemeingültige Dokumente der Zeit zwischen 1910 und 1943. In: *DIE ZEIT*. 27.11.1958.

[38] O.A. (1946a). Kulturmeldungen. In: *DIE ZEIT*. 11.4.1946.

Nazi-Zeit verboten waren: „Nur ein kleiner Kreis von Freunden hatte die große Entwicklung seiner Kunst in den dreißiger Jahren im Berliner Atelier miterleben dürfen."[39] 1949 erscheint in einem Beitrag über Oskar Schlemmer der Hinweis: „Von seiner späten Entwicklung seit dem Jahre 1933, als ihn die Nazis verstießen, bis zum Jahre 1943, in dem er starb, war bisher der Öffentlichkeit nicht viel bekannt geworden."[40] Erstmals erwähnt Carl Georg Heise 1949 auch wieder Frans Masareel – der Anlass ist der 60. Geburtstag des Künstlers – und berichtet „zur Zeit des Nationalsozialismus wurde er [...] in Deutschland verfemt; die Restauflagen seiner Bücher wurden verbrannt."[41]

Die Verunglimpfung der Vertreter der Moderne durch die Nazis wird nach 1945 zum gruppenbildenden Kriterium im deutschen Ausstellungsbetrieb. Kritik an diesem Vorgehen äußert im November 1955 Eduard Trier. Er urteilt über eine Ausstellung im Leverkusener Museum Schloss Morsbroich, dass die 26 hier gezeigten ‚Ausgewanderten Maler' – unter ihnen Max Beckmann und Rolf Nesch – lediglich verbinde, dass sie Deutschland verlassen haben.[42] Solche Auswahlkriterien werden von vielen Journalisten kritisch begleitet. So stellt auch Werner Haftmann anlässlich einer vom ‚British Council' zusammengestellten Ausstellung moderner englischer Kunst fest, dass diese sich wirksam „von der meist chaotischen und lächerlichen Weise, mit der man heute bei uns Ausstellungen deutscher moderner Kunst fürs Ausland zusammenzustellen pflegt"[43], abhebt.

Da DIE ZEIT neben wenigen Beiträgen anlässlich von Todes- und Jahrestagen aber nur dann über Künstler schreibt, wenn diese in bedeutenden Ausstellungen gezeigt werden, ergibt sich in den Anfangsjahren der Wochenzeitung zwangsläufig eine thematische Auswahl wie sie sich ganz ähnlich bei Ausstellungen findet: Die behandelte Kunst ist nicht durch Stilrichtungen, sondern durch das Stigma ‚entartet' gekennzeichnet und wird durchweg positiv besprochen. Auffällig ist dabei jedoch, dass den Künstlern, die schon zur Zeit der Weimarer Republik mit sozial-

---

[39] Hentzen, Alfred (1947). Die Welt des Malers Max Beckmann. Zur Ausstellung des Kunstvereins in Hamburg. In: *DIE ZEIT*. 15.5.1947, S. 5.

[40] Rabe, Martin (1949). Zum Gedächtnis Oskar Schlemmer. In: *DIE ZEIT*. 20.10.1949. Um die Leser nicht zu verwirren, schreibt Tüngel, dessen Name später zumeist unter den politischen Leitartikeln zu finden ist, von 1948 an seine Texte für das Feuilleton oftmals unter dem Pseudonym Martin Rabe. [Vgl. Janßen et al. 2006, S. 33; Vgl. auch: Prüver Christina (2009). *Willy Haas und das Feuilleton der Tageszeitung ‚Die Welt'*. Diss. Humboldt Univ. Berlin. Königshausen & Naumann, Würzburg, S. 43.]

[41] Heise, Carl Georg (1949). Prediger und Ankläger. Betrachtungen zum Werk Frans Masareels. In: *DIE ZEIT*. 4.8.1949.

[42] Vgl. Trier Eduard (1955). Ausgewanderte Maler. In: *DIE ZEIT*. 13.10.1955.

[43] Haftmann, Werner (1948a). Zeitgenössische britische Malerei. In: *DIE ZEIT*. 23.2.1948.

kritischen Arbeiten für Skandale gesorgt hatten, zunächst kein Platz eingeräumt wird. Platz gibt die Redaktion in den Anfangsjahren hingegen Ausstellungen, die Alte Meister und französische Impressionisten zeigen, welche während des Krieges nicht zu sehen waren. Noch 1948 jubelt Werner Haftmann: „Mit innigem Vergnügen sehen wir die herrlichen Schätze unserer Museen wieder ans Tageslicht steigen. Die alten Meister! "[44] Für die allermeisten Beiträge scheint jedoch zu gelten, dass die Leser mit ihnen wieder an die Vertreter der Moderne herangeführt werden sollen, deren Arbeiten während der Nazi-Zeit beispielsweise als „gemalter Hexenspuk" (Nolde) präsentiert wurden.[45] So wird in der ZEIT auch der Versuch unternommen, die Leser an den Geschehnissen teilhaben zu lassen, von denen während der Nazi-Zeit nicht zu lesen war. In seinem Artikel ‚Begegnung mit befreiter Kunst' erinnert Bruno E. Werner beispielsweise an den Tod und die Beisetzung Ernst Barlachs 1938:

> Hoch im Dämmer schwebt ein gewaltiger Engel mit gescheitelter Mähne. Darunter steht ein mit Blumen bedeckter einfacher Sarg. Neben dem Sarg sitzt allein auf einem Stuhl eine alte Frau. Ihr Gesicht gleicht dem des Engels. Man fragt sich, ob es das Modell zum Antlitz jenes schwebenden Skulpturenblocks ist und plötzlich sieht man: es ist Käthe Kollwitz […], die von ihrem Freund Abschied nehmen will. Denn in dem Sarg liegt Ernst Barlach […], der durch das Verhalten seiner Umwelt in erschreckende Lebensangst getrieben worden war […] Es war eine Trauerfeier, zu der sich nur wenige hingewagt hatten, anders als jene ein Dezennium frühere, als zwischen den Rauchsäulen der Feuerbecken der Sarg des toten Corinth vor dem Tempel der Nationalgalerie weihevoll aufgebahrt worden war.[46]

Hier klingt die Isolation an, der die Vertreter der Moderne in Deutschland während der Nazi-Zeit ausgesetzt waren. Die Kulturpolitik der Nationalsozialisten wird jedoch in ihrer vernichtenden Realität in der ZEIT kaum geschildert. Umso erstaunlicher ist es, dass ausgerechnet Paul Fechter 1946 über die Ermordung der Bildhauer Kurt Schuhmacher und Oda Schottmüller berichtet. Beide gehörten zum Widerstandsverbund ‚Rote Kapelle', der in den fünfziger Jahren in Westdeutschland bekannt wurde. Der NS-Justiz folgend wurde er als sowjetische Spionageorganisation bewertet; zu Unrecht grenzte die bundesdeutsche Geschichtsschreibung

---

[44] Haftmann, Werner (1948c). Wiederkehr der alten Meister. Westdeutsche Kunstausstellungen und das Bild ‚Marientod'. In: *DIE ZEIT*. 29.7.1948.

[45] Zur Ausstellung ‚Entartete Kunst' in München und ihren späteren Stationen vgl. bes. Zuschlag, Christoph (1995). *Entartete Kunst. Ausstellungsstrategien im Nazi-Deutschland* [Heidelberger Kunstgeschichtliche Abhandlungen NF, Bd. 21]. Diss. Univ. Heidelberg. Werner: Worms.

[46] Werner, Bruno E. (1946). Begegnungen mit befreiter Kunst. Die Ausstellung in Celle. In: *DIE ZEIT*. 21.3.1946.

die Mitglieder aus dem Widerstand gegen Hitler aus.[47] Der Beitrag ist wiederum kein frei gewähltes Thema. Die Vorlage gibt eine Ausstellung im Berliner Zeughaus, die in zwei Sonderräumen Werke der hingerichteten Künstler zeigt. Der frühe Bericht in der ZEIT ist neben einem später veröffentlichten Aufsatz von Fechter über Oda Schottmüller jedoch jahrzehntelang einer der wenigen Beiträge zu der Tänzerin und Bildhauerin.[48]

Doch Fechters Text bleibt eine Ausnahme. ‚Entartet' und ‚beschlagnahmt' sind über Jahre quasi Schlagworte, hinter denen die systematische Zerstörung maßgeblicher Werke verschleiert bleibt. So heißt es 1950 über Ernst Ludwig Kirchner schlicht, dass seine Arbeiten nur in geringer Zahl in deutschen Museen vertreten gewesen seien, „aus denen sie durch die Nazis vollends verbannt worden"[49] waren. Auch die Feststellung Werner Haftmanns, dass Werke moderner Meister entweder vernichtet oder in Privatsammlungen verborgen gewesen seien, deutet die Dimensionen des Verlustes nur an.[50] Theodor W. Adorno stellte für diesen Umgang mit der Vergangenheit fest: „Man will einen Schlußstrich darunter ziehen und womöglich es selbst aus der Erinnerung wegwischen."[51]

So wird auch der Verkauf verfemter Arbeiten ins Ausland seitens des Dritten Reiches zwecks Devisenbeschaffung nicht erwähnt. Über Hitlers Raubzüge in ausländischen Museen findet sich nichts. Hingegen wird berichtet, dass Deutschland unter den Nazis „rechtmäßig" erworbene Kunst an Italien zurückgeben muss.[52] In diesem Schweigen und Verdrängen spiegelt sich einmal mehr die Doppelfunktion der Autoren. Denn nicht nur in der Presse wird die Verunglimpfung der Künstler durch die Nazis nur sehr allgemein angesprochen – Fechter ist in diesem Punkt die große Ausnahme –, auch in Fachbeiträgen schweigen die Kunsthistoriker zumeist: „Der Kulturterror im ‚Dritten Reich', er wurde als Schicksalsschlag verunklärt, der sich in Hitlers, Goebbels und Rosenberg personifizierte",[53] stellt Walter Grasskamp

---

[47] Vgl. Andresen, Geertje (2005). *Die Tänzerin, Bildhauerin und Nazigegnerin Oda Schottmüller. 1905–1943.* Lukas-Verlag: Berlin, S. 19.

[48] Vgl. Fechter, Paul (1949). Oda Schottmüller. In: Ders. *An der Wende der Zeit, Menschen und Begegnungen.* Bertelsmann: Gütersloh, S. 287–297, S. 21.

[49] Pée, Herbert (1950). Gefährdetes Lebenswerk. In: *DIE ZEIT.* 21.9.1950.

[50] Haftmann, Werner (1948e). Meisterliche Dinge kehren zurück. In: *DIE ZEIT.* 30.12.1948.

[51] Adorno, Theodor W. (1959). Was bedeutet Aufarbeitung der Vergangenheit? In: Ders. *Kunstkritik und Gesellschaft II, Gesammelte Schriften, Bd. 10.2.* Hrsg. von Rolf Tiedemann, Suhrkamp: Frankfurt a. M. 1977, S. 555.

[52] Vgl. R. M. (1948) Recht ist, was den anderen nützt. In: *DIE ZEIT.* 2.12.1948.

[53] Schieder, Martin (2006). Kollektive Erbschaften. Deutsch-französische Gespräche über Kunst in den fünfziger Jahren. In: Doll, Nikola et al. (Hrsg.). *Kunstgeschichte nach 1945. Kontinuität und Neubeginn in Deutschland.* Böhlau: Köln, Weimar, Wien, S. 195–208, hier S. 200.

fest und kommt zu dem Schluss, dass die Organisatoren der Schmachschau von 1937 eine für die Besucher der Ausstellung „schlüssige Attacke"[54] auf die Moderne inszeniert hatten, die auch nach dem Ende der Nazi-Diktatur nur wenig an ihrer Wirkung eingebüßt habe. Er macht deutlich, dass es nicht damit getan sei, sich zur Moderne zu bekennen. Vielmehr müsse die Moderne ebenso wie ihre „Fragwürdigkeiten", ihre „Dissonanz" und die „offensive Arroganz" erklärt und begründet werden, da diese von den Nazis geschickt gegen die Moderne selbst eingesetzt worden seien. Dies würde neben der konkreten Benennung der faschistischen Kunstaktionen eine inhaltliche Auseinandersetzung mit ihnen erfordern – beides findet in der Wochenzeitung nicht statt.[55]

Den Kriegsverlusten deutscher Museen hingegen gewährt DIE ZEIT Raum. So schildert Werner Haftmann 1949 unter der Überschrift ‚Nachruf auf ermordete Bilder', dass die Bremer Kunsthalle 38 Gemälde, 1600 Handzeichnungen und 2000 Blatt Druckgraphik bei der Auslagerung der nunmehr verschollenen Arbeiten während des Krieges verloren habe. Damit sei die Bremer Kunsthalle das am schwersten getroffene Museum Westdeutschlands.[56] Dass Kunst deutscher Museen nach Kriegsende auch zum Beutegut wurde, war bereits Thema der ersten Ausgabe der Wochenzeitung. Richard Tüngel hatte Anfang 1946 erfahren, dass die Russen alle Meisterwerke der Dresdner Nationalgalerie in die Sowjetunion abtransportierten ließen. Er brachte die Information mit einem Foto von Raffaels Sixtinischer Madonna.[57]

Das redaktionelle Vorgehen der ZEIT im Bereich der Kunstberichterstattung hat zunächst erhebliche Folgen für die Gegenwartskunst. Bereits im Juni 1946 erkennt Heinrich Herzberg in der ZEIT richtig:

> Das Jahr Kulturleben nach dem Waffenstillstand war das Jahr des Suchens nach dem Aktuellen […]. Aktuell erschien zuerst das, was mit 1933 abgeschnitten wurde: die sogenannte ‚entartete' Kunst. Unsere großen Expressionisten tauchten wieder auf und bereiteten den Älteren Wiedersehensfreude, die Jüngeren ließen sie kalt. Was einst revolutionär gewesen war, stand als nunmehr abgeschlossener Prozeß vor uns auf.[58]

An der Auswahl der Künstler, über die in der ZEIT berichtet wird, ändert diese Erkenntnis jedoch nichts. Noch 1950 heißt es anlässlich der Eröffnung des Hannover-

---

[54] Grasskamp, Walter (1987). Die unbewältigte Moderne: Entartete Kunst und documenta I. Verfemung und Entschärfung. In: Ausst.-Kat. *Museum der Gegenwart - Kunst in öffentlichen Sammlungen bis 1937*. Kunstsammlung NRW: Düsseldorf, S. 13–24, hier S. 13.

[55] Ebd., S. 13.

[56] Vgl. Haftmann, Werner (1949). Nachruf auf ermordete Bilder. Ein Bremer Jubiläum und unersetzliche Verluste. In: *DIE ZEIT*. 13.1.1949.

[57] Vgl. Tüngel; Berndorff 2004, S. 155. Ebenso Janßen et al. 2006, S. 30.

[58] Herzberg, Heinrich (1946). Wege des Aktuellen. In: *DIE ZEIT*. 6.6.1946.

schen Landesmuseums über die moderne Abteilung: Munch, Rohlf, Modersohn, Nolde, Kirchner, Kokoschka, Klee, Baumeister, Kolbe, Lehmbruck und Barlach – sie alle seien bestimmend für das Kunstgeschehen in der Zeit nach 1945.[59] Abermals wird hier die Vergangenheit zur Gegenwart erklärt: Lehmbruck hatte sich bereits 1919 das Leben genommen; Barlach, Kirchner und Rohlfs starben 1938, Klee 1940, Munch 1944 und Kolbe 1947.

Neben den toten werden auch noch lebende Vertreter der Vorkriegsmoderne als wichtige Zeitgenossen gehandelt, selbst wenn ihr Schaffensprozess keinem Wandel mehr unterliegt. Noch 1951 findet sich diese Haltung auch bei Werner Haftmann, der in der ZEIT über die Kestner-Gesellschaft in Hannover schreibt, dass sie zum wichtigsten Schaufenster zeitgenössischer Kunst geworden sei.[60] Als Beleg hierfür dient ihm eine Ausstellung mit Arbeiten von Feininger. Und das, obwohl Haftmann keine Entwicklung in dessen Arbeiten ausmachen kann: „Seine jetzigen Aquarelle bringen keine grundsätzliche Wandlung des Stils."[61]

Diese Haltung passt dazu, dass vom Ende der vierziger Jahre an in der ZEIT – insbesondere durch die Berichterstattung Haftmanns – mehr und mehr Künstler, die abstrakte Tendenzen verfolgen, zu den Protagonisten der Gegenwart avancieren. Für den Kunsthistoriker steht fest: „Die Formel, Kunst sei Natur, gesehen durch ein Temperament, ist zweifelhaft geworden."[62] Um zeitgenössische Künstler zu fördern, sei es nötig, ihnen möglichst viele Arbeiten von Juan Gris und Paul Klee zu zeigen.[63]

Ferner wird Ernst Wilhelm Nay zum wichtigen Vertreter der Zeit stilisiert. Haftmann schreibt 1947 anlässlich einer Hamburger Ausstellung, dass mit dem Maler „seit vielen Jahren die geheimen Hoffnungen jener verbunden [seien], die von der jungen deutschen Malerei eine Aussage erwarten."[64] Von 1948 an wird zudem Henry Moore eine feste Größe in der Berichterstattung. Haftmanns Bilanz: Moore gewinne in Deutschland eine „tiefere Wirksamkeit".[65]

---

[59] H., A. (1950). Das Neue zuerst. Wiedereröffnung des Hannoverschen Landesmuseums. In: *DIE ZEIT*. 26.1.1950.

[60] Haftmann, Werner (1951). Der Schöpfung nahe sein. Zwei Maler aus dem Bauhaus-Kreis. In: *DIE ZEIT*. 5.4.1951.

[61] Ebd.

[62] Haftmann, Werner (1950a). Wiedersehen mit Kokoschka. In: *DIE ZEIT*. 28.9.1950.

[63] Haftmann 1948a. Haftmann veröffentlicht im selben Jahr einen ersten Aufsatz über Klee, 1950 folgt eine Monographie [vgl. Haftmann, Werner (1960). Über das Humanistische bei Paul Klee. In: Ders. *Skizzenbuch. Zur Kultur der Gegenwart. Reden und Aufsätze*. Prestel: München. S. 178-183. Zuerst in: *Prisma 17* (1948) S. 31–32. Ferner ders. (1950b). *Paul Klee. Wege bildnerischen Denkens*. Prestel: München.].

[64] Haftmann, Werner (1947a). E. W. Nay-homo bonae voluntatis. In: *DIE ZEIT*. 12.6.1947.

[65] Haftmann 1948a.

Das bisherige Vorgehen, die Moderne in eine kunsthistorische Tradition zu stellen, erscheint nun nicht mehr nötig beziehungsweise wird als nicht zu leisten eingestuft. „Der moderne Geist schien in nihilistischer Überspanntheit die alten Bindungen in der Geschichte völlig zu verlieren"[66], folgert Haftmann angesichts von Georges Braque, Pablo Picasso, Juan Gris und Henri Matisse, die er zu den „großen konstruktiven Geistern der modernen europäischen Malerei"[67] zählt. Bei ihnen werde die Leinwand nach Einschätzung Haftmanns zu „einem selbständigen Organismus, in dessen Grenzen sich ein formales Gesetz der Ordnung mit bildnerischen Mitteln erfüllt".[68] Diese Einsicht habe das traditionelle Erscheinungsbild der Malerei so verändert, dass es nicht mehr möglich sei, eine sinnvolle Verkettung mit der Geschichte vorzunehmen. Historische und soziale Reflektionen seitens der bildenden Kunst werden abgelehnt. So schreibt Haftmann 1947 deutlich:

> Wenn wir [...] fragen, ob der Künstler heute eine Blickrichtung auf das Leben der Gesellschaft habe, muß tatsächlich die Antwort eindeutig ‚Nein' lauten. Er kann sie auch gar nicht haben, da er aus seiner ganzen Konstitution nur um jenes Wechselverhältnis zwischen Gegenstand und künstlerischer Vorstellung herumdenkt.[69]

Anlässlich der Sonderausstellung zu Courbet während der Biennale in Venedig 1954 betont Haftmann diese Sicht nochmals und greift dabei auch die politische Vereinnahmung von Kunst auf. So schreibt er, dass die Gegenwart von Courbets „optimistischen und gläubigen Verhältnis zur Gegenstandswelt [...] meilenweit entfernt"[70] sei. Wo heute noch Realismus zu finden sei, handele es sich ausschließlich um den „sozialistischen Realismus im ärmlichsten Gewande der Wirklichkeitsmalerei der Bourgeoisie des neunzehnten Jahrhunderts".[71]

Haftmanns Artikel über die Biennale – der Autor lebte 1954 in Venedig – nimmt eine zentrale Haltung vorweg, die der Kunsthistoriker in sein Konzept für die documenta einfließen lassen wird. Denn den Zustand der heutigen Kunst findet der deutsche Kunsthistoriker einzig bei den Italienern vollständig wiedergegeben: Die stärkste Kraft liege bei dieser Gruppe, die ein geschlossenes Gesicht habe. Birolli, Santomaso, Moreni, Corpora, Afro seien die Namen, die die italienische Malerei heute bestimmen.[72] Alle fünf sind auch auf der documenta vertreten. Weitere 24 beteiligte Künstler stammen aus Italien. Neben 49 Deutschen, 44 Franzosen, van

---

[66] Haftmann, Werner (1948d). Wiedersehen mit Braque. In: *DIE ZEIT*. 4.11.1948.

[67] Ebd.

[68] Ebd.

[69] Haftmann, Werner (1947b). Bild des modernen Künstlers. In: *DIE ZEIT*. 28.8.1947.

[70] Haftmann, Werner (1954). Im Zwielicht der modernen Existenz. In: *DIE ZEIT*. 16.9.1954.

[71] Ebd.

[72] Vgl. ebd.

Doesburg und Mondrian aus Holland, sechs Schweizern, acht Engländern und drei Amerikanern wird diese Gruppe bereits von den Zeitgenossen als überrepräsentiert bewertet. Ein Umstand, der Haftmann zugeschrieben wird.[73] Den Grund kannten die Leser der ZEIT bereits: „Sie [die Italiener] stehen unmittelbar an der Grenze zur ,abstrakten' Malerei, ohne indessen im eigentlichen Sinne ,abstrakte' Maler zu sein. [...] Diese Art hermetischer Malerei – wie ich's gern nenne – bestimmt heute weitgehend das Gesicht der zeitgenössischen Malerei."[74]

Mit dieser Haltung setzte der Kunsthistoriker sich auch bei der als Kunstausstellung zur Bundesgartenschau in Kassel konzipierten documenta durch.[75] Denn obwohl der Initiator Arnold Bode, Leiter einer Malklasse an der staatlichen Werkakademie in Kassel, ursprünglich eine zeitgenössische Manifestation vor allem junger Künstler vorgesehen hatte, wurde durch das Hinzutreten Haftmanns die Nachkriegskunst zugunsten bereits etablierter Künstler zurückgenommen.[76] Knapp zehn Jahre lang war es auch redaktioneller Alltag bei der ZEIT, das zeitgenössische Kunstgeschehen nicht zu begleiten. Für das Ausstellungskonzept der documenta und die Themenwahl der ZEIT ist somit ein deutlicher Anachronismus im Umgang mit zeitgenössischer Kunst auszumachen.

Nahezu einhellig kommt die Forschung zu der Bewertung, dass für Haftmann eine Konzentration auf aktuelle zeitgenössische Kunst junger Vertreter nicht in Frage gekommen sei, da dies „der besonderen deutschen Lage nicht Genüge getan"[77] hätte. Der Kunsthistoriker argumentiert hierfür mit einer Geschichtskonstruktion,

---

[73] Vgl. die Liste der an der documenta beteiligten Länder. In: *documenta. kunst des XX. jahrhunderts. internationale ausstellung im museum friedericianum in kassel* [Ausst.-Katalog Kassel 15.7.–18.9.1955]. Prestel: München, S. 26–27. Vgl. zur zeitgenössischen Beurteilung ferner: Sonntag 1999, S. 117.

[74] Vgl. Sonntag 1999. S. 122.

[75] An dieser Stelle soll nicht noch einmal eine Ausstellungsrekonstruktion vorgenommen werden, sondern kurz auf zentrale Punkte der Großausstellung eingegangen und die Ergebnisse der Forschung mit den Beobachtungen über die Kunstberichterstattung der ZEIT zusammengeführt werden. Zur documenta vgl. grundlegend noch immer die Literaturangaben bei: Grasskamp, Walter (1989). *Die unbewältigte Moderne. Kunst und Öffentlichkeit.* Beck München. S. 163-164; ferner Sonntag 1999, S. 90. Vgl. zur documenta auch: Wollenhaupt-Schmidt, Ulrike (1994). *documenta 1955. Eine Ausstellung im Spannungsfeld der Auseinandersetzungen um die Kunst der Avantgarde 1945–1960*, Diss. Univ. Göttingen. Lang: Frankfurt a. M. et al.

[76] Vgl. Wedekind, Gregor (2006). Abstraktion und Abendland: Die Erfindung der documenta als Antwort aus ,unsere deutsche Lage'. In: Doll, Nikola et al. (Hrsg.). *Kunstgeschichte nach 1945. Kontinuität und Neubeginn in Deutschland.* Böhlau: Köln, Weimar, Wien, S. 165–181, hier S. 172–173.

[77] Haftmann, Werner (o.J. [1955a]). Einleitung. In: *documenta. kunst des XX. jahrhunderts. internationale ausstellung im museum friedericianum in kassel.* Ausst.-Katalog Kassel 15.7.–18.9.1955. Prestel: München, S. 15–25, hier S.16.

die er bereits für seine ‚Malerei im 20. Jahrhundert' verwendet hatte: Allein für das Publikum sei es zu einer Unterbrechung der Entwicklung der modernen Kunst gekommen, in der Kunstentwicklung selbst habe es keine Unterbrechung gegeben. Daher stelle sich nun die Aufgabe, die Entwicklung und die europäischen Verflechtungen der modernen Kunst aufzuarbeiten.[78] Mit der Begründung, dass die Deutschen während der nationalsozialistischen Diktatur von der Entwicklung der modernen Kunst abgeschnitten gewesen seien, schaffen die Organisatoren laut Kimpel den „Topos des Nachholbedarfs der Deutschen".[79] Diese Vorstellung war jedoch in Westdeutschland schon fest etabliert, da sie – wie gezeigt – beispielsweise durch die ZEIT vorbereitet worden war:[80] Über Jahre hatten die Autoren geschrieben, das Publikum habe auf Grund der Kulturpolitik der Nazis die Entwicklung im Werk einzelner Künstler versäumt.

Für die documenta wählen die Organisatoren einen Ort, der die Geschichte symbolisiert, in der die Moderne aus den deutschen Museen verbannt war: Das Museum Fridericianum war 1941 bei einem Bombenangriff ausgebrannt und zu Beginn der fünfziger Jahre nur notdürftig wieder instand gesetzt worden.[81] Insgesamt werden 670 Objekte von 148 Künstlern in 30 Räumen der notdürftig hergerichteten Ruine gezeigt, die mittels unterschiedlicher Materialien gegliedert sind. Auf bekannte Ordnungsprinzipien wie Ländergruppierungen oder historische Anordnungen verzichtet Bode.[82] Die Ausstellung präsentiert der deutschen Bevölkerung zehn Jahre nach dem Krieg die internationale Kunst der vergangenen fünfzig Jahre. Zum ersten Mal nach 1945 tritt Deutschland damit wieder im großen Stil als Gastgeber der internationalen Kunstgemeinschaft auf.[83] Die Initiatoren wollen mit dem Großprojekt an die ‚Sonderbundausstellung' 1912 in Köln, an den ‚Herbstsalon' von Herwarth Walden 1913 in Berlin und an die ‚Internationale Kunstausstellung' 1926 in Dresden anknüpfen.[84] Die Ausstellung zeigt Arbeiten vom frühen 20. Jahrhundert bis zum Jahr 1955: die Fauves, die Brücke, Kubismus, Futurismus. Höhepunkte bildeten die Kabinette von Kandinsky, Klee, Chagall, Beckmann, Kokoschka, Macke, Mondrian, Nolde und Schlemmer. Das Herzstück ist der große

---

[78] Vgl. ebd., S. 18.

[79] Vgl. Kimpel, Harald (1997). *documenta. Mythos und Wirklichkeit* [Schriftenreihe des documenta Archivs, Bd. 5]. Diss. Univ. Kassel. DuMont: Köln, S. 250.

[80] Vgl. ebd.

[81] Vgl. Schieder 2002, S. 638–639. Ferner auch Kimpel 1997, S. 290–308.

[82] Vgl. Sonntag 1999, S. 120–129.

[83] Vgl. Schieder 2002, S. 637.

[84] Vgl. Haftmann 1955a, S. 15.

Malereisaal im Obergeschoß, in dem die zeitgenössischen ‚Abstrakten' aus Frankreich, Italien und Deutschland zu finden sind.[85]

In der Forschung ist das Projekt als eine „maßgebliche Station einer Rezeptionsgeschichte der Ausstellung ‚Entartete Kunst'" interpretiert worden. Die Initiatoren versäumten es laut Walter Grasskamp jedoch, „schlüssig und bündig auf die Fragen zu antworten, welche die Ausstellung ‚Entartete Kunst' aufgeworfen hatte."[86] Die von Grasskamp angeführten Mängel sind auch von der Presse – zumindest soweit es das Beispiel der ZEIT betrifft – nach dem Krieg kaum angegangen worden. So gab es bei der documenta keine Auseinandersetzung mit „riskanten Quellen"[87] der modernen Kunst. Die Beschäftigung von Künstlern wie Max Ernst mit der ‚Bildnerei der Geisteskranken' oder die Inspirationsquellen ‚Kunst der Primitiven' und Kinderzeichnungen, die Marc und Kandinsky in ihrem Almanach ‚Der Blaue Reiter' anführen, waren schon vor 1933 für das Bürgertum zumeist unannehmbar gewesen. Diese Vorbehalte sind dann von der Nazipropaganda geschürt worden und waren mit dem Zusammenbruch der Dritten Reiches weiterhin in den Köpfen der Menschen präsent.[88] Eine inhaltliche Auseinandersetzung mit diesen Themen fand in der ZEIT nicht statt – gleiches gilt für die documenta.

Jüdische Künstler werden in der Wochenzeitung bis 1955 nicht rehabilitiert. Auf der documenta fehlen ebenfalls Jankel Adler, Felix Nussbaum, Gert Wollheim, Ludwig Meidner und Otto Freundlich. Nahezu der gesamten politisch engagierten Kunst der Weimarer Republik räumen die ZEIT-Autoren nach 1945 keinen Platz ein, obwohl ihnen die stärksten Anfeindungen der Nazis gegolten hatten. Außer Otto Dix – und auch von ihm waren nur zwei Portraits zu sehen – war keiner der gesellschaftlich engagierten Künstler bei der documenta vertreten; es fehlte Grosz ebenso wie Heartfield.[89]

All das spiegelt Haftmanns persönliche Abneigung: „Und da sind wir unversehens bei der Frage nach der sozialen Funktion moderner Kunst. Es ist gänzlich überflüssig, Forderungen aus den humanitären, gesellschaftlichen oder religiösen Bereich an sie heranzutragen."[90] Zugleich entspricht dieser Verzicht dem Bild, das

---

[85] Vgl. Schieder 2002, S. 640.

[86] Grasskamp 1987, S. 13.

[87] Ebd., S. 15.

[88] Vgl. ebd., S. 15.

[89] Vgl. Schieder 2002, S. 648.

[90] Haftmann, Werner (1955b). Über das moderne Bild. Rede, gehalten zur Eröffnung der Ausstellung Documenta, Kunst des XX. Jahrhunderts, in: Frankfurter Allgemeine Zeitung, 30.7.1955. zit. nach Schieder, Martin (2002). Die documenta I (1955). In: *Deutsche Erinnerungsorte, hrsg. von Etienne François und Hagen Schulze, Bd.II*, 2. Aufl. Beck, München 2002, S. 637–651, S. 649.

die ZEIT-Redaktion nach 1945 von der deutschen Kunst gibt: Sie ist unpolitisch, weil die entscheidenden gesellschaftskritischen Vertreter nicht vorkommen.[91] Haftmann begründet in der Wochenzeitung die Auslassung, indem er die Ziele dieser Kunst aburteilt: „Ums moralisch zu betrachten: – man schilderte mehr aus Haß nach ‚oben' als aus Liebe nach ‚unten'."[92]

Obwohl es bereits 1946 anlässlich der ‚Allgemeinen Deutschen Kunstausstellung' in Dresden eine Bestandsaufnahme zeitgenössischer und moderner Kunst seit Beginn des 20. Jahrhunderts mit gesamtdeutscher Ausrichtung gegeben hatte, war 1955 in Kassel auch kein ostdeutscher Künstler vertreten.[93] In den Focus der ZEIT gerät die deutsche Kunstentwicklung jenseits der westlichen Zonen ebenso wenig.

Die Übereinstimmungen ergeben sich, da die Auswahl der Künstler für die Ausstellung zeittypisch ist. Sie wird auch ebenso empfunden, weil sie durch Zeitungen wie DIE ZEIT vorbereitet worden war. Entscheidend hierfür ist die Doppelfunktion vieler Autoren. Sie wählen als Kuratoren aus, was die Deutschen in Ausstellungen zu sehen bekommen. Zugleich entscheiden sie, über welchen Künstler die Leser der ZEIT welche Informationen erhalten. Dies führt dazu, dass zeitgenössische Kritiker nicht die Auswahl der Exponate der ersten documenta betonen, sondern intensiv auf die Präsentation eingehen. Denn Bodes Inszenierung ist in Deutschland neu und noch nicht durch öffentlichkeitswirksame Medien vorgegeben. Für die ersten neun Jahre der Kulturberichterstattung der Wochenzeitung bleibt folglich festzuhalten, was Martin Schieder bereits für die documenta 1955 herausgearbeitet hat: Es wurde „entschieden zur Restauration"[94] derjenigen Künstler, die Haftmann und andere Autoren protegierten, „jedoch nur bedingt zur Rehabilitation der Klassischen Moderne in Deutschland beigetragen".[95]

---

[91] Dix wird von 1946 an lediglich in Aufzählungen neben Künstlerkollegen erwähnt, jedoch nicht kritisch besprochen [vgl. bspw. Scheffler (1946), Herbert (1946). Interregnum der Kunst. In: *DIE ZEIT*. 30.5.1946.]. DIE ZEIT bringt zwar Auszüge aus George Grosz' Buch ‚Ein kleines Ja und ein großes Nein' [Grosz, George (1955). Ein kleines Ja und ein großes Nein. In: *DIE ZEIT*. 3.2.1955.], einer Beschäftigung mit seiner Kunst kommt das jedoch nicht gleich. Der Name Heartfield fällt in keinem Kontext.

[92] Haftmann, Werner (1948b). Formprobleme des Klassenkampfes. In: *DIE ZEIT*. 10.6.1948.

[93] Zur ‚Allgemeinen Deutschen Kunstausstellung' vgl. Schröter, Kathleen (2006). Kunst zwischen den Systemen. Die ‚Allgemeine Deutsche Kunstausstellung' 1946 in Dresden. In: Doll, Nikola et al. (Hrsg.). *Kunstgeschichte nach 1945. Kontinuität und Neubeginn in Deutschland.* Böhlau: Köln, Weimar, Wien, S. 211–237, bes. S. 217 und S. 222–225.

[94] Schieder 2002, S. 651.

[95] Ebd.

Quellen

Adorno, Theodor W. 1959. Was bedeutet Aufarbeitung der Vergangenheit? In *Kunstkritik und Gesellschaft II, Gesammelte Schriften, Bd. 10.2*, Hrsg. Rolf Tiedemann, 555. Frankfurt a. M.: Suhrkamp.

documenta. 1955. *kunst des XX. jahrhunderts. internationale ausstellung im museum friedericianum in kassel. Ausst.-Katalog Kassel 15.7.–18.9.1955.* München: Prestel.

documenta III. 1964 *Internationale Ausstellung, Malerei und Skulptur.* Ausst.-Katalog Kassel 28.6.–6.10.1964. Köln: DuMont Schauberg.

Fechter, Paul. 1924. Der Kölner Dix. *Deutsche Allgemeine Zeitung.* 8. Juli.

Fechter, Paul. 1949. Oda Schottmüller. In *An der Wende der Zeit, Menschen und Begegnungen*, Hrsg. Paul Fechter, 287–297. Gütersloh: Bertelsmann.

Frenzel, Christian Otto. 1958. „Einfach sein – nicht dürftig!". Oskar Schlemmers Briefe und Tagebücher sind allgemeingültige Dokumente der Zeit zwischen 1910 und 1943. *DIE ZEIT*, 27. November.

Grosz, George. 1955. Ein kleines Ja und ein großes Nein. *DIE ZEIT*, 3. Februar.

H., A. 1950. Das Neue zuerst. Wiedereröffnung des Hannoverschen Landesmuseums. *DIE ZEIT*, 26. Januar.

Haftmann, Werner. 1934. Zur Vielfältigkeit deutsche Kunst. *Kunst der Nation*, 2. Dezember.

Haftmann, Werner. 1947a. E. W. Nay – homo bonae voluntatis. *DIE ZEIT*, 12. Juni.

Haftmann, Werner. 1947b. Bild des modernen Künstlers. *DIE ZEIT*, 28. August.

Haftmann, Werner. 1948a. Zeitgenössische britische Malerei. *DIE ZEIT*, 23. Februar.

Haftmann, Werner. 1948b. Formprobleme des Klassenkampfes. *DIE ZEIT*, 10. Juni.

Haftmann, Werner. 1948c. Wiederkehr der alten Meister. Westdeutsche Kunstausstellungen und das Bild ‚Marientod'. *DIE ZEIT*, 29. Juli.

Haftmann, Werner. 1948d. Wiedersehen mit Braque. *DIE ZEIT*, 4. November.

Haftmann, Werner. 1948e. Meisterliche Dinge kehren zurück. *DIE ZEIT*, 30. Dezember.

Haftmann, Werner. 1949. Nachruf auf ermordete Bilder. Ein Bremer Jubiläum und unersetzliche Verluste. *DIE ZEIT*, 13. Januar.

Haftmann, Werner. 1950a. Wiedersehen mit Kokoschka. *DIE ZEIT*, 28. September.

Haftmann, Werner. 1950b. *Paul Klee. Wege bildnerischen Denkens.* München: Prestel.

Haftmann, Werner. 1951. Der Schöpfung nahe sein. Zwei Maler aus dem Bauhaus-Kreis. *DIE ZEIT*, 5. April.

Haftmann, Werner. 1954. Im Zwielicht der modernen Existenz. *DIE ZEIT*, 16. September.

Haftmann, Werner. o. J./1955a. Einleitung. *documenta. kunst des XX. jahrhunderts. internationale ausstellung im museum friedericianum in kassel [Ausst.-Katalog Kassel 15.7.–18.9.1955]*, 15–25. München: Prestel.

Haftmann, Werner. 1955b. Über das moderne Bild. Rede, gehalten zur Eröffnung der Ausstellung Documenta, Kunst des XX. Jahrhunderts. In *Frankfurter Allgemeine Zeitung*, 30.7.1955. zit. nach Schieder, Martin (2002). *Die documenta I (1955). Deutsche, Erinnerungsorte*, Hrsg. von Etienne François und Hagen Schulze. Bd. II, 2. Aufl., 637–651, 649. München: Beck.

Haftmann, Werner. 1960. Über das Humanistische bei Paul Klee. In *Skizzenbuch. Zur Kultur der Gegenwart. Reden und Aufsätze*, Hrsg. Werner Haftman, 178–183. München: Prestel. (Zuerst in: Prisma 17 (1948), 31–32).

Hajek, Hans. 1946. Kleinmacht Feuilleton. *DIE ZEIT*, 25. Juli.

Heise, Carl Georg. 1946. Franz Marc zum Gedächtnis (Gefallen am 4. März 1916). *DIE ZEIT*, 28. Februar.

Heise, Carl Georg. 1949. Prediger und Ankläger. Betrachtungen zum Werk Frans Masareels. *DIE ZEIT*, 4. August.

Heise, Carl Georg. 1966. Erinnerung an Franz Marc. *Neue Züricher Zeitung*, 5. März.

Hentzen, Alfred. 1947. Die Welt des Malers Max Beckmann. Zur Ausstellung des Kunstvereins in Hamburg. *DIE ZEIT*, 15. Mai.

Herzberg, Heinrich. 1946. Wege des Aktuellen. *DIE ZEIT*, 6. Juni.

O.A. 1936. Kunstkritik gesetzlich verankert. Anordnung des Reichsministeriums für Volksaufklärung und Propaganda über Kunstkritik vom 27.11.1936. In Völkischer Beobachter. 28.11.36, gedr. In Wulf, Joseph (1963). Die Bildenden Künste im Dritten Reich. Eine Dokumentation, 119–120. Gütersloh: Mohn.

O.A. 1946a. Kulturmeldungen. *DIE ZEIT*, 11. April.

O.A. 1946b. Unsere Aufgabe. *DIE ZEIT*, 21. Februar.

O.A. 1964. *documenta III. Internationale Ausstellung, Malerei und Skulptur. Ausst.-Katalog Kassel 28.6.–6.10.1964*. Köln: DuMont Schauberg.

Pée, Herbert. 1950. Gefährdetes Lebenswerk. *DIE ZEIT*. 21. September.

Quast, Peter. 1946. Am anderen Ufer. *DIE ZEIT*. 4. April.

Rabe, Martin. 1949. Zum Gedächtnis Oskar Schlemmer. *DIE ZEIT*. 20. Oktober.

R., M. 1948. Recht ist, was den anderen nützt. *DIE ZEIT*, 2. Dezember.

Scheffler, Herbert. 1946. Interregnum der Kunst. *DIE ZEIT*, 30. Mai.

Trier, Eduard. 1955. Ausgewanderte Maler. *DIE ZEIT*, 13. Oktober.

Trier, Eduard. 1959. Skulptur nach 1945. In *II. documenta 1959. Kunst nach 1945, Bd. II Skulptur. Ausst.-Katalog 11.7.–11.10.1959*, 9–14. Kassel. Köln: DuMont Schauberg.

Tüngel, Richard, und Hans Rudolf Berndorff. 2004. *Stunde Null. Deutschland unter den Besatzungsmächten*. Berlin: Matthes & Seitz. (Zuerst unter dem Titel Auf dem Bauche sollst Du kriechen … Deutschland unter den Besatzungsmächten. Berlin 1958).

Vietta, Egon. 1946. Große ‚Peinture‘. *DIE ZEIT*, 17. Oktober.

Werner, Bruno E. 1946. Begegnungen mit befreiter Kunst. Die Ausstellung in Celle. *DIE ZEIT*, 21. Marz.

Literatur

Andresen, Geertje. 2005. *Die Tänzerin, Bildhauerin und Nazigegnerin Oda Schottmüller. 1905–1943*. Berlin: Lukas.

Damus, Martin. 1995. *Kunst in der BRD 1945–1990. Funktionen der Kunst in einer demokratisch verfaßten Gesellschaft*. Reinbek bei Hamburg: Rororo.

Fitzke, Kirsten. 2009. Allegorie versus Realismus – Die Debatte um Otto Dix' Zyklus ‚Der Krieg‘ im Geraer Stadtrat 1925. In *Jahrbuch für Kunst und Kultur Mitteldeutschlands 16*: 141–149.

Fitzke, Kirsten. 2011. Helden sehen doch anders aus – Eine Begegnung zwischen Krüppeln auf der Leinwand und den Invaliden auf der Straße. In *Otto Dix retrospektiv. Zum 120. Geburtstag*. Ausst. Kat., Hrsg. Kunstsammlung Gera, 89–94.

Fuhrmeister, Christian, und Susanne Kienlechner. 2008. Tatort Nizza: Kunstgeschichte zwischen Kunsthandel, Kunstraub und Verfolgung. Zur Vita von August Liebmann Mayer, mit einem Exkurs zu Bernhard Degenhart und Bemerkungen zu Erhard Göpel und Bruno Lohse. In *Kunstgeschichte im ‚Dritten Reich'. Theorien, Methoden, Praktiken*, Hrsg. Ruth Heftrig et al., 405–429. Berlin: Akademie Verlag.

Grasskamp, Walter. 1987. *Die unbewältigte Moderne: Entartete Kunst und documenta I. Verfemung und Entschärfung.* Ausst.-Kat. Museum der Gegenwart – Kunst in öffentlichen Sammlungen bis 1937, 13–24. Düsseldorf: Kunstsammlung NRW.

Grasskamp, Walter. 1989. *Die unbewältigte Moderne. Kunst und Öffentlichkeit.* München: Beck.

Janßen, Karl-Heinz, et al. 2006. *DIE ZEIT. Geschichte einer Wochenzeitung 1946 bis heute.* München: Siedler.

Kimpel, Harald. 1997. *documenta. Mythos und Wirklichkeit.* Schriftenreihe des documenta Archivs, Bd. 5. Diss. Univ. Kassel. Köln: DuMont.

Kracht, Isgard. 2007. Verehrt und verfemt. Franz Marc im Nationalsozialismus. In *Angriff auf die Avantgarde. Kunst und Kunstpolitik im Nationalsozialismus*, Hrsg. Uwe Fleckner, 307–377. Berlin: Akademie Verlag.

Köpf, Peter. 1995. *Schreiben nach jeder Richtung. Goebbels-Propagandisten in der westdeutschen Nachkriegspresse.* Berlin: Links.

Prüver, Christina. 2009. Willy Haas und das Feuilleton der Tageszeitung ‚Die Welt'. Diss. Humboldt Univ. Berlin. Würzburg: Königshausen & Naumann.

Schieder, Martin. 2002. Die documenta I (1955). In *Deutsche Erinnerungsorte*, Hrsg. Etienne François und Hagen Schulze. Bd. II, 2. Aufl., 637–651. Beck: München.

Schieder, Martin. 2006. Kollektive Erbschaften. Deutsch-französische Gespräche über Kunst in den fünfziger Jahren. In *Kunstgeschichte nach 1945. Kontinuität und Neubeginn in Deutschland*, Hrsg. Nikola Doll et al., 195–208. Köln: Böhlau.

Schröter, Kathleen. 2006. Kunst zwischen den Systemen. Die ‚Allgemeine Deutsche Kunstausstellung' 1946 in Dresden. In *Kunstgeschichte nach 1945. Kontinuität und Neubeginn in Deutschland*, Hrsg. Nikola Doll et al., 211–237. Köln: Böhlau.

Sonntag, Dina. 1999. *Zugriff auf die Moderne. Fallstudien zu Kunstwissenschaft und Kunstausstellung um 1950.* Diss. Univ. Stuttgart. Berlin: Dissertation.de.

Thomae, Otto. 1978. *Die Propaganda-Maschinerie. Bildende Kunst und Öffentlichkeitsarbeit im Dritten Reich.* Berlin: Mann.

Wedekind, Gregor. 2006. Abstraktion und Abendland: Die Erfindung der documenta als Antwort aus ‚unsere deutsche Lage'. In *Kunstgeschichte nach 1945. Kontinuität und Neubeginn in Deutschland*, Hrsg. Nikola Doll et al., 165–181. Köln: Böhlau.

Wollenhaupt-Schmidt, Ulrike. 1994. *documenta 1955. Eine Ausstellung im Spannungsfeld der Auseinandersetzungen um die Kunst der Avantgarde 1945–1960.* Diss. Univ. Göttingen. Frankfurt a. M.: Lang.

Wulf, Joseph. 1963. *Die Bildenden Künste im Dritten Reich. Eine Dokumentation.* Gütersloh: Mohn.

Zeising, Andreas. 2008. Revision der Kunstbetrachtung. Paul Fechter und die Kunstkritik der Presse im Nationalsozialismus. In *Kunstgeschichte im ‚Dritten Reich'. Theorien, Methoden, Praktiken*, Hrsg. Ruth Heftrig et al., 171–186. Berlin: Akademie Verlag.

Zuschlag, Christoph. 1995. *Entartete Kunst. Ausstellungsstrategien im Nazi-Deutschland* [Heidelberger Kunstgeschichtliche Abhandlungen NF, Bd. 21]. Diss. Univ. Heidelberg. Worms: Werner.

Teil IV
Ausstellungsbeziehungen

Die Große Form für die Gegenwart: Die documenta als Innovation von Ausstellungsformaten

9

Gerhard Panzer

> *Er [Alfred Barr] kam am Kasseler Bahnhof an, der kaputt war, ging durch kaputte Straßen, und fragte sich, wo denn ›die documenta‹ sei. Natürlich waren viele entsetzt über die Ausstellungsbedingungen im Fridericianum. Es gab weder Feuchtigkeitsspender noch Sicherheitssysteme. [...]*
> *(Nele 2007, S. 12).*

Eine Marginalie aus der Geschichte der „documenta" zeigt schlaglichtartig, wie selbstverständlich manche Konventionen der Ausstellungsorganisation bereits in den 50er Jahren erwartet wurden. Zugleich führt sie vor, wie wenig mit diesen basalen Voraussetzungen in der Nachkriegszeit zu rechnen war. Am grotesk anmutenden Mangel rückt die organisatorische Basis dieses Ausstellungsereignisses in den Blick, wie auch die große Leistung der Initiatoren, allen widrigen Umständen zum Trotz dennoch eine erfolgreiche Ausstellung zu realisieren. Die Episode lenkt das Augenmerk auf das grundsätzliche Verhältnis von Bedeutung und Struktur bei Ausstellungen, ein oft unbeachtetes oder verdecktes Verhältnis.

Soziologische Beziehungsanalysen können zu dessen Aufklärung einiges beitragen, sind sie doch spezialisiert auf die Analyse von Strukturen, auch jene von Ausstellungen. Für das soziologische Vorgehen stellen die Bedeutungen von Ausstellungen die größere Herausforderung dar, weil es darum gehen muss, die analysierten Strukturen mit den Inhalten zu verknüpfen. Aber auch umgekehrt besteht unverkennbar eine Herausforderung, denn Ausstellungen werden häufig ohne ihr organisatorisches Gerüst betrachtet. Dies ist darin begründet, dass es in der Kunst üblich ist, sich an inhaltlichen, künstlerischen Aussagen zu orientieren. Dieser Blickwinkel führt oft zu einer verkürzten, auf die instrumentelle Dimension

G. Panzer (✉)
Dresden, Deutschland
E-Mail: gerhard.panzer@tu-dresden.de

G. Panzer et al. (Hrsg.), *Beziehungsanalysen. Bildende Künste in Westdeutschland nach 1945*, Kunst und Gesellschaft, DOI 10.1007/978-3-658-02917-3_9, © Springer Fachmedien Wiesbaden 2015

beschränkten Sichtweise des Organisatorischen, ohne dessen tatsächlichen Einfluss auf die Inhalte eigens wahrzunehmen. Da beide Perspektiven unvollständig bleiben, sollen im Folgenden die spiegelbildlich einseitigen Wahrnehmungen mit Hilfe des Konzepts „Ausstellungsformat" überwunden werden. Das Ausstellungsformat verbindet den Inhalt einer Ausstellung mit den sozialen Beziehungen zu ihrer Organisation. Für eine Analyse von Ausstellungen ist es unerlässlich, gerade diesen Bezug herzustellen, wenn sie als Bedeutungsträger angemessen erfasst werden sollen, ohne die strukturelle Bedingtheit ihrer Inhalte und ihre künstlerisch, kunsthistorisch sowie ästhetisch beeinflusste Struktur aus den Augen zu verlieren. „Ausstellungsformate" werden deshalb als relationale Größen begriffen.

Die Nachkriegszeit war in Deutschland durch eine Vielzahl lokaler, bisweilen weit ausstrahlender Ausstellungsinitiativen unterschiedlichster Träger gekennzeichnet, die moderne Werke oder Kunst der Gegenwart ausstellten. Großausstellungen bedurften besonderer Voraussetzungen: einflussreiche Personen oder Verbände, wie den Deutschen Künstlerbund, als Organisatoren, Klassische Themen wie Expressionismus und Bauhaus oder ungewöhnliche Trägerschaften wie beispielsweise ab 1950 die Kooperation der Stadt Recklinghausen mit dem Deutschen Gewerkschaftsbund für die Ausstellungen zu den Ruhrfestspielen. Zu diesen Großausstellungen zählte schließlich auch die documenta, die in der Nachkriegszeit einen prägenden Einfluss auf die Entwicklung der Kunstwelt zur „Westkunst" ausübte. Große Ausstellungsereignisse konnten Impulse geben aufgrund der Schwäche von institutionell etablierten, Kunst vermittelnden Einrichtungen, vor allem der Museen und am Anfang auch von Künstlerorganisationen. Dieser Erfolg ist aber auch auf die Fähigkeit zur Innovation und sozialen Phantasie einiger initiierender und kooperierender Akteure und Träger zurückzuführen.

Hier soll die These vertreten werden, dass einige der Ausstellungen, insbesondere für moderne Werke und Gegenwartskunst, ihre Wirkung wesentlich durch die veränderte Form, in der sie organisiert wurden, erzielten und nicht, wie oft ausschließlich in den Vordergrund gerückt, aufgrund ihrer künstlerischen Aussage, etwa der Rehabilitierung der verfolgten Kunst. Eine Ausstellung wie die documenta bestach offenkundig durch ihre Art, die Werke für die Besucher zu inszenieren und neue Blickwinkel auf Kunst zu eröffnen. Weniger sichtbar blieb, wie stark sie mit veränderten Strukturen vorbereitet wurde und in welchem Verhältnis sie zu den Kunstinstitutionen oder zur kunsthistorischen Expertise stand. Um dies analysieren zu können, ist es erforderlich, sie als „Ausstellungsformat" zu betrachten.

Im Folgenden soll die Organisation von Ausstellungen einer Beziehungsanalyse unterzogen werden, da im Ausstellungsformat ein Schlüssel, ihren historischen Erfolg zu verstehen, vorliegt. Nach einer Einführung zu Präsentationen der Gegenwartskunst wird zunächst eine relationale Analysemethode für Ausstellungsformate vorgestellt, die die innere Struktur von Ausstellungen erschließen soll, um sie anhand einer auf Trägerschaften abstellenden Typologie zu systematisieren. Aus ihr können im nächsten Schritt für die Gegenwartsschauen zwei strukturell gegensätzliche, aber historisch einflussreiche Ausstellungstypen, die große Kunstausstellung und die Künstlergruppenausstellung, ausgewählt werden. Eine empirische Beziehungsanalyse soll darauf aufbauend zeigen, welche Erfahrungen Künstler und andere Akteure der Kunstwelt mit diesen Formaten während der 1920er Jahre sammelten, sowohl wenn sie sich aktiv an der Organisation beteiligten, als auch, wenn ihre Werke nur ausgestellt wurden. Es werden so die Erfahrungshintergründe und Ausstellungskonventionen deutlich, an die nach dem Bruch während des Nationalsozialismus vielfach wieder angeknüpft wurde.[1] Auf dieser Basis kann erschlossen werden, wie die documenta durch wesentliche Neuerungen Elemente beider Ausstellungstypen miteinander kombinierte und in einen Kontext stellte, der sie zum geeigneten und zukunftsträchtigen Ausstellungsmodell der *großen Form für die Gegenwart* machte.

9.1 Problemstellung Gegenwart als Format betrachtet

Nach 1945 stand in Deutschland die Gegenwart hoch im Kurs. Die bildende Kunst war davon nicht auszunehmen. Das lag an den Beteiligten, die ihre jüngste Vergangenheit im nationalsozialistischen Staat so schnell wie möglich hinter sich lassen wollten, insbesondere jene, die sich hatten vereinnahmen lassen. Auch andere Künstler, die wegen moderner Stilistiken und eigenständigen Formen verfolgt und unterdrückt worden waren, suchten ihre Chance in der Gegenwart. Ganz gleich, aus welchen Motiven sie auf die Gegenwart setzten, sie hatten sich dem durch den NS-Staat, der die Kunst zur Propaganda eingesetzt hatte, belasteten Ruf der Kunst zu stellen. Dies galt besonders für das Aushängeschild der Kunstpolitik, die national eingeführten „Großen Deutschen Kunstausstellungen" in München.[2] Aber auch andere Institutionen waren verstrickt, deshalb konnten diese kaum der Orientierung dienen; ja es war oft angebracht, sich solange auf Distanz zu ihnen zu halten, bis sie sich auf die neuen Verhältnisse ausgerichtet hatten. Für die Einzelnen war es nicht einfach, sich zur Kunst zu bekennen, weil sie sich in jedem Falle ihre persönliche Unbelastetheit bescheinigen lassen mussten. Zugleich war unverzüglich wieder mit der Arbeit zu beginnen oder es sollten zuvor entstandene Werke in der Öffentlich-

---

[1] Die Ausstellungen aus der Zeit des Nationalsozialismus werden hierfür nicht herangezogen, weil die ausgewählten Akteure an diesen Ausstellungen nicht beteiligt waren. Außerdem wären die veränderten politischen Rahmendingungen und die Kunstdoktrin zu berücksichtigen.

[2] Vgl. die seit 2011 online verfügbare Datenbank: http://www.gdk-research.de.

keit gezeigt werden. Jedoch gab es kaum Formen, gegenwärtige Kunst auszustellen. Vorreiter waren die Besatzungsmächte, die Ausstellungen der Kunst ihrer Länder in den ihnen zugeteilten Zonen als flankierende Instrumente ihrer Besatzungspolitik flexibel nutzten. Die französische Militäradministration begann 1946 als erste mit nennenswerten Anstrengungen. Ihr folgte die amerikanische Administration schon bald.[3] Auf deutscher Seite wurden Ausstellungen zunächst auf lokaler Ebene etabliert. Meist geschah dies unabhängig von Museen, da auch diese eine gebrochene und zudem schwache Tradition für aktuelle Kunst besaßen.[4] Bedingt durch die schwachen Institutionen gewannen auch recht kleine Initiativen in der Nachkriegszeit an Bedeutung, die sich allgemein auf deren Ausstellungen übertrug.

9.2 Relationale Analysemethode von Ausstellungsformaten

Ein Ausstellungsformat wird durch eine künstlerische Aussage und die mit ihr verbundenen organisatorischen Dimensionen definiert. Es ist weniger fest gefügt als eine Institution und eine Konvention[5], denn es hat nur temporären Bestand, tritt in vielen Ausformungen auf und ist letztlich immer durch die aktuell Organisierenden bestimmbar. Am Format lässt sich beobachten, wie sich dessen Komponenten relational zueinander verhalten, entwickeln, gegenseitig bedingen und beeinflussen. Erst indem ihr Zusammenspiel analysiert wird, lassen sich Bedeutungen erschließen und verstehen. Zunächst sind dafür die Personen aus dem Kreis der verantwortlichen Organisatoren zu identifizieren. Sie gehören im einfachsten Fall einem einzigen Träger an, durch dessen Auftrag sie bestimmt werden können und durch dessen Identität sie sich zuordnen lassen. Oft aber kooperieren in einer Ausstellungsorganisation mehrere Träger mit einem Bündel von Aufträgen und Identitäten. Zum Format gehört weiter eine Zielsetzung, auf deren Realisierung eine Vielzahl von Aktionen, etwa die Selektion von Künstlern, Leihgebern und Werken sowie deren Hängung und Inszenierung, abzielt.

Das Ausstellungsformat ist eine komplexe und mehrstufig bestimmte Größe, die ihre personelle und organisatorische Basis auf drei Strukturen stützt: die Trägerschaft (I), die Organisation (II) und die Ausstellung (III) selbst. Die drei Bestandteile lassen sich überwiegend klar voneinander unterscheiden, können sich

---

[3] Für Frankreich vgl. Schieder 2004 und für die USA Ruby 1999.

[4] Dr. Ludwig Justi, damaliger Direktor der Berliner Nationalgalerie, initiierte ab 1930 in der Zeitschrift „Museum der Gegenwart" ein programmatisches Sprachrohr für den Anspruch Kunst der Gegenwart im Museum zu zeigen. Vgl. Winkler 2002 und Grisebach 2006.

[5] Vgl. zur Institution: Rehberg 1994; zur Konvention: Becker 1982.

aber auch überlagern oder sogar miteinander identisch sein. Dies ist beispielsweise bei Künstlergruppen zu beobachten, die in Personalunion ihre Aktivitäten tragen, organisieren und auch selbst in der Ausstellung ausstellen.

Dort, wo eine Trägerschaft durch ein Museum oder eine Akademie eigenständig existiert (Struktur I), wird durch sie eine personale, institutionelle und ideelle Basis in eine Ausstellung eingebracht. Sie konstituiert einen Bedeutungsraum, der eine Identität vorgibt oder zumindest beeinflusst, und zugleich einen Aktions- und Kooperationsraum eröffnet, in dem zwar Zielsetzungen verfolgt werden können, vieles aber auch von weiteren Beteiligten abhängt. Als Träger können jedoch auch mehrere Kunstinstitutionen miteinander kooperieren, die entsprechend ihrer Verfasstheit und Programmatik durchaus unterschiedliche Einflüsse einbringen. Trägerschaften sind als struktureller Bestandteil einer Ausstellungsorganisation zu berücksichtigen, die bereits Bedeutungen über ihre Identität und Zielsetzung vorgeben.

Eine Ausstellungsorganisation, meist aus einem Vorstand und Ausschüssen oder Jurys bestehend, weist eine eigene Struktur (II) auf, die sich ebenfalls auf Personen stützt, deren Verankerung mit ihrer Zielsetzung die Handlungen und die Kooperationen beeinflusst. Sie bringen als gemeinsames Ergebnis eine Ausstellung hervor (Struktur III), die auf einer weiteren strukturell eigenen Ebene Personen zusammenbringt, indem sie Künstler selegiert, dabei oft einem Selektionsprinzip (künstlerischer Wert, Herkunft, Verkaufswert, Art des Werkes, subjektive Wertschätzung) folgend, mit dem die entsprechenden Zugangsvoraussetzungen (Position in der Kunstwelt, persönliche Verbindung) verknüpft sind. Die Ausstellung wird ferner im Hintergrund durch ein Beziehungsgeflecht zu Geldgebern, Leihgebern und Raumgebern ermöglicht, die jeweils ihre Ressourcen beisteuern und dadurch auch mehr oder weniger direkt Inhalte der Ausstellung beeinflussen. Schließlich werden die ausgewählten Werke in der Ausstellung präsentiert, um sie dem Publikum zu vermitteln. Die aufgeführten drei Stufen zeigen, wie eng strukturelle mit inhaltlichen Aspekten der Bedeutung zusammenhängen. Sie können hier nur im Hinblick auf die Typenbildung analysiert werden, um an zwei Mustern zu unterscheiden, wie die strukturellen Dimensionen der Trägerschaft und der Ausstellungsorganisation mit Bedeutungen verknüpft sind und vor allem, wie sie deren Verankerungen, Zielsetzungen, Selektionsprinzipien und Charakter bestimmen.

9.3   Ausstellungstypologie: Träger, Interessen, Aktionen

Eine genaue Analyse hat damit zu beginnen, den oft amorph gebrauchten Ausstellungsbegriff nach eindeutigen Eigenheiten klar zu umreißen und diese somit auch benennbar zu machen. Auf diesem Weg sollen zunächst verschiedene Typen von Ausstellungen unterschieden werden. Dadurch könnte in der Kunstwissenschaft ein nach wie vor existierendes Forschungsdesiderat geschlossen werden. Bisher wird die Aussagekraft von typologisierend vorgehenden Ansätzen häufig von begrenzten Interessenlagen eingeschränkt.[6] Andere folgen einem sehr diskussionsbedürftigen Vorverständnis von Ausstellungen,[7] wie es in ihrer gefährdenden Wirkung auf die museale Hoheit der Kunstpräsentation und ihrer Bewertung gegeben ist. Für eine geeignete Typologie wären neben den Akteuren mit ihren Interessen auch weitere Merkmale von Kunstausstellungen zu berücksichtigen. Zu ihnen gehören zahlreiche Parameter der Trägerschaft, wie deren Identität, Auftrag, Zielsetzung und Verankerung. Sie werden ergänzt um ihre Aktionsweisen bei der Ressourcennutzung, den Auswahlkriterien ausgestellter Werke, den dahinter stehenden Prinzipien der Selektion oder vorhandenen Zugangsvoraussetzungen. Ferner können die Reichweite einbezogener Kunst, die Kriterien zu ihrer Hängung und Präsentation eine Rolle spielen. Aufgrund einer relationalen Analyse dieser Faktoren, sind verschiedene Typen zu unterscheiden, die zu Idealtypen verdichtet werden können.

Eine erste Unterscheidung setzt bei der großen Vielfalt der Akteure unter den Trägern von Ausstellungen an. Ins Auge fallen bereits aufgrund der Größe ihrer Präsentationen die speziellen Ausstellungsgesellschaften, wie sie in zahlreichen größeren Städten, etwa Düsseldorf oder Dresden existierten. Obgleich in der Regel öffentlich getragen, fließen in ihre Zielsetzung sowohl städtische als auch kommerzielle Interessen ein. Die bürgerlich dominierten Kunstvereine stehen unter dem Einfluss unterschiedlicher Motive des privaten Engagements, die in einer Ausstellungspolitik neben den mäzenatisch Interessierten ebenso den sammelnden Mitgliedern gerecht werden müssen. Sofern Künstler und andere professionell in der Kunst Tätige zu ihren Mitgliedern zählen, fließen auch deren Interessen ein. Öffentliche Träger, wie Museen oder Akademien, operieren aufgrund ihrer kommunalen oder staatlichen Struktur streng hierarchisch, da ihre Ausstellungspolitik entweder von Direktoren und Kunsthistorikern oder zu Professoren bestellten

---

[6] Holt legt eine Typologie von Kunstausstellungen nach Trägerschaften vor: The Exhibition in an Artist's Studio, The Official Exhibition of the State, The Exhibition by an artist of his own work, The Exhibition by a Society, The Museums Exhibition, die keine kooperative Ausstellungsorganisation berücksichtigt (Holt 1979). Mai typologisiert Großausstellungen, die er vorwiegend nach Themengebieten der Ausstellungen unterscheidet, in Ausstellungen zeitgenössischer Kunst, die „Star- Ausstellung", die kulturhistorische Ausstellung, Schatzkunst, Meisterwerke, die kunsthistorische Ausstellung nach Themenausstellung und Spezialistenausstellung, berücksichtigt aber die Trägerschaft nicht (Mai 1986). Meijers befasst sich mit dem Typus der „Ahistorischen Ausstellung" in Museen (Meijers 1996).

[7] Koch 1967. S. 6 f.

Künstlern bestimmt wird. Kommerzielle Organisationen wie Galerien richten ihre Ausstellungen an Verkaufserfolgen aus. Zwar teilen auch Künstler den Wunsch nach finanziellem Erfolg, aber sie wollen primär ihre Werke in der Öffentlichkeit ausgestellt sehen; dafür sind sie auf selbst organisierte Ausstellungen verwiesen. Sie müssen sich wenigstens informell in Künstlergruppen verbünden oder auch programmatisch festgelegen, wie bei Avantgarden. Obwohl einige Künstler sich teils formell in Vereinen, wie in Sezessionen, oder in Verbänden mit dem Ziel auszustellen, organisierten, blieben diese Strukturen von künstlerischen Interessen an Wahrnehmung, Verkauf und Status bestimmt. Die in diesen vielfältigen Organisationen miteinander verbundenen Interessen weisen, obwohl sie dem Ausstellen dienen, oft in sehr verschiedene Richtungen. Für die einen ist der Verkaufserfolg entscheidend, wogegen andere beabsichtigen, die Kunst einer großen Anzahl von Besuchern zu zeigen. Die Museen werden von den kunstgeschichtlich ausgebildeten Leitern dominiert und etablierte Künstler bestimmen mit ihren Stilen die Akademien, wogegen Künstlerorganisationen darauf bedacht sind, den ihnen angehörigen Künstlern Möglichkeiten zur Präsentation zu bieten. Es finden sich weiter Gruppen, in denen sich besonders jüngere Künstler zum gleichen Zweck zusammenfinden. Einzelne Interessen verwirklichen sich nicht in jedem Fall eindeutig, vielmehr treten sie häufiger kombiniert auf. Oft ist es dennoch möglich, eine dominierende Logik herauszukristallisieren. So steht bei Ausstellungsorganisationen und Kunstvereinen trotz ihrer differierenden Trägerschaft eine Logik, *Kunst zu popularisieren*, im Vordergrund. Sie ist zwar auch in Museen anzutreffen, diese standen aber während langer Zeiträume bis in die siebziger Jahre des letzten Jahrhunderts unter dem Primat einer wissenschaftlichen Logik für einen *wertenden Umgang mit der Kunst*. In Akademien wird *Kunst mit einer stratifizierenden Absicht*, den eigenen Status abzusichern, ausgestellt, wogegen Avantgarden und Sezessionen der *Logik der Innovation* in Ausstellungen zur Geltung verhelfen wollen, die sich erst mit ihrer Arrivierung in ein sicherndes Verhalten wendet. Auf einer höheren Ebene der Abstraktion operieren Ausstellungen und Kunstvereine nach einer von *Besuchern getriebenen Logik*, wogegen Akademien und Künstlerorganisationen miteinander verbindet, dass sie eher im Sinne *einer Logik der Produzenten* zu agieren haben. Gegenwartskunst steht zwischen den zwei Logiken, weil das Publikum oft nicht offen für aktuelle Kunst war, und die von Produzenten ausgerichteten Schauen bisweilen Zugehörigkeit erforderten. Für die Gegenwartkunst offenbart dieser sozioorganisatorische Hintergrund der Ausstellungen sowohl einschränkende als auch ausweitende Bedingungen. Besonders offen für moderne Kunst sind die Veranstaltungen der Künstlerorganisationen, da in ihnen Künstler selber nach ihren Kriterien die Auswahl beeinflussen können, aber für die Popularisierung moderner Gegenwartskunst kommt es darauf an, sie auch in Großausstellungen zu präsentieren. Deshalb sollen im Folgenden beide Ausstellungstypen genauer spezifiziert werden.

9.4 Differenzen zwischen zwei Ausstellungsformaten

Eine systematische Betrachtung der Großausstellungen und der Künstlerausstellungen macht es möglich, darin zwei differierende Paradigmen von Ausstellungen zu identifizieren, die organisatorisch oder auch künstlerisch gegeneinander abgesetzt werden müssen. In ihnen realisieren sich bisweilen gegensätzliche Interessenlagen aus der Kunstwelt. Sie bedienen aber auch Konventionen, die sich über einen längeren Zeitraum herausgebildet haben. Sie unterscheiden sich in ihrer Trägerschaft. Kunstinstitutionen – von der Kunstakademie über die Museen bis zum Kunstverein – tragen die Großausstellungen, wogegen die Künstlerausstellung bestenfalls eine Künstlergruppe als organisatorischen Kern aufweist. Dadurch sind auch gegensätzliche Identitäten vorgegeben, die, als institutionell im Interesse der Einrichtung handelnd, dem staatlichen, musealen oder akademischen Auftrag entsprechend auf der einen und als künstlerisch inhaltlich bzw. berufsorientiert auf der anderen Seite, charakterisiert werden können. Eine Großausstellung wird in diesem Sinne auf das Ausstellungserlebnis orientiert sein, gerade in der Erwägung, dass Ausstellungen häufig als Unterhaltungsmedien fungieren. Dementsprechend liegt auch ihr Fokus auf dem Publikum, dessen Interessen es zu befriedigen gilt. Für die Künstlerausstellung organisieren sich Produzenten, die sich und ihre Kunst zeigen wollen, und deshalb auch ihren Interessen folgend auftreten möchten. Die Ziele der Ausstellungen überschneiden sich im Verkauf von Werken, der in beiden Fällen vorgesehen ist. Aber die Repräsentation eines dem Träger oder dem Anlass angemessenen Niveaus wird vor allem die Großausstellung bestimmen; dagegen hat die Präsentation der Künstlergruppe einzig und allein dem Interesse der Gruppe zu genügen, das in exklusiven Kunstkriterien Ausdruck findet, oder auch in der sozialen Abbildung der Zusammensetzung der Gruppe und ihrer Verbindungen.

Am Auffälligsten sind die Unterschiede auf organisatorischer Ebene. Die Großorganisation auf der einen Seite kennzeichnet eine Struktur, in der Ausschüsse arbeitsteilig miteinander kooperieren und durch übergeordnete Organe auch mit externen Beteiligten repräsentativ besetzt werden. Die Künstlergruppe organisiert sich als Kleingruppe selbst. Sie entwickelt nur teilweise formalisierte Strukturen; vielmehr reicht es für ihr Funktionieren, wenn sie überwiegend auf eine Zusammenarbeit von Personen setzt, die sich häufig nur informell abstimmen. In großen Gruppen können auch Untergruppen für einzelne Aufgaben gebildet werden, die aber Teile einer meist gleichrangigen Gruppe bleiben, sofern diese nicht durch informelle Hierarchien, Anciennität oder Alter strukturiert werden.

Die Ausstellungen sind dementsprechend unterschiedlich verankert. Für Großausstellungen kann die Basis primär als institutionell mit zivilgesellschaftlicher Beteiligung eingestuft werden, wogegen sie sich bei der Künstlerausstellung schwer-
punktmäßig auf die Produzentenseite der Kunstwelt stützt und dadurch auch begrenzt bleibt. Es ist infolge dieser sozialen Basis nachvollziehbar, dass beide Typen
auf unterschiedliche Ressourcen setzen müssen, wenn sie die Kräfte mobilisieren
wollen. Eine Großausstellung kann mit den Mitteln und dem Renommee der sie
tragenden Institutionen auftreten, wogegen sich eine Künstlerausstellung nur auf
das künstlerische Renommee der sie tragenden Personen verlassen kann, ohne
weitere Mittel nutzen zu können. Sie setzt sich infolgedessen der Gefahr aus, auf
ein sehr enges Spektrum künstlerischer Ausdrucksweisen festgelegt zu sein. Für
die ausgestellten Werke bewirkt dieser Hintergrund auch eine je eigene Legitimation, die bei der Großausstellung aufgrund der personellen Zusammensetzung der
Jurys, wenn Museumsdirektoren oder Professoren beteiligt sind, als kunstwissenschaftlich legitimiert gelten kann. Bei der Künstlerausstellung hat die Legitimation
eine persönliche, aber selbstverständlich auch künstlerische Basis und sucht zeit-
nah den Bezug auf die aktuelle Produktion herzustellen. Beide Auswahlprozesse
erfolgen nach verschiedenen Prinzipien; in dem einen Fall wird eine Selektion
nach einem kunsthistorisch fundierten Wert vorgenommen, in dem anderen entscheiden die organisierenden Personen selbst nach ihren zweifellos künstlerischen
Kriterien über die ausgewählten Werke. Es scheint deshalb zulässig, in dem einen
Fall die Position der Künstler und Werke in der Kunstwelt als entscheidend anzusehen, wogegen in dem anderen Fall die Kooptation das Prinzip des Zugangs dar-
stellt. Mit den ausgewählten Mechanismen korrespondieren die Reichweiten, über
die Künstler angesprochen und erreicht werden. Bei großen Ausstellungen ist ein
überregionaler Einzugsbereich möglich, wogegen die Gruppen in einem lokalen
Schwerpunkt operieren; allenfalls infolge bestehender eigener persönlicher Verbindungen können sich externe Künstler beteiligen. Für die Hängung ergibt sich kein
zwangsläufiges Prinzip, aber es war zu beobachten, dass große Ausstellungen sich
häufig mit einer räumlichen Gliederung nach Kunststädten und -regionen oder
international nach Nationen präsentierten, wogegen die Kriterien bei den Künstlerausstellungen rein künstlerisch und subjektiv sein durften. Als Ergebnis dieser
paradigmatischen Gegenüberstellung ließe sich jeweils eine gesamte Charakterisierung vornehmen. So streben die Großausstellungen an, mit ihrer Schau für sich zu
stehen, also umfassend objektiv und repräsentativ zu sein – alles Charakteristika,
die eine Künstlerausstellung für sich gar nicht zu reklamieren vermag. Sie muss
sich oft im Gegenteil darauf ausrichten, ergänzend zum Umfeld zu wirken, dieses
in manchen Fällen sogar herauszufordern; dafür kann sie aber ihre sehr spezielle
Kunst präsentieren. Von ihr kann erwartet werden, dass sie es wagt, nach subjektiven Kriterien Innovationen anzustreben und sich darauf beschränkt, nur für sich

selbst repräsentativ zu sein. So wie die beiden Paradigmen hier dargestellt sind, verstehe ich sie als Idealtypen[8]; das heißt, sie treten nicht unbedingt in reiner Form auf, aber sie liefern in dieser konsistenten Form als Typen eine Orientierung, um die wirklich auftretenden Ausstellungen an ihnen zu messen.

9.5   Ergebnisse der Beziehungsanalyse von Groß- und Künstlerausstellungen der 1920er Jahre

Die großen Kunstausstellungen wurden am Beispiel von vier Ausstellungen in Kassel von 1913 bis 1929 untersucht.[9] 1913 fand anlässlich der Tausendjahrfeier in Kassel eine große, prägende Kunstausstellung statt, organisiert von Kunstakademie, Museum und Kunstverein. Trotz der Unterbrechung durch den Krieg konnte 1922 wieder an diese Form angeknüpft werden. Sie wurde in veränderter Konstellation als Jubiläumsausstellung der Kunstakademie 1927 und zwei Jahre später als vierte Große Kunstausstellung erneut aufgegriffen. Die ausgewählten Beispiele lassen sich in ihrer Struktur mit anderen Kunstausstellungen für die Gegenwartskunst vergleichen: mit dem Sonderbund 1912, der Internationalen Kunstausstellung Dresden (IKD) 1926 und der ersten documenta 1955.[10]

Die Ausstellungen wiesen gemeinsame Strukturelemente ihrer Organisation in Ausschüssen auf (vgl. Abb. 9.1), obwohl sie einer gesellschaftlich zerrissenen Zeitspanne mit zwei Weltkriegen und staatlichen Umbrüchen entstammten. Ein *Ehrenausschuss* übernahm repräsentative Aufgaben, die gesamte organisatorische Verantwortung trug ein *Gesamtausschuss*, die künstlerischen Fragen der Ausstellung oblagen einem *Arbeitsausschuss* und eine *Jury* wählte die auszustellenden Kunstwerke der Künstler aus. Eine Übersicht belegt, dass sich diese Bestandteile der Ausstellungsorganisation in nahezu allen Beispielen finden lassen. Der Sonderbund konnte allerdings auf seine vorhandene Vereinsstruktur und die IKD auf die in Dresden bestehende städtische Ausstellungsorganisation zurückgreifen, was einige Ausschüsse erübrigte. Aber ihre repräsentativen Organe waren personell sehr umfangreich. Betrachtet man nur die Ausstellungen von 1913 bis 1929 in Kassel, dann lässt sich in ihrem Vergleich feststellen, dass die Anzahl der beteiligten Personen wie auch die Zahl der vergebenen Positionen in der Ausstellungsorganisation mit der Zeit stark angewachsen war. Werden die beteiligten Personen grob Berufsfeldern zugeordnet, dann wird erkennbar, dass sowohl der Anteil der beruflich mit Kunst Befassten, als auch der des die Ausweitung tra-

---

[8] Vgl. dazu soziologisch Max Weber 1972, S. 3 f.

[9] Vgl. dazu die Ausstellungskataloge, verzeichnet im Literaturverzeichnis. Die im nächsten Kapitel folgende Auswertung stützt sich auf die Informationen in den Katalogen, die namentliche Angaben zur Ausstellungsorganisation veröffentlicht haben.

[10] Ebenso auf der Basis von Ausstellungskatalogen.

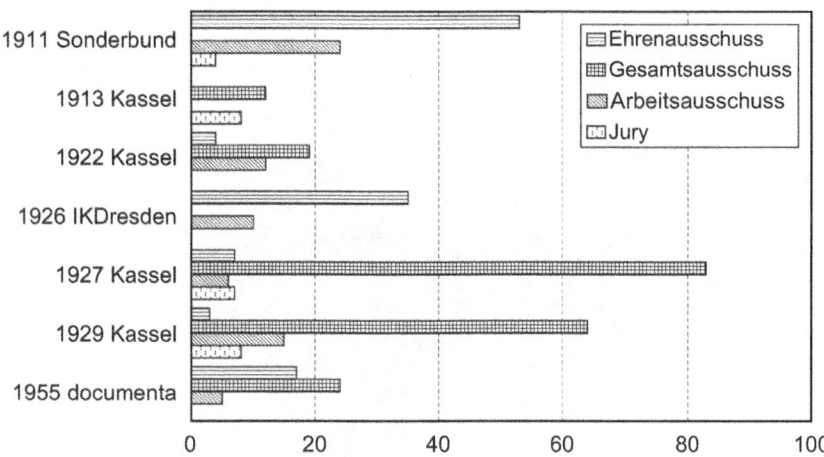

Abb. 9.1 Anzahl der Personen in den Ausschüssen ausgewählter Kunstausstellungen. (Quelle: Eigene Zusammenstellung aus Ausstellungskatalogen)

genden Bürgertums, gleich ob wirtschaftlich oder auch zivilgesellschaftlich profiliert, zunahm.[11]

Die Künstlergruppen in Kassel werden von 1923 an in die Analyse einbezogen, nachdem die vor dem Ersten Weltkrieg entstandenen, regionalen Organisationen und Verbände ab 1919 eher isoliert geblieben waren. 1923 hatten regionale und künstlerische Kriterien zu einer traditionellen und einer jungen Kooperation geführt, die sich ab 1927 zur Kasseler Sezession verbanden.[12] Sie stellte bis 1928 aus, aber deren Mitglieder blieben auf Künstlergruppenausstellungen in verschiedenen Gruppierungen bis 1930 nachweislich aktiv.[13]

9.5.1   Strukturelle Analyse personeller Integration am Beispiel Kassels

Eine Beziehungsanalyse der an der Ausstellungsorganisation von Großausstellungen in Kassel Beteiligten macht es möglich, die Position von Personen aufgrund der Affiliationen[14] zu den Strukturen der Großausstellungen zu identifizieren. Die

---

[11] Vgl. zu einer Analyse der sozialen Trägerschaft der Kunstausstellungen Panzer 2014.

[12] Vergleichbar ist die Praxis mit den Aktivitäten der Hessischen Sezession von 1946–1949 in Kassel. Vgl. Panzer in diesem Band.

[13] Vgl. dazu die im Literaturverzeichnis aufgeführten Ausstellungskataloge, ergänzt um die Angaben aus Schmaling 2001, S. 651 ff.

[14] Vgl. Panzer in diesem Band.

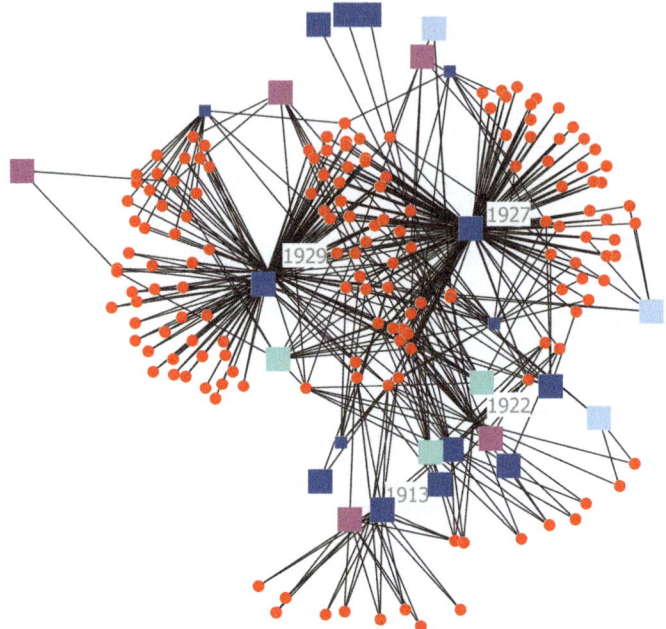

● Ausschussmitglieder ■ Gesamtausschuss und Geschäftsführung ■ Arbeitsausschuss
■ Auswahlkommissionen und Jurys ■ Finanz-, Presse- und Verkehrsausschüsse
■ Ehrenausschuss

Abb. 9.2 Personen und Ausschüsse der Kunstausstellungen in Kassel von 1913 bis 1929. (Quelle: Eigene Zusammenstellung auf Basis von Ausstellungskatalogen)

Personen (Kreise) befanden sich in einem Personengeflecht, zu dem in der Gesamtübersicht (Abb. 9.2) die 157 beteiligten Personen gehörten, die sich einer Vielzahl von Ausschüssen (Quadrate) zuordneten. Im Zentrum gruppierten sich diejenigen, die während mehrerer Jahre die Ausstellungen mit organisierten. Mehr als ein Viertel (28 %) nahm an zwei und mehr Ausstellungen teil. Etwa 15 Personen tragen zu drei bzw. vier Ausstellungen bei. Vor allem ab 1922 wuchs dieser Personenkreis um das Vierfache an, zugleich nahm die Differenzierung der Organisation zu.

Für die künstlerische Ausrichtung der Ausstellungen ist hervorzuheben, dass sich diese Tendenz, etwas schwächer ausgeprägt, auch für die an den künstlerisch entscheidenden Arbeitsausschüssen und den Jurys aktiven Personen, seien es Kunstprofessionelle oder Künstler, bestätigt. Die Expertenorganisation wuchs zwischen 1922 und 1929 von insgesamt 9 auf 16 Personen an; einige nahmen mehrfach teil.

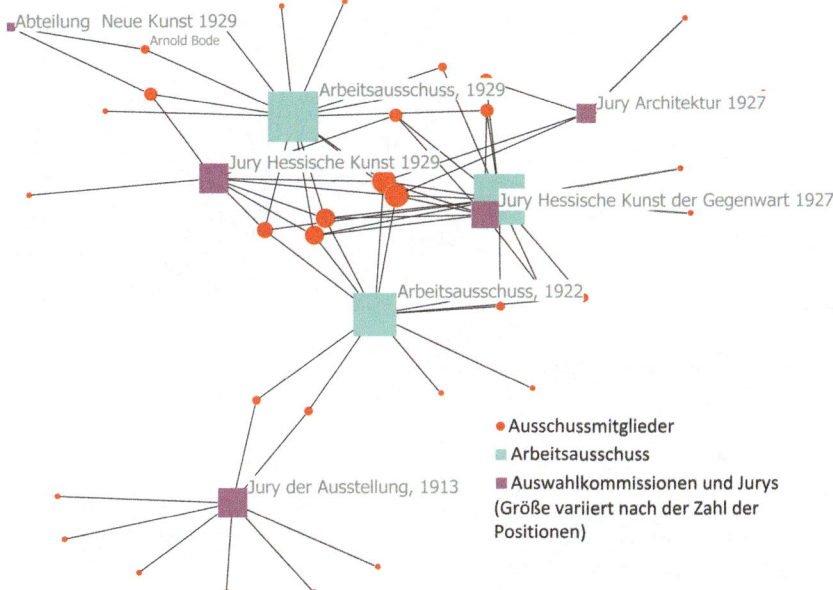

Abb. 9.3 Beziehungserfahrung großer Form von innen. Beteiligte an der Expertenorganisation der Kasseler Kunstausstellungen 1913 bis 1929. (Quelle: Eigene Zusammenstellung auf Basis von Ausstellungskatalogen)

Künstler beteiligten sich nicht nur organisatorisch an den großen Kunstausstellungen wie auch den Künstlerausstellungen, sie nutzten beide Wege zugleich, um ihre Werke auszustellen. Manche von ihnen sammelten Erfahrungen mit Beziehungen in beiden Positionen, die zwar einer Organisationsform gelten, diese aber aus entgegengesetzten Perspektiven von innen wie auch von außen wahrnahmen und deshalb gesondert zu betrachten sind. Nur im Fall der Künstlergruppen ist davon auszugehen, dass im organisierenden Kern beide Perspektiven zugleich eingenommen wurden. Für die großen Kunstausstellungen war diese doppelte künstlerische Praxis nur sehr wenigen möglich. Eine Person, an der dies nachzuvollziehen ist, ist Arnold Bode.

9.5.2   Erfahrungen mit Ausstellungsformen

Arnold Bode konnte 1929 erstmals aus einer Innenperspektive eine Großausstellung erfahren (Abb. 9.3), weil er in einer zweiköpfigen „Auswahlkommission

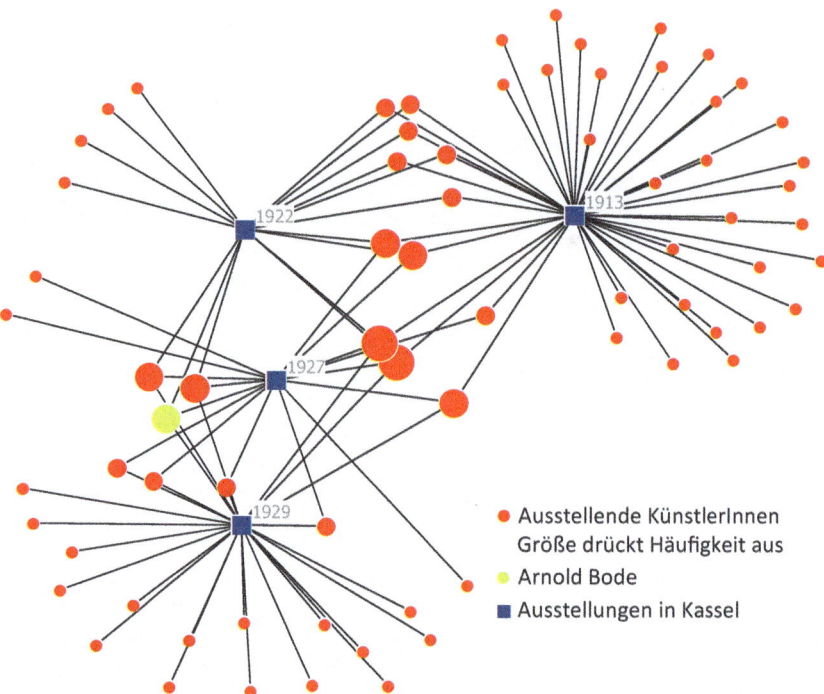

Abb. 9.4 Beziehungserfahrung großer Form von außen. Ausstellende Kasseler Künstler auf Großausstellungen in Kassel von 1913 bis 1929. (Quelle: Eigene Zusammenstellung auf Basis von Ausstellungskatalogen)

Neuer Kunst" unter anderem die Aufgabe hatte, mit dem Bauhaus Kontakt aufzunehmen. Er trug in dessen Folge inhaltlich zur Ausstellung bei, traf zugleich mit aktuellen Künstlern zusammen, was durchaus auf seine spätere Arbeit für die documenta verweist.[15]

---

[15] Den Zusammenhang zur Vorkriegsgeschichte stellt Herbordt her (Herbordt 1948). Schwarze bringt sie in Verbindung zur documenta: „Als Arnold Bode und Heinrich Dersch 1929 zusammen die ‚Neue Kunst' zusammenstellen durften, da steckten sie einen Rahmen ab, der zwar nicht deckungsgleich mit der Auswahl der deutschen Künstler für die documenta 1955 war, der aber schon einen wesentlichen Teil der Namen umfasste. In beiden Ausstellungen (1929 und 1955) vertreten waren: Albers, Baumeister, Feininger, Gilles, Heckel, Hofer, Kandinsky, Klee, Lehmann, Marcks, Mataré, Mueller, Nay, Pechstein, Purrmann, Rohlfs und Schlemmer. Berücksichtigt man, dass in der Ausstellung von 1927 ferner Dix, de Fiori, Kokoschka und Schmidt-Rottluff dabei waren, dann war 1927 und 1929 schon die Kerngruppe der deutschen Kunst der 20er Jahre versammelt, die auch die documenta von 1955 prägen sollte." Schwarze 2000, S. 28.

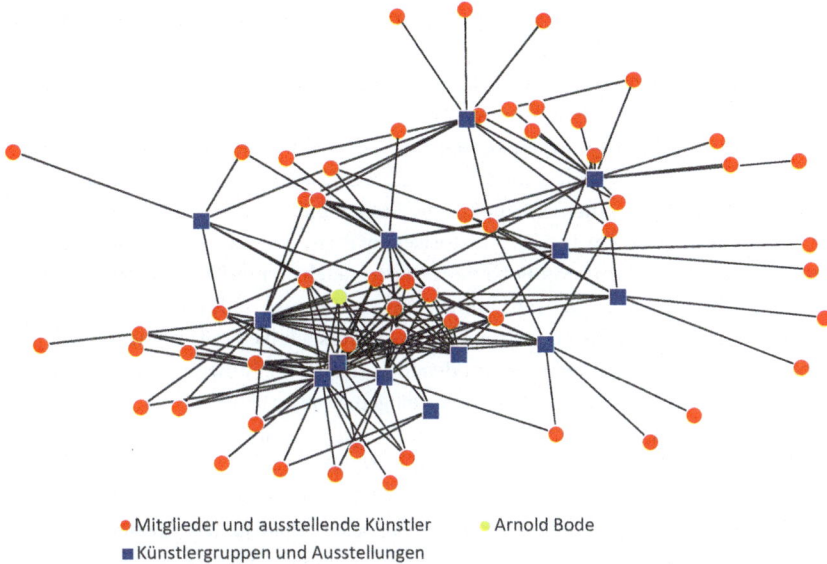

● Mitglieder und ausstellende Künstler   ● Arnold Bode
■ Künstlergruppen und Ausstellungen

Abb. 9.5 Beziehungserfahrung der kleinen Form von innen und außen. Mitglieder in Künstlergruppen und ausstellende Künstler 1913 bis 1929. (Quelle: Eigene Zusammenstellung auf Basis von Ausstellungskatlogen)

Wird diese Aktivität in den Kontext der Kunstwelt gestellt, dann war seine übernommene Position eine neu geschaffene Aufgabe, die er nicht fortführen konnte, aber sie brachte ihn mit der Jury und dem Arbeitsausschuss zusammen. Bode war mit 29 Jahren vergleichsweise jung, als er diese Aufgabe übernahm. Im Kunstgeschehen der zwanziger Jahre nahm er eine Randposition ein, was aber seinem Lebensalter durchaus entsprach. Aber gleichwohl sammelte er Erfahrungen aus der Organisationspraxis einer Großausstellung, an der er teilhatte. Seit 1922, dem dritten Jahr seiner Akademiezugehörigkeit, hatte er bereits Erfahrungen als ausstellender Künstler mit diesem Ausstellungsformat von außen sammeln können. Er gehörte zu denjenigen Künstlern, die sich auch in der Folge auf jeder der drei Kasseler Großausstellungen präsentieren durften (vgl. Abb. 9.4).

Allerdings empfanden in Kassel praktizierende Künstler diese Möglichkeiten als zu eingeschränkt. Sie organisierten sich ad hoc in Künstlergruppen mit dem Ziel, eigene Ausstellungen auszurichten. 1923 traten sie als „Die Fünf. Schüler von

Ewald Dülberg" auf.[16] Dieser Kreis bildete mit weiteren Künstlern ab 1927 die Kasseler Sezession, die auch in den Folgejahren auf Ausstellungen präsent blieb.[17] Arnold Bode war auch an diesen Gruppen beteiligt (vgl. Abb. 9.5). Er sammelte in diesem Zusammenhang Erfahrungen mit einer „kleinen Form" von Ausstellungen, d. h. von Künstlern selbst organisierten Kunstausstellungen. Hier waren die Organisatoren und Ausstellenden identisch, bedurften aber der Unterstützung durch den Kunstverein, der ihnen Räume für die Präsentation zur Verfügung stellte. Beide Perspektiven prägten in einer historischen Phase zwischen 1926 bis 1929 die Erfahrungen eines Kerns von Personen, zu dem auch Arnold Bode zählte.

Als Ergebnis der Analyse ist zusammenzufassen: Arnold Bode konnte als Teil seiner künstlerischen Praxis Erfahrungen aus mehreren Perspektiven mit zwei verschiedenen Typen von Präsentationen machen, in denen er neben der Außenperspektive als ausstellender Künstler auch Einblick in die jeweiligen organisatorischen Voraussetzungen gewonnen hatte. Aus der Außenwahrnehmung der Großausstellungen heraus zog er mit anderen Studierenden die Konsequenz, selbst aktiv zu werden und an die Öffentlichkeit zu gehen. Aber er beteiligte sich dennoch an weiteren großen Kunstausstellungen. So sammelte er parallel Erfahrungen mit selbstorganisierten Ausstellungspraktiken und arbeitsteiligen Strukturen von Großausstellungen mit deren Ausschüssen.

9.6 Evolution, Metamorphose, Rekombination von Ausstellungsformaten

Die Analyse hat ergeben, dass einige der beteiligten Personen in der Zwischenkriegszeit Erfahrungen mit beiden Ausstellungsformaten sammeln konnten. Gleichwohl hieß das nicht automatisch, dass sie nur auf einer dieser Erfahrungen aufbauen mussten, da sie ja zuvor auch auf beiden Wegen versucht hatten, an die Öffentlichkeit zu treten. Der Weg zu von Institutionen getragenen Ausstellungen war nach dem Krieg nicht leicht wieder zu beschreiten, weil deren Möglichkeiten sich, wie zuvor dargestellt, sehr eingeschränkt hatten. Betrachtet man nun das Ausstellungsformat documenta und vergleicht dessen strukturelle Größen mit der zuvor dargestellten Typologie, dann ermöglicht die Beziehungsanalyse es, zu klären, in welchem Verhältnis die Ausstellungform der documenta sich zu diesen Typen verhält. Das gestattet es, genauer zu lokalisieren, welche Merkmale an eine dieser bisherigen Ausstellungsformen anknüpften und sie bloß fortsetzten – im Unterschied zu denen, die neu entstanden sind. Anhand der Typen lässt sich auch zu-

---

[16] Schmaling 2011, S. 652; Kramm 1935.
[17] Vgl. Ausstellungskataloge.

documenta	Kombination		Innovation
	Großausstellung	Künstlerausstellung	
Trägerschaft	Kunstinstitutionen	Künstlergruppen	Zivilgesellschaft
Identität	Institutionell	Künstlerisch	Gegenwart
Ausstellung			
Orientierung	Erlebnis	Produktion	Kunstexpertise
Fokus	Publikum	Produzenten	Kunstproduktion
Ziel	Repräsentation und Verkauf	Präsentation und Verkauf	
Organisation	Großorganisation	Selbstorganisation	
	Arbeitsteilig Ausschussstruktur	Kleingruppe, teils formalisiert	
	Repräsentationsorgane	Personalisiert	
Verankerung	Institutionell und zivilgesellschaftlich	Kunstwelt	
Ressourcen	Institutionelles Renommee	Persönlich künstlerisches	Projekt
Ausgestellte Werke	Kunstwissenschaftlich legitimiert	Gegenwärtige Produktion	Zeithistorisch
Prinzip	Wert selektiv	Selbstselektiv	
Zugangskriterium	Position in Kunstwelt	Kooptation, Anfrage	
Ausdehnung	National, international	Örtlich, Gruppenbezogen	
Hängung	Räumliche Gliederung	Subjektiv, künstlerisch	Inszenierung
Charakter	Für sich stehend, umfassend	Ergänzend, speziell, subjektiv,	
	Objektiv, repräsentativ	innovativ, Selbst-präsentativ	

Spalten Zuordnung des Merkmals
Kursiv die Merkmale des documenta Formats

Abb. 9.6 Kombinatorische und innovative Merkmale des documenta Ausstellungsformats

ordnen, auf welche Traditionslinien sich die documenta positiv bezieht. Hier soll die These entwickelt werden, dass sich die Kunstschau als eine Kombination von beiden Ausstellungstypen erweist, die in einigen wesentlichen Punkten aber auch Neuerungen einführte (vgl. Abb. 9.6). Beides war überdies nur durchzusetzen, weil sie die Trägerschaft durch eine zivilgesellschaftliche Basis stützen konnte und damit eine soziale Innovation realisierte, nämlich sich nicht als Teil einer Institution oder einer Künstlergruppe zu organisieren. Die Attitüde, die Institutionen abzulehnen und sich selbst programmatisch als antiinstitutionell zu positionieren, worauf Kimpel hingewiesen hat,[18] findet hier ihren Kern. Denn die gewählte Form für die Trägerschaft der documenta oblag einem Verein, der Gesellschaft „Abendländische Kunst des XX. Jahrhunderts e.V."[19] In ihm kooperierten Privatpersonen, ganz gleich, ob sie, wie es vorwiegend der Fall war, honorige Positionen in der Zivilgesellschaft oder seltener, in einer der Kunstinstitutionen, bekleideten. Nur einige örtliche Einrichtungen waren über Personen in diesem Gremium vertreten, übernahmen aber keine fachliche Aufgabe wie etwa die der Expertise. Es ist ebenso

---

[18] Vgl. Kimpel 1997, S. 148 f. Bode hegte das Selbstverständnis, anti-institutionell zu sein.

[19] Vgl. Panzer in diesem Band mit Verweisen.

hervorzuheben, dass Künstler nur in der Minderheit an der Organisation beteiligt waren. Es handelte sich, gemessen an der Trägerschaft, demnach keinesfalls um die Ausstellung einer Künstlergruppe, auch wenn die zentrale Person Bode bei Außenstehenden den Eindruck hervorrief. So war die Identität der Schau offen, konnte also sowohl den Anspruch verfolgen, eine historisch angemessene Ausstellung zu schaffen, was angesichts möglicher Verstrickungen in die Geschichte und die Kunstwelt einen Grad von Unabhängigkeit erforderte, als auch, sich der Gegenwart zu verpflichten. Sie agierte außerhalb etablierter Expertise und konnte im internationalen Feld komplexer Diplomatie unkonventionell handeln. Da der Verein weder die finanziellen Mittel besaß, noch über anerkannte Kunstexpertise oder über Räumlichkeiten verfügen konnte, wie es für Träger üblich ist, bedurfte er in diesen existenziellen Dimensionen äußerer Unterstützung, die er eigens organisieren musste. Das schaffte ihm zwar Möglichkeiten, vor allem Unabhängigkeit, aber begrenzte zum anderen auch die Handlungsräume, da Absprachen erforderlich waren, die Zustimmung zum Konzept notwendig machten. Für diese strategische Kooperation mit Ministerien, Kunstmuseen und Stadtverwaltung stellte man sich vor allem als an der Kunst orientiert dar, abgesichert durch eine internationale Expertise, die den höchsten künstlerischen Wert der auszustellenden Kunstwerke ins Zentrum rückte. Man verpflichtete sich ausdrücklich nicht den Kunstproduzenten, sondern zeigte sich unabhängig von ihnen, stellte aber auch nicht den Verkauf in den Mittelpunkt. Am ehesten lag der Fokus neben der Kunstproduktion auf dem Publikum. Das Ziel bestach durch Kombination einer repräsentativen mit einer präsentierenden Ausrichtung.

Die Organisationsweise der documenta griff vertraute Elemente der Praktiken in Großorganisationen auf, um sie mit einigen Formen, ausgebildet in der Selbstorganisation der Künstlergruppen, zu verbinden. So gab es eine Struktur arbeitsteiliger Ausschüsse und repräsentativer Organe, doch blieb deren Einfluss auf sehr wenige Bereiche beschränkt. Beide blieben zugeschnitten auf die Figur des Gründers und Motors Arnold Bode, indem sie ihm Freiräume schufen. Insbesondere der für die Auswahl der Künstler zentrale Arbeitsausschuss blieb formalen Einflüssen der Repräsentanten entzogen. Deshalb kennzeichneten die Organisation dieses Bereichs auch Elemente einer Kleingruppe mit informellen und stark personalisierten Abläufen. Vor allem für die Expertise schienen diese Feststellungen zuzutreffen. Hierfür ließ sich ein kaum dokumentiertes und wenig formalisiertes Vorgehen erkennen, das überdies in einem sehr kurzen Zeitraum zu Ergebnissen gekommen ist und diese kaum in einer schriftlich nachvollziehbaren Form erreicht hat.

Dementsprechend kam der documenta ihre doppelte Verankerung zugute. Sie war in der Zivilgesellschaft verankert, besaß aber auch in der Kunstwelt eine Basis. Nur durch die Kooperationen mit Experten war das Projekt kunstwissenschaftlich legitimiert, konnte aber durch die ausgestellten Werke ihr Renommee unter Beweis stellen und sich durch die Kritik von außen bestätigen lassen. Dadurch war es nachträglich möglich, den Vorschuss geborgten Vertrauens wieder zurückzuerstatten.

Bode hatte an diesem Ergebnis wesentlichen Anteil, denn er überraschte, indem er die Werke in der Ausstellung inszenatorisch legitimierte, nachdem ihre Ausleihe durch Expertise und Programmatik erreicht worden war. Die Inszenierung überwältigte. Sie wird inzwischen als wesentlicher Erfolgsfaktor der documenta verstanden.[20] Dies gelang vor allem, weil Bode keiner rein kunsthistorischen Logik folgte, sondern eine durch die Präsentation sichtbare und damit während des Ausstellungsbesuchs nachvollziehbare Logik herstellte. Sie machte die innere Logik ausgehend vom Sichtbaren erfahrbar. Diese Art der Hängung, für die, nach allem was wir wissen, Bode, allerdings in Beratung mit Martin,[21] zuständig war, folgte einer künstlerischen, man könnte auch sagen: subjektiven Logik. Sie behielt zwar die kunsthistorische Wertung im Blick, aber erlaubte sich Freiheiten, die selbst als kunsthistorische Wertung neu sichtbar wurden, aber auch hinterfragbar blieben. Der Wert der Werke aus Sicht des aktuellen kunsthistorischen Wissens spielte eine wichtige Rolle, wurde aber unter einen aktuellen historischen Auftrag gestellt, der bei der documenta immer in der Wiedergutmachung für die nationalsozialistische Verfolgung der Künstler gesehen wurde. Eine Erweiterung in Richtung der gegenwärtigen Kunstproduktion war zunächst nur eingeschränkt möglich gewesen. Aber mit dieser Mischung war beabsichtigt, sowohl den Wertkriterien zu genügen, als auch die subjektiven Maßstäbe nach außen auszudrücken. Beide Kriterien, der Wert in der Kunstwelt und eine den subjektiven Auswahlkriterien gemäße Wahl der Kunstwerke, wurden durch Anfragen, Verbindungen und Hinweise der Experten vermittelt.

Die zeitliche Ausdehnung der einbezogenen Künstler mit ihren Werken war durch die historische Perspektive der Rehabilitierung der verfolgten Moderne bestimmt, aber reichte auch bis in die Gegenwart. Außerdem sollte der internationale Horizont als Maßstab der Auswahl gelten, wobei diesem die damalige westliche Kunstwelt aus deutschem Blickwinkel zugrunde gelegt wurde. Zum Leidwesen von Künstlern aus Kassel war lokale Beteiligung dafür kein zu berücksichtigendes Kriterium.

In der neuen Ausstellungsform der documenta wurden die Charakteristika beider Typen kombiniert und erneuert, denn es sollte zunächst dem objektiven, auf Repräsentativität gestützten, Anspruch genügt werden, damit ein umfassender und weitreichender Einfluss legitimiert war. Zugleich war eine kaum explizite aber

---

[20] Vgl. Kimpel 1997, Klonk 2010, Schieder 2001, Wollenhaupt-Schmidt 1994.
[21] Vgl. Rosebrock in diesem Band.

durchaus beobachtbare Zielsetzung, auch den subjektiven Kriterien zu genügen, um dadurch ergänzenden, insbesondere innovativen Ansätzen Rechnung zu tragen.

Die parallele Entwicklung der beiden Formen von Ausstellungen während der 20er Jahre zeigte, wie sich die Interessenlagen dissoziierten und organisatorisch in eigenen Formen entwickelten. Künstler erweiterten dabei ihre Praktiken und spezifizierten ihre Ausstellungsvorhaben in eine bestimmte Richtung. Werden dann die Elemente wieder miteinander vereint oder besser noch miteinander versöhnt, bzw. innovativ miteinander zusammengebracht, wird das neue Zentrum eine Projektorganisation. Sie blieb den Ausschüssen vergleichbar, aber besaß einen anderen Rahmen. In ihm spielten künstlerische Zwecke eine größere Rolle, aber erhoben den Anspruch, über das partikulare Interesse hinauszugehen. Sie machten sich zum Sprecher der Situation und zum Anwalt der zeitgenössischen Künstler.

Die documenta kombinierte Elemente von beiden getrennt genutzten Mustern und verband sie zu einem innovativen Rahmen, der sich, durch eine zivilgesellschaftliche Basis gestützt, mit einer Kunstexpertise außerhalb der Institutionen an der Kunstproduktion orientierte, d. h. auch an der Gegenwart. Zeithistorische und gegenwärtige Werke wurden selegiert. Es entstand das Projektrenommee als ein neuer Typus der Legitimation für eine Ausstellung, die nur abhängig war von dem vorgelegten Plan und den aktiv einbezogenen Projektpartnern.

Die miteinander kontrastierten Typen hatten sich aufgrund der historischen Gegebenheiten herausgebildet. Sie hatten zu einer Spezialisierung von Ausstellungen geführt, die den Bedürfnissen, aber auch den institutionellen Erfordernissen der Kunstwelt gerecht wurden, wie sie sich in Konventionen verdichtet hatten. Nun war aufgrund anderer Bedingungen eine neue Form erforderlich.

9.7 Das Format für die Gegenwart war gefunden

Mit der documenta konnte ein von dem bis dato vorherrschenden Konventionen befreites, modernes Ausstellungsformat gestaltet werden, womit ein Teil der Deutungshoheit den etablierten Kräften der Kunstwelt entwunden worden war. Aber das mit der documenta entstandene Ausstellungsformat stand schnell im Einflussbereich neuer Interessenlagen und Kräfte, die ihm durchaus gefährlich werden konnten, da es offen für die Akteure der Gegenwart war. Es war auf Kooperation mit den Galeristen, dem „Markt", den „Managern" und den „Kritikern" angewiesen. Ausstellungsmacher mussten demnach viel enger mit diesen zusammenarbeiten, als es zuvor in den Ausstellungen der Fall gewesen war. Ein künstlerisches

Format entstand, aber blieb, weil es subjektiv war, zunächst undeutlich. Es wurde praktiziert unter einem Schutzschild der Expertise. Es erreichte seine Bestätigung als repräsentatives Format durch die inszenierten Objekte. Es begeisterte damit die Fachwelt und die Rezipienten, wodurch es sich eine sichtbare Breitenwirkung sicherte. Es integrierte künstlerische Kriterien und subjektivierte durch eine Öffnung die Großform für historisch wichtige Kunst, aktuell schaffende Künstler und deren Werke gleichzeitig.

Umgekehrt könnte darin auch eine Rationalisierung der kleinen Künstlerausstellungen gesehen werden; die künstlerische Qualität wird mit einer großen Organisationsform kombiniert, dabei aber die Werke aus einer rein künstlerischen Selektivität auf einen generalisierten Standard erweitert und auf einen übergeordneten Anspruch, aus der europäischen künstlerischen Entwicklung erwachsend, orientiert. Wie sich diese Verbindung weiterentwickelte, bleibt weiteren Beziehungsanalysen des Formates vorbehalten.

Ausstellungskataloge

Sonderbund. 1912. *Internationale Kunstausstellung des Sonderbundes Westdeutscher Kunstfreunde und Künstler zu Cöln. 1912; Städtische Ausstellungshalle am Aachener Tor, vom 25. Mai bis 30. Sept., von 9–7 Uhr geöffnet; illustrierter Katalog.* Köln: Dumont-Schauberg.

Kunstakademie. 1913. *Deutsche Kunst-Ausstellung zur Tausendjahrfeier der Residenzstadt Cassel 1913.* Kassel: Gotthelft.

O.A. 1922. *Casseler Kunstausstellung 1922. Orangerie Schloss 3.Juni-27. August.* Kassel: O.V.

O.A. 1926. *Internationale Kunstausstellung Dresden 1926. Jahresschau Deutscher Arbeit. Amtlicher Führer und Katalog durch die Ausstellung.* Dresden.

Kasseler, Sezession. 1927. *I. Ausstellung der Kasseler Sezession. Kunstverein zu Kassel, Ständeplatz vom 12. Juni bis 12. August 1927.* Kassel: O.V.

Kunstakademie, und Kunstverein Kassel. 1927. *Jubiläumskunstausstellung Kassel 1927. 150 Jahre Kasseler Kunstakademie. Juni bis September. Veranstaltet von der Kunstakademie und Kunstverein zu Kassel.* Kassel: Friedrich Scheel.

Kasseler, Sezession. 1928a. *II. Ausstellung der Kasseler Sezession. Kunstverein zu Kassel, Ständeplatz vom 22. Jan. bis 12. Feb. 1928.* Kassel: O.V.

Kasseler, Sezession. 1928b. *III. Ausstellung der Kasseler Sezession. Kunstverein zu Kassel, Ständeplatz vom 30. Sept. bis 25. Okt 1928.* Kassel: O.V.

Kunstverein, Kassel. 1929. *Vierte Große Kunstausstellung Kassel 1929. Neue Kunst in der Orangerie. 1. Juni bis 1. September. Veranstaltet vom Kunstverein zu Kassel.* Kassel: Bärenreiter.

Krumm, Richard. 1930. *kunst schaffen in kassel. Sonderausstellung.* Kassel: Staatl. Kunstgewerbeschule Kassel.

Literatur

Becker, Howard Saul. 1982. *Art worlds*. Berkeley: University of California Press.

Grisebach, Lucius. 2006. Museum der Gegenwart – Fortsetzung nach 1945. In *In die Freiheit geworfen: Positionen zur deutsch-französischen Kunstgeschichte nach 1945*, Hrsg. Martin Schieder, Bd. 13, 107–127. Berlin: Akademie (Collection Passagen/Passages).

Herbordt, Friedrich. 1948. Von der Kunstakademie zur Werkakademie. *Hessische Nachrichten* 21: 11.

Holt, Elizabeth Gilmore, Hrsg. 1979. *The Triumph of art for the public. 1785–1848. The emerging role of exhibitions and critics*. Garden City, N.Y.: Anchor Books

Kimpel, Harald. 1997. *documenta. Mythos und Wirklichkeit*. Köln: DuMont.

Klonk, Charlotte. 2010. Die phantasmagorische Welt der ersten documenta und ihr Erbe. In *Die Ausstellung – Politik eines Rituals*, Hrsg. Dorothea von Hantelmann und Carolin Meister, 131–160. Zürich: Diaphanes.

Koch, Georg Friedrich. 1967. *Die Kunstausstellung. Ihre Geschichte von den Anfängen bis zum Ausgang des 18. Jahrhunderts*. Berlin: De Gruyter.

Kramm, Helmut. 1935. *Hundert Jahre Kurhessischer und Kasseler Kunstverein. Geschichte seiner Ausstellungen von Helmut Kramm*. Kassel: Bärenreiter.

Mai, Ekkehard. 1986. *Expositionen. Geschichte und Kritik des Ausstellungswesens*. Berlin: Deutscher Kunstverlag.

Meijers, Debora J. 1996. The Museum and the 'Ahistorical' exhibition. The latest gimmick by the arbiters of taste, or an important cultural phenomenon? In *Thinking about Exhibitions*, Hrsg. Reesa Greenberg, Bruce W. Ferguson und Sandy Nairne, 7–20. London: Routledge.

Nele, E. R. 2007. „Ich war immer glücklich wo ich war". Erinnerungen der Tochter von Marlou und Arnold Bode. In *Begegnungen mit der Documenta 1-4-1955-1968*, Hrsg. Barbara Orth, 9–14. Kassel: Faste.

Panzer, Gerhard. 2014 (im Erscheinen). Die sich ausstellende Gesellschaft. Ausstellungen als Medium des Sozialen. In *Perspektiven der Kunstsoziologie II. Kunst und Öffentlichkeit. Reihe „Kunst und Gesellschaft"*, Hrsg. Dagmar Danko, Olivier Moeschler und Florian Schumacher. Wiesbaden: Springer.

Rehberg, Karl-Siegbert. 1994. Institutionen als symbolische Ordnungen. Leitfragen und Grundkategorien zur Theorie und Analyse institutioneller Mechanismen. In *Die Eigenart der Institutionen. Zum Profil politischer Institutionentheorie*, Hrsg. Gerhard Göhler, 47–84. Baden-Baden: Nomos.

Ruby, Sigrid. 1999. *„Have We An American Art?" Präsentation und Rezeption amerikanischer Malerei im Westdeutschland und Westeuropa der Nachkriegszeit*. Weimar: VDG.

Schieder, Martin. 2001. Die documenta I (1955). In *Deutsche Erinnerungsorte II*, Hrsg. Etienne Francoise und Hagen Schulze, 637–651. München: Beck.

Schieder, Martin. 2004. *Expansion/Integration. Die Kunstausstellungen der französischen Besatzung im Nachkriegsdeutschland*. Berlin: Deutscher Kunstverlag. (Passerelles, 3).

Schmaling, Paul. 2001. *Künstlerlexikon Hessen-Kassel 1777-2000. Mit den Malerkolonien Willingshausen und Kleinsassen*. Kassel: Winfried Jenior.

Schmaling, Paul. 2010. *Künstlerlexikon Hessen-Kassel. Ergänzungsband 2001–2010*. Kassel: Winfried Jenior.

Schwarze, Dirk. 2000. Arnold Bode und der Impuls der documenta. In *Arnold Bode. Leben + Werk (1900-1977)*, Hrsg. Marianne Heinz, 24–29. Wolfratshausen: Minerva.

Winkler, Kurt. 2002. *Museum und Avantgarde. Ludwig Justis Zeitschrift „Museum der Gegenwart" und die Musealisierung des Expressionismus.* Opladen: Leske + Budrich.
Wollenhaupt-Schmidt, Ulrike. 1994. *Documenta 1955. Eine Ausstellung im Spannungsfeld der Auseinandersetzungen um die Kunst der Avantgarde 1945–1960.* Frankfurt a. M.: Lang.

Anmerkungen zu Unterlagen aus dem Arbeitsausschuss Kurt Martins Dokumente zur documenta I

10

Tessa Friederike Rosebrock

Die documenta ist seit ihrer Begründung im Sommer 1955 zu einem Meilenstein in der Geschichte moderner Kunstpräsentationen geworden. Im globalen Umfeld von Großausstellungen zur zeitgenössischen Kunst ist sie aus heutiger Perspektive nicht mehr wegzudenken. Flankiert wurde die stetig wachsende mediale Aufmerksamkeit durch eine Reihe von Forschungsarbeiten, die die historische Dimension des Phänomens documenta aufarbeiten und in allen Details beleuchten. Die praktische Aufgabenbewältigung ihrer Initiatoren blieb hingegen stets im Hintergrund. Ein Aktenfund aus dem Generallandesarchiv Karlsruhe mit dem Titel „documenta 1955" zeigt, auf welch bodenständige Weise die Erstausgabe dieses erfolgreichen Formats aus der Taufe gehoben wurde. Bei dem Material handelt es sich um Unterlagen von Kurt Martin (1899–1975), dem langjährigen Direktor der Staatlichen Kunsthalle Karlsruhe und ab 1957 Leiter der Bayerischen Staatsgemäldesammlungen in München, der Mitglied im sogenannten Arbeitsausschuss der documenten I–IV gewesen ist. In Besitz von Martins Sohn, Gerhard Martin, hat sich außerdem ein vollständig durch seinen Vater annotierter Katalog der documenta I erhalten. Aus diesen Quellen speist sich der nachfolgende Beitrag, der sich der bislang wenig untersuchten Tätigkeit des ersten documenta-Arbeitsausschusses und Kurt Martins besonderer Rolle darin widmet.

Arnold Bode (1900–1977) und Werner Haftmann (1919–1999) hatten Kurt Martin zur Unterstützung bei der Umsetzung ihres innovativen Projekts documenta in den Arbeitsausschuss berufen. Dies geschah vor dem Hintergrund, dass Martin als einer der ersten Kunsthistoriker unmittelbar nach Ende des Zweiten Weltkriegs wieder an der Organisation von Ausstellungen moderner Kunst in Deutschland beteiligt war und sie auch eigenständig realisierte. Im zweifach alliiert

T. F. Rosebrock (✉)
Karlsruhe, Deutschland
E-Mail: rosebrock@kunsthalle-karlsruhe.de

G. Panzer et al. (Hrsg.), *Beziehungsanalysen. Bildende Künste in Westdeutschland nach 1945*,
Kunst und Gesellschaft, DOI 10.1007/978-3-658-02917-3_10,
© Springer Fachmedien Wiesbaden 2015

besetzten Baden kuratierte er ab 1946 eine Vielzahl von Ausstellungen moderner Kunst – sowohl unter französischer, wie auch unter amerikanischer Militärregierung.[1] Er hatte sich früh für die Wiederaufnahme der internationalen Beziehungen Deutschlands im Kunstbereich stark gemacht und forderte bereits Anfang 1946 in einem unter zeitgeschichtlichen Gesichtspunkten beeindruckenden Manifest mit dem Titel „Die Museen in der geistigen Situation Deutschlands" den Austausch mit anderen Ländern: „Wir brauchen [...] das Gespräch und den Blick über die Grenzen hinweg, und wir brauchen dies bald. Menschen und Völker, die nur mit sich selber sprechen, werden untauglich für eine größere Gemeinschaft und verlieren ihre Urteilsfähigkeit und Selbstkritik."[2] In diesem Text geht er auf die Jugendlichen der Zeit ein und ihren aufgrund des langen Krieges und Hitlers restriktiver Kunstpolitik eingeschränkten, ästhetischen Erfahrungsschatz, den es rückwirkend zu erweitern gilt. Die schwierige Konsequenz dieser durch die „Leere" der nationalsozialistischen Erziehung in „geistiger Provinzialisierung" zurückgelassenen Jugend erkennt Martin in der Ablehnung moderner Kunst. Um aus dieser „Isolierung" auszubrechen, empfiehlt er die Interaktion mit dem Ausland.[3]

Eben dieses Ziel verfolgte auch die documenta I, die sich als erste internationale Ausstellung für zeitgenössische Kunst in Deutschland nach dem Krieg verstand. Sie wollte eine Überblicksausstellung zur Entwicklung der europäischen Kunst im 20. Jahrhundert mit dem Ziel einer kulturellen Standortbestimmung für die Gegenwart sein. Gleichzeitig sollten die während des Nationalsozialismus als ‚entartet' diffamierten Künstler rehabilitiert werden und Deutschland wieder in die Reihe der europäischen Kulturnationen eingebunden.[4] Der Titel war insofern Programm, als es um die Dokumentation des oben Beschriebenen ging; die ausgestellten Werke lieferten den Beleg für die trotz aller politischer Widrigkeiten immer existent ge-

---

[1] Zu den Kunstausstellungen, die Martin mit, respektive unter der französischen und amerikanischen Militärregierung in Baden realisiert hat vgl. Rosebrock, Tessa Friederike (2012). *Kurt Martin und das Musée des Beaux-Arts de Strasbourg. Museums- und Ausstellungspolitik im ‚Dritten Reich' und in der unmittelbaren Nachkriegszeit.* Berlin: Akademie, S. 281–338.

[2] Vgl. Martin, Kurt (1946). Die Museen in der geistigen Situation Deutschlands. Typoskript unveröffentlicht. In: Germanisches Nationalmuseum Nürnberg Deutsches Kunstarchiv (GNN DKA), *Nachlass Kurt Martin*, I B. Abgedruckt bei Rosebrock 2012, S. 406–412. Überarbeitet und gekürzt veröffentlicht als Martin, Kurt (1948). Die Situation der deutschen Museen nach dem Krieg. In: *Kunstchronik*, Jg. 1, Heft 1/2, S. 2–4.

[3] Vgl. ebd.

[4] Vgl. Kimpel, Harald (1997). *documenta. Mythos und Wirklichkeit*. Köln: DuMont, S. 9; ursächlich, aber weniger pointiert Lemke, Heinz (1955). Vorwort, u. Haftmann, Werner (1955a). Einleitung. Beide in: *documenta. Kunst des XX. Jahrhunderts*. Ausstellungskatalog Museum Fridericianum Kassel. München: Prestel, S. 13–25.

bliebenen und weiterhin existierenden künstlerischen Strömungen.[5] Angeblich hat bei der Namensfindung der Wortsinn des lateinischen Begriffs „documentum" eine Rolle gespielt, der die Worte docere (lehren) und mens (Geist) in sich trägt und damit Ziel und Anspruch der documenta wiedergibt.[6] „Das Projekt documenta versucht [...] den Brückenschlag über den Abgrund eines ‚absurden Anachronismus' (wie Werner Haftmann die überwundene Phase des faschistischen Bildersturms bezeichnete); documenta entsteht als Illustration der These, dass eine Wiederaufnahme der mutwillig zerrissenen Traditionsstränge aus dem ersten Drittel des 20. Jahrhunderts möglich ist. Die Ausstellung nährt die Hoffnung auf nahtloses Anknüpfen, auf die Möglichkeit des Weitermachens an dem Punkt, an dem die formalen und inhaltlichen Experimente der Moderne in Deutschland zwangsweise abgebrochen wurden."[7]

Martins Ausstellungen in den 1940er Jahren in Überlingen, Freiburg, Baden-Baden und Karlsruhe waren wichtig, doch durch die alliierte Besetzung Deutschlands und die Schwierigkeit, beinahe Unmöglichkeit, von einer Zone in die andere zu reisen, war ihr Rezeptionsradius vergleichsweise gering. Diese Probleme waren seit der Gründung der Bundesrepublik 1952 aufgehoben, und so konnte die documenta die Stoßkraft erlangen, die ihr beschieden war.

10.1   Einladung

Am 30. Juli 1954 schrieb Heinz Lemke, erster Vorsitzender der Gesellschaft für Abendländische Kunst des XX. Jahrhunderts e. V. in Kassel, an Kurt Martin. Im Namen seines Vereins setzte er ihn von dem Plan in Kenntnis, anlässlich der Bundesgartenschau 1955 in Kassel eine große internationale Kunstausstellung zu organisieren – einen Überblick über die Kunst im abendländischen Raum seit etwa 1908.[8] Neben dem Präsentationsort im ausgebrannten Museum Fridericianum

---

[5] Vgl. Bode, Arnold; Haftmann, Werner; Hentzen, Alfred; Martin, Kurt; Mettel, Hans (1955). *Informationsblatt zur documenta I*. In: Generallandesarchiv Karlsruhe (GLA) 441-3, Nr. 826: „Es handelt sich nicht um Experiment und Entdeckung, sondern um Dokumentation eines Geleisteten."

[6] Zum Namen der Ausstellung vgl. Kimpel 1997, S. 171.

[7] Kimpel, Harald (2002). *documenta. Die Überschau. Fünf Jahrzehnte Weltkunstausstellung in Stichwörtern*. Köln: DuMont, S. 22–23.

[8] Zum Verständnis des im Zusammenhang mit der documenta problematischen Abendland-Begriffs vgl. Wedekind, Gregor (2006). Abstraktion und Abendland. Die Erfindung der documenta als Antwort auf „unsere deutsche Lage". In: Doll, Nikola; Heftrig, Ruth; Peters, Olaf; Rehm, Ulrich (Hrsg.). *Kunstgeschichte nach 1945. Kontinuität und Neubeginn in Deutschland*. Köln: Böhlau, S. 165–181.

stand zu diesem Zeitpunkt nur fest, dass jeder Künstler mit drei bis fünf Werken vorgestellt werden sollte, und dass Bundespräsident Theodor Heuss die Schirmherrschaft über das Projekt übernahm. Die Gesellschaft wollte nun einen Arbeitsausschuss für die Ausstellung formieren und fragte, ob Martin bereit wäre, diesem beizutreten. Weitere Mitglieder sollten neben Arnold Bode (Staatliche Werkakademie, Kassel) und Werner Haftmann (Freischaffender Kunsthistoriker, München; ab 1967 Direktor der Neuen Nationalgalerie, Berlin) auch Alfred Hentzen (Kustos der Kestnergesellschaft, Hannover; ab 1. Juli 1955 Leiter der Hamburger Kunsthalle), Hans Mettel (Direktor der Städelschule, Frankfurt) sowie Ulrich Gertz (Rat für Formgebung, Darmstadt) als hauptamtlicher Geschäftsführer sein. Die drei letztgenannten wurden in identischer Weise wie Martin angeschrieben.[9]

Martin wollte der Einladung gerne folgen, machte aber die Teilnahme von Alfred Hentzen (1903–1985) zur Voraussetzung.[10] Über den Hintergrund dieser Bedingung kann man – neben persönlicher Wertschätzung – nur mutmaßen. Tatsächlich hatte Hentzen[11] schon vor dem Krieg an der Seite Ludwig Justis (1876–1957) die Abteilung der Kunst des 20. Jahrhunderts der Berliner Nationalgalerie im Kronprinzenpalais aufgebaut – jene Sammlung, die 1937 alle anderen etwa 40 deutschen Museen in denen Moderne gesammelt wurde an Qualität und Umfang übertraf, und die in Folge am stärksten von Hitlers Raubzug auf die ‚entartete Kunst‘ dezimiert wurde. Da sich die documenta neben einer aktuellen Standortbestimmung Deutschlands im internationalen Gefüge der Kunst, und der Bewältigung der Naziregierung, des Kriegs und der ästhetischen Restriktionen vor allem auch der Wiedergutmachung an den im ‚Dritten Reich‘ verfemten Künstler verschrieben hatte, war Hentzen der in diesem Bereich am besten ausgebildete Kenner.[12] Ab 1948 hatte er in Hannover die Kestnergesellschaft neu entstehen lassen und dabei Pionierarbeit geleistet. Bis 1955 realisierte er dort insgesamt 50 Ausstellungen von Zeitgenossen,[13] und war damit für ein Mitwirken an Deutschlands erster internationaler Ausstellung gegenwärtiger Kunst nach dem Krieg prädestiniert. Zudem hatte er in die vorangegangene Hannoveraner Bundesgartenschau 1951 die Kunstausstellung „Deutsche Bildhauer der Gegenwart – Plastik im Garten und am Bau"

---

[9] Vgl. Lemke an Martin, 30. Juli 1954. In: GLA 441-3, Nr. 825.

[10] Vgl. Martin an Lemke, 6. August 1954. In: GLA 441-3, Nr. 825.

[11] Zu Alfred Hentzen vgl. Eintrag „Hentzen, Alfred". In: Munzinger Online/Personen – Internationales Biographisches Archiv, URL: http://www.munzinger.de/document/00000007251.

[12] Zu den inhaltlichen Zielen der documenta I vgl. Kimpel 2002, S. 17–23.

[13] Vgl. Görner, Veit (Hrsg.) (2009). *Kestnerchronik*, Bd. 2. Hannover: Kestnergesellschaft, S. 14–65. Die vollständige Summe der von Hentzen für die Kestnergesellschaft organisierten Ausstellungen beläuft sich auf 51, allerdings war eine davon der Niedersächsischen Kunst des Mittelalters gewidmet (vgl. Görner 2009, S. 39).

erfolgreich integriert, so dass er umfassende Erfahrungen mitbrachte, die dem Kasseler Vorhaben dienlich waren.[14]

10.2 Kritik

Wenige Monate später ging in Karlsruhe ein Schreiben des Innenministeriums ein. Ministerialrat Carl Gussone, mit dem Martin auch in anderen Zusammenhängen zu tun hatte und der seinen Sachverstand schätzte,[15] bat ihn um seine Einschätzung des Kasseler Projekts, bevor er der Gesellschaft für Abendländische Kunst des XX. Jahrhunderts e. V. eine Beihilfe in erheblicher Höhe aus Bundesmitteln gewährte.[16] In seinem Antwortschreiben berichtete Martin von der Einladung in den Arbeitsausschuss, in den er seiner Meinung nach berufen worden war, weil man sich durch ihn „Verbindungen zu ausländischen Künstlern und Organisationen erhoffte"[17]. Außerdem vermittelte er seine Bedingung einer Teilnahme Hentzens. Trotz mehrfacher Rückfragen nach dessen zu- oder abgesagter Mitwirkung hatte er von dem Kasseler Team bisher nur ausweichende Antworten erhalten, was ihn ernsthaft verstimmte.[18] Darüber hinaus lassen seine Zeilen erahnen, dass er kein unmittelbarer Befürworter des Projekts gewesen ist. An einigen Stellen des Briefs gewinnt man beinahe den Eindruck, dass er sich über das improvisierte Vorgehen von Bode ärgerte. Als erfahrener Ausstellungsmacher äußerte sich Martin gegenüber Gussone unverhohlen kritisch, sowohl zu dem an das Innenministerium versandten Kostenvoranschlag als auch zu dem Vorhaben an sich. Wäre Martins Begeisterung für moderne Kunst und das Bewusstsein für die Notwendigkeit ihrer Internationalisierung nicht entsprechend groß gewesen, hätte er sich der Teilnahme an der Organisation dieser Ausstellung, die mit ihren informellen Strukturen

---

[14] Vgl. Eintrag „Bundesgartenschau". In: Documenta Lexikon, URL: http://regiowiki.hna.de/Documenta-Lexikon:_B.

[15] Als Vertreter des Innenministeriums finanzierte Gussone seit 1951 die von Martin koordinierte Inventarisierung der Farbdiapositive des sogenannten „Führerauftrags". Aus dieser wissenschaftlich wie politisch bedeutenden Aktion resultierte ein intensiver Briefwechsel der beiden bis 1956. Vgl. Rosebrock, Tessa Friederike (2006). Kurt Martin und 50.000 Dias. Die Inventarisierung der Farbdias des „Führerauftrags" beim Landesamt für Museen, Sammlungen und Ausstellungen in Freiburg/Breisgau 1952–55. In: Fuhrmeister, Christian; Klingen, Stephan; Peters, Ralf (Hrsg.). „Führerauftrag Monumentalmalerei". Eine Fotokampagne 1943–1945. Schriftenreihe des Zentralinstituts für Kunstgeschichte. Köln: Böhlau, S. 141–151, hier S. 143–148.

[16] Vgl. Gussone an Martin, 25. Oktober 1954. In: GLA 441-3, Nr. 825.

[17] Martin an Gussone, 8. November 1954. In: GLA 441-3, Nr. 825.

[18] Vgl. ebd.

einer Künstlerinitiative ähnelte, möglicherweise sogar verweigert. Er schrieb: „Für
Kassel werden zwischen 350.000,- und 390.000,- DM veranschlagt. Das ist m. E.
ein Aufwand, der viel zu groß ist, wobei ich noch nicht einmal die Frage stelle,
ob eine solche internationale Veranstaltung tatsächlich im Rahmen der Bundesgartenschau erforderlich, ja überhaupt erwünscht ist. Die Bundesgartenschau ist
schließlich auch nicht international und eine so wesentliche Veranstaltung, dass
sie nicht gleichzeitig durch eine andere überboten werden sollte. Wenn überhaupt,
dann wäre doch wohl eine nationale Kunstausstellung ausreichend und diese in
Verbindung mit dem Deutschen Künstlerbund auf eine billige und eindrucksvolle
Weise erreichbar. Will man eine Erweiterung, dann gibt es immer noch Möglichkeiten, dass man einen oder zwei ausländische Künstler zur Teilnahme auffordert
und ihnen eine eigene größere Veranstaltung im Rahmen des Ganzen einräumt.
Aber sozusagen: *die* internationale Ausstellung der Kunst des 20. Jahrhunderts ist
doch wohl als Aufgabe im gegebenen Rahmen einer Stadt wie Kassel ein zu weit-
gehender Ehrgeiz."[19] Martin äußerte sich weiter missbilligend über die angesetzten
Kostenpunkte. Versicherungswerte von insgesamt 14.000.000 DM empfand er trotz
der darin enthaltenen Transportkosten als zu hoch. Ihm war auch nicht eingän-
gig, weshalb für eine drei Monate dauernde Veranstaltung über 16 Monate lang
ein Büro unterhalten werden musste, und auch den Aufwand von 20.000 DM für
Reisen sowie die Gage für die Juroren empfand er als übertrieben. Er riet Gussone
vor einer Zusage von Fördergeldern, ein genaueres Programm anzufordern. „Ehe
man einen einigermaßen namhaften Zuschuss geben sollte, müsste man wissen,
was gezeigt werden soll. Nur dann kann man sich ein Bild machen, ob das gesteckte
Ziel überhaupt erreicht werden kann und ob es richtig ist, hier fördernd zu helfen.
Weiterhin gehört zu einem Kostenvoranschlag doch auch der Hinweis, ob mit dieser Ausstellung Einnahmen verbunden sein werden. Bei einem Massenbesuch, der
im Rahmen einer Reichsgartenschau immerhin möglich ist, würden Einnahmen
ins Gewicht fallen. Es könnte daher überlegt werden, dass u. U. eine Unterstützung
vorschüsslich gegeben wird gegen Rückerstattung eines bestimmten Prozentsatzes
der Einnahmen. Ich kenne verschiedene Fälle, in denen Ausstellungen auch dadurch finanziert wurden, dass Unterstützungen nur zugesichert worden sind für
den Fall, daß die Einnahmen die Ausgaben [nicht] erreichen sollten."[20] Da Martin
noch nicht entschieden hatte, ob er an der documenta mitwirken würde und seine
Kritik gegen das „eigene" Projekt gerichtet war, bat er Gussone abschließend um
diskreten Umgang mit dem Brief.[21] Die Antwort Gussones ist in der vorliegenden
Akte nicht enthalten. Doch auch ohne Kenntnis deren genauen Inhalts lässt sich

---

[19] Ebd.

[20] Ebd.

[21] Vgl. ebd.: „Ich bitte Sie, diese Zeilen nur zu ihrer persönlichen und vertraulichen Orientierung zu verwenden."

feststellen, dass Martin die sofortige Förderzusage des Innenministeriums verhindert hat und als Initiator des später umgesetzten Finanzierungsmodells fungierte.

10.3 Treffen

Die erste Sitzung des Arbeitsausschusses fand am 10. und 11. Januar 1955 in Kassel statt.[22] Hentzens Teilnahme war zu diesem Zeitpunkt noch nicht zugesagt, aber Martin machte sich dennoch auf den Weg. Laut Tagesordnung stellte Bode an diesen zwei Nachmittagen das von ihm imaginierte Ausstellungsprogramm vor, und man besprach den vorläufigen Bildkatalog. Weiterhin ging es um den Aufbau der Ausstellung, ein entsprechendes Modell, den Kostenvoranschlag, die Erweiterung des Arbeitsausschusses, mögliche Länderberater und das Kuratorium.[23] Es scheint, als habe Martin seine Bedenken und Einwände zum Projekt und dessen Finanzierung auf dieser Sitzung vorgetragen und alternative Lösungsansätze formuliert denen gefolgt wurde, denn der Dankesbrief des Sekretärs des documenta-Büros, Herbert Freiherr von Buttlar, vom 13. Januar beginnt mit den Zeilen: „Wir sind uns ganz klar darüber, dass, wenn das große Unternehmen gelingt, es wesentlich Ihrem Eingreifen zu verdanken ist.“[24]

Der Vorgang ist in Bezug auf die Hierarchiekonstellation des Arbeitsausschusses interessant. De facto hat Martin hier mit einer Initiative kooperiert, die seinem beruflichen Status nicht entsprach. Als unbescholtener Leiter der Karlsruher Kunsthalle seit 1934 hatte er 1955 eine starke Position in der deutschen und internationalen Museumspolitik erlangt, und mit der zwei Jahre später folgenden Berufung an die Spitze der Bayerischen Staatsgemäldesammlungen sollte ihm bald der neben Berlin und Dresden größte Museumskomplex Deutschlands unterstehen. Was das Entwickeln von Ausstellungen anging, war er Bode erfahrungsmäßig weit überlegen. Dennoch gruppierte er sich nach der anzunehmenden ersten Manöverkritik als einfaches Mitglied in dessen Expertenrunde ein, die sich fortan durch effiziente Zusammenarbeit auszeichnete. Harald Kimpel beschreibt die Kooperation der Gruppe zwar auch weiterhin als „offene Situation“, bei der sich im Dienst der Kunst permanent gestritten und wieder vertragen wurde.[25] Den vorliegenden Korrespondenzen Kurt Martins lassen sich jedoch weder Hinweise auf mögliche Dispute in-

---

[22] Vgl. Hilde Bergfeld (Gesellschaft „Abendländische Kunst des XX. Jahrhunderts e. V.“) an Martin, 30. Dezember 1954. In: GLA 441-3, Nr. 825.

[23] Vgl. Tagesordnung. Arbeitsplan der Sitzung des vorläufigen Arbeitsausschusses am 10./11. Januar 1955. In: GLA 441-3, Nr. 825.

[24] von Buttlar an Martin, 13. Januar 1955. In: GLA 441-3, Nr. 825.

[25] Vgl. Kimpel 1997, S. 166–167.

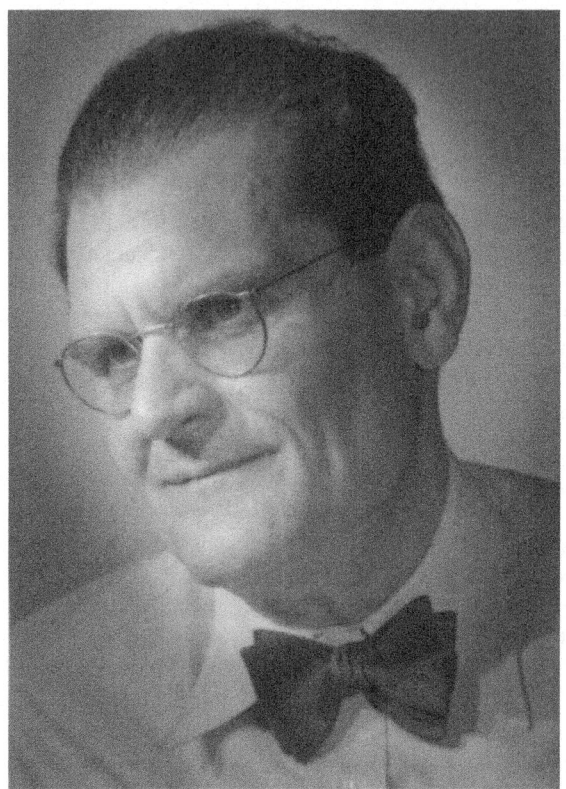

Abb. 10.1 Kurt Martin, Aufnahme 1950er Jahre © Privatbesitz Gerhard Martin

nerhalb des Arbeitskreises entnehmen, noch findet seine persönliche Stimmung darin an irgendeiner Stelle negativen Niederschlag.

Der „Kopf" des Projekts war also trotz seiner unbedeutenderen Stellung im deutschen Kunstwesen definitiv Bode, der aber für Martins Verbesserungsvorschläge und Hilfestellungen durchgehend sehr empfänglich blieb. Der Bildhauer Bernhard Heiliger (1915–1995), dessen Werke auf der documenta I präsentiert wurden und der Bode und Martin in diesem Rahmen kennenlernte, scheint diese besondere Situation erkannt zu haben, denn er fasste interessanterweise den Entschluss, nicht Bodes sondern Martins „Kopf" zu modellieren.[26] Die zwei unterschiedlichen Porträtdarstellungen „Kopf Kurt Martin I+II" entstanden 1958 als Bronze, Gips- und Zementguss. Martin hatte der vom Bildhauer ausgehenden Idee einer Porträtplastik anfänglich ablehnend gegenübergestanden. Erst vermittelnde Bemühungen von

---

[26] Vgl. Wellmann, Marc (2000). Kurt Martin 1958. In: Wellmann, Marc (Hrsg.). *Bernhard Heiliger. Die Köpfe*. Köln: Wienand, S. 98–101, hier S. 98.

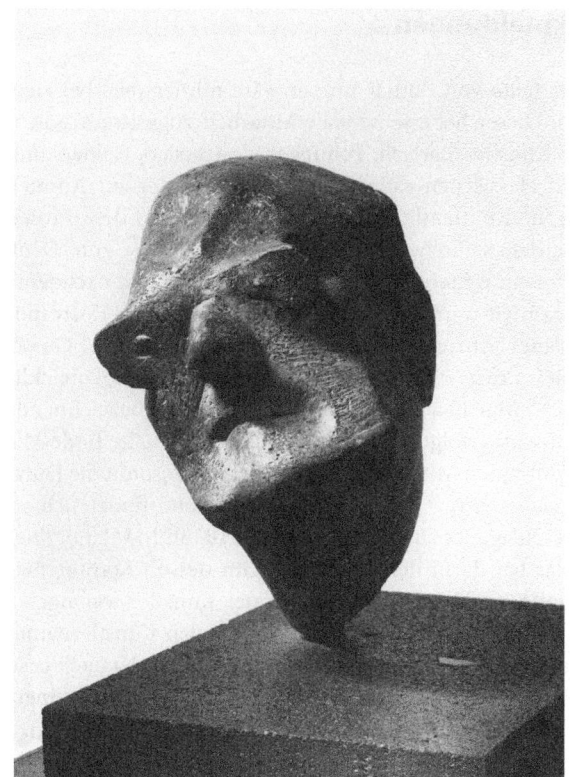

Abb. 10.2 Bernhard Heiliger, Kopf Kurt Martin II, 1958 © Archiv Bernhard-Heiliger-Stiftung

Heiligers Lebensgefährtin Ragnvi Mietens führten zu seiner Zustimmung.[27] Späteren Briefen ist zu entnehmen, dass ihm die Modellsitzungen letztlich Freude bereitet haben.[28] Wahrscheinlich aus Dankbarkeit für die ihm zuteil gewordene Ehrung schrieb Martin 1959 einen Beitrag für den Katalog der großen Heiliger-Schau.[29] Im selben Jahr kam die Büste „Kurt Martin II" auf der zweiten documenta zur Ausstellung (vgl. Abb. 10.1 und 10.2).[30]

---

[27] Vgl. ebd., S. 98.

[28] Vgl. Martin an Heiliger, 15. Januar 1959. In: Archiv Bayerische Staatsgemäldesammlungen (ABSG), *Generaldirektor Martin*, Ordner H–K, 1957–1959, Fach Nr. 90, Archiv Nr. 2436.

[29] Vgl. Martin, Kurt (1959). o. T. In: Heil, Karl (Hrsg.). *Bernhard Heiliger. Skulpturen. Zeichnungen seit 1945*. Ausstellungskatalog Stadthalle Wolfsburg, Berliner Festwochen, Kunsthalle Mannheim. Wolfsburg: Waisenhaus, o. S.

[30] Abgüsse der beiden Bildwerke befinden sich heute im Guggenheim Museum New York, in den Bayerischen Staatsgemäldesammlungen, im Kunstmuseum Winterthur, in der Kunsthal-

10.4   Rückmeldungen

Am 9. Oktober teilte von Buttlar mit, er wäre mittlerweile bei Hentzen in Hannover gewesen. Dieser habe seine volle Mitarbeit zugesichert und wolle sich um Leihgaben der Künstler Barlach, Feininger, de Chirico, Calder und Nesch kümmern. Auch im Hessischen Kultusministerium habe er auf Anraten von Martin vorgesprochen, und hoffentlich die dortigen Zweifel an dem Projekt documenta zerstreut. Außerdem sei inzwischen die Kontaktaufnahme zum Deutschen Künstlerbund erfolgt – ein weiterer Vorschlag von Martin – und nachdem all diese Aufträge erledigt worden waren, erinnerte von Buttlar seinen Korrespondenzpartner seinerseits an einen Anruf beim Innenministerium, um Carl Gussone als Befürworter des Projekts zu gewinnen. „Ich verspreche mir im augenblicklichen Stadium davon sehr viel."[31] Martin äußerte sich zu diesem Punkt bezeichnenderweise nicht, doch der Anruf wird erfolgt sein, denn am 24. Januar teilte Bode Martin mit, dass die in Bonn beantragten Mittel zugesagt wurden und „somit die Durchführung der Ausstellung gesichert ist."[32] Der Nachricht beiliegend findet sich ein fünfseitiger Diskussionsvorschlag, der aus der Sitzung vom 10. und 11. Januar hervorgegangen war. Von Buttlar bat darin den Empfänger um dessen Kommentierung und gegebenenfalls um Korrektur.[33] Die Auswahl der Künstler war noch nicht fix, wie aus den in der Akte folgenden Listen mit optionalen Künstlernamen hervorgeht, von denen der eine oder andere durch Martin ergänzt oder auch gestrichen wurde (vgl. Abb. 10.3a–e). Die Zusammenstellung war das Ergebnis einer ersten Übersicht, in der Martin im Auftrag der Gesellschaft durch Randzeichen hatte deutlich machen sollen „welche Künstler [...] in Frage kommen bzw. über [welche] zu diskutieren wäre", und in die er „Namen einfügen [sollte], welche unbedingt in Erscheinung treten müssten."[34] Weiterhin bat man Martin die Ausstellungskonditionen auf Fehler und Mängel zu überprüfen, was er bereitwillig tat, jedoch zusätzlich empfahl, einen Juristen zu bemühen.[35]

Bereits am 15. Februar 1955 erschienen einer vorangegangenen Pressekonferenz folgend in verschiedenen Kasseler Zeitungen Berichte, die Anliegen und Umfang

---

le Bielefeld, im Westfälischen Landesmuseum in Münster, in der Staatliche Kunsthalle Karlsruhe und in Privatbesitz Gerhard Martins.

[31] Vgl. von Buttlar an Martin, 13. Januar 1955. In: GLA 441-3, Nr. 825.

[32] Bode an Martin, 24. Januar 1955. In: GLA 441-3, Nr. 825.

[33] Vgl. von Buttlar an Martin, 24. Januar 1955. In: GLA 441-3, Nr. 825.

[34] Vgl. Gertz an Martin, 6. Dezember 1954. In: GLA 441-3, Nr. 825.

[35] Vgl. Seppeler (Sekretariat Landesmuseum Kassel) an Martin, 25. Februar 1955 u. Martin an Seppeler, 1. März 1955. In: GLA 441-3, Nr. 825.

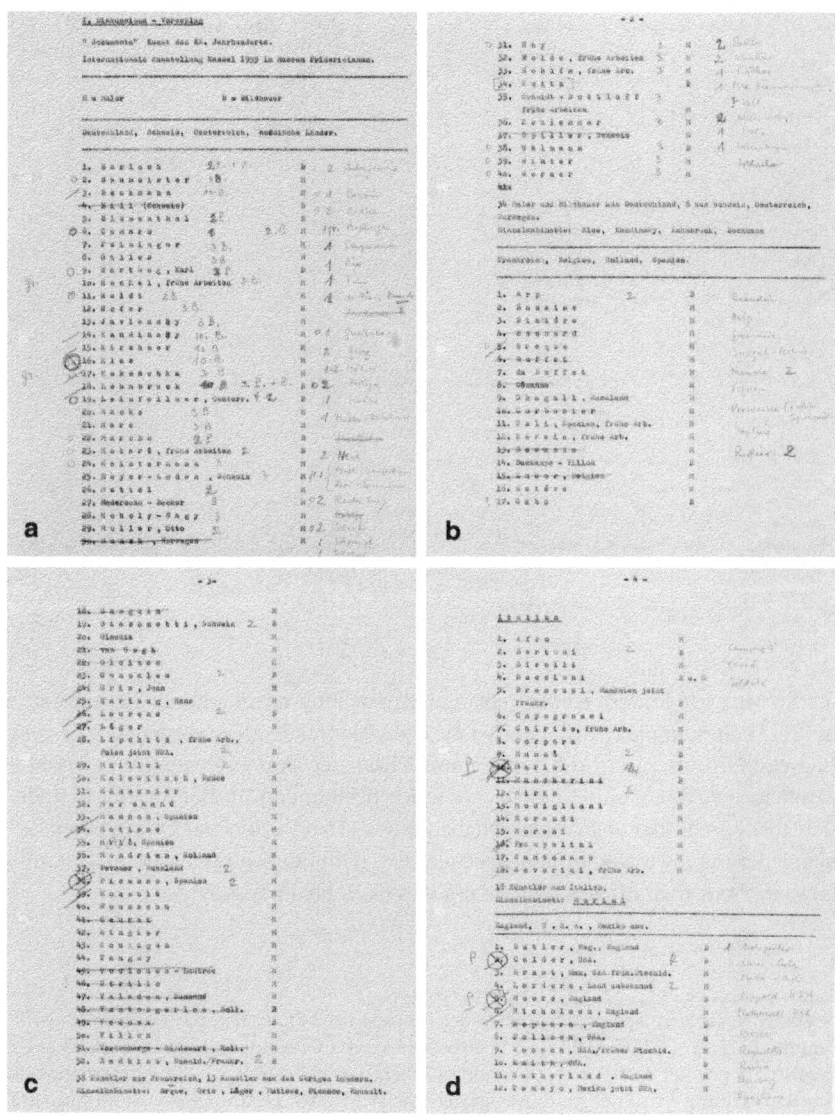

Abb. 10.3 a–e Diskussionsvorschlag zum zweiten Treffen des Arbeitsausschusses mit Anmerkungen von Kurt Martin. In: GLA 441-3, Nr. 825 © Generallandesarchiv Karlsruhe

- 5 -

Abb. 10.3 a–e (Fortsetzung)

```
5 Künstler aus England, 6 Künstler aus USA. bzw. Mexiko, 1 Künstler
Land unbekannt./ Einzelkabinette: Moore, Nicholson, Calder.

Gesamtaufstellung:
Deutschland              34
Schweiz, Oesterr.,nord.Länder  6
Frankreich               35
Belgien,Holland, Spanien usw.  13
Italien                  18
England                  5
USA., Mexiko usw.        6
                        120 Künstler
Kabinette : Einzelkünstler 14

Also etwa 120 Künstler á 5 Bilder  =  300 Bilder u. Plastiken
14 Kabinette je        10  "     =  140  "   "   "

abgerundet insgesamt:           450 Bilder u. Plastiken

Verhältnis von Malerei u. Plastik:
Maler : 72   2/3 Maler
Bildhauer: 34  1/3 Bildhauer

Grundidee der Ausstellung:

A. Als Einleitung zum XX. Jahrhundert die Maler des Aufbruches:

    Cézanne         van Gogh
    Gauguin         Seurat
    Rousseau        Munch
    Hodler

B. Der Durchbruch; Gruppenbildung:

    Kubismus        Blaue Reiter
    die Brücke      Futuristen
    Surrealisten

C. Einzelpersönlichkeiten:

    jeweils Maler und Bildhauer mit 5 Bildern vertreten.
    Die Kabinette zeigen die Maler und Bildhauer mit den grossen
    europäischen Namen mit jeweils 10 - 15 Arbeiten.

e  Hierzu ein Sonderprogramm: Grundidee der Ausstellung.
```

der im Museum Fridericianum geplanten Ausstellung vermittelten.[36] Sie sollte sich in drei Hauptkomplexe aufteilen: 1.) die Entwicklung der verschiedenen Stile vom Impressionismus an, 2.) die bekannten Meister der älteren Generation zwischen den beiden Kriegen, und 3.) die bisher wenig bekannten Künstler unserer Zeit, die sich aber bereits klar abgezeichnet haben. Etwa 115 bis 120 Namen waren vorgesehen, jeder mit etwa vier großen Arbeiten. Für zehn bis zwölf internationale Großmeister plante man Einzelkabinette mit jeweils 10 bis 15 Werken.[37]

---

[36] Vgl. N.N. (1955a). Kultureller Akzent der Bundesgartenschau. Europas Kunst im Fridericianum. In diesem Sommer große internationale Kunstausstellung in Kassel, Abschrift einer Pressenotiz aus der *Kasseler Zeitung* vom 15. Februar 1955; N.N. (1955b). Internationale Kunstausstellung während der Bundesgartenschau in Kassel. Documenta wird im Museum Fridericianum die Summe aus den ersten fünfzig Jahren des XX. Jahrhunderts ziehen, Abschrift einer Pressenotiz in den *Hessischen Nachrichten* vom 15. Februar 1955; N.N. (1955c). Documenta ruft Kunstwelt nach Kassel. Halbjahrhundertschau im Museum Fridericianum, Abschrift einer Pressenotiz aus der *Kasseler Post* vom 15. Februar 1955. In: GLA 441-3, Nr. 825.

[37] Vgl. N.N. 1955c.

10.5 Erfolge

Das zweite Treffen des Arbeitsausschusses sollte die an der Ausstellung beteiligten Künstler festgelegen. Welche Werke der jeweiligen Positionen gezeigt würden, entschied man im Nachgang auf der Grundlage des Möglichen. Für die Mitglieder des Arbeitsausschusses wurden dazu unterschiedliche Zuständigkeitsbereiche abgesteckt.[38] So wie sich Hentzen um Werke einer von ihm selbst bestimmten Gruppe von Künstlern kümmern wollte, Bode vorwiegend in Paris und Deutschland und Haftmann in Italien auf die Suche nach Leihgaben ging,[39] lassen sich für Martin aus den vorliegenden Unterlagen maßgeblich seine Bemühungen um die Beschaffung von Kunstwerken aus öffentlichen und privaten Sammlungen der Schweiz und Frankreichs ablesen.[40] Als gebürtiger Schweizer und langjährig in Frankreich Beschäftigter verfügte er in beiden Ländern über vielfältige Kontakte.[41]

Am 1. Februar schrieb Martin an Bode, dass ein Zürcher Sammler ein bedeutendes Bild von Rousseau leihen würde. Gemeint war das Gemälde „Eva" aus dem Besitz des Kunsthändlers Fritz Nathan, mit dem Martin seit seiner Studienzeit befreundet war.[42] Außerdem seien aus dem Nachlass Otto Meyer-Amdens bereits drei Werke zugesagt, und die Klee-Stiftung habe ihm insgesamt zehn Aquarelle und Zeichnungen versprochen. Da die Leihgabe von Gemälden vom dortigen Stiftungsrat entschieden werden musste, konnte er diesbezüglich noch keine Aussage machen, war aber äußerst hoffnungsvoll. Als Postskriptum fügte Martin an, dass er mittlerweile auch im Hinblick auf das Werk von René Auberjonois eine Adresse wüsste, von der er hoffte, die gewünschten Bilder zu bekommen.[43]

Bode versuchte zeitgleich Vorstöße in Frankreich zu machen. Aus einem in Paris verfassten Zwischenbericht an Martin geht hervor, was dort entgegen der ge-

---

[38] Vgl. von Buttlar an Martin, 1. März 1955. In: GLA 441-3, Nr. 825 (Übersendung der Liste mit den von Martin übernommenen Aufträgen; Liste fehlt).

[39] Vgl. Bode an Martin, 24. Januar 1955. In: GLA 441-3, Nr. 825.

[40] Vgl. Diverse Reisekostenabrechnungen Kurt Martins für Zürich, Bern, Basel, Sankt Gallen, Winterthur, u. a. 18. bis 20. Januar 1955, 24. bis 26. Februar 1955, 25. bis 26. März, 8. bis 9. Mai 1955; Paris 18. bis 21. März 1955, 30. März 1955. In: GLA 441-3, Nr. 825.

[41] Kurt Martin wurde am 31. Januar 1899 in Zürich geboren und ging u. a. in Lausanne zur Schule; von 1940 bis 1944 leitete er in Straßburg die sogenannte Generalverwaltung der oberrheinischen Museen (GVOM). Vgl. Rosebrock 2012 (zur Biographie S. 48, zur GVOM S. 77–280).

[42] Vgl. Aktennotiz Jan Lauts zu Anruf von Hans von Buttlar, 4. März 1955. In: GLA 441-3, Nr. 825: „Das Bild ‚Eve' von Rousseau bei Nathan in Zürich möchte fest für die Ausstellung erbeten werden, trotz der hohen Versicherungssumme." Beleg über die erfolgte Leihgabe vgl. Handexemplar Kurt Martins des documenta-Katalogs, S. 58.

[43] Vgl. Martin an Bode, 1. Februar 1955. In: GLA 441-3, Nr. 825.

meinsamen Erwartungen nicht zu finden war und welche neuen Aufgaben in der
Schweiz daraus für Martin resultierten:

„1. Haftmann und ich waren bei Frau Grete Wols. Sie will uns einige Bilder
(vielleicht 4–5) aus der Berner Ausstellung geben; wenn Sie in Bern solche
aussuchen würden? Die Bilder kommen anschließend nach hier zurück und
Haftmann will sie auch noch sehen. Wir waren hier von einigen Zeichnungen
sehr beeindruckt und glauben, daß Wols einen Gewinn für die Ausstellung
bedeutet.

2. Wir bitten Sie sehr mit Felix Klee zu verhandeln. Es käme uns sehr entgegen,
wenn wir außer den 10 kleinen Arbeiten, die man Ihnen schon zusagte noch
etwa 10 größere Arbeiten, wenn es geht noch mehr, möglichst die späteren,
auch große, (nur ganz große!) über Felix Klee bekommen könnten. Vielleicht
kommen Sie noch über St. Gallen und könnten selbst aussuchen.

3. Verhandlung mit Herrn Rupf in Bern. Frühe Picasso's, Braque und Juan Gris.
Hier in Paris kommt man nicht an diese frühen Bilder!

4. Wenn möglich mit Sammler Bührle Zürich verhandeln, ob er uns ebenfalls
frühe Bilder der Kubisten (Picasso usw.) geben kann! Kahnweiler riet gerade
Bührle anzusprechen, da er mit diesen Bildern erst jetzt seine Sammlung
ergänzt hat – und er noch geneigt sein könnte!!

5. Auf dem Wege versuchen ob irgendwo bei Schweizer Sammlern Matisse zu
finden ist, hier ist alles so durcheinander. Niemand weiß wo man sich hin-
wenden könnte, es scheint nur noch der Weg um an Matisse zu kommen, in
die Schweiz zu gehen.

6. Herr Rüdlinger hat Haftmann versprochen uns zu helfen besonders die Fauve-
Leute zusammenzubringen. Wenn Sie noch ein gutes Wort einlegen, wird er
noch geneigter werden, am 6. III sieht er Haftmann noch einmal in Paris und
könnte schon einige ‚Hilfe‘ mitbringen.“[44]

Der faktenorientierte, telegrammartige Stil des Briefes spiegelt die auf die Sache
konzentrierte, professionelle Verbindung der beiden Ausstellungsmacher. Man
stritt an unterschiedlichen Fronten für dasselbe Ziel und versuchte sich dabei
gegenseitig bestmöglich zu ergänzen. Bodes als Stichworte formulierten Wünschen
ging Martin nach, und bis auf den Berner Sammler Hermann Rupf, der nicht ins
Ausland leihen wollte,[45] führte sein briefliches Vorsprechen bei Schweizer Sammlern – Paul Meyer (Bruder von Otto Meyer-Amden) und Felix Klee – zu positi-

---

[44] Bode an Martin, 28. Februar 1955. In: GLA 441-3, Nr. 825.
[45] Vgl. Rupf an Martin, 20. März 1955. In: GLA 441-3, Nr. 825.

ven Resultaten.[46] Dem Brief an Felix Klee, der insgesamt 15 Gemälde lieh,[47] ist zu entnehmen, dass Martin nicht nur für die Versicherungswerte der Leihgaben zur ersten documenta verantwortlich zeichnete, sondern dass er auch durchgehend ein wachsames Auge auf die Aktivitäten der Kollegen in Kassel warf. Seiner Aufstellung der für die documenta erwünschten Bilder fügte er bei: „Auf einem der Formulare bitte ich mir die Versicherungswerte mitzuteilen, damit ich sie nach Kassel weitermelden kann. Dies scheint Ihnen vielleicht als ein Umweg, aber ich möchte gerne über alles orientiert sein, da ich doch eine gewisse Verantwortung übernommen habe und mich deshalb auch um diese Angelegenheit kümmern möchte."[48] Die Versicherungswerte sämtlicher Exponate notierte Martin später in seinem persönlichen Handexemplar des Katalogs, wie auch die Leihgebernamen mit genauen Adressen. Bei Leihgaben, die von Galerien stammten, trug er statt der Versicherungswerte die entsprechenden Verkaufspreise ein. Ob und auf welche Weise im Rahmen der documenta I tatsächlich Kunstwerke ihre Besitzer wechselten, ist jedoch bisher nicht bekannt. Die durch den Katalog gegebene vollständige Übersicht aller Leihgeber und die zeitgenössische Preisung macht ihn zu einer eigenen Quelle, die weiterer Interpretationen harrt (vgl. Abb. 10.4).[49]

Am 16. März vermittelte Martin seine in der Schweiz erlangten Ergebnisse nach Kassel. Neben den oben geschilderten Erfolgen erwähnte er auch die noch offenen Punkte: Besuch bei Bührle, Besuch bei Fleischmann in Zürich wegen Carrà und bei Georg Schmidt wegen weiterer Leihgaben für das Projekt.[50] Am 30. März folgte ein Ergänzungsbericht, nach der Erledigung dieser Aufgaben – Bührle hatte Martin Gemälde der Fauves zugesagt, Nathan die Leihgabe des Rousseau-Bildes bestätigt, zu Skira fand er keine Verbindung und zu einem Treffen mit Fleischmann hatte die Zeit nicht gereicht. Der Direktor des Baseler Kunstmuseums Georg Schmidt (1896–1956), mit dem Martin seit vielen Jahren bekannt war und bei dem Haftmann mit seinen Leihanfragen „nicht auf absolute Ablehnung gestoßen"[51] war, würde nach Martins Aussagen sicher einlenken, wenn man den Schweizer Maler

---

[46] Vgl. Martin an Rupf, 16. März 1955 u. Rupf an Martin, 20. März 1955; Martin an Meyer, 15. u. 30. März u. 25. Juni 1955 u. Meyer an Martin, 19. März u. 23. Juni 1955; Martin an Klee, 15. u. 30. März 1955 u. Klee an Martin, 18. März 1955. In: GLA 441-3, Nr. 825.

[47] Vgl. Klee an Martin, 18. März 1955. In: GLA 441-3, Nr. 825.

[48] Martin an Klee, 15. März 1955. In: GLA 441-3, Nr. 825.

[49] Inwiefern der Markt mit dem Unternehmen documenta vernetzt war und was die angegebenen Summen über den damaligen Verkaufswert moderner Kunst aussagen, wird demnächst ein Vertreter des Handels bewerten. Johannes Nathan, Zürich/Berlin, bereitet einen entsprechenden Beitrag vor.

[50] Vgl. Martin an von Buttlar, 16. März 1955. In: GLA 441-3, Nr. 825.

[51] Martin an von Buttlar, 30. März 1955. In: GLA 441-3, Nr. 825.

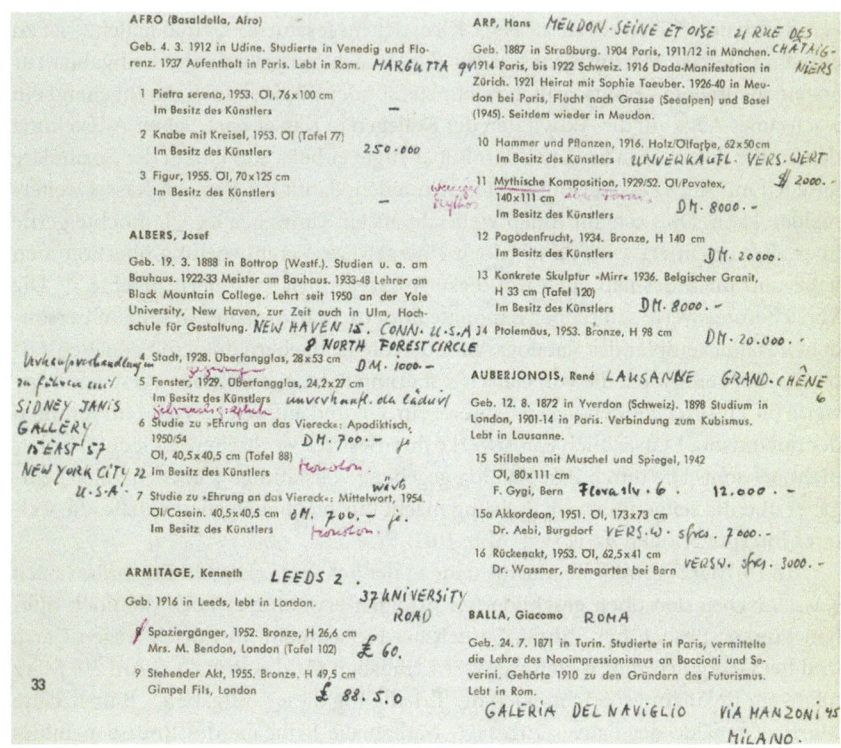

Abb. 10.4 Seite 33 aus Kurt Martins vollständig annotierten Handexemplar des Katalogs zur documenta I © Privatbesitz Gerhard Martin

Kurt Walter Wiemken mit ins Programm nehmen könnte, da er diesen außerordentlich schätzte.[52] Nachdem von Buttlar diese Anregung aufgenommen und sie in einem weiteren Brief an Schmidt formuliert hatte, meldete dieser am 19. April, dass er sich sehr über das Interesse an Wiemken freue, und bot seine Hilfe bei der Beschaffung seiner Werke an. Bei der neuerdings sehr streng gewordenen Leihkommission des Kunstmuseums wollte er sich für die Interessen des documenta-Projekts einsetzen.[53]

Ein weiteres Treffen des Arbeitsausschusses ist für den 4. April in der Pension Biederstein in München verzeichnet.[54] Bode, von Buttlar, Haftmann und Martin

---

[52] Vgl. Martin an von Buttlar, 30. März 1955. In: GLA 441-3, Nr. 825.

[53] Vgl. Schmidt an Martin, 19. April 1955. In: GLA 441-3, Nr. 825.

[54] Vgl. Telegramm Seppeler an Martin, 0945 Kassel F 26 4 1440, 4. April 1955. In: GLA 441-3, Nr. 825.

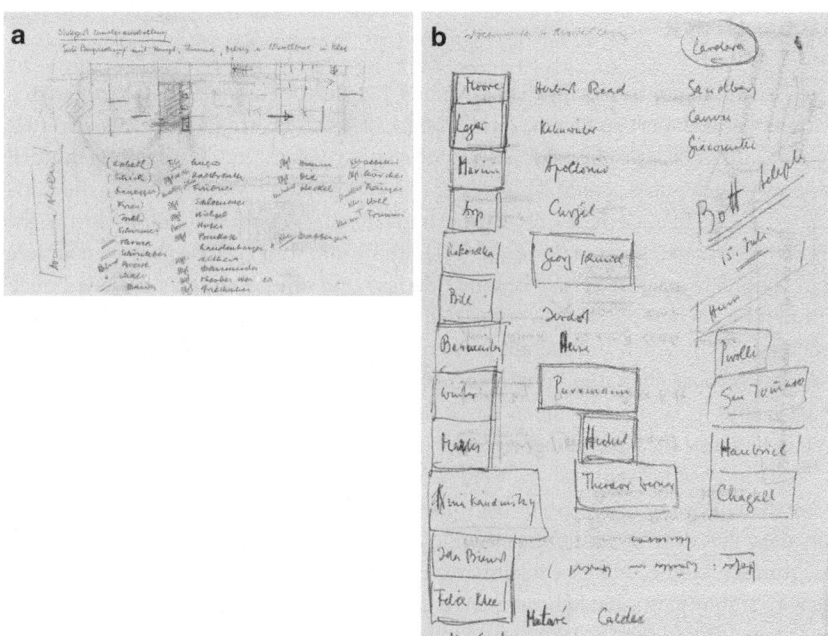

Abb. 10.5 a, b Notizen Kurt Martins zu Hängung und Künstlerauswahl. In: GLA 441-3, Nr. 825 © Generallandesarchiv Karlsruhe

diskutierten dort über zusätzlich ins Programm aufzunehmende Künstler, Katalogangebote sowie über Versicherung und Transport der Werke. Man erweiterte den Künstlerkatalog um den gerade erwähnten Wiemken sowie Fassbender, Casorati, Crippa, Trier und Muche und entschied sich gegen Bonnard, Utrillo, Vordemberge-Gildewart, Guttuso und Freundlich.[55] Von der Hanseatischen Assekuranz-Vermittlungs-Aktiengesellschaft Hamburg und der Nordstern-Versicherung Stuttgart holte Martin nachfolgend vergleichende Angebote ein.[56] Man entschied sich für eine Versicherung der Ausstellung durch die Hanseatische Assekuranz (vgl. Abb. 10.5a, b).[57]

---

[55] Vgl. Tagesordnung der Sitzung des Arbeitsausschusses documenta – München, 5. April 1955. In: GLA 441-3, Nr. 825.

[56] Vgl. Hanseatische Assekuranz-Vermittlungs-Aktiengesellschaft an Martin, 27. April 1955 u. Aktennotiz über Telefonat mit der Nordstern Stuttgart, 23. April 1955. In: GLA 441-3, Nr. 825.

[57] Vgl. Martin an von Buttlar, 29. April u. 5. Mai 1955. In: GLA 441-3, Nr. 825.

10.6 Druck

Die Bemühungen um Leihgaben scheinen bei der documenta I bis zum letzten Moment angedauert zu haben. Zwei Monate vor dem Eröffnungstermin vermittelte von Buttlar Martin die noch immer existenten Vakanzen: „Wir benötigen noch einen wirklich guten späten Kirchner, [...] weiterhin fehlt Modersohn, da die Böttcherstraße nicht ausleihen will. Außerdem wäre eine Aussprache mit Wehrli wichtig. Wir benötigen Picasso (besonders klassische und rosa Periode aber auch andere gute sind erwünscht). Ferner Braque, Matisse und ein besonderes Auge habe ich auf den herrlichen Macke geworfen, den Wehrli als Leihgabe hat. Dufy haben wir noch gar nicht. Auch mit Derain ist es mager bestellt und mit Rousseau, dessentwegen ich sogar eben den Louvre angepeilt habe. Es wäre sehr schön, wenn Sie in Zürich und in Winterthur noch etwas für uns erreichten. Ich werde noch einmal versuchen, mir die Sammlungen Haubrich und Lange in Krefeld vorzunehmen."[58]

Martin machte sich auf zu René Wehrli (1910–2005),[59] dem Direktor vom Kunsthaus Zürich. Nachdem er bei ihm vorgesprochen hatte, schrieb er von Buttlar, dass das dortige Stillleben von Picasso aufgrund seines Erhaltungszustands nicht reisen könne, er aber ein leihbares Frauenbildnis von Matisse und eine Collage von Braque gefunden habe. Aus Winterthur beschaffte er einen weiteren Braque von dem Privatsammler Wilhelm Dünner, dem ersten Vorsitzenden des dortigen Kunstvereins.[60] Die fehlenden Picassos, Matisses sowie ein Gemälde von Kokoschka konnte Martin nicht auftreiben. Alfred Hentzen erwirkte deren Leihgabe letztlich vom Museum of Modern Art in New York.[61]

Um Kosten zu sparen, wurde der Versand der vielen zusammengetragenen Kunstwerke in Sammeltransporten organisiert. Die Schweizer Leihgeber brachten ihre Werke ins Kunstmuseum Bern, wo der Direktor Max Huggler (1903–1994) versichert hatte, die ordnungsgemäße Verpackung und Versendung der Werke vorzunehmen;[62] eine Sammelstelle für Kunstwerke aus dem süddeutschen Raum war die Staatliche Kunsthalle Karlsruhe, in der Kurt Martin die entsprechende Sorgfalt garantierte.[63] Martin lieh aus seinem Privatbesitz die Bronze „Mädchenkopf/ Fernande Olivier" (1905) von Pablo Picasso. Sein Bruder, der Ingenieur Ernst Mar-

---

[58] von Buttlar an Martin, 11. Mai 1955, in: GLA 441-3, Nr. 825.

[59] Zu Wehrli vgl. Eintrag „René Wehrli". In: Historisches Lexikon der Schweiz, URL: http:// www.hls-dhs-dss.ch/textes/d/D27785.php.

[60] Vgl. Martin an von Buttlar, 10. Mai 1955 (wahrscheinlich Tippfehler beim Datum, da Antwort sonst vor der Anfrage verfasst). In: GLA 441-3, Nr. 825.

[61] Vgl. Schmidt, Doris (1955b). Documenta. Bilanz eines Jahrhunderts. In: *Frankfurter Allgemeine Zeitung*, 26. Juli 1955.

[62] Vgl. Martin an von Buttlar, 16. März 1955. In: GLA 441-3, Nr. 825.

[63] Vgl. Martin an E. M. (Ernst Martin), 12. Mai 1955. In: GLA 441-3, Nr. 825.

tin aus Frankfurt, lieh sein Kandinsky-Gemälde „Straße in Murnau" (1909).[64] Der
Maler Erich Heckel gab über Martin aus seinem eigenen Werkbestand das Gemälde „Geschwister" (1911),[65] das sich zu diesem Zeitpunkt als Dauerleihgabe in der
Kunsthalle befand. Gleiches galt für die Bilder „Wächter im Herbst" und „Lunares"
von Karl Hofer, die ebenfalls in die Kasseler Ausstellung gingen.[66] Aus dem Samm-
lungsbestand der Kunsthalle wurden eine „Alpenlandschaft" und ein „Selbstbild-
nis" von Ernst Ludwig Kirchner sowie die „Flussbaulandschaft" von Paul Klee
erbeten.[67] Zusätzlich geliehen wurden das „Stillleben mit maurischer Kanne und
Holzfigur" von Max Pechstein und „Rehe im Wald II" von Franz Marc.[68]

10.7 Eröffnung

Kurz vor dem Aufbau der Ausstellung, welchen die Mitglieder vollständig in Team-
arbeit erledigten,[69] wurden die Terminschwierigkeiten von Theodor Heuss bekannt
(vgl. Abb. 10.6). Als Schirmherr der Veranstaltung hatte er eigentlich am Abend der
Ausstellungseröffnung sprechen wollen, doch nun sagte er kurzfristig ab.[70] Martin
machte daraufhin den Vorschlag, Heuss selbst zu befragen, wer an seiner Stelle als
Vertreter der Politik sprechen könnte – „denn [...] es sollte doch jemand sein, der
zu moderner Kunst ja sagt und sich mit ihr verbunden fühlt."[71] Eine solche Persönlichkeit ließ sich nicht finden. Wer aus dem damaligen politischen Raum hätte auch
den studierten Kunsthistoriker Heuss bei dieser entscheidenden Ansprache vertreten können? Als das Angebot der Festrede daraufhin an Martin herangetragen
wurde, wehrte er ab: „Offen gestanden: ich bin sehr müde. Außerdem finde ich, dass
ich für einen solchen Anlass nicht gewichtig genug bin und auch nicht genügend
‚originell'. Das Übliche bei einer solchen Gelegenheit zu sagen, scheint mir aber für
alle Beteiligten recht uninteressant zu sein. Ich bitte daher, einmal zu überlegen,

---

[64] Vgl. ebd.

[65] Vgl. Heckel an Martin, 11. April 1955 u. Martin an Heckel inkl. Empfangsbestätigung der
Gemälde Gebirgstal, Geschwister, Frau und Kind, 14. April 1955. In: GLA 441-3, Nr. 825.

[66] Vgl. von Buttlar an Martin, 26. April 1955. In: GLA 441-3, Nr. 825.

[67] Vgl. ebd.

[68] Vgl. Lauts an Schwarz (Firma Eugen Steffelin), 27. Juni 1955 (Leihgaben SKK mit Kisten-
bezeichnung); Einzelfragebögen für die Leihgaben aus Karlsruhe übersandt, 17. Mai 1955. In:
GLA 441-3, Nr. 825.

[69] Heise, Carl Georg (1955). Documenta – Kunstschau unserer Gegenwart. Das große Panorama des modernen Schaffens. Randbemerkungen zur Kasseler Ausstellung. In: *DIE ZEIT*,
11. August 1955.

[70] Vgl. Bott (Ministerialdirigent) an Martin, 27. April 1955. In: GLA 441-3, Nr. 825.

[71] Martin an von Buttlar, 5. Mai 1955. In: GLA 441-3, Nr. 825.

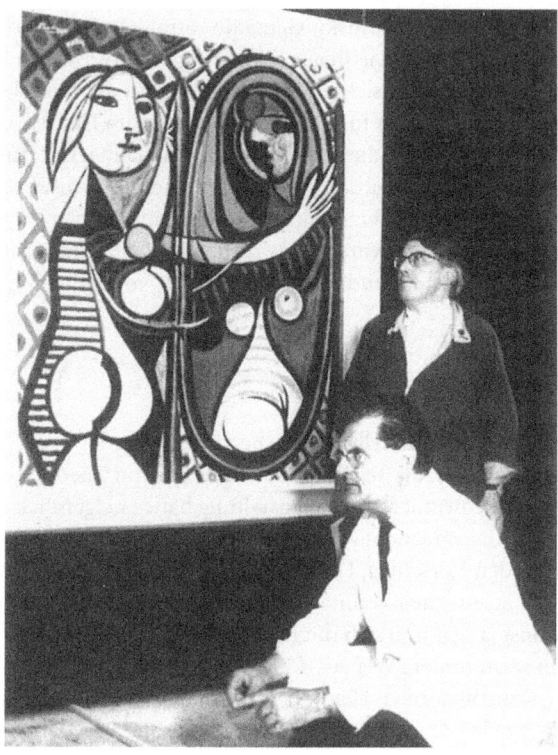

Abb. 10.6 Kurt Martin und Arnold Bode beim Aufbau der ersten documenta 1955 © Repro aus: Kimpel; Stengel 1995, S. 147

ob es nicht möglich wäre, einen Künstler sprechen zu lassen. Es bräuchte ja kein Maler oder Bildhauer zu sein, sondern vielleicht ein Schriftsteller. Ich könnte mir vorstellen, dass wir, wenn wir Glück haben, eine Rede von einiger Grundsätzlichkeit hören würden, die man vielleicht sogar drucken würde, weil sie so gut ist. Ich kam auf diesen Gedanken, weil ich zufälligerweise in diesen Tagen einige Gedichte von Gottfried Benn gelesen habe, die mir großen Eindruck machten."[72] Der Vorschlag setzte sich nicht durch. Auf der Eröffnungsfeier sprach Werner Haftmann,[73] dessen Vortrag „Über das moderne Bild" in der Frankfurter Allgemeinen Zeitung

---

[72] Martin an von Buttlar, 5. Mai 1955. In: GLA 441-3, Nr. 825.
[73] Vgl. Schmidt, Doris (1955a). Die Documenta in Kassel eröffnet. Große internationale Ausstellung der Kunst des XX. Jahrhunderts. In: *Frankfurter Allgemeine Zeitung*, 18. Juli 1955.

publiziert wurde.[74] Weitere Redner der außerordentlich gut besuchten Vernissage am 16. Juli 1955 waren Heinz Lemke, Staatssekretär Karl Theodor Bleek, der Oberbürgermeister der Stadt Kassel Lauritz Lauritzen, und Minister Arno Hennig in Vertretung des hessischen Ministerpräsidenten Georg August Zinn.[75]

Der Gruppe um Arnold Bode war es gelungen, insgesamt 670 Werke zusammenzutragen.[76] Deutschland war mit fünfunddreißig Malern und vierzehn Bildhauern vertreten, Frankreich mit vierunddreißig Malern und zehn Bildhauern, Italien mit zweiundzwanzig Malern und acht Bildhauern, England, die USA und andere Länder mit zwölf Malern und acht Bildhauern. Die Leihgaben stammten zu großen Teilen aus Privatbesitz; weiterhin haben siebenundzwanzig Museen aus Europa und den Vereinigten Staaten Objekte zur Verfügung gestellt.[77] Diese Leistung wurde durch ein reges Besucherinteresse belohnt. Bereits eine Woche nach der Eröffnung vermeldete von Buttlar einen stetigen Zulauf an Gästen sowie umfangreichen Katalogverkauf. Abgesandte von den Bayerischen Staatsgemäldesammlungen und auch Alfred Barr (1901–1981), der Gründungsdirektor des Museum of Modern Art in New York, waren in den ersten Tagen zu Besuch gekommen und hatten sich allesamt mit Hängung und Präsentation sehr zufrieden gezeigt.[78] Martin blieb in Karlsruhe, war aber als beratende Instanz im Hintergrund bei Problemen jederzeit ansprechbar. Trotz seiner wachsamen Observation des Kasseler Geschehens scheint sich eine freundschaftliche Verbindung zwischen ihm und Arnold Bode entwickelt zu haben, denn auf die durch von Buttlar vermittelten positiven Reaktionen schrieb er zurück: „Ich freue mich über den guten Besuch und auch darüber, dass der Pessimismus wegen des Katalogpreises von DM 5,- nicht berechtigt war. Von Bode kam eben ein nettes Telegramm des Dankes und ich bitte Sie sehr, ihm doch zu sagen, dass ich ihn bald wieder zu sehen hoffe, sei es in Kassel, wenn ich mal zur ‚Kontrolle' komme, sei es hier in Karlsruhe auf seiner Durchreise (mit Frau und Tochter) nach Straßburg."[79]

---

[74] Vgl. Haftmann, Werner (1955b). Über das moderne Bild. Rede, gehalten zur Eröffnung der Ausstellung „Documenta. Kunst des XX. Jahrhunderts". In: *Frankfurter Allgemeine Zeitung*, 30. Juli 1955.

[75] Vgl. Schmidt 1955a.

[76] Vgl. Anzahl der Katalognummern.

[77] Vgl. Schmidt 1955a.

[78] Vgl. von Buttlar an Martin, 22. Juli 1955. In: GLA 441-3, Nr. 825.

[79] Martin an von Buttlar, 26. Juli 1955. In: GLA 441-3, Nr. 825.

10.8   Film

Kurze Zeit darauf trat die Stadt Kassel, namentlich der Stadtrat a. D. Friedrich Wendenburg (1888–1967), mit dem für die damalige Zeit originellen Vorschlag eines Farbfilms über die documenta I an Martin heran. Als Regisseur und Kameramann fasste man ausgerechnet Walter Hege (1893–1955) ins Auge, jenen Fotograf und Kulturfilmer, der in den 1920er Jahren die berühmten Kunstbücher Wilhelm Pinders illustrierte (Der Bamberger Dom; Der Naumburger Dom) und der in den 1930er Jahren mit Leni Riefenstahl und Luis Trenker zusammengearbeitet hatte. Bei Filmen wie „Das steinerne Buch" (1938), „Olympia – Fest der Völker, Fest der Schönheit" (1936–1938) oder „Die Bauten Adolf Hitlers" (1938) oblag ihm die Kameraführung und/oder die Regie, und auch einige kunstpropagandistische Bildhauerstreifen zur Verherrlichung des Mittelalters, wie „Steinmetz am Werk" (1940), „Der Meister von Würzburg" (1938), oder „Riemenschneiders Werke in Franken" (1938), gehen auf ihn zurück.[80] Da Wendenburg wusste, dass Martin Heges jüngsten Arbeiten kannte, weil dieser vor kurzem Filmaufnahmen einiger Hauptwerke der Staatlichen Kunsthalle Karlsruhe gemacht hatte,[81] fragte er ihn nach seiner Einschätzung.[82] „Es drängt sich aber geradezu die Möglichkeit auf, im Rahmen dieser Ausstellung von sonst weit verstreuten Originalen ein hochwertiges filmisches Werk zu schaffen, mit welchem man einem sehr breiten Publikum – nicht nur in Deutschland sondern in mehreren Ländern – sowohl den inneren Zusammenhang abendländischer Kunst wie im besonderen die Gleichmäßigkeit und auch die verschiedenen Wege und Ziele drastisch zeigen kann. Ich halte den Kreis von Menschen, die sich wenn sie der Kunstentwicklung der letzten 50 Jahre mit Abstand oder Kritik gegenüberstehen, mit Begierde und Dankbarkeit eine verständliche Darstellung dieser Art begrüßen würden, für sehr groß, und glaube, daß man durch die Ausnutzung der jetzt einmalig gegebenen Gelegenheit der Kunst, den Künstlern und einem breiten Publikum in gleicher Weise dienen könnte. […] Da Sie die letzten Arbeiten von Hege nach der mir [zuteil] gewordenen Mitteilung kennen, habe ich zunächst nicht mit den hiesigen Herren sprechen wollen, sondern möchte Sie zuerst um Ihre Meinung fragen."[83] Da Heges Arbeit nach wie vor als

---

[80] Zu den Kulturfilmen Walter Heges vgl. Weber, Nicola Valeska (2013). Überblendungen. Das Mittelalterbild im Kulturfilm des Nationalsozialismus. In: Steinkamp, Maike; Reudenbach, Bruno (Hrsg.). *Mittelalterbilder im Nationalsozialismus*. Hamburger Forschungen zur Kunstgeschichte. Studien, Theorien, Quellen. Berlin: Akademie, S. 89–102.

[81] Trotz intensiver Recherche wurden diese Probefilmaufnahmen von Werken der Karlsruher Kunsthalle bislang nicht gefunden.

[82] Vgl. Wendenburg an Martin, 21. Juli 1955. In: GLA 441-3, Nr. 825.

[83] Wendenburg an Martin, 16. Juli 1955. In: GLA 441-3, Nr. 825.

richtungweisend für den Einsatz der Fotografie in der kunstgeschichtlichen Forschung galt, seine Aktivität im ‚Dritten Reich' ihm offenbar nicht negativ anhaftete und die Karlsruher Probeaufnahmen gut geworden waren, empfahl Martin ihn als geeigneten Verfasser eines Filmbeitrags zur documenta I. Allerdings mahnte er zur Eile – vor Beginn der Aufnahmen musste die Genehmigung sämtlicher Eigentümer der Werke eingeholt und die Autorenrechte mit den Künstlern geklärt werden. Weiterhin gab er zu bedenken, dass um die Besucher nicht zu stören, die Aufnahmen weitgehend nachts gemacht werden müssten, und er riet dazu aufzupassen, dass die Lücken der Ausstellung (im Bereich des synthetischen und des analytischen Kubismus, der blauen und rosa Periode sowie der époque nègre von Picasso und beim späten Matisse) nicht ins Auge fielen. Um diese Defizite auszugleichen, empfahl Martin ergänzende Aufnahmen von außen.[84] Der Kasseler Stadtrat ließ sich von den Schwierigkeiten und der knappen Zeit nicht abschrecken. Der Film war unbedingt gewollt.[85]

Die Ausstellung erfreute sich großer Aufmerksamkeit. Nach nur einem Monat Laufzeit waren die Besucherziffern bei 35.000 angelangt, der Katalog war bereits ausverkauft und man wartete auf den Nachdruck.[86] Neben diesen Erfolgen wies von Buttlar Martin am 16. August auf besondere Pressestimmen und prominente Besucher hin, und vermittelte die anhaltende Beschäftigung mit dem Thema Film: „Heises[87] Besprechung in der Zeit und Linferts Ausführungen in der Gegenwart werden Sie sicher gelesen haben. Heute Abend erwarten wir Sandberg aus Amsterdam und Theodor Werner ist angesagt. Haubrich war hier und des Lobes voll, Grote hat über die Hessische Staatsregierung seine besondere Anerkennung aussprechen lassen. Wegen des Kulturfilms ist alles in der Schwebe."[88] Als Martin daraufhin seinen baldigen Besuch in Kassel ankündigte, äußerte er sich pessimistisch hinsichtlich des Filmprojekts. „Mit dem Film wird es wohl nichts mehr, denn ich glaube nicht, dass die Zeit reichen wird, um alle Vorfragen zu klären und die Aufnahmearbeit ohne Störung der Ausstellungsbetreiber durchzuführen."[89] Leider wurde er tatsächlich nie gedreht.

---

[84] Vgl. Martin an Wendenburg, 26. Juli 1955. In: GLA 441-3, Nr. 825.

[85] Vgl. Wendenburg an Martin, 4. August 1955. In: GLA 441-3, Nr. 825.

[86] Vgl. von Buttlar an Martin, 16. August 1955. In: GLA 441-3, Nr. 825.

[87] Vgl. Heise 1955.

[88] von Buttlar an Martin, 16. August 1955. In: GLA 441-3, Nr. 825.

[89] Vgl. Martin an von Buttlar, 18. August 1955. In: GLA 441-3, Nr. 825.

10.9 Fazit

War Arnold Bode der Macher der documenta I und Werner Haftmann ihre Stimme,[90] so übernahm Kurt Martin die Prokura. Als korrigierende, überwachende und lenkende Instanz half er, aus einer Vielzahl kreativer Ideen ein realisierbares Vorhaben zu machen, indem er an Konventionen des musealen Leih- und Ausstellungsbetriebs erinnerte, Versicherungen auswählte, Präsentationsbedingungen juristisch überprüfen lies und seine professionellen Kontakte einbrachte (vgl. Abb. 10.7). Als Vermittlungsglied zur etablierten Kunstwissenschaft war Kurt Martin auch während ihrer folgenden drei Ausgaben für die documenta tätig, trat aber niemals in die erste Reihe. Innerhalb des Arbeitsausschusses unterstützte, koordinierte und beriet er, wie er es 1955 getan hatte, und blieb dem Unternehmen sogar noch 1968 treu, als bei der documenta IV aufgrund des Einzugs der Pop-Art sowohl Haftmann als auch fast alle anderen Mitglieder des Arbeitsausschusses die Jury verließen. Ob Martins im Sommer 1956 erfolgter Wechsel vom Direktorenamt der Kunsthalle an die Spitze der Karlsruher Kunstakademie im Zusammenhang mit den positiven Erfahrungen stand, die er im Rahmen der documenta I mit lebenden Künstlern gemacht hatte, bleibt dahingestellt. Es ist ebenso gut möglich, dass diese mit einer knapp einjährigen Laufzeit wie interimistisch angelegte Karrierestation ihre Ursache vorwiegend in Gehaltsverhandlungen findet.[91] Offiziell verließ Martin das Museum, da ihm „bei den damals sehr kleinen Etatmitteln die Arbeit nicht mehr befriedigend erschien."[92] Insbesondere die materielle Bevorzugung der Stuttgarter Museen gegenüber den Karlsruhern trug er im Rahmen seiner Abschiedsrede als empörende Ungerechtigkeit vor. Doch auch die erwünschte Hinwendung zu aktuell schaffenden Künstlern und die Internationalisierung der Akademie trieben ihn nach eigenen Aussagen zu dieser Neuorientierung an. „Ähnlich wie die Kunsthalle in den internationalen Kreis der Museen eingefügt werden konnte, soll

---

[90] So Kimpel, Harald (2013). Standortbestimmung und Vergangenheitsbewältigung. Die documenta 1955 als Staatsaufgabe. In: Friedrich, Julia; Prinzing, Andreas (Hrsg.). *„So fing man einfach an, ohne viele Worte". Ausstellungswesen und Sammlungspolitik in den ersten Jahren nach dem Zweiten Weltkrieg.* Berlin: Akademie, S. 26–35, hier S. 26.

[91] Martin stand der Badischen Akademie der Bildenden Künste vom 24. Juli 1956 bis zum 26. Juli 1957 vor. Dann wurde er mit Wirkung vom 1. November 1957 unter Berufung in das Beamtenverhältnis auf Lebenszeit zum Generaldirektor der Bayerischen Staatsgemäldesammlungen in München ernannt. Vgl. Kultusministerium Baden-Württemberg an Martin, 7. August 1956 (Ernennung zum Professor und Leiter der Akademie der bildenden Künste Karlsruhe) u. Bayerisches Staatsministerium für Unterricht und Kultus an Direktion der Bayer. Staatsgemäldesammlungen, 9. Oktober 1957 (Ernennung zum Generaldirektor des Bayer. Staatsgemäldesammlungen), beide *Privatbesitz Gerhard Martin.*

[92] Lauts, Jan (1975). Kurt Martin †. In: *Kunstchronik*, Jg. 28, Heft 6, S. 207–217, hier S. 214.

15. juli bis 15. september 1955

1277
31.10-55

documenta

kunst des XX. jahrhunderts

internationale ausstellung im museum fridericianum in kassel

l'art du vingtième siècle   exposition internationale kassel musée fridericianum
the art of the twentieth century   international exhibition kassel museum fridericianum
l' arte del novecento   esposizione internazionale kassel museo fridericianum

Veranstalter: Gesellschaft Abendländische Kunst des XX. Jahrhunderts e. V.   Vorsitzender: Heinz Lemke
Träger der Ausstellung: Stadt Kassel

Kassel , den 28. Oktober 1955   Sekretariat: Landesmuseum Kassel
                                                  Wilhelmshöher Platz 5
Der Vorstand:

          Herrn
          Direktor Dr. Kurt M a r t i n
          Kunsthalle
          K a r l s r u h e

          Sehr verehrter Herr M a r t i n !

          Am Ende der "documenta" möchte ich namens unserer Gesellschaft
          noch einmal zum Ausdruck bringen, wie hoch wir es Ihnen an-
          gerechnet haben, daß Sie unsere Sache zu der Ihren gemacht
          und von kritischen Anfängen bis zu aufs äußerste anspannen-
          den Stadien zu dem schönen Erfolg geführt haben, den wir
          verzeichnen konnten. Für allen Rat und das große Verständ-
          nis, das Sie uns, auch bei der Lösung so vieler Probleme
          des Sekretariats, aus Ihrer einzigartigen Erfahrung heraus
          entgegengebracht haben, danken wir Ihnen immer wieder.

          Mit den besten Wünschen und Empfehlungen bin ich

Arbeitsausschuß: Ihr sehr ergebener

Prof. Arnold Bode
          Kassel   *Heinz Lemke*
Dr. Werner Haftmann
          München
Dr. Alfred Hentzen
          Hannover
Dr. Kurt Martin
          Karlsruhe
Prof. Hans Mettel
          Frankfurt/Main

          Telefon: Kassel 4362   Telegrammadresse: DOCUMENTA Kassel   Bankverbindung: Stadtkasse Kassel

Abb. 10.7 Dankesbrief von Heinz Lemke an Kurt Martin, 28. Oktober 1955 © Privatbesitz
Gerhard Martin

versucht werden auch für die Akademie Verbindungen nach Frankreich und nach der Schweiz zu finden. Abgesehen, daß wir davon selbst angeregt würden, könnte gerade Karlsruhe hier eine vermittelnde Rolle von weitreichender Bedeutung übernehmen. […] Das alles aber hat nur einen echten Sinn und Gehalt, wenn es sich auf dem Grunde der Freiheit entwickelt: der Freiheit des Lehrens und des Lernens, der Freiheit der Kunst, nicht als Ungebundenheit, sondern als Verpflichtung gegenüber dem Humanitären, gegenüber der Freiheit des Menschen schlechthin. Ich weiß mich hier mit dem Lehrkörper und den Studenten der Akademie einig. […] Ich bekenne mich zu dieser unserer Jugend und ihrer Zukunft."[93]

Quellen

Germanisches Nationalmuseum Nürnberg Deutsches Kunstarchiv (GNN DKA)
GNN DKA, *Nachlass Kurt Martin*, I B.
Generallandesarchiv Karlsruhe (GLA)
GLA 441-3, Nr. 825, *documenta 1955*; GLA 441-3, Nr. 826, *Anlagen zur documenta*
Archiv Bayerische Staatsgemäldesammlungen (ABSG)
ABSG *Generaldirektor Martin*, Ordner H–K, 1957–1959, Fach Nr. 90, Archiv Nr. 2436

Literatur

Eintrag „Bundesgartenschau". In: Documenta Lexikon, URL: http://regiowiki.hna.de/Documenta-Lexikon:_ B.
Eintrag „Hentzen, Alfred". In: Munzinger Online/Personen – Internationales Biographisches Archiv, URL: http://www.munzinger.de/document/00000007251.
Eintrag „René Wehrli". In: Historisches Lexikon der Schweiz, URL: http://www.hls-dhs-dss.ch/textes/d/D27785.php.
Görner, Veit (Hrsg.) (2009). *Kestnerchronik*, Bd. 2. Hannover: Kestnergesellschaft.
Haftmann, Werner (1955a). Einleitung. In: *documenta. Kunst des XX. Jahrhunderts*. Ausstellungskatalog Museum Fridericianum Kassel. München: Prestel, S. 15–25.
Haftmann, Werner (1955b). Über das moderne Bild. Rede, gehalten zur Eröffnung der Ausstellung „Documenta. Kunst des XX. Jahrhunderts". In: *Frankfurter Allgemeine Zeitung*, 30. Juli 1955.

---

[93] Martin, Kurt (1956). Rede zur eigenen Verabschiedung von der Staatlichen Kunsthalle Karlsruhe und zum Amtsantritt an der Akademie, gehalten im Rahmen der feierlichen Amtseinführung von Kurt Martin und Jan Lauts am 24. November 1956, *Privatbesitz Gerhard Martin*; vgl. auch N.N. (1956). Kunsthalle und Akademie unter neuer Leitung. Kultusminister Simpendörfer führte Dr. Kurt Martin und Dr. Jan Lauts in ihre Ämter ein. In: *Badische Volkszeitung*, 27. November 1956.

Heise, Carl Georg (1955). Documenta – Kunstschau unserer Gegenwart. Das große Panorama des modernen Schaffens. Randbemerkungen zur Kasseler Ausstellung. In: *DIE ZEIT*, 11. August 1955.

Kimpel, Harald (1997). *documenta. Mythos und Wirklichkeit*. Köln: DuMont.

Kimpel, Harald (2002). *documenta. Die Überschau. Fünf Jahrzehnte Weltkunstausstellung in Stichwörtern*. Köln: DuMont.

Kimpel, Harald (2013). Standortbestimmung und Vergangenheitsbewältigung. Die documenta 1955 als Staatsaufgabe. In: Friedrich, Julia; Prinzing, Andreas (Hrsg.). *„So fing man einfach an, ohne viele Worte". Ausstellungswesen und Sammlungspolitik in den ersten Jahren nach dem Zweiten Weltkrieg*. Berlin: Akademie, S. 26–35.

Kimpel, Harald; Stengel, Karin (1995). *Documenta 1955: Erste internationale Kunstausstellung – eine fotografische Rekonstruktion*. Schriftenreihe des Documenta-Archivs. Bremen: Temmen.

Lemke, Heinz (1955). Vorwort. In: *documenta. Kunst des XX. Jahrhunderts*. Ausstellungskatalog Museum Fridericianum Kassel. München: Prestel, S. 13–14.

Martin, Kurt (1948). Die Situation der deutschen Museen nach dem Krieg. In: *Kunstchronik*, Jg. 1, Heft 1/2, S. 2–4.

Martin, Kurt (1959). o. T. In: Heil, Karl (Hrsg.). *Bernhard Heiliger. Skulpturen. Zeichnungen seit 1945*. Ausstellungskatalog Stadthalle Wolfsburg, Berliner Festwochen, Kunsthalle Mannheim. Wolfsburg: Waisenhaus, o. S.

N.N. (1955a). Kultureller Akzent der Bundesgartenschau. Europas Kunst im Fridericianum. In diesem Sommer große internationale Kunstausstellung in Kassel. In: *Kasseler Zeitung*, 15. Februar 1955.

N.N. (1955b). Internationale Kunstausstellung während der Bundesgartenschau in Kassel. Documenta wird im Museum Fridericianum die Summe aus den ersten fünfzig Jahren des XX. Jahrhunderts ziehen. In: *Hessische Nachrichten*, 15. Februar 1955.

N.N. (1955c). Documenta ruft Kunstwelt nach Kassel. Halbjahrhundertschau im Museum Fridericianum. In: *Kasseler Post*, 15. Februar 1955.

N.N. (1956). Kunsthalle und Akademie unter neuer Leitung. Kultusminister Simpendörfer führte Dr. Kurt Martin und Dr. Jan Lauts in ihre Ämter ein. In: *Badische Volkszeitung*, 27. November 1956.

Rosebrock, Tessa Friederike (2006). Kurt Martin und 50.000 Dias. Die Inventarisierung der Farbdias des „Führerauftrags" beim Landesamt für Museen, Sammlungen und Ausstellungen in Freiburg/Breisgau 1952–55. In: Fuhrmeister, Christian; Klingen, Stephan; Peters, Ralf (Hrsg.). *„Führerauftrag Monumentalmalerei". Eine Fotokampagne 1943–1945*. Schriftenreihe des Zentralinstituts für Kunstgeschichte. Köln: Böhlau, S. 141–151.

Rosebrock, Tessa Friederike (2012). *Kurt Martin und das Musée des Beaux-Arts de Strasbourg. Museums- und Ausstellungspolitik im ‚Dritten Reich' und in der unmittelbaren Nachkriegszeit*. Berlin: Akademie.

Schmidt, Doris (1955a). Die Documenta in Kassel eröffnet. Große internationale Ausstellung der Kunst des XX. Jahrhunderts. In: *Frankfurter Allgemeine Zeitung*, 18. Juli 1955.

Schmidt, Doris (1955b). Documenta. Bilanz eines Jahrhunderts. In: *Frankfurter Allgemeine Zeitung*, 26. Juli 1955.

Weber, Nicola Valeska (2013). Überblendungen. Das Mittelalterbild im Kulturfilm des Nationalsozialismus. In: Steinkamp, Maike; Reudenbach, Bruno (Hrsg.) *Mittelalterbilder im Nationalsozialismus*. Hamburger Forschungen zur Kunstgeschichte. Studien, Theorien, Quellen. Berlin: Akademie, S. 89–102.

Wedekind, Gregor (2006). Abstraktion und Abendland. Die Erfindung der documenta als Antwort auf „unsere deutsche Lage". In: Doll, Nikola; Heftrig, Ruth; Peters, Olaf; Rehm, Ulrich (Hrsg.). *Kunstgeschichte nach 1945. Kontinuität und Neubeginn in Deutschland.* Köln: Böhlau, S. 165–181.

Wellmann, Marc (2000). Kurt Martin 1958. In: Wellmann, Marc (Hrsg.). *Bernhard Heiliger. Die Köpfe.* Köln: Wienand, S. 98–101.

Teil V
Internationale Beziehungen

Biennale Venedig und documenta – versteckte Beziehungen? Zu Konzepten, Künstlern und Organisatoren

11

Franziska Völz

Wenn von Vorbildern für die inzwischen sehr berühmt gewordene internationale Kunstausstellungsreihe für Gegenwartskunst, die documenta in Kassel, die Rede ist, wenn Analogien und historische Vergleiche gezogen werden, wird oft auf kunsthistorisch bedeutende Ereignisse der nationalen Ausstellungsgeschichte aus der ersten Hälfte des 20. Jahrhunderts verwiesen. Schon die Initiatoren und Organisatoren der documenta selbst beriefen sich 1955 im Katalog zur 1. Edition auf die Sonderbund-Ausstellung 1912 in Köln, den Herbstsalon von Herwarth Walden in Berlin 1913 sowie die Internationale Kunstausstellung in Dresden von 1926.[1] Auch Kritiker und Wissenschaftler konstatierten diese und weitere Traditionslinien wie beispielsweise für die Frankfurter Städel-Ausstellung *Vom Abbild zum Sinnbild* von 1931, die Münchener Schandausstellung *Entartete Kunst* 1937, die Dresdener *Allgemeine Deutsche Kunstausstellung* von 1946, *Das Menschenbild in unserer Zeit* 1950 in Darmstadt[2] oder die Kunstausstellungen der Ruhrfestspiele Recklinghausen in der Nachkriegszeit.[3] Selten jedoch ist vergleichend die älteste aller internationalen Kunstausstellungsreihen, die Biennale Venedig, im Gespräch. Die documenta-Initiatoren Arnold Bode und Werner Haftmann versuchten sich retrospektiv gar von der traditionsreichen Ausstellungsreihe abzusetzen. So betonte Haftmann 1972 die Internationalisierung der modernen Kunst bei der documenta-Konzeption gegen-

---

[1] Von Haftmann in der Einleitung fälschlich datiert auf 1927. Vgl. Haftmann 1955, S. 15.
[2] Vgl. Wollenhaupt-Schmidt 1994, S. 104 ff., 256 ff.
[3] Vgl. Sonntag 1999, S. 136 ff.

F. Völz (✉)
Dresden, Deutschland
E-Mail: franziska.voelz@tu-dresden.de

G. Panzer et al. (Hrsg.), *Beziehungsanalysen. Bildende Künste in Westdeutschland nach 1945,* 229
Kunst und Gesellschaft, DOI 10.1007/978-3-658-02917-3_11,
© Springer Fachmedien Wiesbaden 2015

über der anachronistischen Gegenüberstellung von Nationen in Venedig. Bode kritisierte an der Biennale das Prinzip der Hervorhebung einzelner Künstlerpersönlichkeiten durch die Tradition der Preisverleihung, aber vor allem die unzeitgemäßen Präsentationsmodi mit Nationenpavillons, die nicht mehr geeignet wären, um moderne Analogien und Kontinuitäten in der Kunst aufzuzeigen.[4]

Und tatsächlich sind beide internationale Kunstausstellungsreihen in ihrer Historie, Struktur und Konzeption auf den ersten Blick durchaus eher verschieden. Die älteste Kunstausstellungsreihe der Welt, die Biennale von Venedig, wird seit 1895 im zweijährigen Rhythmus als internationale Verkaufsausstellung für neuere und zeitgenössische Kunst von der Stadt Venedig veranstaltet. Nach dem Modell von Weltausstellungen wurden bald zahlreiche Nationen mit eigenen Beiträgen eingeladen. Die ausländischen Beiträge werden durch von den teilnehmenden Ländern eigens eingesetzten Kommissaren organisiert und zum Großteil in selbst errichteten Nationenpavillons ausgestellt. Im Falle des deutschen Beitrags ernennt seit der Weimarer Republik das Auswärtige Amt den deutschen Kommissar. Dieser allein ist für die künstlerische Ausgestaltung verantwortlich. Die Reihe wurde nur durch die zwei Weltkriege unterbrochen, die erste Edition nach dem 2. Weltkrieg fand 1948 statt.[5]

Die documenta hingegen, 1955 in Kassel vom Akademieprofessor Arnold Bode in Zusammenarbeit mit dem Kunsthistoriker Werner Haftmann ins Leben gerufen, stellte das ehrgeizige Projekt dar, die „Entwicklung und europäische Verflechtung der modernen Kunst"[6] des 20. Jahrhunderts aufzuzeigen. Vorrangig als Schauausstellung konzipiert, sollte die documenta programmatisch den Verlauf und nationenübergreifende Zusammenhänge der modernen Kunstentwicklung dokumentieren und dem Besucher illustrieren. Die in der Folge vier- bis fünfjährig stattfindende internationale Ausstellungsreihe in Kassel wurde von einem Trägerverein veranstaltet, der sich aus lokalen und überregionalen Vertretern des Kunstbetriebes und der Zivilgesellschaft zusammensetzte. Die Künstlerauswahl und Hängung der Schau wurde in den Anfangsjahren von eigens dafür zusammengesetzten Ausschüssen und Hängekommissionen aus Fachverständigen unter der Obhut Arnold Bodes übernommen.[7]

Betrachtet man nun die Nachkriegszeit als Entstehungskontext der documenta im Vergleich auch mit der Wiederaufnahme der Biennale-Editionen ab 1948, wird deutlich, dass beide Ausstellungsreihen auf der Ebene der präsentierten Kunststile neben aktuellen Kunstäußerungen maßgeblich die klassische Moderne der Vor-

---

[4] Vgl. Lovisetto 2005, S. 266f.
[5] Vgl. Zeller und Reich 2007, S. 13, 17 ff.
[6] Haftmann 1955, S. 18.
[7] Zu Details der Gründung und historischen Kontextualisierung siehe Kimpel 1997.

kriegszeit fokussierten, allerdings unter Ausklammerung des Dadaismus. Anders als die Biennale schloss die documenta 1955 zudem auch den Surrealismus sowie russische und amerikanische Kunstäußerungen weitestgehend aus. Dafür besaß sie eine „innovative Gegenwartssektion"[8] und einen kompakt angelegten Gesamtrundgang, der als „Apotheose der abstrakten Kunst"[9] gedeutet werden kann. Die Biennalen von 1948 bis 1954 griffen dagegen in retrospektiven Abteilungen eher weit zurück bis auf das 19. Jahrhundert und berücksichtigten auch stärker figurale Tendenzen. Nichtsdestotrotz ist gerade der starke Bezug auf die klassische Moderne bei beiden Ausstellungsreihen in der Nachkriegszeit Antwort auf ähnliche ideelle Zielsetzungen, wie Luana Lovisetto in ihrer 2005 vorgelegten Dissertation *L'Arte Contemporanea. Confronto Tra XXVII e XVIII Biennale di Venezia (1954–1956) e documenta di Kassel (1955)* bereits aufgezeigt hat. So verfolgten die internationalen Ausstellungsreihen beider Länder nach langen Jahren der kulturpolitischen Lenkung und Unterdrückung durch die faschistischen Regime in Deutschland und Italien nach Ende des 2. Weltkrieges die erklärte Absicht, den durch den Faschismus verursachten kulturellen Rückstand aufzuholen.[10] Im Falle der Biennalen bezog sich dieser Rückstand auf ihre Entwicklung ab den 30er Jahren, von denen an die inhaltliche Ausrichtung zunehmend nationalistischer und traditionalistischer geworden war, also mehr und mehr internationale Teilnehmer und avantgardistische Stiltendenzen ausgeschlossen hatte. So waren die Nachkriegsbiennalen bis Mitte der 1950er Jahre rückschauend stilgeschichtlichen Themen der Klassischen Moderne wie Expressionismus oder Surrealismus gewidmet. Dies hatte den Zweck, so Joch, die Biennale „im Sinne der Kulturdiplomatie als Träger übernationaler Gemeinsamkeiten erscheinen zu lassen." Andererseits sollten sie auch der Erkenntnisfindung über die Vergleichbarkeit der bedeutenden Kunsttendenzen dienen. Die Retrospektiven waren laut Generalsekretär Palucchini direkte Ausdrucksform von Demokratie und damit als geeignete Antwort auf den Akademismus der Nationalsozialisten zu sehen.[11] Im Falle der documenta war es die erklärte Absicht der Organisatoren Arnold Bode und Werner Haftmann, das Vermächtnis der während des Nationalsozialismus verfolgten und als entartet verfemten Kunst der Avantgarden der Vorkriegszeit bei Publikum und Künstlern wieder bekannt und anschlussfähig zu machen.[12] Die Konzeption der Ausstellung zielte wie auch in Venedig darauf, die

---

[8] Lovisetto 2005, S. 267.

[9] Lovisetto 2005, S. 267.

[10] Von Palucchini für Venedig bereits 1948 erklärt. Er beabsichtigte eine Reihe retrospektiver Ausgaben, die die Kunstentwicklung seit dem Impressionismus aufzeigen sollten. Diese lief bis 1956. Vgl. Lovisetto 2005, S. 259.

[11] Vgl. Joch 2007, S. 89f. Zitat S. 89.

[12] Vgl. Lovisetto 2005, S. 258ff.

verschiedenen nationalen Kunstäußerungen zueinander in Beziehung zu setzen, wenn auch vielmehr in einer Synthese als in einer Gegenüberstellung. Haftmann konstruierte für die Gegenwartsproduktion der Nachkriegszeit einen künstlerisch-formalen Anschluss an die vornehmlich abstrakte Vorkriegsavantgarde und pries ihre „formale Ausdruckskraft als universelle Weltsprache"[13], allerdings einer demokratisch-westlichen Welt, da die gleichzeitigen figuralen Kunstäußerungen des politischen Ostens bekanntermaßen ausgeblendet blieben. Nichtsdestotrotz zielten sowohl die documenta als auch die Biennale auf eine Bejahung der demokratischen Gesellschaftsordnung, indem sie durch die Rehabilitierung der Vorkriegsavant-garden versuchten, sich von der vorangegangenen faschistisch-unterdrückenden Kulturpolitik abzusetzen.[14] Mit dieser Anknüpfung versuchten sie gleichzeitig, der jeweiligen nationalen Gegenwartskunstproduktion seit 1945 wieder zu internationalem Ansehen beziehungsweise zum Wiederaufstieg auf ein europäisches Niveau zu verhelfen.[15] Mit Karl-Siegbert Rehberg gesprochen versuchten beide Reihen, die Geltungschance der eigenen zeitgenössischen Kunst auf internationaler Bühne wiederherzustellen und zu erhöhen,[16] die venezianische Ausstellungsleitung für die italienische Kunst, die documenta für die deutsche Kunst.

Aufgrund dieser erklärten kulturpolitischen Zielsetzungen lassen sich Johannes Paulmann zufolge beide Kunstausstellungsreihen auch als „Auswärtige Repräsentationen" ihrer Gründernationen qualifizieren. Paulmann begreift auswärtige Repräsentationen einer Nation nicht nur als amtliche und gezielte Präsentationen des Staates und seiner Kultur im Ausland, sondern sieht ebenso den Kulturaustausch und die Kulturmanifestationen anderer Nationen im Inland, beispielsweise gleichzeitig präsentierte deutsche und ausländische Beiträge bei internationalen Festspielen, Ausstellungen etc., eingeschlossen. Zwar im Inland stattfindend, zielten sie mit der Einbeziehung ausländischer Beiträge auch auf die Aufmerksamkeit eines ausländischen Publikums und die Konfrontation auswärtiger Repräsentationen mit der eigenen.[17] Für die Biennale in Venedig dürfte dies mit der Gegenüberstellung der Nationenpavillons recht unbestritten der Fall sein. Die documenta wurde zwar nicht von öffentlicher Seite initiiert, aber finanziell von der Stadt Kassel, dem Land Hessen und dem Bund gefördert. Mit ihrer europäisch ausgelegten Konzep-

---

[13] Horn 2005, S. 50.

[14] Dies kennzeichnete jedoch nicht nur die beiden Großausstellungsreihen, sondern war ein allgemeinerer Trend, der in der Nachkriegszeit das gesamte deutsche Ausstellungswesen durchzog. Vgl. Papenbrock 1995, S. 126 u. Ziegler 2006, S. 290.

[15] Zu den entsprechenden Äußerungen der Organisatoren im Detail: Vgl. Lovisetto 2005, S. 261.

[16] Vgl. beispielsweise Rehberg 2002.

[17] Vgl. Paulmann 2005, S. 12f.

tion sprach sie neben dem lokalen auch ein internationales Publikum an und fand dementsprechend auch Aufmerksamkeit in der ausländischen Presse. Wie Lovisetto beurteilte sie auch Sabine Horn vor allem aufgrund ihrer bereits geschilderten ideellen Zielsetzungen als Botschafterin der Westintegration und damit auch als indirekte kulturelle Repräsentation der jungen Bundesrepublik Deutschland.[18] Der deutsche Beitrag auf den Kunstbiennalen in Venedig nach dem Zweiten Weltkrieg stellte demgegenüber formell betrachtet eine direkte kulturpolitische Maßnahme des jungen westdeutschen Staates zur Selbstdarstellung im Ausland im künstlerischen Bereich dar. Aber wie kam diese bereits vor seiner Gründung zustande? Gab es Parallelen oder Anknüpfungspunkte bei der documenta? Und hat die documenta mit ihrem innovativen, sich abhebenden Ausstellungsmodell[19] auch Rückwirkungen auf die deutschen Beiträge in Venedig ausgeübt?

Zur Erhellung dieser Fragen lohnt ein vertiefender Blick in weiterführende Literatur, insbesondere aber die Auswertung zeitgenössischer Quellen. Im Folgenden soll bisher unbetrachteten, wechselseitigen Verknüpfungen zwischen der documenta Kassel und den venezianischen Biennale-Editionen der Nachkriegszeit mithilfe von Archivrecherchen (documenta-Archiv Kassel, Politisches Archiv des Auswärtigen Amtes Berlin) und empirischer Datenanalyse nachgegangen werden. Letztere basiert zum einen auf einfachen statistischen Auswertungen, zum anderen auf der Erzeugung von Affiliationsnetzwerken mithilfe der Visualisierungssoftware Netdraw.[20] Bei diesem Typ der sozialen Netzwerkanalyse sind Akteure überwiegend nicht direkt von Person zu Person, sondern indirekt durch Mitgliedschaften oder Teilhabe an bestimmten Ereignissen verknüpft.[21] Datengrundlage dafür bilden vor allem Ausstellungskataloge und Archivalien (Briefe, Sitzungsprotokolle etc.). Im ersten Schritt soll Venedig als mögliche Inspirationsquelle für die Künstlerauswahl der documenta hinterfragt werden. Im Zentrum der Analyse steht darauf folgend die Gegenüberstellung der documenta mit den deutschen Beiträgen auf den Nachkriegsbiennalen: 1. Wie kamen letztere zustande? 2. Welche Parallelen bzw. Differenzen gab es bei Künstlerauswahl und ideellen Zielsetzungen? 3. Übte die documenta Impulse auf die nachfolgenden deutschen Beiträge in Venedig aus? Daraus entwickelt sich abschließend die Frage nach den Zusammenhängen zwischen Kunstbetrieb und deutscher Kulturdiplomatie nach 1945.

---

[18] Vgl. Horn 2005, S. 45 ff.

[19] Vgl. dazu auch Gerhard Panzer im vorliegenden Band.

[20] Netzwerk-Software NETDRAW: Borgatti, S.P. 2002. NetDraw: Graph Visualization Software. Harvard: Analytic Technologies.

[21] Vgl. dazu den Beitrag von Marc Drobot im vorliegenden Band.

11.1   Venedig als Inspirationsort für die Künstlerauswahl der documenta?

Hat die altehrwürdige venezianische Schau internationaler moderner Kunst entgegen der organisatorisch-konzeptuellen Unterschiede und Abgrenzungsbekundungen von Bode und Haftmann vielleicht doch ein Stück weit als Inspirationsquelle für die deutsche Gesamtschau europäischer Kunstäußerungen fungiert? Ein Vergleich der Künstlerauswahl der documenta legt dies nahe. Sie lässt sich empirisch durch die Auszählung von Künstlerbeteiligungen aus Ausstellungskatalogen und Literaturzusammenstellungen auf Übereinstimmungen mit anderen Ausstellungen überprüfen.[22]

Für die eingangs bereits erwähnten Vorbildausstellungen, in Abb. 11.1 hellgrau dargestellt, lassen sich auf diesem Wege Übereinstimmungen von ca. 12–35 % feststellen. Die prozentualen Künstlerübereinstimmungen für die Nachkriegs-Biennalen, in Abb. 11.1 dunkelgrau, sind aber durchschnittlich sogar noch höher. 1948 waren in Venedig rund 45 % der späteren documenta1-Künstler ausgestellt, 1950–1954 waren es noch gut 30 %. Dieses mag zum einen zurückzuführen sein auf die schiere Quantität der auf der Biennale präsentierten Künstler. Es könnte jedoch auch ein Hinweis darauf sein, dass die Documenta-Macher sich auch in Venedig mit aktuell maßgeblichen Künstlern der internationalen Moderne vertraut gemacht haben.

Abbildung 11.2 vereint alle Künstler der Biennalen von 1948–1954, die auf der ersten documenta aufgegriffen wurden. Zusammengenommen waren 103 der insgesamt 148 documenta1-Künstler und damit mehr als zwei Drittel bereits auf den vorangegangenen Biennalen des Nachkriegsjahrzehnts vertreten. Farbig gruppiert nach Ländern zeigt sich im roten Kern, dass sich Häufungen vor allem auf die auf allen vier Biennalen gezeigten Italiener beziehen. Waren sie eventuell Anknüpfungspunkte für die starke documenta-Präsenz italienischer Kunst?

Werner Haftmann hatte intensive Beziehungen zu Italien. Er forschte bereits vor seinem Kriegsdienst Ende der 1930er Jahre in Florenz am kunsthistorischen Institut und auch Ende der 1940er und Anfang der 1950er Jahre unternahm er häufiger Reisen nach Italien.[23] Es ist anzunehmen, dass er in diesem Zuge auch nach Möglichkeit die Biennalen besuchte und sich dort Wissen über die wichtigsten Vertreter der internationalen und insbesondere italienischen Moderne und Nachkriegskunst

---

[22] Verwendet wurden: Internationale Kunstausstellung des Sonderbundes Westdeutscher Kunstfreunde und Künstler 1981, Walden 1913, Internationale Kunstausstellung Dresden 1926, Vom Abbild zum Sinnbild 1931, Schuster et al. 1998, Landesverwaltung Sachsen et al. 1946, La Biennale di Venezia 1996, Evers 1950, Ruhrfestspiele Recklinghausen 1954.

[23] Vgl. http://werner-haftmann.de/biografie/. Zugegriffen: 05.03.2013.

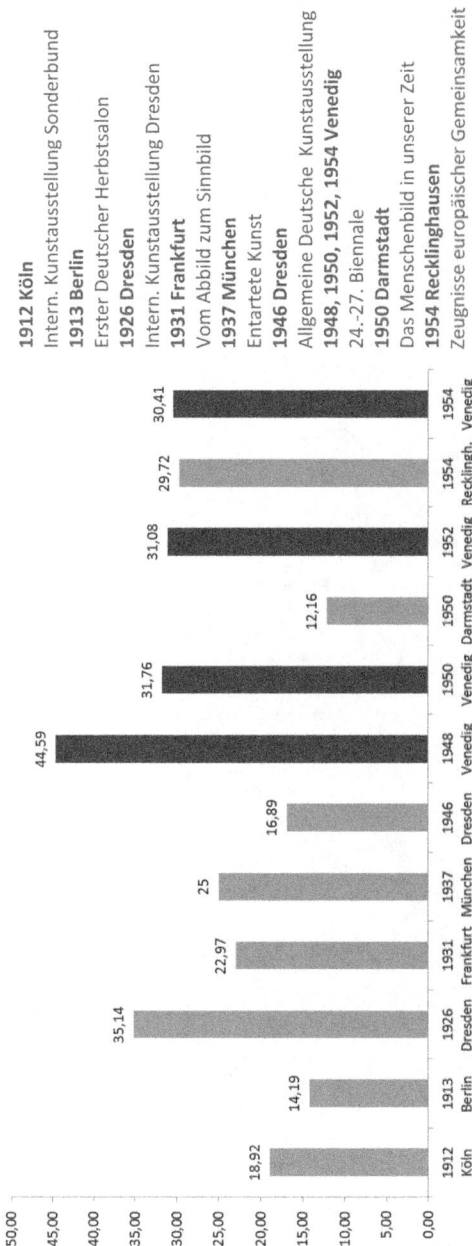

Abb. 11.1 Prozentualer Anteil von documenta 1-Künstlern bei ausgewählten Vorbildausstellungen. (Eigene Zusammenstellung. Quellen: Ausstellungskataloge)

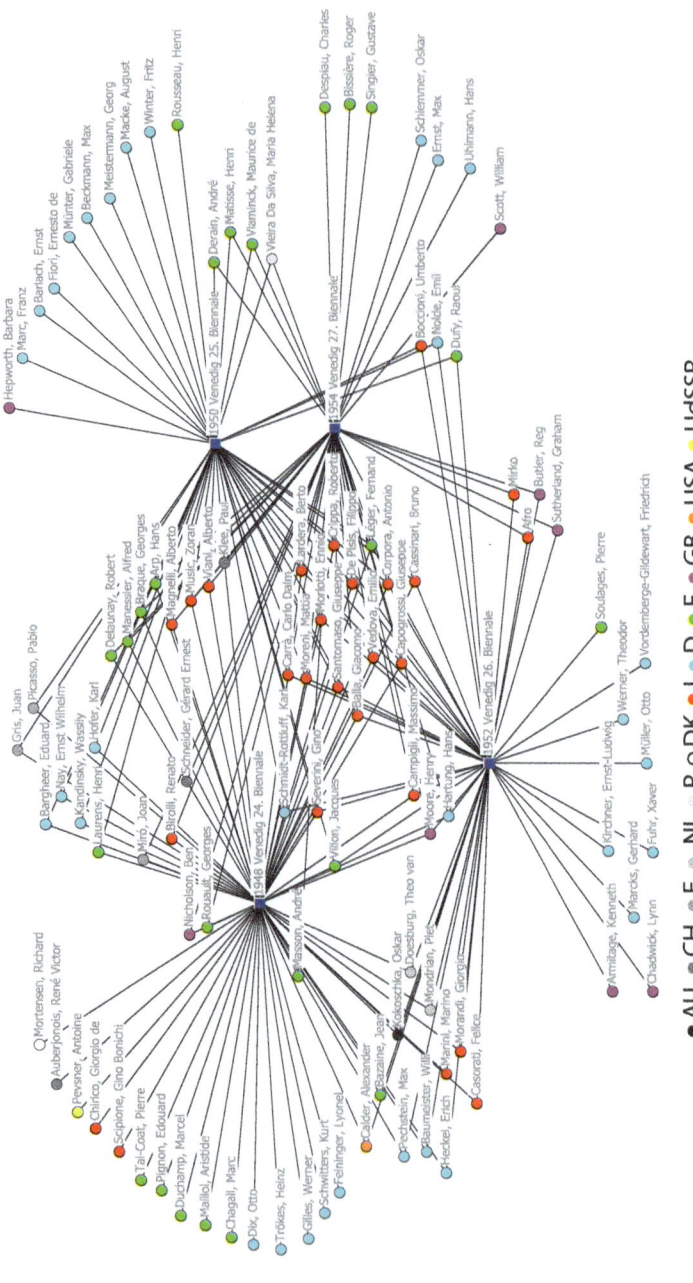

Abb. 11.2 Künstler der Biennalen von 1948–1954, die auf der documenta 1955 gezeigt wurden. (Eigene Zusammenstellung. Quellen: Ausstellungskataloge)

aneignete. In jedem Fall hat er die 27. Edition der Biennale Venedig 1954 gesehen und dazu am 16. September 1954 eine Rezension in der Hamburger Wochenzeitschrift „Die Zeit" veröffentlicht. Das Nebeneinander der traditionsreichen Kunstgeschichte Venedigs und der ephemeren Schau internationaler Gegenwartskunst kommentierte Haftmann darin eingangs mit „Man spürt diese entgegenstehende unruhige Welt diesmal wieder überdeutlich."[24] Das „wieder" deutet darauf hin, dass er 1954 nicht zum ersten Mal bei der Biennale war.

Gegen das Hauptthema der 1954er-Edition, den Surrealismus, fängt Haftmann in seinem Artikel gleich im Anschluss an zu polemisieren:

> Denn der Surrealismus scheint wirklich am Ende. Oder vielmehr: er hat so unendlich viele Anregungen und Ideen der modernen Malerei zugeführt, daß er sich ausgeblutet hat und die Fülle seiner befreienden Kraft nun der hermetischen und abstrakten Malerei zugute kommt.[25]

In dieser Aussage ist bereits Haftmanns Fokus bzw. gesteigerte Wertschätzung der abstrakten Tendenzen der Moderne enthalten, was sich schließlich, wie oben bereits erwähnt, auch in der Konzeption der documenta in Kassel mit der weitgehenden Auslassung des Surrealismus niederschlagen sollte. Sein Urteil über die ausgestellten Surrealisten diverser Nationenbeiträge 1954 in Venedig lautete:

> „Kein Name also, der in irgendeiner Form für die moderne Malerei repräsentativ wäre. Eine bemerkenswerte Ausnahme macht der englische Pavillon. [...] Der Eindruck, den insbesondere die Bilder Bacons – welch unmenschliche Variationen über das Papstbildnis von Velasquez! – hinterlassen, ist sehr nachhaltig. Man wird den Druck schwer los."

Gerade Bacon wird aber erst auf der documenta 2 und 3 zu sehen sein. Auf der ersten documenta erschienen fünf englische, 1954 in Venedig gezeigte Künstler: Butler, Nicholson, Scott, Moore und Sutherland. Dabei dürfte nur letzterer surrea-

---

[24] Dieses und alle weiteren Zitate des Abschnittes: Haftmann 1954, S. 5.

[25] In der Folge formuliert Haftmann seine Kritik am Surrealismus noch detaillierter aus: Dieser artikuliere sich nur mit den „Mitteln einer ironisierten Romantik oder eines sich dokumentarisch gebenden Verismus. Diese herangeholten und ausgeborgten Mittel haben nur literarischen Wert, als Elemente romantischer Ironisierung, sie haben zur bitteren Folge eine im Grunde formlose Malerei und den tiefsten Mangel an künstlerischer Originalität." Interessant an seinem Urteil ist, dass mit dem Rückbezug auf die Romantik die in den Katalogtexten der 1954er Biennale von Ludwig Grote und Franz Roh etablierten, oben bereits erwähnten nationalen Identitätskonstruktionen der im deutschen Pavillon präsentierten Kunst aufgegriffen wurden. Haftmann kehrte diese positiven Verknüpfungen mit der romantischen Geistes- und Bildtradition jedoch ins Negative. Ob dieser Bezug allerdings bewusst geschah, muss hier offen bleiben.

listischen Tendenzen zuzurechnen sein, die Auswahl entsprach analog Haftmanns Präferenzen überwiegend der Zugehörigkeit zum abstrakten (Nicholson, Scott, Moore) bzw. abstrahierend-figürlichem Lager (Butler).

Positiv beeindruckt gab sich Haftmann auch in seiner Kritik der Protagonisten der Sonderausstellungen im zentralen Ausstellungspavillon, welche von der italienischen Ausstellungsleitung auch mit Preisen ausgezeichnet worden waren: Max Ernst, Hans Arp und Joan Miró. Die drei Künstler fanden mit je 4, 5 und 6 Werken auch 1955 Berücksichtigung auf der documenta in Kassel.[26]

Haftmanns Würdigungen galten weiterhin auch einem der beiden Zentralfiguren des deutschen Beitrags:

> Stellt man nun noch Paul Klee dazu, dessen schön gewählte Schau dem deutschen Pavillon die große Anziehungskraft gibt, so sieht man, daß – eigentlich unbemerkt und abseits von den offiziellen Kunstpolemiken – einzelne einer Generation wirklich eine erfüllende Malerei geschaffen haben, die alle Inhalte, auch die fernstliegender, abgesunkener, vergessener Art in sich hineinzunehmen und als gefügte Bildgestalt herauszustellen vermag: Hier gipfelt die Leistung des Surrealismus, tritt aus der Isolierung heraus und verschmilzt die scheinbar gegensätzlichen Wirklichkeiten des naturhaft Realen und des geistig Abstrakten zur höheren Ganzheit.

Damit griff er den von Eberhard Hanfstaengl, dem Kommissar für den deutschen Beitrag, im Biennale-Katalog gewagten Kunstgriff auf, mithilfe des Begriffs des vielseitigen künstlerischen Genies mit stiltranszendierender Schöpfungskraft[27] neben surrealistischen auch andere moderne, insbesondere abstrakte Tendenzen hervorheben und würdigen zu können.

In diesem Zusammenhang warf Haftmann auch die Frage auf, welchen Stellenwert „die naturhafte abbildliche Wirklichkeit" in der zeitgenössischen Malerei habe:

> Man kann sogar behaupten, daß sich die Malerei heute von den gegenständlichen Absprungspunkten noch weiter entfernt hat als bisher. Wo der Realismus heute ins Spiel gerät, hat er stets außerkünstlerische Absichten. In dieser Biennale tritt er ausschließlich als „sozialistischer Realismus" – das heißt im ärmlichsten Gewande der Wirklichkeitsmalerei der Bourgeoisie des neunzehnten Jahrhunderts – auf: in den Pavillons der Polen, Rumänen, Tschechen und in der kleinen kommunistischen Zelle der Italiener um Guttuso.

Haftmann nahm demzufolge die Gegenständlichkeit in Venedig nicht als Teil der zeitgenössischen Malerei der westlichen Kulturkreise wahr, sondern sah sie ausschließlich instrumentalisiert durch politische Absichten sozialistischer Staaten und kommunistischer Kreise. Unter anderem aus diesen Gründen fand die Gegenständlichkeit der Nachkriegszeit wohl auch keinen Eingang in die documenta.

---

[26] Vgl. documenta 1955.

[27] Vgl. Joch 2007, S. 98.

Zum Schluss seines Artikels kommt Werner Haftmann zur Betrachtung des Gastgeberlandes:

> Will man einen ungefähren Eindruck vom Stand der Kunst heute gewinnen, so muß man sich an die Flucht der italienischen Säle halten. Sie geben einen ziemlich vollständigen Überblick über die Malerei dieses einen europäischen Landes [...] Die stärkste Kraft liegt unbestreitbar bei der Gruppe der Vierzig- und Fünfzigjährigen. Sie hat ein sehr geschlossenes Gesicht. Birolli, Santomaso, Moreni, Corpora, Afro, das sind etwa die Namen, die die italienische Malerei heute bestimmen. Sie stehen unmittelbar an der Grenze zur „abstrakten" Malerei, ohne indessen im eigentlichen Sinne „abstrakte" Maler zu sein.

Er schildert ihre Malerei als aus der Empfindung der Wahrnehmung der gegenständlichen Welt geboren und nennt sie hermetisch. Sie habe Anfang der 1950er Jahre weitgehend das Gesicht der zeitgenössischen Malerei bestimmt.[28] In jedem Fall bestimmte sie auch das Gesicht der documenta mit. Von Birolli hingen dort 1955 vier Bilder, von Santomaso, Moreni, Corpora und Afro jeweils drei. Die von Haftmann in seiner Rezension angeführte „Gruppe von Malern um die Sechzig, die mit den Erfahrungen des Futurismus und Konstruktivismus groß geworden ist", fand nur in Teilen Aufnahme in die documenta 1, von den namentlich benannten Guidi, Prampolini und Magnelli war nur der letzte vertreten, dafür aber mit 15 Werken. Zwei davon waren sogar ein Jahr zuvor in Venedig gewesen: *Gruppo Fermo/Geschlossene Gruppe*, 1950, Öl, und *Forze Rite N.2/Gebändigte Kräfte Nr. 2*, 1951, Öl, beide damals im Besitz des Künstlers. „Die ältere Generation – Carrà, Tosi, de Pisis" fand auch starke Berücksichtigung mit 14 Werken von Carlo Carrà und drei Werken von de Pisis bei der documenta 1.

Wie Abb. 11.3 zeigt, wurden neben diesen acht direkt in Haftmanns Biennale-Rezension genannten weitere elf auch auf der 1954er Biennale präsentierte italienische Künstler 1955 in Kassel gezeigt: Giaccomo Balla, Vermittler des Neoimpressionismus und Gründer des Futurismus 1910[29], gehört davon als einziger noch zur älteren Generation. Massimo Campigli, von 1919 bis 1939 in Paris und dort beeinflusst von Picasso und Léger[30], wäre der mittleren Generation der damals um die Sechzigjährigen zuzurechnen. Von ihm fand das 1954 in Venedig hängende Ölgemälde *Gioco del Diabolo/Diabolospieler*, 1954, Öl, welches Lodovico Rossi aus Mailand gehörte, ein Jahr später auch Ausstellung auf der ersten documenta. Alle übrigen italienischen Künstler waren im 20. Jahrhundert geboren und arbeiteten in den 1950er Jahren überwiegend abstrahierend oder abstrakt: Guiseppe Capogrossi,

---

[28] Vgl. Haftmann 1954, S. 5.

[29] Vgl. documenta 1955, S. 33.

[30] Vgl. documenta 1955, S. 37.

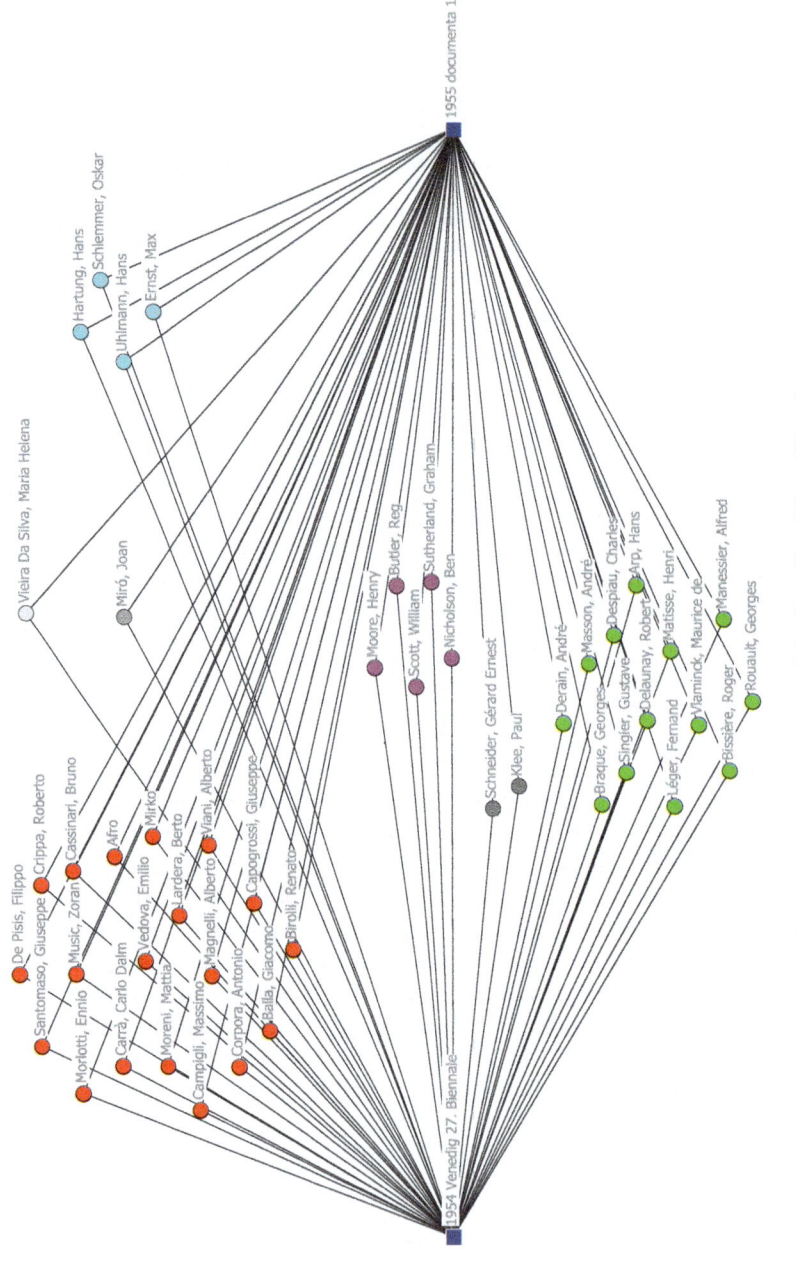

Abb. 11.3 Künstler der Biennale Venedig 1954, die auf der documenta 1955 *gezeigt wurden*. (Eigene Zusammenstellung. Quellen: Ausstellungskataloge)

Antonio Corpora, Roberto Crippa, Berto Lardera, Mirko, Ennio Morlotti, Zoran Music, Alberto Viani, Emilio Vedova. Besonders inspiriert hat Haftmann auf der Biennale im Hinblick auf die documenta-Konzeption anscheinend, wie auch im Zeit-Artikel hervorgehoben, die jüngere Generation der italienischen Kunst.

11.2 Die deutschen Beiträge in Venedig als Manifestation bundesdeutscher Kulturdiplomatie?

Documenta wie auch Biennale versuchten nach dem Zweiten Weltkrieg, wie oben bereits beschrieben, durch die Rehabilitierung der Vorkriegsmoderne auch die eigene, durch den Nationalsozialismus diskreditierte Kunst wieder international anschlussfähig zu machen. Dies gilt in hohem Maße auch für den deutschen Beitrag in Venedig. Eberhard Hanfstaengl, Urheber desselben, schrieb dazu 1948 im damaligen Biennale-Katalog:

> Mit dieser ersehnten Teilnahme nehmen Sie [die deutschen Künstler] die Beteiligung an der europäischen Kulturwelt wieder auf. Möge diese Ausstellung beweisen, dass auch die deutschen Künstler mit ihrer prägnanten Persönlichkeit dazu beitragen, einen neuen Tribut zur immer wiederauflebenden Kulturwelt des alten Europa zu leisten.[31]

Aber wie kam es schon so früh nach der Kriegsniederlage in einer Zeit der Zersplitterung und militärischen Besatzung Deutschlands bereits wieder zu einem „deutschen Beitrag"?

Traditionell werden Biennale-Kommissare für Venedig seit der Weimarer Republik vom Auswärtigen Amt benannt. Zur ersten Nachkriegsbiennale 1948 jedoch wurde Eberhard Hanfstaengl, der 1934 und 1936 während seiner Zeit als Direktor der Berliner Nationalgalerie bereits Kommissionsmitglied in Venedig gewesen war und inzwischen das Amt des Generaldirektors der bayrischen Staatsgemäldesammlungen bekleidete, von der venezianischen Ausstellungsleitung um Leihgaben von Impressionisten gebeten. Im Gegenzug handelte er eine Sonderausstellung von 28 deutschen Künstlern aus, sozusagen als inoffiziellen deutschen Beitrag auf der 1948er Biennale.[32] Erst für 1950 erfolgte dann die erste offizielle Einladung Deutschlands nach dem 2. Weltkrieg, nun reduziert auf Westdeutschland. Sie wurde vermittelt vom italienischen Generalkonsulat über die Hohe Alliierte Kommission an das Bundeskanzleramt und weiter an das Bundesministerium des Innern. Im Zuge dieser offiziellen Einladung fragte der Generalsekretär der Biennale Venedig, Rudolfo Palucchini, ausdrücklich Eberhard Hanfstaengl als Kommissar für

---

[31] Zitiert nach Joch 2007, S. 91.
[32] Ausführlicher nachzulesen bei Joch 2007, S. 90 f.

den deutschen Pavillon an. Die offizielle Anfrage Hanfstaengls von deutscher Seite wurde über Dr. Dieter Sattler, Staatssekretär des Bayerischen Staatsministeriums für Unterricht und Kultus, an das Bundeskanzleramt und Ministerium des Innern vermittelt. Im Mai 1950 wurde Hanfstaengl schließlich von der Ständigen Konferenz der Kultusminister der Länder als Kommissar offiziell benannt. Die finanzielle Ausstattung des deutschen Beitrags für die Biennale Venedig 1950 stammte aus dem Etat des Kulturreferats der Verbindungsstelle des Bundeskanzleramtes zur Alliierten Hohen Kommission.[33] Mit der Neugründung des Auswärtigen Amtes 1951 nahmen die Zuständigkeitszersplitterungen ein Ende und die Benennung des Kommissars und auch die Kostenübernahme für den deutschen Beitrag der Biennale Venedig gingen wieder in den Hoheitsbereich der Kulturabteilung des Auswärtigen Amtes über. Aufgrund seiner hohen Sachkompetenz, aber vor allem wegen seiner großen Organisationserfahrung und seinem vertrauensvollen Verhältnis zur italienischen Ausstellungsleitung, wurde Eberhard Hanfstaengl vom Auswärtigen Amt bis 1960 immer wieder dankbar für das Amt angefragt.[34]

Bei genauerem Betrachten kann also die formell offizielle, auswärtige Repräsentation Deutschlands auf der Kunstbiennale Venedig für die Zeit ihrer Wiederaufnahme in den Wirren der Nachkriegszeit als primär aus dem Kunstbetrieb heraus initiiert interpretiert werden. Hanfstaengl nutze seine Position als wichtiger institutioneller Leihgeber 1948 aus, um bedeutende deutsche Künstler der Vorkriegsmoderne wieder im internationalen Kunstgeschehen und Diskurs in Venedig zu platzieren und profitierte bei der offiziellen Besetzung des Kommissaramtes 1950 von seinen dadurch gefestigten Beziehungen zur venezianischen Ausstellungsleitung.

Auch die inhaltliche Konzeption und Programmatik des deutschen Beitrags lagen trotz staatlichem Auftraggeber allein in der Hand des Kunstexperten. Sie mussten der Kulturabteilung des Auswärtigen Amtes zwar brieflich zur Kenntnisnahme angekündigt werden, stießen aber in Hanfstaengls Amtszeit bis 1958 nie auf Einwände oder Vorschriften. Im Dezember 1951 berichtete Hanfstaengl dem Auswärtigen Amt in seinem Amtsannahmeschreiben beispielsweise, dass er für 1952

---

[33] Vgl. PA AA, B 95, Bd. 120: 1259 Biennale Venedig 1950.

[34] Am 20.12.1956 drückte Dr. Pamperrien, Vortragender Legationsrat des Auswärtigen Amtes, seine Freude über Hanfstaengls Zusage für 1958 beispielsweise so aus: „Ich darf ihnen ehrlich versichern, daß nicht nur das Auswärtige Amt, sondern auch der Ausschuß für Auslandskunstausstellungen und zahlreiche andere Persönlichkeiten in Deutschland und Italien, denen die Entwicklung der Biennale am Herzen liegt, Ihnen für diese positive Entscheidung dankbar sind." Bestens dokumentiert sind alle diesbezüglichen Korrespondenzen in den Akten des Auswärtigen Amtes zu den einzelnen Biennale-Editionen im politischen Archiv in Berlin: PA AA, B 95, Bd. 120: 1260 Biennale Venedig 1952, 1261 Biennale Venedig 1954; PA AA, B 95, Bd. 603: 20288 Biennale Venedig 1956, 20288 Biennale Venedig 1958, 20288 Biennale Venedig 1960.

im Kern eine Präsentation der Brücke-Künstler plane, „in Fortsetzung der 1950 so besonders eindrucksvollen Schau des ‚Blauen Reiters'."[35] Im Januar 1952 erhielt er die Antwort: „Mit Ihren Anregungen hinsichtlich der Ausstellungsgestaltung ist die Kulturabteilung im Übrigen durchaus einverstanden."[36] Nach Beendigung der Schau hielt Dr. Dieter Sattler, der als Kulturreferent des Auswärtigen Amtes regelmäßig persönlich zur Besichtigung fuhr, in seinen Aufzeichnungen voller Lob fest: „Der Deutsche Pavillon kann wohl für sich in Anspruch nehmen, daß er die geschlossenste Auswahl zeigt und die Bilder am besten gehängt sind."[37]

Auch das politische Repräsentationsanliegen bei der venezianischen Schau stammte in erster Linie von Eberhard Hanfstaengl. In seinem Bericht über die Ausstellungseröffnung vom 17.06.1952 beschwerte er sich, wie schon zwei Jahre zuvor, beim Auswärtigen Amt über das erneute Fehlen eines offiziellen diplomatischen Vertreters des Staates und daraus resultierende repräsentative Defizite für die Bundesrepublik Deutschland.[38] Dieses Szenario wiederholte sich bis zum Ende seiner Amtszeit 1958, da Deutschland immer nur Stellvertreter des Auswärtigen Amtes, etwa des Generalkonsulates in Mailand zur Eröffnung schickte, andere Länder jedoch durch ihre Botschafter und teilweise sogar Staatsoberhäupter persönlich ver-

---

[35] Seine Wahl rechtfertigte er allerdings damit, dass die Direktion der Biennale ihn einige Monate zuvor zum Mitglied des internationalen Sachverständigen-Komitees ernannt hatte und dort im Rahmen von Vorbesprechungen des Gesamtprogramms Die Brücke für den deutschen Pavillon als Mittelpunkt gewünscht worden sei. Vgl. Brief vom 29.12.1951, Eberhard Hanfstaengl an Dr. Frahne, Auswärtiges Amt. In: PA AA, B 95, Bd. 120: 1260 Biennale Venedig 1952. In seinem *Bericht über die 25. Biennale in Venedig Juni – Okt. 1950* vom 05.02.1951 hatte Hanfstaengl ebenfalls bereits die Biennale-Organisatoren als Impulsgeber für die inhaltliche Konzeption angegeben: „Auf Wunsch der Leitung der Biennale sollte die bereits in München und Basel gezeigte ‚Blaue Reiter'- Ausstellung und eine Gesamtschau der Werke des international noch wenig bekannten Ernst Barlach in das Programm aufgenommen werden." In: PA AA, B 95, Bd. 120: 1259 Biennale Venedig 1950. Die von seinem Freund Ludwig Grote 1949 organisierte Blauer-Reiter-Schau im Haus der Deutschen Kunst in München hatte Hanfstaengl jedoch selbst mit Leihgaben der Bayrischen Staatsgemäldesammlungen unterstützt. Vgl. Grohmann 1949, online verfügbar unter http://www.hausderkunst.de/ index.php?id=472. Zugegriffen:16.04.2013. Es bleibt deshalb zu vermuten, dass es sich dabei nur um eine Legitimationsstrategie gegenüber den deutschen Behörden handelte und Hanfstaengl selbst maßgeblich für die Einbringung der Programmatik verantwortlich zeichnete, in Venedig wie auch in Bonn.

[36] Brief vom 26.01.1952, Dr. Frahne, Auswärtiges Amt, an Eberhard Hanfstaengl. In: PA AA, B 95, Bd. 120: 1260 Biennale Venedig 1952.

[37] Aufzeichnung über die 26. Kunstbiennale in Venedig vom 16.10.1952, Dr. Sattler, Auswärtiges Amt. In: PA AA, B 95, Bd. 120: 1260 Biennale Venedig 1952.

[38] Bericht über die Ausstellungseröffnung vom 17.06.1952, Eberhard Hanfstaengl an Dr. Frahne, Auswärtiges Amt. In: PA AA, B 95, Bd. 120: 1260 Biennale Venedig 1952.

treten waren.[39] Eberhard Hanfstaengl schien offenbar selbst weit mehr Wert auf eine hochwertige politische Repräsentation Deutschlands in Venedig zu legen als der junge bundesrepublikanische Staat selbst.

Für die Biennale Venedig lässt sich zusammenfassend festhalten, dass sowohl der Anstoß zur Wiederaufnahme des deutschen Beitrags nach 1945, dessen Konzeption und auch Repräsentationsanspruch in der frühen Bundesrepublik wie bei der documenta nicht von Staatsrepräsentanten, sondern von Eberhard Hanfstaengl, einem Kunstexperten und Vertreter des öffentlichen Kunstbetriebes stammten. Wie aber verhielt sich seine Konzeption zu jener der documenta-Macher?

11.3 Rehabilitierung der Moderne und Aufwertung deutscher Kulturidentität

Abbildung 11.4 stellt die im Deutschen Beitrag der Nachkriegsbiennalen 1948, 1950, 1952 und 1954 von Eberhard Hanfstaengl präsentierten Künstler dar, die dann auch auf der ersten documenta 1955 gezeigt wurden. Es ist gut erkennbar, dass es sich neben einigen abstrakten Protagonisten der Nachkriegsmoderne wie Willi Baumeister, Ernst Wilhelm Nay oder Fritz Winter überwiegend um die großen Namen der klassischen deutschen Moderne handelte, im Kern Künstler aus dem Kontext der Brücke, des Blauen Reiters, des Bauhauses und einige künstlerische Einzelgänger wie Max Beckmann oder Ernst Barlach, die sowohl auf den Biennalen als auch der ersten documenta Berücksichtigung fanden. In ihrer künstlerischen Heldenrückschau Deutschlands stimmten beide Ausstellungen also ein gutes Stück überein.[40]

Interessant ist in diesem Kontext allerdings, dass die argumentative kulturelle Rückbeziehung, also die historischen Identitätskonstruktionen für die deutsche Kunst dabei unterschiedlichen Anknüpfungspunkten folgte. Peter Joch hat in seinem Beitrag in der vom Institut für Auslandskunstausstellungen 2007 herausgegebenen Publikation „Die deutschen Beiträge zur Biennale Venedig 1895–2007" zusammengestellt, wie Eberhard Hanfstaengl, genau wie Bode und Haftmann auch, die Positionen der deutschen Nachkriegskunst formal-künstlerisch zu denen

---

[39] Bei der Biennale-Eröffnung anwesende Vertreter für Deutschland: 1950 Staatsekretär Sattler (Bericht vom 05.02.1951), 1952 Generalkonsul Kreutzwald (Bericht vom 17.06.1952), 1954 Botschaftsrat Graf Strachwitz (Bericht vom 08.07.1954), 1956 Generalkonsul Kreutzwald (Bericht vom 14.08.1956), 1958 Botschaftsrat Graf Strachwitz (Bericht vom 19.06.1958). In: PA AA, B 95, Bd. 120: 1260 Biennale Venedig 1952, 1261 Biennale Venedig 1954; PA AA, B 95, Bd. 603: 20288 Biennale Venedig 1956, 20288 Biennale Venedig 1958.

[40] 1948 waren es 9 von 28, 1950 12 von 18, 1952 9 von 11 und 1954 3 von 9 präsentierten Künstlern des Deutschen Biennale-Beitrags, die auf die erste documenta gelangten. Quelle: eigene Auszählungen auf Grundlage von documenta 1955 und Zeller und Reich 2007.

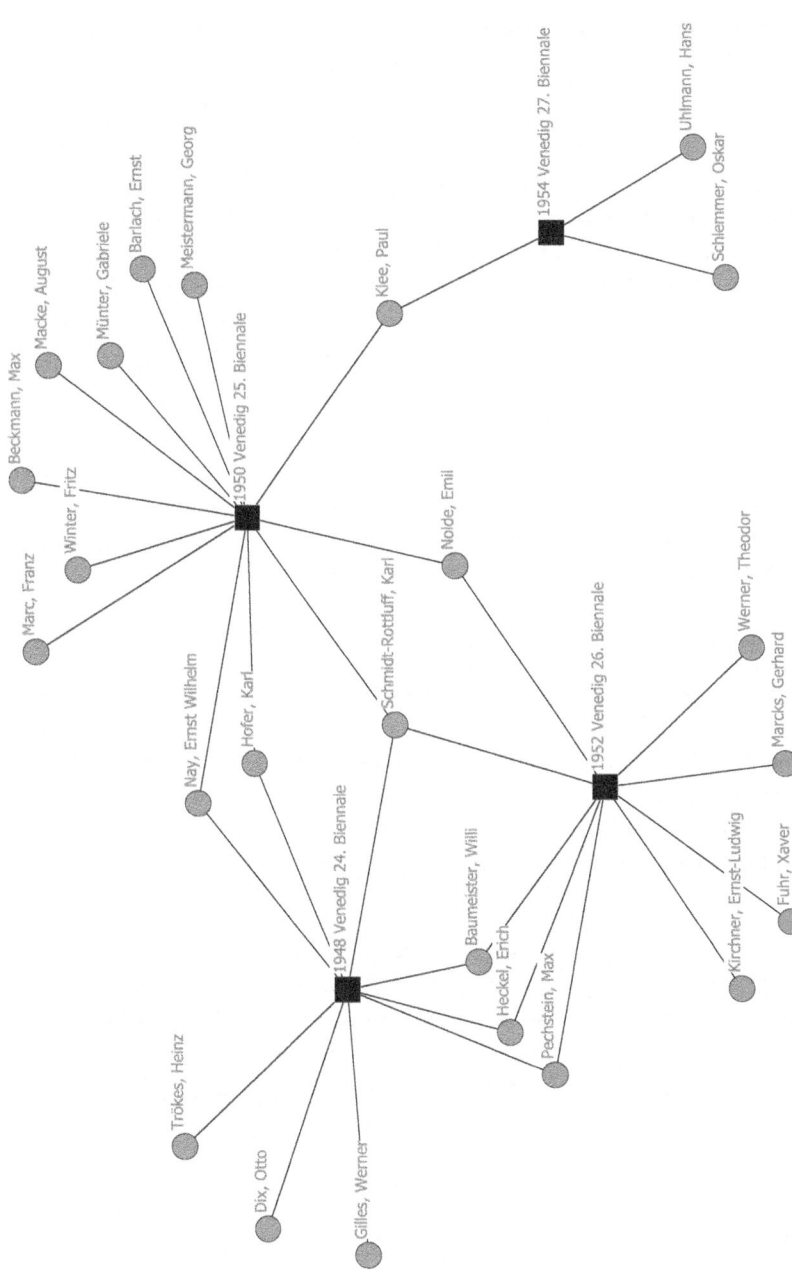

Abb. 11.4 Künstler der deutschen Biennale-Beiträge 1948–54, die auf der documenta 1955 gezeigt wurden. (Eigene Zusammenstellung. Quellen: Ausstellungskatalog documenta 1955, Zeller; Reich 2007)

der internationalen Vorkriegsavantgarde, insbesondere zu den französischen und deutschen „Ikonen der Moderne", in Beziehung setzte. Darüber hinaus verknüpfte Hanfstaengl sie jedoch in den Vorworten der Biennale-Kataloge mit berühmten Geistesgrößen und -epochen der deutschen Geschichte. 1952 attestierte er der Brücke etwa „eine ‚gotische Gefühlstiefe' und einen ‚revolutionären Geist des Protestantismus'" und führte den „deutschen Charakter" der gezeigten Kunst bis aufs Karolingische zurück. 1954 verband Ludwig Grote im Begleittext zum deutschen Beitrag die Kunst Paul Klees mit der deutschen Romantik sowie der internationalen Literaturgeschichte, Franz Roh spannte den Bogen von Oskar Schlemmer zurück zu Caspar David Friedrich.[41] Damit zielten die Katalogvorworte der deutschen Biennale-Beiträge neben einer internationalen Einbettung vor allem auf die Etablierung einer „mentale[n] Nationalidentität", der Charakterisierung eines spezifischen Deutschtums der gezeigten Kunst ab.[42]

Diese inhaltlichen Aufladungen der präsentierten Werke und Künstler gingen anscheinend jedoch nicht auf Anregungen des Auswärtigen Amtes zurück, in den dortigen Akten fanden sich die geplanten Katalog-Begleittexte nicht einmal zur Kenntnisnahme oder Bestätigung. Lediglich eine Vorankündigung des geplanten Künstler-Programms und ein nachträglicher Bericht des Kommissars über das abgeschlossene Ausstellungsgeschehen waren einzureichen, darüber hinaus dienten gelegentlich gesammelte Presseberichte und ein Bericht des zur Eröffnung anwesenden Repräsentanten des Auswärtigen Amtes der amtlichen Dokumentation.[43]

Die documenta-Macher hingegen strebten an, das ins „Übernationale" weisende Problem des Zeitgenössischen in einer „Überschau über die internationale Entwicklung" der Moderne anzugehen. Unter „europäischem Gesichtspunkt" sollte die Gegenwart aus der Geschichte heraus erklärt werden. Ziel war es, die kulturelle Isolierung der Nation durch den Nationalsozialismus mittels programmatischer Anknüpfung an die revolutionären Neuerungen der Kunst ab 1890 wieder aufzuheben.[44] Die documenta-Macher versuchten also nicht, der zeitgenössischen deut-

---

[41] Der befreundete Ludwig Grote war als Generaldirektor des Germanischen Nationalmuseums Nürnberg von Hanfstaengl für 1954 und 1956 als Vizekommissar hinzu gezogen worden, um Leihgabeverkehr und Geschäftsführung über ein öffentliches Institut abwickeln zu können, da er selbst 1953 in München pensioniert worden war. Vgl. PA AA, B 95, Bd. 120: 1261 Biennale Venedig 1954. Franz Roh war ein in München ansässiger Kunstkritiker und ebenfalls Bekannter Hanfstaengls, worauf sein Beitrag in der Festschrift zum 75. Geburtstag Eberhard Hanfstaengls schließen lässt. Vgl. Ruhmer 1961.

[42] Vgl. Joch 2007, S. 92 ff., Zitate S. 96.

[43] Vgl. PA AA, B 95, Bd. 120: 1260 Biennale Venedig 1952, 1261 Biennale Venedig 1954; PA AA, B 95, Bd. 603: 20288 Biennale Venedig 1956, 20288 Biennale Venedig 1958, 20288 Biennale Venedig 1960.

[44] Vgl. Haftmann 1955, S. 15ff.

schen Kunst einen spezifisch deutschen Nationalcharakter zu verleihen, sondern hoben gerade ihre Universalität und Eingebundenheit in internationale Strömungen und Ideen der Moderne hervor.

Beide unterschiedlichen Ansätze sind nichtsdestotrotz als Teil des von Karl-Siegbert Rehberg im vorliegenden Band eingangs skizzierten Prozesses der nach der Niederlage neu zu entwickelnden Geltungsgeschichten beider deutscher Staaten anzusehen. Die zwei vorgestellten Geltungsansprüche für die westdeutsche Kunst wurden jedoch nicht von Repräsentanten der Bundesrepublik initiiert, sondern aus dem Kunstfeld hervorgebracht und finanziell vom Staat gefördert.

11.4 documenta-Impulse für Venedig

Übernahm die documenta 1955 in Kassel von den Biennalen Venedig weder Ausstellungskonzept noch die kulturelle Identifikationsstrategie des deutschen Beitrags, sondern allenfalls Inspiration für die Auswahl bedeutender Künstler der Moderne und Gegenwart, so begann die junge deutsche Kunstausstellungsreihe hingegen schon ab ihrer ersten Ausgabe 1955 durch ihr viel beachtetes, innovatives Ausstellungsdesign auf die Ausgestaltung der Deutschen Beiträge in Venedig rückzuwirken.

Die Biennalen waren in den 1950er Jahren überwiegend noch im gängigen Museumsstil bestückt[45], aber bereits im August 1956, ein Jahr nach der ersten documenta, übte Eberhard Hanfstaengl als amtierender Biennale-Kommissar des deutschen Beitrags in seinem Bericht an die Kulturabteilung des Auswärtigen Amtes über die deutsche Beteiligung an der 27. Biennale Kritik an der strengen Axialität der Räumlichkeiten des deutschen Pavillons und der sich folglich aufzwingenden musealen Anordnung. Sie sei für die Kunst der Gegenwart „zwangvoll" und behindere eine „aufgelockerte, lebendige Aufstellung der Kunstwerke". Hanfstaengl unterbreitete den Vorschlag, „die Raumeinteilung nach neuzeitlichen Gesichtspunkten zu ändern, sie gewissermaßen beweglich zu gestalten".[46] Am 08.01.1957 hakte er bezüglich der Umbaupläne des Pavillons im Auswärtigen Amt nochmals nach. Professor Bode habe ihm vor kurzem geschrieben, er hätte diesbezüglich Vorschläge eingereicht. Offenbar sympathisierte Hanfstaengl mit Modernisierungsmaßnahmen der Ausstellungsräume im Sinne der documenta. Am 17.01.1957 erhielt er jedoch die Rückmeldung, es gäbe keine offizielle oder inoffizielle Beauftragung Bodes, da die Finanzierung der Umbauarbeiten noch ungeklärt

---

[45] Vgl. Lovisetto 2005, S. 270.

[46] Bericht vom 14.08.1956, Eberhard Hanfstaengl an Dr. von Trützschler, Ministerialdirigent, Auswärtiges Amt. In: PA AA, Bd. 603: 20288 Biennale Venedig 1956.

sei.[47] Bodes Umbauvorschläge kamen zwar im Auswärtigen Amt an, fanden aber aus Kostengründen schlussendlich ebenso wenig Realisierung wie ein in den Folgejahren anvisierter Abriss und moderner Neubau durch namhafte Architekten wie etwa Ludwig Mies van der Rohe oder Hans Sharoun.[48]

Bis 1962 stand die Biennale-Präsentation konzeptuell schließlich noch im Zeichen von Eberhard Hanfstaengl. Denn nach dessen freiwilligem Abtritt Ende 1958 führte Hans Konrad Röthel, seit Mitte der 1950er Jahre Direktor der Städtischen Galerie im Lenbachhaus München, als Amtsnachfolger seine Linie der Gegenüberstellung von Nord und Süd sowie Moderne und Gegenwart noch zwei Ausgaben weiter. Als ehemaligen Kollegen bei den Bayerischen Staatsgemäldesammlungen hatte Hanfstaengl ihn schon 1958 als Vizekommissar herangezogen. Bis 1962 war so der deutsche Biennale-Beitrag laut Joch eine „Schau historischer Ehrwürdigkeit, respektabler Internationalität und repräsentativen ‚Geistes‛".[49]

1964 fand mit dem zweiten Kommissarwechsel der Nachkriegszeit für Venedig auch ein Konzeptionswechsel statt. Eduard Trier, damals Sachbearbeiter für bildende Künste des Kulturkreises der deutschen Wirtschaft im Bundesverband der Deutschen Industrie in Köln, reformierte das Ausstellungskonzept zugunsten ausschließlich zeitgenössischer Kunst. Nicht mehr Stile und Gruppen wie Expressionismus und Blauer Reiter, sondern ausgewählte Einzelkünstler der Gegenwart und auf den Raum bezogene Werke wurden nun in den Vordergrund gestellt.1964 waren es sogar nur 2 Künstler: Norbert Kricke und Joseph Faßbender[50], beide „Repräsentanten der Kunstszene des Rheinlands, die 1964 durch die *documenta 3* in den Mittelpunkt des öffentlichen Interesses geraten war", wie Anette Lagler konstatiert. Krickes *Große Raumplastik* 1964 wurde extra für die Biennale geschaffen, wie bereits auch seine *Große Kasseler* 1959 für die documenta 2, welche sogar für die 1964er Biennale übernommen wurde, aber vermutlich wegen ihrer Größe außerhalb des Deutschen Pavillons Aufstellung fand. Der Zentralraum des Pavillons wurde 1964 eigens für Krickes *Große Raumplastik* erweitert, die Apsis wurde geöffnet und die Deckensegel entfernt. Als architektonisch-künstlerischen Assistenten engagierte Trier hierfür extra Herbert Selldorf, der ebenfalls im BDI war.[51]

---

[47] Vgl. PA AA, B 95, Bd. 603: 20288 Biennale Venedig 1958.

[48] Mies van der Rohe und Sharoun waren bereits inoffiziell angefragt, ferner im Gespräch waren auch Egon Eiermann und Manfred Lehmbruck. Vgl. PA AA, B 95, Bd. 931: 20284.

[49] Vgl. Joch 2007, S. 102 ff., Zitat S. 103.

[50] Ursprünglich hatte Trier drei Künstler vorgesehen, aber da der Dritte Hann Trier, sein eigener Bruder, war, wurde ihm vom Auswärtigen Amt von seiner Ausstellung abgeraten, um keine Kritik und keinen Verdacht persönlicher Vorteilnahme aufkommen zu lassen. Vgl. PA AA, B 95, Bd. 931: 20288 Biennale Venedig 1964.

[51] Vgl. Lagler 2007, S. 109ff., Zitat S. 109 f.

Die Praxis der Auftragsvergabe von Kunstwerken eigens für bestimmte Ausstellungsereignisse, zumeist abgestimmt auf die dortige Raumsituation, war neben der innovativen Ausstellungsarchitektur ein weiteres für die documenta bezeichnendes Novum dieser Zeit. Man denke nur an das berühmte Beispiel der Deckenhängung von Ernst Wilhelm Nays *Drei Bilder im Raum* von 1964. Die Übernahme solcher innovativer Raumgestaltungsmittel für die Biennale Venedig durch Trier ist nun nicht übermäßig verwunderlich, wenn man bedenkt, dass er maßgeblich an den Arbeitsausschüssen der documenta 2 und 3 1959 und 1964 in Kassel beteiligt war. Wie ist er jedoch zum Biennale-Kommissar geworden?

11.5 Die Benennungspraxis der Biennale-Kommissare in der Nachkriegszeit, oder: Die großen Ausstellungsmacher der BRD nach 1945

Wie oben ausführlich gesehen fand die Benennung des ersten Biennale-Kommissars der Nachkriegszeit, Eberhard Hanfstaengl, aufgrund der Empfehlung seitens der Venezianischen Ausstellungsleitung statt. Amtierend bis einschließlich 1958 zog dieser nach seiner Pensionierung 1953 noch im Amt stehende Kollegen und Bekannte als Vizekommissare dazu: Ludwig Grote, Direktor des Germanischen Nationalmuseums Nürnberg, für 1954 und 56, und Hans Konrad Röthel, Direktor der Städtischen Lenbachgalerie München, für 1958. Nötig war dies geworden für die Abwicklung der Geschäftsführung über ein öffentliches Institut. Aber auch als Ressourcenquelle für Leihgaben war die Beteiligung eines Kunstmuseums an der Biennale-Organisation von hohem Wert, wie aus den Akten des Auswärtigen Amtes hervorgeht.[52]

Für 1960 teilte Röthel dem Auswärtigen Amt am 21.09.1959 brieflich mit, dass er und Hanfstaengl wieder bereit wären, die Kommission für 1960 zu übernehmen. Ein handschriftlicher Vermerk auf dem Dokument hält fest, dass Hanfstaengl dies am 24.09.1959 telefonisch bestätigte, aber den Wunsch „einer evtl. Beteiligung eines weiteren Herrn aus Westdeutschland z. B. Schmalenbach, Hannover oder Trier, Köln" äußerte. Am 28.09.1959 schrieb er ans Auswärtige Amt, Röthel und er favorisierten Trier als unabhängige Persönlichkeit und bat um offizielle oder inoffizielle Kontaktaufnahme. Am 16.10.1959 übermittelte ihm das Auswärtige Amt Triers Zusage der Organisationsmithilfe für 1960.[53] Im Februar 1960 zog Hanfsta-

---

[52] Vgl. PA AA, B 95, Bd. 120: 1261 Biennale Venedig 1954; PA AA, B 95, Bd. 603: 20288 Biennale Venedig 1956, 20288 Biennale Venedig 1958, 20288 Biennale Venedig 1960.

[53] Vgl. PA AA, B 95, Bd. 603: 20288 Biennale Venedig 1960.

engl jedoch seine Zusage zurück und überließ Röthel in Zusammenarbeit mit Trier das Amt. Trier zog jedoch Ende April 1960 ebenfalls sein Vizekommissariat wieder zurück, da er von Röthel nicht in die Programmplanung miteinbezogen wurde und mit dessen Künstlerauswahl nicht einverstanden war.[54]

Offenbar regte sich gegen Röthels Konzeption und Künstlerauswahl ab Mitte 1960 auch aus Künstler-, Kritiker- und Kollegenkreisen zunehmend Kritik, die dem Auswärtigen Amt über den „Beratenden Ausschuss für Auslandskunstausstellungen" angetragen wurde. Dieser war 1953 ins Leben berufen worden und beriet das Amt „in allen Fragen der Planung und Durchführung von Kunstausstellungen im Ausland". Er setzte sich aus den Direktoren der größten deutschen Museen zusammen, die seinerzeit ad personam berufen worden waren. Teilnehmende Beobachter an den Sitzungen waren Vertreter der Kulturabteilung des Auswärtigen Amtes, des Bundesministeriums des Innern, der Ständigen Konferenz der Kultusminister der Länder und des Deutschen Kunstrats e. V., die jedoch nicht stimmberechtigt waren. Der Ausschuss wurde vom Auswärtigen Amt ad hoc etwa ein bis zweimal im Jahr in Bonn zusammengerufen.[55]

In den Aufzeichnungen zur 10. Sitzung des Ausschusses für Auslandskunstausstellungen am 17.2.1961 ist im vorgesehenen Besprechungsprogramm dokumentiert, dass unter anderem die Besetzung für Venedig 1962 zur Diskussion stehen sollte. Der amtierende Kommissar Röthel hatte in einem Brief an das Auswärtige Amt vom 24.10.1960 nun Carl Georg Heise, Direktor der Hamburger Kunsthalle, Hanfstaengl und sich selbst für ein unabhängiges Komitee vorgeschlagen.[56] Das Protokoll der Sitzung selbst ist leider nicht überliefert, aber ein Schreiben vom Auswärtigen Amt des Folgetages an den erst kürzlich wegen Alters aus dem Ausschuss zurückgetretenen Hanfstaengl. Darin berichtete Ministerialdirigent Sattler, dass im Ausschuss Kritik an Röthels Arbeit geäußert worden sei, häufigere Wechsel der Biennale-Kommissare gefordert wurden und, dass entgegen der bestehenden

---

[54] Briefe vom 22.2.1960 u. 22.4.1960 an Dr. Dieter Sattler. In: PA AA, B 95, Bd. 931. 20288 Biennale Venedig 1960.

[55] Aufzeichnung vom 11.06.1957, Dr. von Trützschler, Auswärtiges Amt. In: PA AA, B 95, Bd. 602: 20285 6. Sitzung des Ausschusses für Auslandskunstausstellungen 1957.

[56] Brief vom 24.10.1960, Hans Konrad Röthel an Dr. Dieter Sattler, Auswärtiges Amt. In: PA AA, B 95, Bd. 931: 20288 Biennale Venedig 1962. Weitere im Vorfeld der Sitzung gesammelte Vorschläge, deren Urheber in den Akten leider nicht festgehalten wurden, betrafen Herbert Freiherr von Buttlar vom hessischen Landesmuseum und Leopold Reidemeister, Generaldirektor der staatlichen Berliner Museen. Vgl. Aufzeichnung zur 10. Sitzung des Ausschusses für Auslandskunstausstellungen am 17.2.1961, Besprechungsprogramm. In: PA AA, B 95, Bd. 768: 20285 10. Sitzung des Ausschusses für Auslandskunstausstellungen 17.2.1961.

Vorschläge vor allem Eduard Trier als Kommissar für Venedig 1962 von den Aus-
schussmitgliedern genannt worden sei.[57]

Röthel wurde im Anschluss an die Sitzung 1961 durch das Auswärtige Amt von
der Favorisierung Triers für 1962 in Kenntnis gesetzt. Durch einen direkten Brief
konnte er durch Eigenempfehlung eine Benennung Triers für 1962 jedoch noch
verhindern, da das Auswärtige Amt in Person von Ministerialdirigent Sattler seiner
Forderung nach einem zweiten Kommissariat nachgab.[58] Trier wurde als Vizekommissar angefragt und bestätigte die Annahme unter den Umständen, dass er ein
gleichwertiges Mitspracherecht beim Programm und die Aussicht auf das Kommis-
saramt für 1964 erhielte.[59]

Wie verabredet wurde Trier nach seiner Mitwirkung als Vizekommissar 1962
schon am 13.12.1962 vom Auswärtigen Amt offiziell zum Biennale-Kommissar
1964 ernannt, was er am 18.12.1962 annahm. Als Röthel davon erfuhr, versuchte er
im März 1963 nochmals in zwei Beschwerdebriefen an das Auswärtige Amt Sattler
zu seiner 3. Benennung zu bewegen. Dieser antwortete ihm jedoch am 16.4.1963,
es gäbe keine bindende Verpflichtung einer dreimaligen Kommissartätigkeit. Die
Zuständigkeit für die Neubesetzung des Amtes läge beim Ausschuss für Auslandskunstausstellungen, welcher sein Vertrauen Eduard Trier ausgesprochen hätte.[60]

Für die eigenständige Ausrichtung des deutschen Beitrags 1964 musste Eduard Trier beim Auswärtigen Amt noch Erkundungen über die technische und geschäftliche Organisation der Biennale einholen, da Röthel ihm „keinerlei Einblick
in seine Geschäftsführung gewährt hat, wie er ja andererseits auch in Venedig einen
kollegialen Gedanken- und Erfahrungsaustausch vermied"[61]. Zu seiner Unterstützung fragte er darüber hinaus an, ob er den Architekten Herbert Selldorf (Köln)
als „künstlerischen und architektonischen Mitarbeiter" engagieren dürfe. Dies und

---

[57] Brief vom 18.2.1961, Dr. Dieter Sattler, Auswärtiges Amt, an Eberhard Hanfstaengl. In:
PA AA, B 95, Bd. 768: 20285 10. Sitzung des Ausschusses für Auslandskunstausstellungen
17.2.1961.

[58] Brief vom 4.7.1961: Dr. Dieter Sattler teilte Röthel mit: Um des häufigeren Wechsels Willen
und um auch andere Positionen und Landstriche Deutschlands zu Wort kommen zu lassen,
solle Trier mit dem Amt 1962 betraut werden. Er bittet ihn um die Unterstützung Triers.
Röthel antwortete am 11.7.1961: Grundsätzlich sei ein Kommissariatswechsel wichtig, aber
„Da ich aber erst einmal Kommissar war, halte ich es aus den verschiedensten Gründen für
richtiger, wenn ich selber das Kommissariat im Jahre 1962 noch einmal übernehmen würde.
Mit Herrn Dr. Trier als Vizekommissar wäre ich durchaus einverstanden." In: PA AA, B 95,
Bd. 931: 20288 Biennale Venedig 1962.

[59] Notiz über ein Telefonat vom 29.8.1961. In: PA AA, B 95, Bd. 931: 20288 Biennale Venedig
1962.

[60] Vgl. PA AA, B 95, Bd. 931: 20288 Biennale Venedig 1962.

[61] Brief vom 27.4.1963, Eduard Trier an Dr. Dieter Sattler, Auswärtiges Amt. In: PA AA, B 95,
Bd. 931: 20288 Biennale Venedig 1964.

die nochmalige Ernennung zum Kommissar für 1966 wurde Trier am 06.06.1963 zugesagt.[62]

Obwohl Röthel durch Beschwerdebriefe und unkooperatives Verhalten versucht hatte, die Amtsübernahme durch Eduard Trier zu verhindern, setzte sich für 1964 schließlich aber das Votum des Ausschusses für Auslandskunstausstellungen, zu dessen Mitgliedern Trier Bekanntschaften unterhielt, durch und Trier konnte die Aufgabe übernehmen.

Abbildung 11.5 zeigt die in die Zeit der Neubesetzungsüberlegungen fallenden Sitzungen des Ausschusses für Auslandskunstausstellungen von 1960–1962. An-wesende Fachvertreter waren unter anderem: Alfred Hentzen, damaliger Direktor der Kunsthalle Hamburg, Kurt Martin, inzwischen Nachfolger Hanfstaengls als Generaldirektor der bayerischen Staatsgemäldesammlungen München und Vor-sitzender des Ausschusses, Ernst Holzinger vom Städelschen Kunstinstitut Frank-furt und Werner Schmalenbach, Direktor der Kestner-Gesellschaft in Hannover. Alle vier waren ab der ersten documenta 1955 in Kassel in deren Organisation in-volviert und so über einen oder zwei der documenta-Arbeitsausschüsse zwischen 1959 und 1964 mit Eduard Trier assoziiert. Daher kannten mindestens die Hälfte der Ausschussbeteiligten Eduard Trier und seine Ausstellungsarbeit persönlich und empfahlen ihn offenbar dem Auswärtigen Amt für internationale Aufgaben weiter.

11.6   Protagonisten des Kunstbetriebs gestalten bundesdeutsche Kunstdiplomatie nach 1945

Trotz grundlegender konzeptioneller und organisatorischer Unterschiede von Biennale Venedig und documenta, die erste eine traditionsreiche Verkaufsausstel-lung in städtischer Trägerschaft, die zweite eine überblicksartig konzipierte Schau-ausstellung in zivilgesellschaftlicher Trägerschaft, sind für die zwei Nachkriegsjahr-zehnte, die die Geburtsphase der documenta darstellen, doch einige wechselseitige Berührungspunkte zwischen den beiden internationalen Kunstausstellungsreihen feststellbar. So fokussierten beide in den 1950er Jahren neben zeitgenössischen Kunstäußerungen sehr stark die Kunst der klassischen Moderne. Diese Schwer-punktsetzung zielte darauf ab, die vom Faschismus verfolgten und unterdrückten Künstler und ihre Kunst zu rehabilitieren, um vergangenes Unrecht wiedergutzu-machen und sich selbst ideologisch von dieser kulturpolitisch höchst restriktiven Zeit abzusetzen. Der durch letztere verursachte künstlerisch-stilistische Rückstand

---

[62] Vgl. Briefe vom 13.12.1962, 12.3.1963, 16.4.1963, 27.4.1963, 29.4.1963 u. 06.06.1963. In: PA AA, B 95, Bd. 931: 20288 Biennale Venedig 1964.

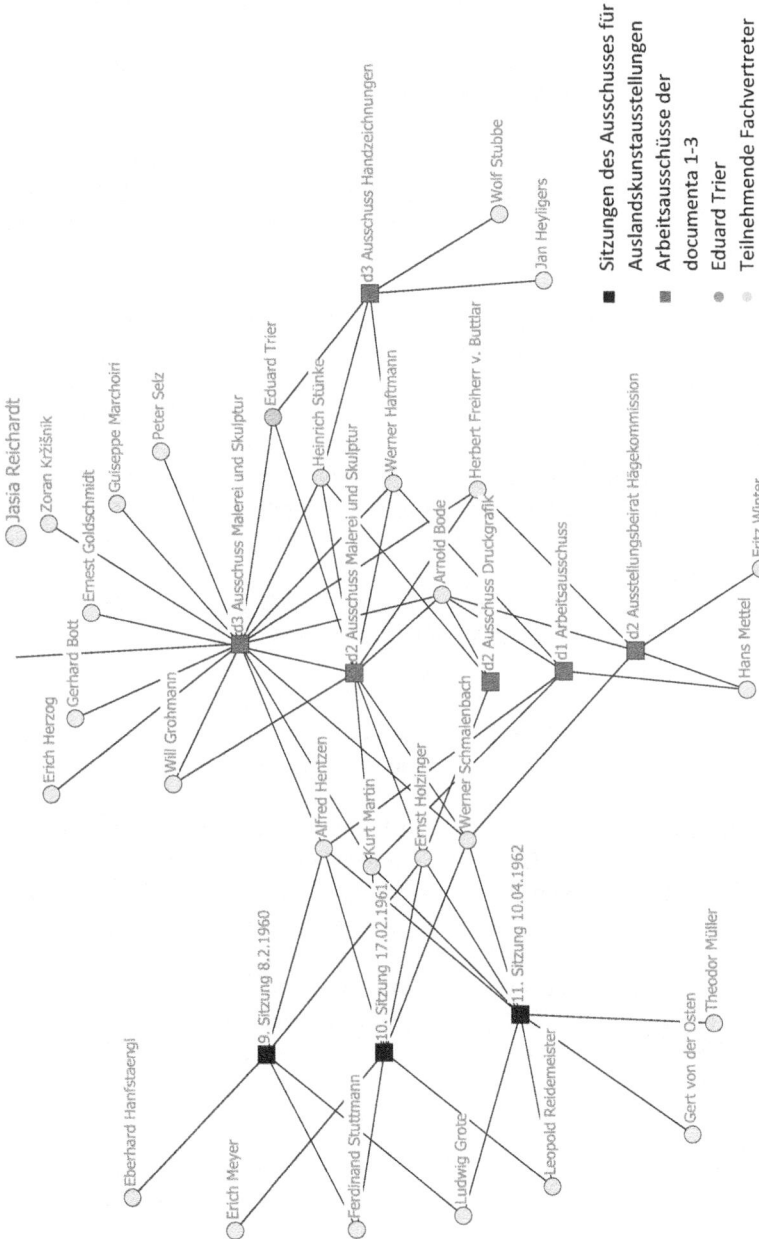

Abb. 11.5 Sitzungen des Ausschusses für Auslandskunstausstellungen von 1960–62 und Arbeitsausschüsse der documenta 1955, documenta 2 1959 und documenta 3 1964. (Eigene Zusammenstellung. Quellen: Ausstellungskataloge, Archivalien des Auswärtigen Amtes (Quellen: documenta 1955, II. documenta '59 1959, documenta III 1964; PA AA, B 95, Bd. 768: 20285))

der zeitgenössischen italienischen und deutschen Kunst sollte aufgeholt werden, um sie international wieder anschluss- und wettbewerbsfähig zu machen. Unterstützend sollte dabei das Aufzeigen der europäischen Verflechtungen bei der Entwicklung der modernen Kunst wirken. Betrachtet man diesen Versuch nur für die deutsche Kunst, so ist bei der documenta als auch beim deutschen Beitrag auf den venezianischen Biennalen ein argumentativer Rückbezug auf die internationalen Ursprünge der modernen Kunst zu verzeichnen, die documenta versuchte aber besonders die nationenübergreifende Eingebundenheit hervorzuheben, während der deutsche Beitrag in Venedig hingegen mehr nach spezifisch nationalen Charakteristika der modernen und zeitgenössischen Kunstproduktion Deutschlands suchte. Diese beiden kulturellen Identitätskonstruktionen der deutschen Kunst im 20. Jahrhundert können in Venedig und auch in Kassel als auswärtige Repräsentationen der jungen Bundesrepublik Deutschland auf dem Feld der bildenden Kunst angesehen werden. Wenngleich sie zwar im ersten Fall gar staatlich getragen, im zweiten Fall nur finanziell gefördert wurden, gingen sie wie gezeigt in erster Linie aber auf die Initiativen und künstlerischen Ideologien von Vertretern der deutschen Nachkriegskunstwelt zurück. Zugespitzt formuliert: Einige aktionistische Protagonisten des Kunstbetriebs gestalteten die bundesdeutsche Kunstdiplomatie nach 1945 maßgeblich mit.

Neben diesen vorwiegend ideellen Parallelen beeinflussten sich beide Ausstellungsreihen auch in einigen praktischen Punkten wechselseitig. Werner Haftmann als theoretischer Kopf der documenta holte sich unter anderem auf der 1954er Ausgabe der Biennale Venedig Inspiration für die Künstlerauswahl der ersten documenta 1955 in Kassel. Eberhard Hanfstaengl und Eduard Trier nahmen beide als Kommissare des deutschen Beitrags in Venedig für dessen architektonische Ausgestaltung direkte Impulse des innovativen Ausstellungsdesigns der documenta auf. Jedoch gelang es erst Trier, der seit 1959 auch Mitglied in den documenta-Arbeitsausschüssen war, zur Biennale 1964, sie tatsächlich umzusetzen und eigens dafür in Auftrag gegebene, auf den Raum abgestimmte Kunstwerke in Venedig auszustellen. Dazu beigetragen haben seine Kollegen aus großen Kunstmuseen Deutschlands, die im Ausschuss für Auslandskunstausstellungen dem Auswärtigen Amt Triers Benennung für die Biennale empfahlen. So wirkten auch hier Kunstexperten, welche die Geschicke der bundesdeutschen Kunstdiplomatie nach 1945 maßgeblich mitbestimmten. Über ihre umfassenden Tätigkeiten diesbezüglich wird noch ausführlicher zu forschen sein. In Ergänzung zu etablierten (kunst-) historischen Ansätzen können, wie im vorliegenden Fall geschehen, dabei auch datenbasierte Methoden für die (Kunst-) Geschichte fruchtbar gemacht werden.

Quellen

PA AA, B 95, Bd. 120: 1260 *Biennale Venedig 1952*, 1261 *Biennale Venedig 1954*. Akten des Auswärtigen Amtes, Politisches Archiv Berlin.

PA AA, B 95, Bd. 603: 20288 *Biennale Venedig 1956*, 20288 *Biennale Venedig 1958*, 20288 *Biennale Venedig 1960*. Akten des Auswärtigen Amtes, Politisches Archiv Berlin.

PA AA, B 95, Bd. 931: 20288 *Biennale Venedig 1962*, 20288 *Biennale Venedig 1964*. Akten des Auswärtigen Amtes, Politisches Archiv Berlin.

PA AA, B 95, Bd. 602: 20285 6. *Sitzung Ausschuss für Auslandskunstausstellungen 1957, 7. Sitzung 1958*. Akten des Auswärtigen Amtes, Politisches Archiv Berlin.

PA AA, B 95, Bd. 768: 20285 8.-11. Sitzung Ausschuss für Auslandskunstausstellungen 1959–1962. Akten des Auswärtigen Amtes, Politisches Archiv Berlin.

Allgemeine Deutsche Kunstausstellung Dresden 1946: Stadthalle Nordplatz August – Oktober (1946). Ausstellungskatalog. Landesverwaltung Sachsen; Kulturbund zur demokratischen Erneuerung Deutschlands; Stadt Dresden. Dresden.

documenta: kunst des XX. jahrhunderts. internationale ausstellung im museum fridericianum in kassel (1955). Ausstellungskatalog. München: Prestel.

II. documenta '59. Kunst nach 1945: Malerei Skulptur Druckgrafik. Internationale Ausstellung 11. Juli – 11. Oktober 1959, Kassel (1959). Ausstellungskatalog. Köln: M. DuMont Schauberg.

documenta III: Internationale Ausstellung 27. Juni – 5. Oktober 1964. Kassel, Alte Galerie, Museum Fridericianum, Alte Galerie. (1964). Ausstellungskatalog. Köln: M. DuMont Schauberg.

Internationale Kunstausstellung des Sonderbundes Westdeutscher Kunstfreunde und Künstler: zu Cöln 1912: Städtische Ausstellungshalle am Aachener Tor. Vom 25. Mai bis 30. Sep. (1981). Ill. Katalog (Nachdr.). Köln: Wienand.

Internationale Kunstausstellung Dresden 1926 Juni/September: Jahresschau Deutscher Arbeit. Amtlicher Führer und Katalog durch die Ausstellung (1926). Ausstellungskatalog. Dresden.

La Biennale di Venezia: Le esposizioni internazionali d'arte, 1895–1995: artisti, mostre, partecipazioni nazionali, premi. (1996). Venezia, Milano: Electa.

Vom Abbild zum Sinnbild: Ausstellung von Meisterwerken Moderner Malerei im Städelschen Kunstinstitut. Frankfurt am Main 3. Juni – 3. Juli 1931 (1931). Ausstellungskatalog. Frankfurt a. M.

Walden, Herwarth. Hrsg. 1913. *Erster Deutscher Herbstsalon: Berlin 1913*. Ausstellungskatalog. Berlin: Der Sturm.

Zeugnisse europäischer Gemeinsamkeit: Meisterwerke der Malerei und Plastik aus europäischen Museen und Privatsammlungen. Ausstellung 18. Juni bis 30. Juli 1954. (1954). Ausstellungskatalog. Ruhrfestspiele Recklinghausen. Recklinghausen.

Literatur

Evers, Hans Gerhard. Hrsg. 1950. *Das Menschenbild in unserer Zeit: Darmstädter Gespräch*. Darmstadt: Neue Darmstädter Verlagsanstalt.

Grohmann, Will. 1949. Der blaue Reiter: Gedächtnisausstellung im Haus der Kunst, München. *Die neue Zeitung*, 07. September 1949. http://www.hausderkunst.de/index.php?id=472. Zugegriffen: 16. April 2013.

Haftmann, Werner. 1954. Im Zwielicht der modernen Existenz: Die künstlerische Bilanz der Biennale 1954. *Die Zeit*, 16. September 1954, 5. http://www.zeit.de/1954/37/im-zwielicht-der-modernen-existenz. Zugegriffen: 05. März 2013.

Haftmann, Werner. 1955. Einleitung. In *documenta. kunst des XX. jahrhunderts. internationale ausstellung im museum fridericianum in kassel*, 15–25. München: Prestel.

Horn, Sabine. 2005. documenta I (1955): Die Kunst als Botschafterin der Westintegration? In *Auswärtige Repräsentationen. Deutsche Kulturdiplomatie nach 1945*, Hrsg. Johannes Paulmann, 45–62. Köln: Böhlau.

Joch, Peter. 2007. Die Ära der Retrospektiven 1948–1962: Wiedergutmachung, Rekonstruktion und Archäologie des Progressiven. In *Die deutschen Beiträge zur Biennale Venedig 1895–2007*, Hrsg. Ursula Zeller und Katia Reich, 89–108. Köln: DuMont IFA.

Kimpel, Harald. 1997. *Documenta: Mythos und Wirklichkeit*. Köln: DuMont.

Lagler, Anette. 2007. Museum – Historischer Ort – Medium der Inspiration: Die westdeutschen Beiträge zur Biennale 1964–1990 und die Rolle des Pavillons. In *Die deutschen Beiträge zur Biennale Venedig 1895–2007* (Überarb. und erw. Neuausg.), Hrsg. Ursula Zeller und Katia Reich, 109–136. Köln: DuMont IFA.

Lovisetto, Luana. 2005. *L'Arte Contemporanea. Confronto Tra XXVII e XVIII Biennale di Venezia (1954–1956) e documenta di Kassel (1955)*. Venedig: Università Ca' Foscari di Venezia.

Papenbrock, Martin. 1995. „Entartete Kunst", Exilkunst, Widerstandskunst in westdeutschen Ausstellungen nach 1945: Eine kommentierte Bibliographie. Weimar: VDG.

Paulmann, Johannes, Hrsg. 2005. *Auswärtige Repräsentationen: Deutsche Kulturdiplomatie nach 1945*. Köln: Böhlau.

Rehberg, Karl-Siegbert. 2002. Der doppelte Ausstieg aus der Geschichte: Thesen zu den „Eigengeschichten" der beiden deutschen Nachkriegsstaaten. In *Geltungsgeschichten. Über die Stabilisierung und Legitimierung institutioneller Ordnungen*, Hrsg. Gert Melville und Hans Vorländer, 319–347. Köln: Böhlau.

Ruhmer, Eberhard, Hrsg. 1961. *Eberhard Hanfstaengl zum 75. Geburtstag: Eine Gabe des Verlages F. Bruckmann zum 10. Februar 1961*. München: Bruckmann.

Schuster, Peter-Klaus, Karl Arndt und Mario-Andreas von Lüttichau. 1998. *Nationalsozialismus und „Entartete Kunst": Die „Kunststadt" München 1937 [anlässlich der Ausstellung „Entartete Kunst": Dokumentation zum Nationalsozialistischen Bildersturm am Bestand der Staatsgalerie Moderner Kunst in München]*. 5. Aufl. Darmstadt: Wissenschaftliche Buchgesellschaft.

Sonntag, Dina. 1999. *Zugriff auf die Moderne: Fallstudien zu Kunstwissenschaft und Kunstausstellung um 1950*. Berlin: Dissertation.de.

Wollenhaupt-Schmidt, Ulrike. 1994. Documenta 1955: Eine Ausstellung im Spannungsfeld der Auseinandersetzungen um die Kunst der Avantgarde 1945–1960. *Europäische Hochschulschriften*. Reihe 28. Kunstgeschichte: Bd. 219. Frankfurt a. M.: P. Lang.

Zeller, Ursula, und Katia Reich. Hrsg. 2007. *Die deutschen Beiträge zur Biennale Venedig 1895–2007*. Überarb. und erw. Neuausg. Köln: DuMont IFA.

Ziegler, Ulrike. 2006. *Kulturpolitik im geteilten Deutschland: Kunstausstellungen und Kunstvermittlung von 1945 bis zum Anfang der 60er Jahre*. Frankfurt a. M.: P. Lang.

Exhibiting Change Through Exchange: Britain and Germany in the Post-War Decade

12

Veronica Davies

The decade following the end of World War II was a period when the political and cultural geography of Europe went through a number of rapid and complex shifts, affecting allegiances, alliances, and perceptions of who were 'friends' or 'enemies', issues that were in fact already open to question at the end of hostilities in Europe in May 1945. Taking this as its contextual starting point, this paper considers officially-supported art exhibitions of British art in Germany and German art in Britain during this period. Within the context of continuing British control and military presence in parts of West Germany, there is a brief discussion of the varying reception in Germany of British Council exhibitions of British art in the late 1940s/early 1950s. It then goes on to examine in detail two exhibitions of German art shown in Britain, *Modern German Prints and Drawings*, a touring exhibition which took place in 1949–1950 and *A Hundred Years of German Painting 1850–1950* held at the Tate Gallery in London in 1956.

Consideration of the role of certain key figures in mounting these exhibitions will also be important, in particular that of Dr Carl Georg Heise of the Hamburg Kunsthalle. This was a time when it was clearly vital that West German exhibition curators and museum directors were not only artistically but politically astute, as they negotiated ways in which they could ensure that modern German art was presented to emerging Cold War allies in the most favourable light. Heise was one of the key figures in re-establishing connections between museum personnel and scholars in West Germany and beyond, reinstating links with colleagues in Britain and making efforts to maintain where possible those that crossed the emergent dividing line of the Cold War 'Iron Curtain'.

To discuss the varying reception in Germany of exhibitions of British art in the late 1940s and early 1950s, the focus will be on Hamburg, then in the north-eastern

V. Davies (✉)
Gloucester, UK
e-mail: veronica.davies@open.ac.uk

G. Panzer et al. (Hrsg.), *Beziehungsanalysen. Bildende Künste in Westdeutschland nach 1945,*   257
Kunst und Gesellschaft, DOI 10.1007/978-3-658-02917-3_12,
© Springer Fachmedien Wiesbaden 2015

part of the British Zone, as the main case study. Heise had been installed as Director of the Hamburg Kunsthalle by the British occupying forces as early as autumn, 1945, when his predecessor, Kloos, was taken into custody. A contemporary report by British Monuments, Fine Arts & Archives officers noted that 'Heise's political history is irreproachable, and his prestige and energy will assist materially in the reactivation of artistic life in Hamburg'.[1] It is clear that, from the start of his appointment, Heise made strenuous attempts to take unimpeded charge of all the museum's buildings and collections. As time went on, he also played an energetic role in bringing together West German museum staff, artists and art historians to further their common interests. His 'energy' was also sometimes directed against what he saw as Allied—specifically British—moves to prevent him doing this, and their apparent misreading of the rapidly changing artistic, cultural, social and political landscape during these turbulent years.

As an example of this, a 1948 British Council exhibition of contemporary *British Graphic Art*, shown in Hamburg and other cities in the British zone, received adverse comment in the German press for its academic and old-fashioned aspect. A detailed report sent by Miss F.M. Punnett of the Information Services Division in Hamburg, then responsible for exhibitions in the British Zone, to Mrs Lilian Somerville, head of the British Council Fine Arts section, alluded to criticisms that this show was 'a trifle conservative for showing in Germany' by explaining: 'Germans are at the moment intensely interested in modern developments of the arts, the progress of which they have for many years been unable to follow'; Heise, Somerville heard, had 'expressed himself in stronger terms, the exhibition reminding him of what Hitler allowed them to see!'[2] During the exhibition's run in Hamburg, a public discussion arranged between the two art critics Hans Theodor Flemming and Wolf Stubbe raised similar criticisms, comparing the technical aspects with work produced around 1900, 'but often informed by an imaginative and poetic spirit essentially modern in conception'.[3] This suggests that contemporary British Neo-Romanticism had not travelled well, although both participants in the discussion agreed 'that the Exhibition was to be hailed as a promising start for new cultural relations'.[4] This conclusion should probably best be interpreted as a rather cautious, bland, but politically-aware judgement based on a diplomatic need for optimism to be expressed in public at this point about the possibilities for current and future cultural exchange between the two nations.

---

[1] Report by MFA&A Officer, Hamburg, period 16–30 Sept 45, p. 5.

[2] TNA (The National Archives):PRO (Public Records Office) File BW32/6, Report from Punnett to Somerville 7 Oct 48 and Somerville internal report 14 Oct 48.

[3] TNA:PRO File BW32/6, Report from Punnett to Somerville 7 Oct 48.

[4] Ibid.

The British artists that Heise and other West German museum directors and art critics did want to see were Turner, from among British 'old masters', and Henry Moore from the current generation. The 'Old Masters' show *Exhibition of Paintings of the British School 1730–1850*, one of those which included work by Turner as well as Hogarth, Wilson, Reynolds, Raeburn, Crome, and Constable, received what was described as a 'rapturous welcome' in Hamburg in October 1949 when the exhibition organisers were 'lucky to ride on the crest of a wave of Anglo-German friendship occasioned by the very recent change from military government to high commission rule'.[5] Local perception was that this was 'deliberately timed to show in visual, almost tangible form, the new relationship between occupiers and occupied'.[6] Heise delivered a short lecture on British painting to the press at the exhibition opening, and the media also echoed the introductory remarks by General Sir Brian Robertson extolling the value of the visual arts in fostering international understanding. This was of course to become a much-voiced aspiration over the years that followed.

Henry Moore was already known in German art circles, at least by reputation, especially following his success in the 1948 Venice Biennale. Approaches were made in 1948 by the Kunstverein in Düsseldorf to Herbert Read, the critic and writer who was a key figure in Anglo-German artistic relations and who served on the Fine Arts Committee of the British Council during this period, and to Moore himself by the Hamburg Kunstverein, both asking about the possibility of an exhibition of his sculpture to be arranged in Germany. At that time, the British Council was still prevented by the Foreign Office from carrying out its normal range of activities in Germany, in decided contrast with policy in the French and American zones. However, shifts in political structures following the creation of the Federal Republic in 1949 meant that Moore himself made a case for German venues to be included in a British Council touring exhibition of his work planned for 1950. This was to be a large, wide-ranging and prestigious show, with more than 50 pieces of sculpture, including 2 large stone figures, 2 large reclining figures in elm wood, and two large casts. There were about 30 drawings and some enlarged photographs of sculpture. The heaviest piece of sculpture in the exhibition was the green Hornton stone *Recumbent Figure* from the Tate Gallery. Concerns were expressed about moving sculpture of this weight in the still difficult transport infrastructure in Germany, and it was initially suggested that it should not go to Düsseldorf or Hamburg, but in the event, satisfactory arrangements were made and the work was included. The

---

[5] TNA:PRO File BW 32/19, British Council memo from Liaison Officer, Germany to Director, Fine Arts Department 23 Jun 50.

[6] Ibid.

proposed date for the Hamburg show clashed with celebrations of the centenary of the *Kunsthalle*; the fact that a change of date was negotiated indicates perhaps how cultural relations were already becoming more cordial compared with the period immediately following the end of hostilities. The exhibition's mixed reception in Hamburg, compared with a better one in Düsseldorf, was attributed to a local political crisis, a long-running dispute between German and British authorities over British demolition of part of the HamburgHamdocks, which took place at exactly the same time as the opening of the Moore exhibition.

Both of these examples reinforce the impression that associations between the provision of art exhibitions and the transitional, and positional, politics of the time were quite clear to many of the protagonists and indeed to the wider exhibition-going public.

It is also clear from archival sources that, from an early stage in his Hamburg post, Heise was reluctant to participate in events in the Eastern zone -now under the control of the USSR: he and colleagues from the British and American zones, such as Dr Eberhardt Hanfstaengl from Bavaria and Prof. Leopold Reidemeister from Cologne, declared themselves disinclined to attend a conference of museum directors organised in Dresden in 1947. Heise noted how few German colleagues remained in the East and spoke of the proposed meeting as an 'affront', having heard 'shocking news' of conditions in East German museums such as Schwerin.[7] This too adds another layer of understanding to the involvement of Heise and Dr Alfred Henzen, his successor as Director at the Hamburg Kunsthalle, in arranging exhibitions of modern and contemporary German art in Britain, increasingly seen as a Cold War ally for a nation now on its European 'front line', rather than, or maybe as well as, a post-World War II occupying force.

Partly in reciprocation for his hosting of the British Council exhibitions, whatever he thought of them, and especially because he was known and trusted by people in the British art world, Heise was invited in 1949 to put together a small but carefully chosen selection of modern German works on paper to be shown in Britain. The significant intermediary link here was the figure of Ewan Phillips, then Director of the Institute of Contemporary Arts (ICA), who had been a British Fine Arts Officer in Hamburg from late 1945 until he took up the ICA post in 1948. The possibility of staging this exhibition at the ICA had been discussed informally with Heise while Phillips was still in post in Hamburg, and correspondence between

---

[7] Historisches Archiv Hamburger Kunsthalle. Heise File V. *Letter from Heise to Hanfstaengl 3 Sep 47.*

Heise and Werner Haftmann shows that steps were taken to ensure control of this first venture remained in their hands.[8]

Heise clearly got to work on assembling the exhibition with enthusiasm. For example, he asked Reidemeister if the loan of a work by Kirchner could be made from Josef Haubrich's important collection of German Expressionist art which, unlike most public collections, had survived the war intact. Kirchner's work was represented in the show by five woodcuts and three watercolours. Heise also wrote to Oskar Schlemmer's widow to request the loan of a work by her husband, *View through a window with seated figures*, stressing the significance of this being the first officially-sponsored representative exhibition of German art to be shown in UK since the end of the war. He was also prepared to cancel the show if it did not live up to this. When Philip James of the Arts Council reduced the number of works they were prepared to take from 125 to 75 at the last minute, because of the limited space available, Heise sought the intervention of both Phillips and Read. Heise wrote to Read: 'I hope you will understand that I'm not stubborn, but that I have to see in the very best interest of our German Art that this exhibition must be of real representative character'.[9] He complained to Phillips that James was treating the exhibition 'en bagatelle', whilst from the German point of view it was vital that this should be a strong and representative show of the best from the Hamburg Kunsthalle and other public and private collections.

Heise conceded that 'Even under the best of conditions it will not be easy to gain friends in England for our artists, but when the interest even of the sponsors is not strong enough to do their very best, I must withdraw the exhibition'.[10] However, Phillips managed to intercede, and on 1st November 1949 all the selected works had somehow been fitted in at the Arts Council's London premises. Writing in the catalogue, James noted that Heise had been 'persuaded to select the exhibits and write the introduction to the catalogue' through the 'initiative of the Institute of Contemporary Arts', and drew attention both to 'the strong expressionist tendency in the work of our more vital and experimental artists' and that therefore 'this exhibition will therefore be of unusual interest in this country at this moment consisting as it does of work on the whole unfamiliar to English eyes'.[11] With this in

---

[8] Historisches Archiv Hamburger Kunsthalle. Heise File VIII. *Correspondence between Haftmann and Heise, 9 and 15 Dec 1948.*

[9] Historisches Archiv Hamburger Kunsthalle. File 'Ausstellung deutscher Graphik in London u. a. 1949–1950'. *Letter from Heise to Read 19 Sep 49.*

[10] Historisches Archiv Hamburger Kunsthalle. File 'Ausstellung deutscher Graphik in London u. a. 1949–1950'. *Letters from Heise to Phillips and James 19 Sep 49.*

[11] James, P. (1949): 'Foreword'. *Modern German Prints and Drawings.* Exh Cat, p. 1.

mind, Heise's introduction put the selection of works in its artistic but also historical context, concluding that 'once again joining the great flow of European artistic progress, they show a conscious effort to contribute to the artist's interpretation of our present, so fundamentally changed, way of life'.[12]

When *Modern German Prints and Drawings* was shown at the Bristol City Art Gallery in the West of England in January 1950, a reviewer in the local press wrote positively that 'Bristolians would be unwise to overlook the excellent selection of water-colours, drawings and prints made during the past 40 years by German Expressionists, their fellow-travellers, and later, by more original painters ... right up to the present obsession with fantasy and abstraction.... This is one of the brighter and more daring exhibitions to be shown in Bristol'.[13] The reviewer specifically praised works by the Blaue Reiter group such as Franz Marc's *Gazelle,* which was illustrated in the catalogue, and the work of Paul Klee, who was represented by five works.

The exhibition *A Hundred Years of German Painting 1850–1950* (Fig. 12.1) was hosted by the Tate Gallery in 1956 and assembled and organised on behalf of the Government of the Federal Republic of Germany initially by Heise and, following his retirement in 1955, his successor Dr Alfred Henzen. Different stories of the relative importance of the exhibition as it was conceived and organised, and the respective priorities of the organisers, can be gleaned from British and German archives.[14] This may well be attributable to historically different levels of awareness of the significance of the visual arts in a political as well as an aesthetic or art-historical sense, as much as any residual views in Britain that anything was good enough for a defeated nation. The latter position, while it still persisted, had already been criticised nearly a decade before by the British Director of Education in Berlin, Tom Creighton, when he argued perceptively to Michael Grant, the British Council's Deputy Director, European Division, in October 1945, that if the British taxpayer was to fund cultural activities in Germany, such as the British Council exhibitions discussed earlier, 'it would only be part of the price he has got to pay for a peaceful Europe, an enlightened Germany is as much a British as a German interest.' Observing events from his post in Berlin, Creighton maybe had a better handle on how quickly the situation was going to change than his colleagues based elsewhere.

The initial plan for the exhibition was to show German art of the nineteenth century from Romanticism to Impressionism, which was virtually unknown in

---

[12] Heise, C.G. (1949): 'Introduction'. *Modern German Prints and Drawings.* Exh Cat, p. 3.

[13] *Western Daily Press.* 12 Jan 50.

[14] The principal sources are Heise Correspondence: Historisches Archiv Hamburger Kunsthalle. File VIII. And: Tate Archive. Minutes of Trustee Meetings. File TG 92/123/1 'Exhibitions: A Hundred Years of German Painting 1850–1950, 1956'.

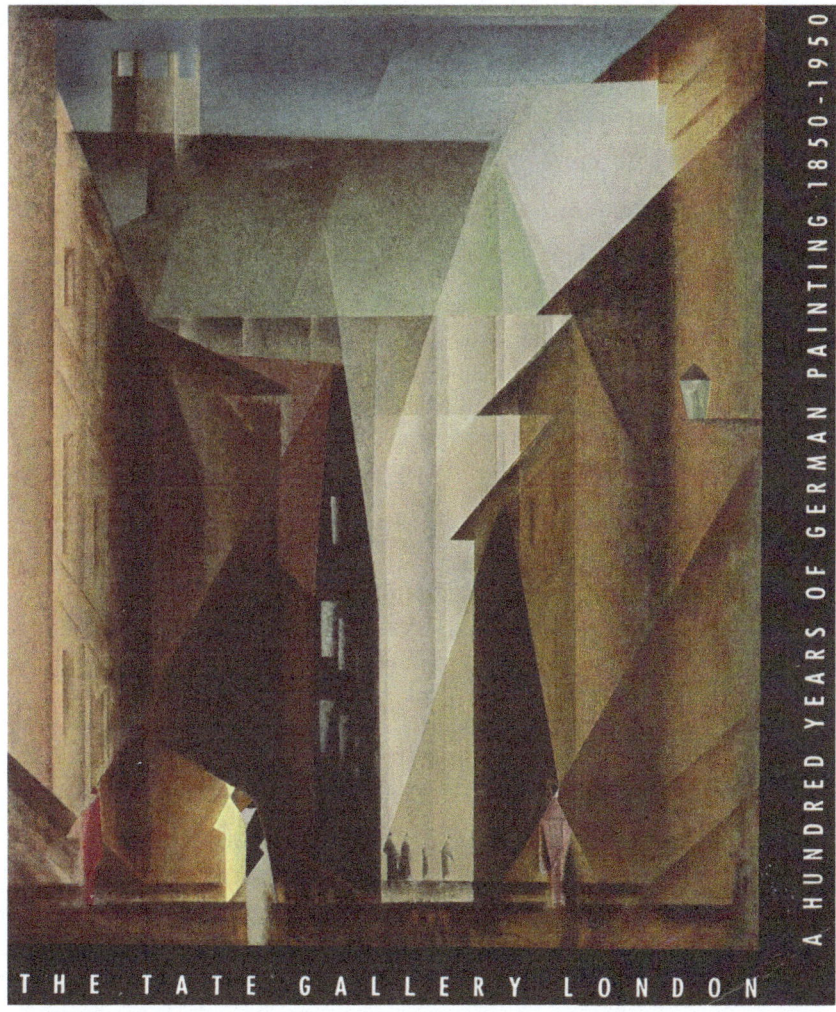

Fig. 12.1 A Hundred Years of German Painting 1956, Exhibition Catalogue, Christians-druck: Hamburg © Archiv der Autorin

Britain at the time except by a few specialists, even in the case of significant figures such as Friedrich, Marées and Menzel. Ministries of the West German government in Bonn, and the First Secretary for Cultural Affairs at the German Embassy in London, Eugen Gürster, were involved from the outset. Gürster was clearly very keen to get the exhibition off the ground, writing to Heise in 1954 that German nineteenth and twentieth century art was 'as good as not represented at all' in the Tate collection: all he had been able to find when walking through the galleries was one work by Liebermann and one by Kokoscha (whom he noted was in fact Austrian)[15]. In a letter to Sir John Rothenstein, Director of the Tate, he expressed a 'fervent interest in thus fostering Anglo-German artistic relations', the impression being that this would also contribute to strengthening the wider relations between the two countries.[16] Rothenstein replied in more cautious vein that 'Whatever the Trustees may decide, I feel confident that they will welcome an opportunity of considering such an exhibition.'[17] One factor that comes across very strongly from the Tate files is the need to keep their costs down to a minimum in mounting this exhibition. In fact, much of the cost was borne by the West German government, including the collection, transportation and insurance of the art works exhibited, and the production of the catalogue.

When the Trustees had discussed and in fact broadly welcomed the suggestion for an exhibition of German art, it turned out that for two reasons they would prefer it to cover the period 1850–1933: in that way would encompass the period covered by the Tate Gallery's own foreign collection, and include German Expressionism in its historical context. At the time, few examples of Expressionist painting had been seen widely in Britain, except perhaps at the New Walk Museum and Gallery in Leicester, which started its collection in 1944 with an exhibition of 'Mid-European Art', but was certainly an exception at the time.

Replying to this suggestion in November 1954, Heise advised against ending in 1933, saying that 'All the really good German artists worked as they wished to do during Nazi domination, and many of the well-known German Expressionists, whose works you would like to see, have completed their best works during the last 20 years, e.g. Max Beckmann, Paul Klee.' The translation provided to the Tate Trustees of Heise's original German interestingly omits the sentence preceding this: he suggests that ending with 1933 might give exhibition visitors the impression that from then on, only 'Nazi art' had been produced in Germany. The translated version continues 'You can rest assured that there would be no works showing signs

---

[15] Historisches Archiv Hamburger Kunsthalle. Heise File VIII. *Letter from Gürster to Heise, 8 Nov 54*.

[16] Tate Archive, Tate Britain. Tate Exhibitions: Tate Public Records: TG 92/123/1. *Letter from Gürster to Rothenstein 26 Jul 54 in file Correspondence: A Hundred Years of German Painting. 1850–1950 (25 Apr-10 Jun 1950)*.

[17] Tate Archive, Tate Britain. Tate Exhibitions: Tate Public Records: TG 92/123/1. Letter from Rothenstein to Gürster 27 Jul 54 in file Correspondence: A Hundred Years of German Painting. 1850–1950 (25 Apr-10 Jun 1950).

of the Nazi ideology.'[18] The Trustees, Rothenstein later reported, 'would be happy to see the inclusion of those German artists who, as you say, worked independently during the Nazi domination, men of the character of Beckmann and Klee.'[19] Following this quite lengthy negotiation about the historical scope of the exhibition, it was eventually agreed that it would cover the complete century from 1850–1950, a periodisation that would address all the concerns, political as well as artistic, that had been expressed. Beckmann was represented in the exhibition with six paintings and two drawings, spanning his career from 1924 to 1949, and Klee with seven paintings and four drawings, covering 1911–1940.

By mid-1955, everyone involved agreed on the strength of the draft list of exhibits that this was going be a very significant exhibition, enhanced by loans of important and representative works from German collections. The organisers had worked assiduously to make this happen while maintaining control over the ultimate selection. Authorities in Berlin were somewhat reluctant to give permission for the loan of 22 requested works, since their collections had not long been returned from wartime storage in Wiesbaden and Celle. A long correspondence also took place to persuade the authorities in Munich to lend the paintings on what Henzen acknowledged was a long list, in particular of nineteenth century works such as the Marées Triptych which, it was planned, would form the focal point of the first room. In the event, this was not resolved until a meeting of museum directors involved in loans for overseas exhibitions in Bonn in September 1955. The recently appointed German Ambassador to London, Hans von Herwarth, expressed a 'pressing wish' for the inclusion of what he referred to as Leibl's 'Three Country Women' from the Hamburg collection[20]: at the outset, Henzen protested that the work, painted in oil on mahogany board, was too fragile to transport, but after further urging in a letter from the Ambassador himself[21], he allowed himself to be persuaded that the *Three Women in Church* of 1881 could be included. It should be recalled that a lot of the Hamburg collection had required substantial restoration after being in wartime storage. Henzen also concurred, at the Ambassador's urging,

---

[18] Tate Archive, Tate Britain. Tate Exhibitions: Tate Public Records: TG 92/123/1. *Letter from Heise to Rothenstein 16 Nov 54 with English translation attached in file Correspondence: A Hundred Years of German Painting. 1850–1950 (25 Apr-10 Jun 1950).*

[19] Tate Archive, Tate Britain. Tate Exhibitions: Tate Public Records: TG 92/123/1. *Letter from Rothenstein to Heise 1 Dec 54 in file Correspondence: A Hundred Years of German Painting. 1850–1950 (25 Apr-10 Jun 1950).*

[20] Historisches Archiv Hamburger Kunsthalle. Exhibition file. *Letter from Gürster to Henzen 31 May 55.*

[21] Historisches Archiv Hamburger Kunsthalle. Exhibition file. *Letter from von Herwarth to Henzen 15 Aug 55.*

in showing one work, *Portrait of the Poet Schlueter*, 1941, by Rudolf Levy, a German Jewish artist who had been killed by the Nazis, especially when Gürster urged that it would make his work easier if there were to be an example of work by 'a victim of Nazism': there was, he said, still 'strong resentment and mistrust' in Britain, and it was the Association of Jewish Refugees in Great Britain who, having seen good reports of the artistic merit of Levy's work, were keen to see him included.[22]

In the early months of 1956, leading up to the opening, it is clear that everything was being done from the German side to achieve success. Press and private views had been planned, and a reception in honour of a visit by the German Federal Minister for Foreign Affairs was to be hosted by the new German Ambassador to London, Hans von Herwarth. The extensive guest list seems to have been a roll-call of the contemporary great and good, and Henzen and his wife had been advised to bring formal evening wear for the event.

The final arrangement for the show to start in April 1956, rather than 1955 as had initially been envisaged, meant that *A Hundred Years of German Painting* took place the year after the first Documenta in Kassel. A number of twentieth century German works that had been exhibited at Documenta were redeployed for *A Hundred Years of German Painting,* such as Beckmann's *Carnival, Paris* of 1930, Marc's *Roes in the Wood II*, 1913/1914, Modersohn-Becker's *Self-Portrait with Camellia*, 1907, and *Schlemmer's Dancer (White Figure)*, 1922.[23] Henzen also persuaded Prestel to allow the use of some of the colour plates from the Documenta catalogue in the one for the London show. Especial importance was attached to this catalogue, which was produced and printed in Hamburg, since at the time there was very little literature available in English on German art of the nineteenth and twentieth centuries, and, as Rothenstein pointed out in his Foreword to the catalogue, in a similar vein to Philip James in 1949, 'our opportunities in England of seeing modern German art have been regrettably limited'.[24] The original print run of the catalogue was 5000 copies at a cost of 3 shillings and sixpence; a number of copies were also circulated *gratis* to British and Commonwealth museums. In the event it proved so popular that it had to be reprinted to meet demand, and when the exhibition closed on 10 June 7386 had been sold.

The total attendance over the period of the exhibition was well over 65,000. As well as generally positive reviews in the daily papers, there was a substantial and well-illustrated review article in *The Studio* as well as a shorter one in the *Burlington*

---

[22] Historisches Archiv Hamburger Kunsthalle. Exhibition file. *Letter from Gürster to Henzen 14 Jun 55.*

[23] *Documenta. Kunst des XX. Jahrhunderts.* 1955, Exh Cat numbers 40 (Farbtafel IV), 382 (Farbtafel I), 426 (Tafel 10) and 569

[24] Rothenstein, John (1956): 'Foreword', *A Hundred Years of German Painting 1850–1950.* Exh Cat, p. 3.

Magazine. Some of the monthly magazines had in fact already expressed interest in the exhibition at the start of 1956, specifically asking for a list of the works to be included. The *Studio* article was lavishly illustrated, including a colour plate of Klee's *The Golden Fish* (1925–1926) which was also featured in black and white on the cover. The review took an art-historical overview approach that followed the format and chronology of the show itself, welcoming 'the most important art exhibition seen in London this year', and commending Henzen's 'shrewd' selection of 'what might appeal most strongly to British tastes'.[25] Perhaps inevitably, though, Kerr positions the exhibits in comparison with French art of the period, even while acknowledging that this had not been encouraged by the organisers.

A key contemporary artist selected for the show was the painter, E W Nay, promoted as a leading German abstract painter following Willi Baumeister's death in 1955. Nay's work was the most highly-priced for insurance purposes, at DM5200,of any of the twentieth-century works in the exhibition, which may also be indicative of its value in terms of the emerging visual politics of the early Cold War, the well-documented role of modernist abstraction in Cold War culture, and the position of West Germany in relation to this. Henzen had to use all his powers of persuasion to get Nay to contribute work to the show at all. Nay had apparently been unhappy about how his painting was displayed at Documenta, but was evidently won over with phrases like 'showing the complete development of German art from Menzel to Nay', and contributed three recent paintings still in his own possession.[26] The conclusion of the *Studio* article focuses on the abstract art in the show, whilst perhaps hinting at a continued resistance to non-figurative art in Britain, saying that 'though present trends of abstraction seem to predominate, the German humanist and figurative tradition expressed forcibly and often explosively will surely come to the fore again, though in what form it is difficult to foretell'.[27]

The exhibition review in the *Burlington Magazine* was by the émigré Marxist art historian Hans Hess, who was clearly more familiar with German art of the period and the collections that housed them than the majority of British reviewers, and used this background to critically assess the strengths and weaknesses of the exhibition. Hess pointed out that what were, in his eyes, some significant omissions of the best work of certain artists, were not the fault of the organisers, but that 'the key pictures of the generation—those which had found their rightful place in public collections—have been destroyed'.[28] He further argued strongly that the 'whole

---

[25] Kerr 1956, p. 65.

[26] Historisches Archiv Hamburger Kunsthalle. Exhibition file. *Letter from Henzen to Nay, 17 Jan 56.*

[27] Kerr 1956, p. 71.

[28] Hess 1956, p. 203.

politico-satirical group, including George Grosz and Dix, should not have been left out of a comprehensive survey': these were of course artists with a known left-wing stance in the post-World War I era.[29] The emphasis in Henzen's letter to Nay on the envisaged scope of the exhibition may well, if unwittingly, suggest to us, with the benefit of being able to contextualise this decade in the light of the subsequent history of Europe, why this particular omission might have seemed appropriate or necessary at that particular time.

This paper has aimed to explore some of the art world networks within Germany, and between Germany and Britain, which facilitated the exchange of exhibitions during the period when 'post-war' shifted to 'Cold War'. This is the result of archival research and analysis of exhibition catalogues. Future work in this area may well be greatly facilitated by some of the resources demonstrated by colleagues who are currently developing databases and methods for modelling these networks, and this is a very exciting development for ongoing research in the field.

Acknowledgements The writer would like to express her thanks to The Open University's Research Associate scheme for support with research into the two UK exhibitions, and to thank the Historisches Archiv Hamburger Kunsthalle and the Tate Archive for the use of their facilities in carrying out this research. Material on the British Council exhibitions formed part of her doctoral thesis at the University of East London.

References

A Hundred Years of German Painting. 1956. Exhibition Catalogue Christiansdruck Hamburg.
Documenta. 1955. Kunst des XX. Jahrhunderts. München: Prestel.
Hess, Hans. 1956. Hundred years of German painting 1850–1950. *Burlington Magazine*, June 1956. pp. 203–204.
Kerr, John O'Connell. 1956. German painting 1850–1950. *The Studio*, September 1956, 65–72.
Moore, Henry. 1950. *Exhibition catalogue*. The British Council London (German edition).
The Arts Council of Great Britain and the Institute of Contemporary Arts. 1949. *Modern German prints and drawings 1949*. Exhibition Catalogue. London: The Arts Council of Great Britain.

---

[29] Hess 1956, p. 204.

Sources

Historisches Archiv Hamburger Kunsthalle. File 'Ausstellung deutscher Graphik in London u. a. 1949–1950'.
Historisches Archiv Hamburger Kunsthalle. Exhibition file.
Historisches Archiv Hamburger Kunsthalle. Heise File V.
Historisches Archiv Hamburger Kunsthalle. Heise File VIII.
Tate Archive. Tate Britain. Tate exhibitions: Tate public records. Minutes of Trustee Meetings. File TG 92/123/1.
TNA:PRO. File BW32/6.
TNA:PRO. File BW 32/19.
Western Daily Press. 12 Jan 1950.

Reisen für den Wiederaufbau. Das *Cultural Exchange Program* und seine Bedeutung für das deutsche Nachkriegsbauwesen

13

Kerstin Renz

Der vorliegende Beitrag stützt sich auf Recherchen, die die Autorin im Kontext ihrer im Entstehen begriffenen Habilitationsschrift „Testfall der Moderne. Diskurs und Experiment im westdeutschen Schulbau 1945–1965" unternommen hat.

Nach dem Zweiten Weltkrieg erfuhr die Tradition der Bildungsreise für Architekten eine neue, dezidiert politische Dimension. Deutsche Architekten reisten ins westliche Ausland, um auf festgelegten Reiserouten Kontakte zu Kollegen zu knüpfen und sich über den Stand des Bauwesens in den jeweiligen Ländern zu informieren. Die Idee für diese Studienreisen entstand vor dem Hintergrund der Reeducation-Politik der Alliierten; die Reisen waren also Teil einer Umerziehungsstrategie, die in allen Besatzungszonen unterschiedlich ausgeprägt war und unterschiedlich organisiert wurde.[1]

Dieser Beitrag stellt das *Cultural Exchange Program* der USA vor.[2] Dabei handelte es sich um ein weltweit durchgeführtes Reise- und Informationsprogramm für Vertreter des öffentlichen Lebens in den ehemaligen Kriegsgebieten. Im Nachkriegsdeutschland war das Programm ab 1947 zunächst nur für Bewohner der US-Zone angelaufen, ab 1949 wurde es auf das Gebiet der Bundesrepublik ausgeweitet

---

[1] Hinweise auf Reiseaktivitäten von Architekten sind zumeist Nebenprodukte der monografischen Forschung. Zu Frankreichs und Großbritanniens Kulturpolitik nach dem Krieg siehe die Beiträge von Veronica Davies in diesem Band. Pehnt weist auf Austauschaktivitäten für Architekten der französischen Besatzungszone hin. Vgl. Pehnt 2005, S. 280.

[2] Im Folgenden verkürzt als *Exchange Program* wiedergegeben.

K. Renz (✉)
Stuttgart, Deutschland
E-Mail: kerstin.renz@arcor.de

G. Panzer et al. (Hrsg.), *Beziehungsanalysen. Bildende Künste in Westdeutschland nach 1945,* Kunst und Gesellschaft, DOI 10.1007/978-3-658-02917-3_13, © Springer Fachmedien Wiesbaden 2015

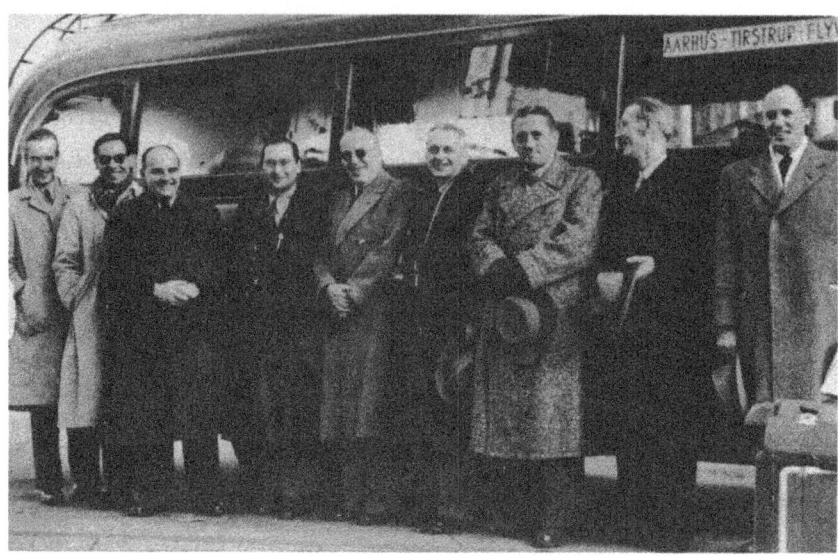

Abb. 13.1 Reisegruppe Skandinavien des Exchange Program 1950, 1. v. links Günter Wilhelm, 4. v. links Hans Krajewski © Archiv der Autorin

(Abb. 13.1).[3] Leitgedanke der *Reeducation*-, später *Reorientation*-, Politik der Amerikaner war die „Demokratisierung durch Kulturtransfer" und genau diese Idee wurde für das kostenintensive Stipendienprogramm wirksam, das von Anfang an stark auf deutsche Teilnehmer ausgerichtet war. Als Stipendiaten kamen Personen infrage, die über ausreichende Englisch-Kenntnisse verfügten, kein NS-Parteibuch gehabt hatten und von denen anzunehmen war, dass sie Impulse für den Wiederaufbau in Westdeutschland geben konnten. Architekten waren innerhalb des Programms nur eine kleine, aber gemessen an ihren Aufgaben im Nachkriegsdeutschland wichtige Zielgruppe.[4]

Das Bauwesen dieser Jahre war von zwei Phasen geprägt: Die erste Phase war die Zeit der Militärregierungen von 1945 bis zur Gründung der Bundesrepublik 1949, in der es bis zur Währungsreform 1948 nur wenige Neubauprojekte gab. Bauvorhaben aus privater und öffentlicher Hand wurden erst nach Genehmigung durch

---

[3] Siehe Renz 2012.

[4] Einen großen Anteil hatten Vertreter der politischen Parteien. Etwa ein Viertel der Abgeordneten des ersten Deutschen Bundestages bereiste seit den 1950er Jahren mit diesem Programm die USA, darunter die späteren Bundeskanzler Erhard, Kiesinger, Brandt, Schmidt; auch der spätere Bundespräsident Scheel war Teilnehmer. Siehe Rupieper 1993, S. 403.

die lokalen Militärbehörden erteilt.[5] An den Hochschulen waren die Entnazifizierungsverfahren in den Fakultäten für Bauwesen die erste wirklich tiefgreifende Einflussnahme der Alliierten auf das Nachkriegsbauwesen. Wer in den Fachbereichen Stadtplanung, Entwurf und Konstruktion dozieren durfte, das lag bis 1949 in der Hand des zuständigen Offiziers der Militärverwaltung. Innovative oder zumindest reformbereite Entwerfer, die sich außerhalb der ausgetretenen Pfade bewegen und den Blick über die Grenze hinaus weiten wollten, hatten in dieser Phase einige Schwierigkeiten. Auslandsreisen waren die Ausnahme; erst seit 1947 durften die Deutschen ihre Länderzonen ohne größeren behördlichen Aufwand verlassen. In der zweiten Phase von 1949 bis 1955, den Aufbaujahren der Bundesrepublik, agierten die westdeutschen Baubehörden unabhängig vom alliierten Hochkommissariat, das sich nur noch als Kontrollinstanz verstand. Trotz der nun gegebenen Informations- und Reisefreiheit wurden in den Bauämtern Pläne aus den Kriegs- und Vorkriegsjahren wiederverwendet; nicht selten wurde das alte Personal kontinuierlich weiterbeschäftigt. In dem Maße, in dem die direkte Einflussnahme der Alliierten auf das Bauwesen abnahm, nahm die Informationspolitik, insbesondere die der Amerikaner, an Intensität zu.

Während in der britischen Besatzungszone die Bemühungen des nichtstaatlichen *British Council*[6] um einen grenzüberschreitenden Informationstransfer im Bauwesen bereits um 1950 im Sande verliefen, wurde das *Exchange Program* in die Verantwortung des US-Außenministeriums gelegt; die Organisation übernahm die *Education and Cultural Relations Division* des Hochkommissariats. Erste Reisen konnten ab 1949 durchgeführt werden; die Stipendiaten mussten sich bewerben oder wurden direkt angesprochen. Der Höhepunkt des Reiseprogramms lag zwischen 1950 und 1951. In diesen beiden Jahren reisten nach Angaben des Hochkommissariats über 6000 Deutsche in die USA, seit 1950 auch nach Skandinavien. Das Programm war in fünf Bereiche eingeteilt:[7]

1. German Leaders and Specialists to the United States
2. German Students and Trainees to the United States
3. American Specialists to Germany
4. American Students to Germany
5. German Leaders and Specialists to other European Countries

---

[5] So müssen in der britischen Besatzungszone Bauanträge ab einer bestimmten Bausummenhöhe den Militärs vorgelegt werden. Mitunter setzt dies hochkomplizierte bürokratische Genehmigungsverfahren in Gang. Vgl. Schaubild in Werner Durth und Nils Gutschow (1988): *Träume in Trümmern. Planungen zum Wiederaufbau zerstörter Städte im Westen Deutschlands 1940–1950.* Bd. 1. Vieweg: Braunschweig/Wiesbaden, S. 126.

[6] Der *British Council* ist eine nicht-staatliche Kulturinstitution, die die kulturellen Beziehungen Großbritanniens zum Ausland fördern soll.

[7] Kellermann 1978, S. 34.

Alle diese Austauschaktivitäten folgten einem übergeordneten Ziel: dem schnel-
len Wiederaufbau und der Integration Westdeutschlands in das westliche Staa-
tenbündnis. Die Organisatoren wollten kein Sprungbrett für die Auswanderung
bieten; es sollten auch keine deutschen Fachkräfte abgeworben werden. Die Teilnehmer unterschrieben vor Beginn der Reise einen Vertrag, mit dem sie sich ver-
pflichteten, nach Deutschland zurückzukehren, um am Wiederaufbau des Landes
mitzuwirken.

Den Anstoß, dass der gegenseitige Informationstransfer für die Berufsgruppe
der Architekten und Bausachverständigen dringend zu verbessern sei, gab 1948
der Architekt und Hochschullehrer Walter Gropius. Mittlerweile amerikanischer
Staatsbürger geworden, war der ehemalige Bauhaus-Direktor im Sommer 1947 für
einen Monat nach Deutschland gekommen. Hier sollte er die Militärregierung in
Sachen Wiederaufbau der Westzonen beraten. Gropius' Abschlussbericht an Mi-
litärgouverneur Clay enthielt einige konkrete Handlungsvorschläge, hatte er doch
bei den deutschen Kollegen einen „circulus vitiosus der Isolierung" erkannt, den
es zu durchbrechen gälte. Informationsreisen ins westliche Ausland könnten hier
genauso helfen wie der Ausbau der Fachbibliotheken an den Hochschulen, so Gropius. Des Weiteren sei die Ausstellungs-Aktivität zu Themen des zeitgenössischen
Bauens zu befördern.[8]

Der Informationstransfer bildete die eine, die konkrete finanzielle Förderung
stets die andere Seite der US-amerikanischen Wiederaufbauhilfe für Deutschland.
Über beide Nachkriegsphasen hinweg profitierte das westdeutsche Bauwesen von
den Geldern der Marshall-Plan-Hilfe. Bekannte Beispiele waren die ECA- und
MSA-Siedlungen, die, ab 1951/52 realisiert, aus Wettbewerben unter deutschen
Architekten hervorgingen. Einfluss auf die Entwicklung der Architektur ist diesen
Förderprojekten nicht zuzuschreiben; dies gelang auf anderem Wege. Als Bauher-
ren in Deutschland präsentierten sich die USA nach dem Motto *architecture makes
a good ambassador* als Sachwalter einer internationalen Moderne. Mit ihren Ame-
rika-Häusern, Konsulatsgebäuden und zugehörigen Siedlungen wurden sie zum
Vorbild eines vorbildsuchenden Architektennachwuchses. Eine vom US-Außenmi-
nisterium und den Berufsverbänden intensiv betriebene Architekturpropaganda in
Form von Publikationen und Ausstellungen sorgte dafür, dass im Verwaltungsbau,
im Industriebau[9] aber auch in den Bereichen Städtebau und Verkehrsplanung seit
Mitte der 1950er Jahre amerikanische Baustandards wirksam wurden.

Welchen Einfluss auf das zeitgenössische Baugeschehen hatte das *Exchange Program*? Das Programm zielte in die Breite, auf die Masse der Verantwortlichen für

---

[8] Vgl. Renz 2012, S. 56.
[9] Hierzu zuletzt Buttolo; Lippert 2012.

den westdeutschen Wiederaufbau in den Bauämtern und Hochschulen. Selbstredend fiel die Architektenprominenz der Kriegs- und Vorkriegsjahre, die weitgehend in die NS-Strukturen verwickelt war, als Zielgruppe aus. Bekannte Namen
sucht man in den Teilnehmerlisten des Programms daher vergeblich. Die ersten
Architektur-Stipendiaten kamen aus den Ländern der US-Zone: Bayern, Württem-
berg, Hessen und Bremen. Sie reisten als sogenannte Leaders und Specialists; das
berufliche Spektrum war mit städtischen Baubeamten, verbandspolitisch aktiven
Architekten bis hin zu Hochschullehrern breit gefasst. Die umfangreichen Formalia
im Vorfeld der Reisen zeigen deutlich, dass es den Organisatoren um eine *win-
win-situation* ging. Man hatte handfeste Erwartungen an die Stipendiaten, die nach
ihrer Rückkehr als sogenannte „Multiplikatoren", als Botschafter des Gastlandes,
wirken sollten – das Verständnis vom „Kulturaustausch" erfuhr hier eine neue,
deutlich hierarchische Ausdeutung. Zurückgekehrt nach Deutschland wurden
die Stipendiaten weiterhin betreut und waren dazu angehalten, ihre Erfahrungen
in berufliche und persönliche Netzwerke einzubringen und, wenn möglich, neue
Netzwerke aufzubauen.[10]

13.1   Fallbeispiel Bauamt

Der 38jährige Hans Krajewski[11] ist Baurat in Bremen und einer der ersten Rei-
senden des Programms. Ausgewählt wird er 1948 von einem sogenannten *School
Building Consultant*, der für die *Education and Cultural Relations Division* in Bremen arbeitet. Krajewski wird nach Einschätzung der Amerikaner die künftige bauliche Entwicklung der Hansestadt, insbesondere im Schulbauwesen, mitbestimmen
(„… he is now in complete charge of the planning of all municipal buildings in Bremen.").[12] Nach Abschluss seiner USA-Reise füllt Krajewski einen Fragebogen des
School Building Consultant aus, der Fragen zum Ziel der Reise, zum persönlichen
Amerikabild und zu Vorlieben im Verlauf der Reise enthält. Krajewskis Antworten
fallen gründlich und positiv, zum Teil sogar euphorisch, aus: "I had not to alter my
opinions but as a result of my visit I have got the conviction that your way to plan

---

[10] Vortragsreisen ehemaliger USA-Reisender zu Themen des amerikanischen Städtebaus,
politischer Kultur und prominenter Architekten gehen auf diese vertragliche Verpflichtung
zurück.

[11] Hans Krajewski (1910–1987), von 1945 bis 1954 Baurat in Bremen, ab 1954 Baudirektor in
Leverkusen, ab 1957 Stadtbaudirektor in Saarbrücken.

[12] Staatsarchiv Bremen, Bestand 16. 1/2, Personalakte Hans Krajewski 6/58–1/25. Schreiben
des Office of Military Government for Bremen an den Chief of Education and Cultural Relations Division, Mr. Harold H. Crabill, vom 15.12.1948.

Abb. 13.2 Berufsschulzentrum Bremen 1952–1954
© Archiv der Autorin

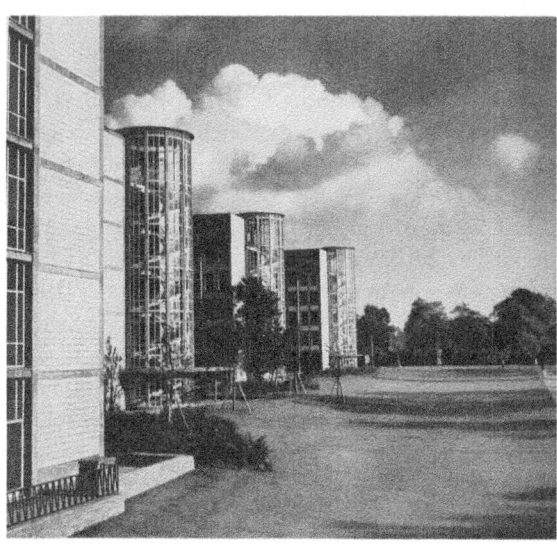

and build schools is the right one." Und schließlich legt er sich auf künftige Projekte
fest, die im Sinne der Organisatoren gewesen sein durften:

> I will try to teach a better cooperation in planning schools between teachers, parents
> and architects. I will try to create some national committees for schoolbuilding-plan-
> ning and I want to held a lecture at the ‚Pädagogische Hochschule' in Bremen about
> Schoolbuilding-planning…I hope I made some good friends and I would like to work
> together with them my whole life.[13]

Krajewski nimmt ein Jahr später erfolgreich an einem von den US-Behörden aus-
geschriebenen Wettbewerb für das Bremer Berufsschulzentrum teil und erhält den
Bauauftrag für das Großprojekt an der Bremer Doventorscontrescarpe (Abb. 13.2).
Errichtet werden die vier kubischen Berufsschulriegel mit ihren charakteristischen
Glastreppenzylindern aus Mitteln des amerikanischen McCloy-Fonds in den Jahren 1952–1954. Dass die Berufsschule keine US-Vorbilder, sondern wesentliche
Einflüsse von Krajewskis Skandinavien-Reise verarbeitet, spielt für die Sponsoren
keine Rolle. Während der Amtszeit Krajewskis im Bremer Bauamt (1945/46 bis
1954) entstehen in Bremen weitere Pavillon-Schulen, die auf den zeitgenössischen
Reformdiskurs reagieren und anglo-amerikanische wie skandinavische Vorbilder
verarbeiten.

---

[13] Staatsarchiv Bremen, Bestand 16. 1/2, Personalakte Hans Krajewski 6/58–1/25. Dr. H. Krajewski visit to USA. Preliminary report, Juli 1949.

13.2   Fallbeispiel Technische Hochschule

Lehrende und Studierende der westdeutschen Hochschulen gehörten von Beginn an zur Zielgruppe des *Exchange Program*. In der US-Besatzungszone gab es drei höhere Ausbildungseinrichtungen für Architekturstudenten: die Technischen Hochschulen in Darmstadt, München und Stuttgart. Die Stuttgarter Hochschule ist seit der Zwischenkriegszeit, gemessen an den eingeschriebenen Studenten, die größte Fakultät. Einer der ersten Stipendiaten aus der Hochschule ist der Stuttgarter Architekt und Professor für Baukonstruktion Günter Wilhelm. Aus der Fakultät heraus bewirbt er sich 1949 beim zuständigen Kulturoffizier im Stuttgarter Amerikahaus um eine USA-Reise.[14] Der 41jährige gibt neben dem Interesse am amerikanischen Hochschulwesen ein besonderes Fach- und Interessengebiet an, für das im Nachkriegsdeutschland ein ungeheurer Bedarf besteht: den Schulbau. Dementsprechend ist er für die Organisatoren der ideale Stipendiat. Für Wilhelm selbst fällt das Ergebnis ambivalent aus: So begeistert er sich von der amerikanischen Hochschullandschaft zeigt, so negativ beurteilt er die Frage der Übertragbarkeit vom Standard der US-Schulen auf deutsche Nachkriegsverhältnisse.

Zurückgekehrt von seiner viermonatigen Reise setzt sich Wilhelm dafür ein, die Stuttgarter Fakultät für Bauwesen als eine wissenschaftliche Institution zu etablieren, in der nach US-amerikanischem Vorbild Forschungsprojekte im Bereich Baustoffkunde oder Rationalisierung des Bauens bearbeitet werden. Nach jahrelanger Vorarbeit gelingt ihm 1964 die Einrichtung des Instituts für Schulbau an der Stuttgarter TH, das sich als Forschungs- und Dokumentationsstelle für zeitgenössischen Schulbau versteht – auch hier wurden Vorbilder aus der anglo-amerikanischen Schulplanungspraxis wirksam.

Den für junge Deutsche ungewöhnlichen Auftrag zum systematischen *Networking* nimmt Wilhelm durchaus ernst. Jahrelang informiert er in Vorträgen über den zeitgenössischen Schulbau in den USA und Skandinavien, später auch über die Arbeit der Emigranten Richard Neutra, Walter Gropius und Mies van der Rohe. An der Hochschule ist er in den 1950er Jahren die Anlaufstelle für Studierende, die in die USA gehen und für Kollegen aus dem Ausland, die Deutschland bereisen wollen.

13.3   Erste Auswirkungen – Der Schulbaudiskurs

Bildungsfragen und mit ihnen der westdeutsche Bildungsbau standen selbstredend im Fokus der *Reorientation*-Programmatik der Alliierten. Die Bildungspolitik überließen die Westalliierten sehr bald den Ländern; weiterhin aktiv blieben sie

---

[14] Siehe Renz 2012. Alle nachfolgenden biografischen Angaben zu Wilhelm sind Ergebnisse von Archivrecherchen. KIT/saai, Nachlass Günter Wilhelm.

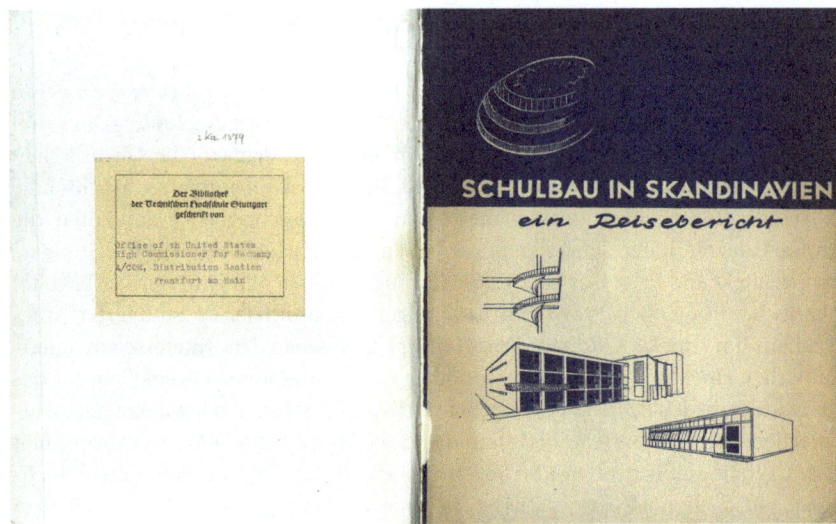

Abb. 13.3 Die US-Behörden sorgen nicht nur für die Veröffentlichung, sondern auch für die Streuung der Reiseberichte. Umschlagillustration und Donation 1951 © Archiv der Autorin

zwischen 1949 und 1955 bei ihrem Versuch, über finanzielle Förderungen Einfluss auf den westdeutschen Schul- und Hochschulbau zu nehmen. Politisch motivierte Prestigebauprojekte, beispielsweise für die FU Berlin (1952–1955) oder die Ulmer Hochschule für Gestaltung (1953–1954), waren Ergebnisse derartiger Sponsoring-Politik.

Erfahrungsberichte über Architektur und Städtebau in den USA, in England und Skandinavien waren während der 1950er Jahre in westdeutschen Baufachzeitschriften und in der Tagespresse häufig zu lesen. Seltener erschienen Publikationen, die über das Hochkommissariat verlegt wurden, wie z. B. „Schulbau in Skandinavien. Ein Reisebericht" von 1951. (Abb. 13.3)[15] Meistens gingen diese Berichte auf die Abschlussberichte zurück, die vertraglicher Bestandteil der Reisestipendien des *Exchange Program* waren. Ihre Veröffentlichung mit Breitenwirkung in fachaffinen Netzwerken geschah selbstverständlich im Sinne der Stipendiengeber.

Nach 1949 fanden in vier Bundesländern Schulbaukonferenzen statt, an deren Ende die Formulierung von Schulbaurichtlinien für einen reformierten Schulbau stand.[16] Finanziert und zum Teil co-organisiert wurden diese Konferenzen vom

---

[15] Wilhelm; Krajewski 1951.

[16] Fredeburg in Nordrhein-Westfalen 1949; Stuttgart in Württemberg-Baden 1950; Düsseldorf in Nordrhein-Westfalen 1950; Jugenheim in Hessen 1951, Kiel in Schleswig-Holstein 1952.

amerikanischen Hochkommissariat. Viele Teilnehmer und insbesondere Vortragende waren ehemalige Stipendiaten des *Exchange Program*. Das Bemerkenswerte an allen diesen Konferenzen war, dass erstmalig in der Geschichte des deutschen Schulbauwesens das nationale Bauen in einen internationalen Vergleich gesetzt wurde. Schulbaubeispiele aus Skandinavien, der Schweiz, England und den USA wurden als Vorbilder diskutiert – noch zehn Jahre zuvor ein unerhörter Vorgang und ein großer Schritt für den Architekturdiskurs der Nachkriegsjahre.

Der „Multiplikator" Günter Wilhelm organisierte 1950 mit amerikanischen Geldern der HICOG *Education and Cultural Relations Division* die Stuttgarter Schulbaukonferenz. Mit dabei waren auch die sogenannten *Specialists* aus den USA, die die westdeutschen Schulplaner mit Normen und Standards des US-Schulbaus vertraut machen sollten. Das Ergebnis war erfreulich und zugleich ernüchternd: Ein fakultativer Richtlinienkatalog wurde verabschiedet, auf den alle nachfolgenden Schulbaukonferenzen der Länder aufbauten; die Umsetzung obligatorischer Schulbaurichtlinien ließ allerdings in Baden-Württemberg bis 1963 auf sich warten. Bis zu diesem Zeitpunkt galten die württembergischen Schulbau-Bestimmungen von 1870 – ein Zustand, der durchaus mit den anderen Bundesländern vergleichbar war.

Im Herbst 1951 versammelten sich Architekten, Pädagogen, Stadtplaner und Ärzte auf Schloss Heiligenberg nahe des hessischen Ortes Jugenheim zu einer Schulbaukonferenz.[17] Geladen hatte das Amerikanische Hochkommissariat, das die Veranstaltung nicht als hessische, sondern als bundesdeutsche Veranstaltung konzipiert hatte. Von 45 der namentlich bekannten Teilnehmer waren 27 von Beruf Architekt. Für Stipendiaten des *Exchange Program* war die Teilnahme verpflichtend. Prominente Schulplaner wie Hans Scharoun, Max Taut, Rudolf Schwarz, Otto Ernst Schweizer oder Hans Schwippert, die noch kurz zuvor auf der Darmstädter Tagung „Mensch und Raum" ihre Vorschläge für einen reformierten Schulbau vorgelegt hatten, fehlten hier. Gekommen war stattdessen eine jüngere Architektengeneration, vertreten durch zahlreiche Baubeamte. Auffällig ist der Anteil von Absolventen der Stuttgarter Architekturfakultät.[18] Bis auf Rudolf Büchner von der TH Karlsruhe und Günter Wilhelm von der TH Stuttgart nahm kein einziger Hochschullehrer der westlichen Architekturfakultäten teil. Im Vorfeld der Konferenz hatte eine mehrtägige Bustour durch Westdeutschland stattgefunden. In 16 Städten und Gemeinden wurden als vorbildlich geltende Schulen besichtigt.

Als selbsternannte „Konferenz der Praktiker" setzte sich die Zusammenkunft deutlich von den bisherigen Schulbaukonferenzen ab, die mehrheitlich von Päd-

---

[17] Hier besteht seit 1949 ein der Lehrerausbildung gewidmetes Pädagogisches Institut, das nach dem Krieg mit amerikanischer Beteiligung eröffnet wurde.
[18] Hierzu zählen z. B. Hans Arnold, Ferdinand Budde, Rudolf Büchner, Fritz Müller, Rudolf Schroeder, Hermann Stroebel, Günter Wilhelm.

agogen besucht wurden und auf Initiative der Ländervertretungen oder der Kultusministerien einberufen wurden. Jugenheim ist deswegen eine wichtige Veranstaltung, weil hier die Ergebnisse des *Exchange Program* zusammengetragen und diskutiert wurden. George W. Ware, der in der *Education and Cultural Relations Division* dem Bereich Schulbauforschung und Schularchitektur vorstand, verdeutlichte in seiner Eröffnungsrede, auf was es den Amerikanern im westdeutschen Schulbauwesen ankam: die Erörterung von Richtlinien und die Überprüfung von Reformansätzen hinsichtlich ihrer Brauchbarkeit. Der Tendenz zahlreicher kommunaler Bauämter, bei der Schulbedarfsplanung statt auf Qualität auf Quantität zu setzen, trat Ware entschieden entgegen und gab zugleich den Stipendiaten einen deutlichen Auftrag mit auf den Weg:

> Sie tragen große Verantwortung. Hunderte von neuen Schulen werden gebaut, Tausende erneuert. Dies bedeutet einen ungeheuren Kapitalaufwand. Dabei kann es sich niemand leisten, Bauwerke zu erstellen, die den pädagogischen Notwendigkeiten nicht voll gerecht werden.[19]

13.4 Erste Auswirkungen – Schularchitekturen

Das 1954 eröffnete Schuldorf Bergstraße war die erste Gesamtschule Hessens und diente den Gemeinden Seeheim, Jugenheim und Bickenbach nach dem anglo-amerikanischen Vorbild des *Village College* als Schulzentrum. Als typisches Element der *Reorientation*-Politik war auf dem Schulgelände ein sogenanntes *Community Center* vorgesehen, das als Gemeindemittelpunkt und Erwachsenenbildungsstätte dienen sollte. Die Architekten waren ehemalige Stipendiaten des *Exchange Programs*: Karl Otto Vorlaender und die beiden in Frankfurt am Main assoziierten Günther Gottwald und Gerhard Weber.[20] Die Presseverlautbarung des US-Generalkonsulats in Frankfurt am Main hatte die Beweggründe für das amerikanische Engagement im Schuldorf Bergstraße 1954 zusammengefasst:

> Wenn der Betrieb im Schuldorf in Gang gekommen ist, dürfte es alle Grundzüge eines Gemeinde-Forums, wie es in den Städten Neu-Englands üblich ist, aufweisen. In Amerika sieht man in der öffentlichen Schule den Urquell der Demokratie. Man hofft und erwartet, dass von dieser Institution, die den Zentralschulen in den Vereinigten Staaten gleicht, der Geist der Demokratie und die Liebe zum Lernen ausgehen wird.[21]

---

[19] Berger 1952, S. 5.

[20] Der Bauhaus-Absolvent Gerhard Weber (1909–1986) hatte u. a. wegen seines Entwurfes für das Bundesparlament in Frankfurt am Main gute Kontakte zu den US-Behörden; 1955–1974 hatte er die Professur für Entwerfen und Gebäudekunde an der TH München inne.

[21] Zit. Böhme 2004, S. 21.

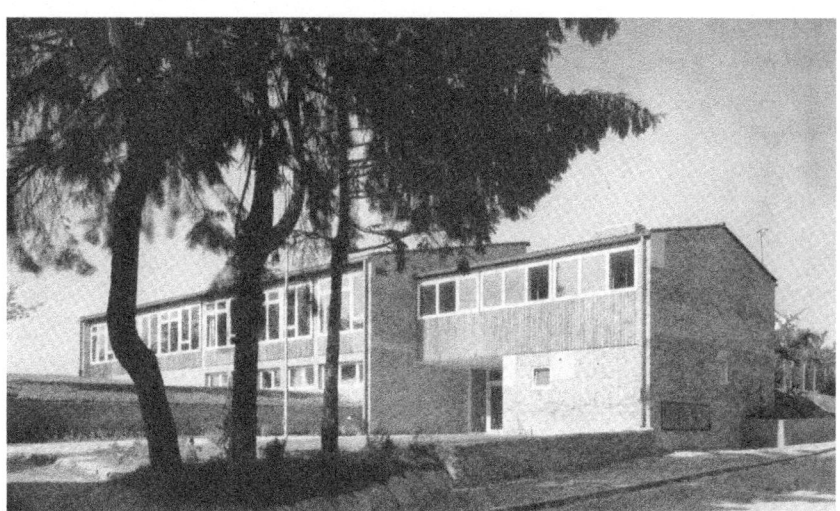

Abb. 13.4 Dorfschule in Aichschieß 1949–51 © Archiv der Autorin

Als gebauten Reformvorschlag für die Kollegen in den städtischen Hochbauämtern wollte Wilhelm die kleine Dorf-Grundschule in Aichschieß bei Esslingen verstanden wissen (Abb. 13.4). Die Schule wurde begleitend zur Schulbaukonferenz ab 1949 geplant und 1951 bezogen. Wilhelm setzt hier beispielhaft die „Stuttgarter Richtlinien" um: Das Grundstück ist großzügig und dennoch zentral gelegen, der Größenmaßstab der Architektur am Kind orientiert. Viel Beachtung findet der von US-Schulen inspirierte Klassenraum, der quadratisch, flexibel erweiterbar und von zwei Seiten belichtet ist. Den Entwurf der Aichschießer Schule publizierte Wilhelm 1950 als direktes Ergebnis seiner US-finanzierten Skandinavien-Reise.[22]

Zum Pilgerziel des Architektennachwuchses wurde die 1952–1953 gebaute Schule am Gänsberg in Stuttgart-Zuffenhausen.[23] Wilhelm bezeichnete diese Grund- und Berufsschule als direkte Folge seiner US-Reiseeindrücke. Die nach kalifornischen Vorbildern gebauten Pavillons für Sonderschüler (Abb. 13.5) sind wie die Geschossbauten großzügig über ein weitläufiges Hanggrundstück verteilt. Letztere führten das Novum der zweiseitigen Belichtung für den Geschossbau vor. So viel Geld und so viel Flächenverbrauch für eine Schule – das irritierte die Zeitgenossen und insbesondere die Lokalpresse.[24] Wilhelm verteidigte seine Schule mit

---

[22] Wilhelm; Krajewski 1951, o. S.

[23] Siehe jüngst: Kowall 2012, S. 130–147.

[24] Stuttgarter Nachrichten vom 19.12.1953.

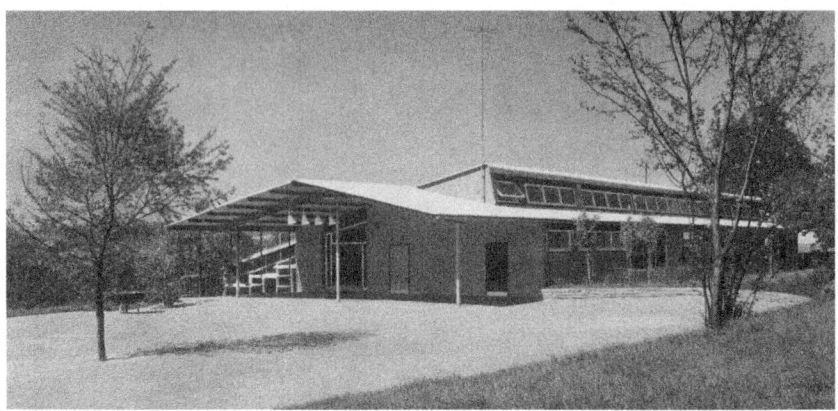

Abb. 13.5 „Kalifornischer" Pavillon für Sonderschüler in der Stuttgarter Schule am Gänsberg 1952–1953. © Archiv der Autorin

einem Verweis auf die Flächenstandards für Schulgrundstücke und Klassenräume in den USA, Großbritannien und der Schweiz. Die sich hier manifestierende Internationalisierung des Diskurses und der interkulturelle Vergleich von Standards waren eine unmittelbare Folge des Austauschprogramms.

Hubert Hoffmann schrieb 1950 im ersten Band der im Verlag Gerd Hatje erschienenen Reihe *Neue deutsche Architektur*: „Bauten, die unsere Zeit verkörpern, müssen wir in Deutschland mühselig suchen. In Stadt und Land überwiegt bei weitem das Gestaltlose, die große Langeweile…Wahllos und sinnlos, ohne Geist und Gefühl, ist die Bautätigkeit auf dem Wege, eine neue Gründerperiode heraufzubeschwören."[25] Schließlich machte Hoffmann doch noch Licht im Dunkel aus:

> Im Schulbau hat die deutsche Nachkriegsarchitektur ihren positivsten Beitrag geleistet. Hier haben wir das internationale Niveau durchaus erreicht und mit einzelnen Leistungen vielleicht sogar überschritten (Schulen von Wilhelm, Seitz, Krahn, Gottwald und Weber). Diese wirklichen Vorbilder sind erfrischend klar und einfach und ohne geringsten Anflug von mißverstandener Repräsentation. Sie erzeugen eine ungezwungene, freie Atmosphäre, regen die Phantasie an und vermitteln dem Kind neue Raumvorstellungen, die es später als Anspruch mit ins Leben nimmt.[26]

---

[25] Hatje; Hoffmann; Kaspar 1956, VII.
[26] Hatje; Hoffmann; Kaspar 1956, XVI.

Alle Schulen des Hatje-Bandes sind entweder mit US-Geldern gebaut – wie das Schuldorf an der Bergstraße – oder wurden von ehemaligen Reisestipendiaten des *Exchange Program* realisiert.[27]

13.5   Fazit

Der offensive Kulturtransfer der Alliierten nach 1945 ist ein intensiv beforschtes Kapitel der Zeitgeschichte, das vor allem die Sozial- und Geisteswissenschaften beschäftigt. Die Architekturgeschichte befasst sich bisher mit den baulichen Hinterlassenschaften oder der intensiven Ausstellungs- und Publikationstätigkeit des deutsch-amerikanischen Kulturtransfers. Dass der Kulturtransfer aber auch in die Bauämter, Hochschulen und Medien hineingetragen wurde, lässt sich am Beispiel des *Exchange Program* beobachten. Als Teil US-amerikanischer Außenpolitik war es ein Programm des Kalten Krieges, stark politisch-didaktisch motiviert und auf Breiten- und Massenwirkung hin programmiert. Von zentraler Bedeutung war sein Einfluss auf das Renommee der westdeutschen Schularchitektur in den 1950er und 1960er Jahren. Langfristig haben sich die Informationsreisen auch auf die westdeutsche Architektenausbildung an den Hochschulen ausgewirkt. Tausende Studierende nahmen über „Multiplikatoren" und Brückenbauer wie den hier vorgestellten Günter Wilhelm die Möglichkeit zum Auslandsstudium und Büropraktikum in den USA wahr; intensive deutsch-amerikanische Kontakte, auch in internationalen Planer-Gremien wie der *Union Internationale des Architectes* (UIA) oder den Bauausschüssen der UNESCO, waren weitere Spätfolgen des Programmes.[28]

Mit Ende der Besatzungszeit wurde das *Exchange Program* ab 1955 von organisierten Reisen der US-Baustoff-Industrie für die Protagonisten der westdeutschen Architekturszene abgelöst. Ihr von wirtschaftlichen Interessen geleitetes Engagement war auch für die damaligen Teilnehmer offenkundig; „umerzogen" soll-

---

[27] Gezeigt werden neben Wilhelms Schule in Aichschieß das Schuldorf an der Bergstraße von Gottwald/Weber/Vorlaender, die Silcher-Schule von Wilhelm in Stuttgart-Zuffenhausen, der Wettbewerbsentwurf von Otto Apel für den Offenbacher Volksschulwettbewerb 1955, die Volksschule Mendelsohnstraße von Paul Seitz in Hamburg-Bahrenfeld 1954, Entwurf und Modell von Hans Scharoun für eine Volksschule in Darmstadt von 1951, die Französische Schule in Saarburg von Johannes Krahn von 1953/54, die Mittelschule in Peine von Friedrich Wilhelm Kraemer von 1954, die Leibnizschule von Karl Otto in Hannover von 1953, die Gewerbeschule von Lange und Mitzlaff in Buchen/Odenwald von 1952 und schließlich die Hochschule für Gestaltung von Max Bill in Ulm 1953/55.

[28] Günter Wilhelm war bis in die 1960er Jahre für den BDA in Schulbauausschüssen der UIA und der UNESCO tätig.

te hier niemand mehr werden.[29] Nach der gelungenen Westintegration wollte die US-amerikanische Industrie ihren Anteil an den nun folgenden golden Jahren der westdeutschen Bauwirtschaft haben. Hier galt es, sich mit guten Kontakten einen Markt zu erschließen.

Das *Exchange Program* hat in der jungen Bundesrepublik geholfen, das Bauen auf ein internationales Diskursniveau zu heben. Die Bereitschaft zur Übernahme US-amerikanischer Standards im westdeutschen Nachkriegsbauwesen kann das Programm flankieren; initiiert hat es sie nicht.[30] Der Historiker Hans-Ulrich Wehler hat einmal zur häufig postulierten Amerikanisierung der westdeutschen Wirtschaft nach 1945 geschrieben: „Statt der behaupteten Imitation gab es eher Austausch, insgesamt eher Eigenständigkeit und auf längere Sicht Konvergenz."[31] Dem ist aus dem Blickwinkel der Architekturgeschichte nichts hinzuzufügen.

Quellen

Südwestdeutsches Archiv für Architektur und Ingenieurbau, Karlsruher Institut für Technologie: Nachlass Günter Wilhelm (unverzeichnet).
Staatsarchiv Bremen: Personalakte Hans Krajewski, Bestand 16 1/2.

Literatur

Berger, Wilhelm. 1952. *Schulbau. Konferenz Jugenheim 1951. Vorträge und Ergebnisse.* Bremen: Krohn.
Böhme, Klaus. 2004. *Das Schuldorf Bergstraße. Erste Gesamtschule in Deutschland seit 1954. Texte und Bilder zur Idee und Programmatik aus der Entstehungszeit.* Griesheim: Bassenauer.
Hatje, Gerd, Hubert Hoffmann und Karl Kaspar. 1956. *Neue deutsche Architektur.* Stuttgart: Hatje.
Kellermann, Henry J. 1978. *Cultural relations as an instrument of foreign US policy. The educational exchange program between the United States and Germany 1945–1954.* Washington DC.: Historical Studies 3. U.S. Department of State Publishing.
Kowall, Sophie. 2012. *Stuttgart baut auf! Architektur und Stadtplanung der Siedlung Rot. Veröffentlichungen des Archivs der Stadt Stuttgart 109.* Stuttgart: Hohenheim.

---

[29] Vgl. Lippert 2012, S. 82–83; Wilhelm 2008, S. 125–134.

[30] Karin Wilhelm weist in diesem Zusammenhang darauf hin, dass der Moderne-Diskurs der 1920er und 1930er Jahre hierfür die entscheidenden Grundlagen bereits gelegt hatte. Vgl. Wilhelm 2008, S. 122.

[31] Wehler 2008, S. 68.

Krajewski, Hans, und Günter Wilhelm. 1951. *Schulbau in Skandinavien. Ein Reisebericht.* Stuttgart: HICOG Publ.

Lippert, Hans-Georg. 2012. Walter Henn und die Nachkriegsmoderne in der Architektur. In *Walter Henn – Die Ästhetik des Funktionalen,* Hrsg. Susann Buttolo und Hans-Georg Lippert, 78–93. Dresden: Thelem.

Pehnt, Wolfgang. 2005. *Deutsche Architektur seit 1900.* München: DVA.

Renz, Kerstin. 2012. Nehmen Sie doch ein freches Grau! Günter Wilhelm und die „Stuttgarter Schule" in den Nachkriegsjahren. In *Architekturschulen. Programm – Pragmatik – Propaganda,* Hrsg. Klaus Jan Philipp und Kerstin Renz, 53–65. Tübingen: Wasmuth.

Rupieper, Hermann-Josef. 1993. *Die Wurzeln der westdeutschen Nachkriegsdemokratie. Der amerikanische Beitrag 1945–1952.* Opladen: Westdeutscher Verlag.

Wehler, Hans-Ulrich. 2008. *Deutsche Gesellschaftsgeschichte. Fünfter Band. Bundesrepublik und DDR 1949–1990.* München: C. H. Beck.

Wilhelm, Karin. 2008. Deutsche Architekten reisen nach Amerika. Aufbauarbeit in der BRD nach 1945. Amerika in Bildern. In *Building America. Eine große Erzählung,* Hrsg. Anke Köth, Kai Krauskopf und Andreas Schwarting, 115–138. Dresden: Thelem.

The manufacturer's authorised representative in the EU is Springer
Nature Customer Service Centre GmbH, Europaplatz 3, 69115 Heidelberg,
Germany. If you have any concerns regarding our products, please
contact ProductSafety@springernature.com

Printed and bound by CPI Group (UK) Ltd, Croydon, CR0 4YY
27/04/2026
02097636-0001